HUSIYONG XUESHU WENJI

胡思庸学术文集

胡思庸 著

河南大学出版社

·郑州·

图书在版编目(CIP)数据

胡思庸学术文集/胡思庸著. —郑州:河南大学出版社,2013.10

ISBN 978-7-5649-1365-6

Ⅰ.①胡… Ⅱ.①胡… Ⅲ.①中国历史—近代史—文集 Ⅳ.①K250.7—53

中国版本图书馆 CIP 数据核字(2013)第 244859 号

责任编辑 胡玲霞
责任校对 李 云
封面设计 翟淼淼

出　版 河南大学出版社
地址:郑州市郑东新区商务外环中华大厦 2401 号
邮编:450046　　电话:0371—86059701(营销部)
网址:www.hupress.com
排　版 郑州市今日文教印制有限公司
印　刷 郑州市今日文教印制有限公司
版　次 2013 年 10 月第 1 版　　**印　次** 2013 年 10 月第 1 次印刷
开　本 850mm×1168mm 1/32　　**印　张** 13.25
字　数 333 千字　　**定　价** 27.00 元

(本书如有印装质量问题,请与河南大学出版社营销部联系调换)

胡思庸先生

前　　言

正值胡思庸先生逝世一周年忌辰就要到来之际，获悉他的学术文集已由其及门弟子郑永福、王宏斌、田海林诸同志整理编定，即将付梓。本书的出版，可以告慰胡先生在天之灵。我与胡先生相识四十余载，谊兼师友，对他的了解很深。在本书即将问世的时候，写一篇短文，概述胡先生的生平事迹与道德文章，必将对读者更好地认识胡先生的风范与学术地位有所帮助。这是我义不容辞的责任，也是对他的最好的纪念。

胡思庸先生，笔名田用、吴鸣世，1926 年 9 月 17 日生，河南省信阳县人。幼年在家乡上小学，后就读于甘肃清水国立第十中学。1946 年暑假，考入河南大学农学院园艺系，又转入文学院历史系。1951 年元月毕业后留校，一方面负责《新史学通讯》的行政事宜，一方面充任嵇文甫先生的助手，从事中国古代思想史与近代思想史的研究。后历任讲师、教授，并担任中国近代思想史研究室主任。1983 年，出任河南省社会科学院院长，仍兼任河南大学历史系的工作。在此前后，又担任中国史学第二、三届理事，河南省史学会会长，郑州大学名誉教授，河南省社联副主席，《中州学刊》主编等职。积劳成疾，不幸于 1993 年 8 月 26 日在郑州逝世，享年 67 岁。

胡先生的一生，是由一个好学深思、具有民主爱国思想的青年学子，逐步成长为一位具有共产主义理想并在学术上取得卓越成就的学者的一生。

胡先生自幼颖悟过人，早在中学时期，就醉心于文学与哲学。他喜读宋词，继而阅读《人间词话》，研究王国维的美学思想。为了追本溯源，又进而研究西方叔本华（1788—1860）、尼采（1844—1900）的哲学著作。大学时期，更泛滥于文、史、哲诸领域，为日后的成长，奠定了良好的基础。解放以后，他努力学习马列主义，力求运用辩证唯物主义和历史唯物主义指导自己的研究工作，终于取得了优异的成就。

胡先生研究的重点，是中国近代思想史。由于他的根柢深厚，尤其在中国古代思想史方面的造诣很高，故而在中国近代思想史的研究中，能取得开创性的成果。他的研究，首先从伟大的爱国者林则徐的思想入手，旁及龚自珍、魏源，下延康有为、梁启超，上溯常州学派的庄存与、刘逢禄，理清了中国近代思想史的脉络；继而由常州学派的兴起，论述鸦片战争前经学的演变及汉学与宋学之争，透辟分析了中国古代思想向近代思想转变的轨迹；再继而研究洋务派、太平天国思想及晚清格致之学，最终构筑了中国近代思想史的整体框架。这些卓越成就，使胡先生不愧为中国近代思想史这门学科的开拓者之一。

解放以前，胡先生就富有爱国民主思想。解放后，通过对马克思主义的系统学习，他更从一位爱国的民主主义者转变成为一位社会主义者，光荣地加入了中国共产党，成为一名为共产主义理想而奋斗的战士。他为人诚挚、热情，对工作一丝不苟。他热心培养后进，无论是对研究生、本科生，都谆谆善诱，悉心指导。他学术造诣深厚，治史严谨缜密，态度谦虚谨慎，向不肯轻于下笔著书。他文不虚发，所论每有创见，且富于文采，有很强的可读性。胡先生不仅肩负着繁重的教学和研究工作，还在担任河南省社会科学院院长期间，为河南省的学术发展，作出了重大贡献。

胡先生不幸过早谢世，实在是学术界一大损失。所可幸者，他的高足在学术上已多有建树，无愧师门。薪尽火传，后继有人，胡先生应无遗憾。更可贵者，他们在胡先生仙逝后，即积极筹划出版胡先生的学术文集，经过一年的努力，终于精心编就，可谓尊师重道，恪尽弟子之职。有这样好的门人，胡先生当可含笑于九泉之下了。

魏千志

1994年8月25日

于汴京寓舍

目 录

清朝的闭关政策和蒙昧主义

一 前 言

我们伟大的祖国是世界上有数的“文明古国”。几千年来,中国人民用自己的心血和汗水灌溉着辽阔的祖国大地,创造了先进的经济和灿烂的文化,对人类作出了重大贡献。在绵长的古代和中世纪,中国的科学文化一直走在世界的前列。

自从17世纪西欧各国相继跨入资本主义社会起,它们的社会经济与科学文化加快了前进的步伐。而中国虽然至少在明末已经出现了资本主义萌芽,为时并非太晚;但是,这一萌芽的生长倍加困难,中国仍然在封建的途程上蹒跚而行,开始落后了。18世纪后半期,英国工业革命、法国资产阶级革命推动了西方国家的大步前进,中国更加明显地落后了。

为什么先进的中国变成了落后的中国?为什么中国封建社会延续了那么长的时间?多少年来人们从不同的角度找寻答案。例如说:中国文化是静的,西方文化是动的。但事实上,矛盾运动是事物存在的普遍形式,中国的社会历史同西方一样充满了斗争和动荡。还有人说:中国好比一个农夫(farmer),一锄头一锄头种地，自然要慢，西方好比水手(sailor)，远航千里，自然要快。① 但中国人不但长于种地，也长于航海和通商。指南针是中国人发明的，是中国人最先运用到航海上的。一直到 15 世纪，中国的造船技术还比西方先进。明初郑和七下“西洋”，横贯亚非航道，比达·加马绕道非洲通向印度要早几十年。所以上述那种肤浅的比喻实在不能说明任何问题。此外，还有什么西洋人是“直觉运用理智的”，中国人是“理智运用直觉的”②等等说法，不过是一些毫无意义的昏话，这里没有必要加以辨明了。

总之，一切唯心主义的或简单直观的方法，丝毫不能解决问题。只有以历史唯物主义为武器，从阶级分析入手，从生产力和生产关系、经济基础和上层建筑的矛盾分析入手，才能够找到合理的答案。

毛主席在论述近代中国民主革命时曾多次指出：中国革命的敌人是异常强大的。如果单就国内来看，也就是说，中国的封建势力是异常强大的。中国的封建专制主义高度发展，在世界上首屈一指。它在政治、经济、文化以及社会生活的各方面，形成了一套强大而坚韧的体系。想打破它，就比较艰难。它是压在中国人民身上的沉重负担。郭沫若同志曾打了一个比方：比如竞走，别人身上的负担轻些，包袱小些，我们身上却背了很大的包袱，如牛负重，怎能不迟到几步？所谓包袱，就是旧的传统势力。这个比喻是深刻的。西方的资产阶级革命，日本的明治维新，相对地说，都比中国容易，因为它们的封建包袱比较轻。犹如现代的社会主义革命，在老牌发达的资本主义国家，倒是比较慢，而在后进的俄国和中国，在资本主义链条的薄弱环节，却首先突破。在这方面，西方国家的资本主义包袱比我们重，是一样的道理。经济发展固然一定

---

① 罗梦册：《中国论》。

② 梁漱溟：《东西文化及其哲学》。

要替自己开辟前进的道路，但上层建筑的反作用也是不容忽视的。恩格斯说：当国家权力沿着经济发展的相反方向起作用的时候，“能给经济发展造成巨大的损害，并能引起大量的人力和物力的浪费”①。

本文试图在这一原理的指导下，粗浅地探讨一下清朝政府的闭关政策和蒙昧主义对于中国的社会经济、科学文化的发展所起的阻碍作用，以致形成近代中国落后挨打的局面。这对于中国封建社会长期延续的探讨，也许是一个不无裨益的侧面。

二　闭关政策的社会历史根源

闭关政策不同于通常的严格管制对外贸易的政策，而是一种封建专制主义的对内对外政策；这种政策不限于外贸的和外交的领域，而是在政治、经济、文化上都带有与世隔绝和盲目排外的倾向。闭关政策形成的原因，似乎已是老生常谈，但其中有一些问题，实有重新探讨的必要。这里想着重从上层建筑的角度谈一点意见。

（一）它是重农抑商政策的延续

如前所述，在中国，封建专制主义的中央集权制高度发展。而这个庞大的封建帝国，却是立足于小农业与家庭手工业密切结合的个体经济之上的。毛主席曾经指出：“这种分散的个体生产，就是封建统治的经济基础。”②封建的国家权力为了巩固自己的经济基础，防止商品经济的瓦解作用，历代王朝无不厉行重农抑商政策。重农抑商政策的根本特征就是依靠地主阶级，打击市民阶级，保护小农经济。

---

① 《致康拉德·施米特》，《马克思恩格斯全集》第 37 卷，第 487 页。

② 《组织起来》，《毛泽东选集》第 885 页。

这种情况同西欧的封建社会恰成鲜明的对比。在西欧，王权曾经是进步的因素。国王在集中王权、打击封建领主分裂割据的斗争中，和新兴的市民阶级结成联盟。恩格斯说："在封建主义表层下形成着的一切革命因素都倾向王权，正像王权倾向它们一样。"①国王不但需要市民政治上的支持，而且在经济上，市民所纳的捐税是国王财政收入的重要来源。到了封建社会晚期，接着"地理大发现"的热潮以后，西欧各国政府便相继实行重商主义政策，极力提倡对外贸易，把对外贸易视为国家财富的源泉。这种政策大大加快了资本的原始积累过程。

而中国的"皇权"却牢守重农抑商的信条，对国内工商业的发展一贯地限制、摧残，至于海外贸易，更使他们觉得无足轻重。虽然在某些时候，少数封建帝王为了"宣扬国威"和解决财政困难而有限度地提倡一下对外贸易，但是要知道，中国封建政府的财政来源主要依靠田赋和徭役，对外贸易只能占很次要的地位。②《明史·食货志》记载：

> 永乐初，西洋剌泥国回回哈只马哈没奇等来朝，附载胡椒与民互市，有司请征其税。帝曰："商税者，国家抑逐末之民，岂以为利？今夷人慕义远来，乃侵其利，所得几何？而亏辱大体多矣。"不听。③

明成祖是一个"雄才大略"的皇帝，曾经派遣郑和七下"西洋"，但他压抑本国"逐末"的工商业者，不在乎对外贸易的财政收入。

---

① 《论封建制度的瓦解和民族国家的产生》，《马克思恩格斯全集》第21卷，第453页。

② 宋高宗为了补救财政匮乏，曾下诏奖励海外贸易，但他自己承认："朕所以留意于此，庶几可以少宽民力耳。"据统计，那时的市舶司岁入也不过占国家总收入的1/20。参看吴晗：《十六世纪前之中国与南洋》，《清华学报》第11卷第1期。

③ 《明史》卷81，《食货五》；又见《明史》卷326，《外国七》。

他尚且这般见识，后期守成的君臣就更加等而下之了。郑和下“西洋”的壮举如果放在当时的西欧，就会成为举国若狂的崇拜对象；但明朝统治者对他评价不高，有些人还拼命反对，说：“三保下西洋，费钱数十万，军民死且万计，纵得奇宝而回，于国家何益？此特一敝政，大臣所当切谏者也。”①连郑和航行的纪录、档卷也要予以毁弃。所以尽管明朝后期出现了资本主义萌芽，而政府却长时期实行海禁。

清朝统治中国以后，特别注意继承封建主义的那一整套历史正统，其中包括重农抑商政策。康熙曾亲绘“耕织图”，以示其钟爱男耕女织的小农自然经济。雍正一再颁布“劝农诏”，重申古代“重农抑末之意”，把“工商”视为下等之民(雍正二年诏)。有趣的是，在农业中，他又只提倡粮食生产，而把经营林业及副业都看成是“末”。他说：“国以民为本，民以食为天。农事者，帝王之所以承天养人、久安长治之本也。……安可舍本而逐末，弃膏腴之沃壤而变为果木之场，废饔飧之恒产以幸图赢余之利乎?”(雍正五年诏)②总之，尽量把小农紧紧束缚在土地上，视商品经济几如洪水猛兽般的可怕。雍正的诏书很有启发性，他认为，重农抑商是帝王的“久安长治”之道，我们便有理由认为，这也是中国封建社会的“久安长治”之道，长期延续之道。

再从当时清朝政府的财政来源看，也主要依靠农业税(包括田赋及芦课等项)，如果再加上封建垄断性的盐课，就占了岁入的绝大部分；而真正的商业税，所占比重很小。鸦片战前，清政府的岁入总额约为4000余万两(白银)，而《乾隆大清会典》根据乾隆十八年(1753)奏销册统计，该年全部关税(包括常关及海关)只收入

① 《殊域周咨录》卷8。

② 《清朝文献通考》卷3，《田赋三》。

4324005两①，占财政岁入总额的1/10左右。那时清朝对外是四口通商，该年江苏、福建、浙江、广东四个海关的税收加在一起只有99.48万两，还占不到财政岁入总额的1/40。乾隆二十二年(1757)以后，封闭了其他三个口岸，仅留广州一口。据《粤海关志》的记录，粤海关的每年税收，长期停留在四五十万两的水平。乾隆末年，清政府为了加强搜括、杜绝官员的中饱，硬性规定粤海关每年必须保证上缴“正税”银4万两及“盈余”银85.55万两，只许“溢收”，不许短缺；如有短缺，即令广东巡抚及粤海关监督等人摊赔。自此以后，粤海关的税收才有所上升。但直到鸦片战争前夕，每年不过150万两上下。比起农业税来，仍然微不足道。所以清朝官员认为海关收入“自天朝视之，则无关于毫末”②。

综观封建政府对内的重农抑商政策，以及它们的财政收入状况，就会理解它们为什么实行闭关政策。因此可以说，闭关政策是重农抑商政策对外的自然延续，其目的同是为着保护封建经济。

政策属于上层建筑，它来源于经济基础。闭关政策是封建自然经济的反映。不过，自明朝后期以来，随着商品经济的发展，中国已经出现了资本主义的萌芽，重农抑商和闭关政策就不再是合理的，而变成束缚生产力发展的反动政策了。

1793(乾隆五十八)年乾隆皇帝向西方宣布：“天朝物产丰盈，无所不有，原不借外夷货物以通有无。”③自给自足，不假外求，这是封建统治者引以自豪的事情，史家们也喜欢用乾隆的话来说明

---

① 允祹:《乾隆大清会典》卷16，《户部·关税》。按：清政府关税收入占其整个财政收入的比重不大，并不意味着它对商人的勒索搜刮很轻。相反的，为了“抑商”，清政府的关税是很苛重的。早在康熙年间，就有人指出：“商贾望见关津，如赴汤蹈火之苦。”(《徐清献奏疏》)这好比杀鸡取卵，由于得卵甚少，更加轻视鸡。

② 《清代外交史料》道光朝3，第16页。

③ 《东华续录》乾隆朝，第118卷。

鸦片战前中国自然经济的状况。但那话里实在有许多夸诞的成分，实际情况早已有了变化。东洋的铜，南洋的香料犀象之类，西洋的钟表玻璃等物，当时都是中国所缺乏，统治者所追求的东西；至于民间商业文化的交流，就更是历史的必需了。据一个熟悉中国情况的英国人写道：

> 中国人（指清政府）所常说的，他们不需要对外贸易的话头，好像已经使得英格兰的许多人相信，对外贸易真的对他们就无关重要似的。所有到过中国的人必然人人都知道这种想法何等的错误。广东、福建两省人民之依存于对外贸易，正和英格兰人一样。福建……整个儿依靠贸易为生，从台湾、马尼拉、暹罗和柬埔寨输入大米；用他们自己的船只对婆罗洲、爪哇、新加坡和暹罗经营大量的航运，据中国人告诉我，如今该省去到这些国家的移民每年达二十万人之多。我在海上看到他们的船只，为数极多，沿海也布满了渔船。①

这个英国人是侵略分子，但我们不以人废言。他从 1817 年起，先后 16 次前来中国，他的所见所闻同历史情况是基本符合的。当时的中国，封建经济成分仍占主要地位，但“自然经济”在不少地区已经开始破坏。新生的资本主义萌芽，东南沿海人民的生活，都需要“重商”，需要“开放”。而闭关政策同这一需要相反，只是旧的上层建筑惰性力量的表现。

（二）它来自封建统治者妄自尊大的心理

中国是有着悠久历史和文化的封建大国，而几千年来，周围邻国一般都是相对的后进小国。久而久之，封建统治者养成一种虚

---

① 《安德鲁·韩德森先生致 G. G. H. de 拉本特函》，见《英国蓝皮书》（《鸦片战争》资料丛刊第 2 册）。译文见《近代史资料》1958 年第 4 期，第 53 页。按：该函将闽、广对台湾的贸易也算作“对外贸易”，这是侵略分子的谬见，应予纠正。

骄夸诞的习性，认为中国是世界的中心，是“天朝上国”，别人都是“夷狄蛮貊”。一直到明朝，对世界还是这样认识。明末，西方耶稣会士利玛窦等来华。从宣传宗教的角度看，当然不是好事，但经他们多多少少带来一点科学知识，这是另外一回事。他们绘制一些“舆地全图”，图上的中国不在世界的中央，引起了许多封建官绅的大哗。官绅们认为，中国的阳城(今河南登封县告城)位居天地的中心，古有定论。而“舆地全图”把中国画得“居稍偏西而近于北”，这真是岂有此理。另外，从图上看来，中国显得不够大，难道中国就这么小吗？(“焉得谓中国如此蕞尔?”)所以他们说：这全是“邪说惑众”，“肆谈无忌”。又说：“谈天衍谓中国居天下八分之一，分为九州，而中国为赤县神州。此其诞妄，又甚于衍矣!”①战国时期驺衍认为：中国只占天下 1/81。中国是赤县神州，中国以外还有一些相当于赤县神州那样的地方，共是 9 州，此 9 州为“裨海”(小海)所环绕；天下共有 9 个像这样的“九州”，外边是“大瀛海”所环绕。驺衍的说法带有很大程度的猜测性质，诚然不足凭信。但他比起后世的顽固士大夫，偏见要少得多，他心目中的世界，比后者也要大得多。两汉以后儒家封建士大夫心目中的世界，除中国而外，天下所剩的地方，简直不多了，而且几乎都是“夷狄”之区。可见随着封建专制主义的发展，统治者的头脑越来越僵化，心胸也越来越偏狭了。

世界是广大的，中国不在世界的中央——这样简单的地理常识，到了清朝中叶以后，封建者仍然不接受，乾隆年间修的《皇朝文献通考》对世界的描述是：“中土居大地之中，瀛海四环。其缘边滨海而居者，是谓之裔；海外诸国亦谓之裔。裔之为言边也。”②足不

① 魏浚：《利说荒唐惑世》，《圣朝破邪集》(扬州古旧书店抄本)卷 3，第 37—39 页。

② 《清朝文献通考》卷 293，《四裔考一》。

出国门，还要坚持那种坐井观天的看法。

在封建专制主义时代，国与国的关系也是同家长制的等级观念相适应的。中国同周围国家商业上、文化上的交流，大多需要通过朝贡或“贡舶贸易”的方式进行。其实，南宋时的马端临就曾指出：“岛夷朝贡，不过利于互市赐予，岂真慕义而来？”①但积习相沿，外国使者到中国来，无非是“输诚向化”、“万方来朝”。到了清朝，西方侵略者来撞击中国的大门，在封建统治者眼里仍然是那么回事，不加区别，“一体被中国人（笔者按：指中国封建统治者）看作是夷人。他们那种亚洲式睥睨一切的气概是那样浓厚，以致不屑再分什么彼此厚薄”②。在乾隆年间和嘉庆年间所修的两部《大清会典》里，竟把西洋诸国（包括荷兰、葡萄牙、意大利、英吉利）都算作自己的朝贡国③，把通使事件都算作朝贡事件。鸦片战争以后，这种观念开始改变。光绪年间修的《大清会典》，算是把荷、葡、意、英从朝贡国里删掉了；但该书的编撰工作做得很奇特，前面删掉，后面的《会典事例》却依旧保留上述几国某年来贡，贡品如何，等等的文字④，造成该书体例上的明显矛盾。这说明“天朝上国”一类的传统陋见，对于统治中国的满族贵族来说，因有某种特殊的政治需要，是多么难割难舍。

1793（乾隆五十八）年，英国派马戛尔尼出使中国，目的本是为

---

① 见《文献通考》卷331，《四裔考八》。马端临还举出梁武帝的事例，说明在外事交往中，下面佞臣弄虚作假，编造神话说明外夷如何畏服皇帝，以便献媚取宠，上下其手。梁武帝也甘受其愚，信以为真。

② 丹涅特：《美国人在东亚》，姚译本第6页。

③ 允祹：《乾隆大清会典》卷56，托津：《嘉庆大清会典》卷31。《乾隆大清会典》不包括英国，因修撰时英国使臣尚无来华者。

④ 昆冈：《光绪大清会典事例》，卷502《礼部·朝贡·敕封》；卷503《礼部·朝贡·贡物一》；卷510《礼部·朝贡·迎送》等处，仍将西洋各国通使事件当作朝贡事件写进去。

了经济侵略和领土要求，而清朝君臣却自欺欺人地当作“朝贡”事件，吹嘘道：英国“涉历重洋，远道祝嘏，具见凡有血气，莫不尊亲”①。觐见之前，清朝十分重视朝贡的礼节，坚持要马戛尔尼三跪九叩，马坚决越绝，这使乾隆皇帝很诧异，认为“此等无知外夷”，居然“妄自骄矜”，都怪下面的地方官对该夷“过于优待”，把他惯坏了②。后来经过许多周折，达成协议，英国使臣“曲一膝以为礼”③，总算完成了觐见仪式。乾隆皇帝又高兴起来，当天赋诗一首，其中有云：

> 博都雅④昔修职贡，英吉利今效荩诚。竖亥横章输近步⑤，祖功宗德逮远瀛。⑥（葡萄牙过去向我朝贡，英吉利现在又来效忠。大禹的时候派竖亥和太章走遍南北西东，召来各地纳贡，也不如我今天的威风。大清朝的威力达到遥远的海域，这都归于祖宗的盛德丰功。）

诗虽然写得不太好，但口气很大，把自己比为功迈大禹、万方来朝的圣王，可谓志得意满了。但是马戛尔尼递交的“表文”译出之后，才知道不那么简单，英国提出了增加通商口岸、割让沿海岛

---

① 《掌故丛编》第1辑，《英使马戛尔尼来聘案·署两广总督郭世勋等折》。按：折中“远道祝嘏”句，指英使前来补贺乾隆皇帝八十寿辰。“凡有血气，莫不尊亲”句，出自《中庸》：“天之所覆，地之所载，日月所照，霜露所坠，凡有血气者，莫不尊亲。”这是把封建王权夸大到无远弗届，与天相配的程度。

② 《清高宗实录》，乾隆五十八年八月乙丑（卷1434，第7页）。

③ 《乾隆英使觐见记》（刘半侬译）卷中，第17页。

④ 博都雅（Portugal），即葡萄牙，清朝文献有时译为“博尔都噶尔”、“博尔都嘉利亚”。

⑤ 据《绎史》卷11引《吴越春秋》：夏禹“使太章步东西，竖亥度南北，畅八极之广，旋天地之教。于是……殊方各进，有所纳贡，民去崎岖，归于中国”。

⑥ 该诗见《清高宗实录》，乾隆五十八年八月庚午（卷1434，第11页）。

屿等一大堆侵略要求。乾隆针对这些要求逐条驳回，这是对的；不过，他还认为这是“外夷无知”，“越分妄请施恩”，并没有察觉问题的严重，也不懂得问题的性质。所以他给英国国王颁发的“敕谕”中，仍然对英国“倾心向化”、“恭顺之诚”，提出表扬。

此后，英国越来越强横，经常践踏中国主权。1814（嘉庆十九）年，由于英美战争，英国兵船竟在中国海面任意拘捕美国商船，引起了中、英之间的纠纷，自然咎在英方。但英国乘机提出许多要求，其中有一条，对清朝地方官行用文书（照会）内称呼外国“蛮夷”等字样，表示反对，认为“有轻侮之意”。广东地方官答复：“蛮夷，二字系外国统称。在南曰蛮，在西曰夷……只系称呼，并无轻侮之意……岂可推敲字句？”①这种答复显然是一种搪塞。不去揭露英国的侵略本质，不坚持主权的尊严，却要坚持对人的“蛮夷”称呼，坚持在外事交往中“上对下”的口吻，这丝毫无补于实际，只能是口角取胜的阿Q精神。②

实际上，西方资本主义是比古史上的“蛮夷”高强许多倍的侵略者，世界历史早已进入一个新的时代，清朝统治者对此毫无认识，完全缺乏时代感。把西方简单地看作“蛮夷”，就可以对它们的侵略找到现成的答案：“夷性犬羊”，“譬若禽兽然”；而不去认真研究，认真对付。中国古代的公羊学派已经提出过“王者不治夷狄”的论点③；宋朝的苏轼又专门写了一篇《王者不治夷狄论》。按照

---

① 《粤海关志》卷29，《夷商》。

② 关于这一点，以后太平天国的干王洪仁玕有一段议论，说：“凡于往来言语文书，可称照会。……其余万方来朝、四夷宾服及夷狄戎蛮鬼子一切轻污之字，皆不必说也。盖轻污字样是口角取胜之事，不是经纶实际，且招祸也。”（《资政新篇》）

③ 何休在《公羊传》隐公二年解诂中，最早提出“王者不治夷狄”的说法。

这种古老哲学，应该对“夷狄”所做的事情不予深究，“以不治治之”①。几千年来，儒家的“春秋大义”、“夷夏之辨”是非常严格的。《孟子》说：“吾闻用夏变夷者，未闻变于夷者也。”②这种观念在封建士大夫里面更是沦肌浃髓。西方人既是夷狄，自然他们只应该向天朝看齐，而天朝绝不应该，也不屑于向别人(包括敌人)学习什么东西。以上种种妄自尊大的偏见，就是闭关政策的思想基础。

(三) 隔绝人民与外界的联系，以利于专制统治

闭关自守状态本是封建社会的特征，而清朝实行更严格的闭关政策，还有其特殊的历史条件。这是由于：满族贵族统治大多数的汉族人民，除了阶级压迫以外，还有相当露骨的民族压迫。

清初，为了镇压东南沿海及郑成功的抗清斗争，曾先后宣布严厉的“海禁”和“迁海令”，对闽、广、苏、浙等省濒海居民，逼令内迁50里；焚毁沿海城郭庐舍，有越界者立斩。沿海人民不但不准航海贸易，而且不准下海捕鱼，不准耕种濒海田地。1684(康熙二十三)年郑氏败亡后，清廷才开放海禁。次年，“于粤东之澳门、福建之漳州府、浙江之宁波府(后移定海)、江苏之云台山”设立四关，进行对外贸易。1757(乾隆二十二)年又封闭其他三关，“归并粤东一港(广州)”③。但这只是允许外国前来贸易，而对他们的行动，则规定一些过分的防范方法，以尽量隔断他们同国内人民的接触。至于对国内人民出海贸易，更是心怀戒惧，横加种种无理限制。

“闽、广人稠地狭，田园不足于耕，望海谋生者，十居五六。”④

---

① 苏轼：《王者不治夷狄论》，见《东坡先生全集》卷2。该文云：“夷狄……譬若禽兽然，求其大治必至于大乱。先王知其然，是故以不治治之。”又参看马士：《中华帝国对外关系史》(张汇文译)第1卷，第129页.

② 《孟子·滕文公上》。

③ 夏燮：《中西纪事》卷3，《互市档案》。

④ 蓝鼎元：《论南洋事宜书》，《鹿洲初集》卷3。

明清以来，这一带的人民在沉重的封建压榨下无法生活，大批泛海赴南洋等地贸易，甚至“造作小巧技艺，以及女红针黹，皆于洋船行销”①。惨淡经营，至为劳苦。清廷认为这些人都有“海贼”的嫌疑，于1717（康熙五十六）年下令：“南洋、吕宋、噶喇巴（今雅加达）等处，不许前往贸易”，违禁者严拿治罪。并严令在南洋一带的华侨，限三年回国，否则“不得复归故土”②。1727（雍正五）年，虽然废除了南洋贸易的禁令，但仍规定“其从前逗留外洋之人，不准回籍”③。这等于开除了华侨的国籍。一直到1754（乾隆十九）年，才取消了这条规定④；但清朝对海外谋生的商民和华侨，始终没有改变歧视的态度。“一个从海外归国的商人很可能被逮捕审讯，甚至说他私通外番而被判为汉奸，杀掉脑袋。”⑤

以上是对中国商民出海的限制。而对在国内居住的人民，特别是汉族人民，则严厉防止与外国人有所接触，甚至对略通外语的人也要横加迫害。前面提到的英使马戛尔尼来华事件，竟引起乾隆皇帝对国内人民的猜疑，专门颁布一道上谕，提出：此次英国“贡使”，远道航海来京，他们怎么会晓得沿海的航道？“谅必有内地汉奸，私行勾引前来”。因此下令沿海督抚“严切查察，究出勾引奸民数人，从重治罪”⑥。地方大员密查的结果，发现浙江人郭姓，以往曾和外商有过往来，该人已经病故，其子郭杰观“略省夷语”——大约跟其父学会几句洋泾浜英语，便被认为有通敌嫌疑而“严行管住”（管制）。奏报皇上以后，皇上仍不放心，认为“此人留于浙江，

---

① 蓝鼎元：《论南洋事宜书》，《鹿洲初集》卷3。

② 《清朝文献通考》卷297，《四裔考五》。

③ 《清世宗实录》雍正五年六月丁未（卷58，第33页）。

④ 《清高宗实录》卷472，第13页：“凡出洋贸易之人，无论年分远近，概准回籍。”

⑤ R. M. 马丁：《中国政治、商业与社会》，卷2，第137页。

⑥ 《清高宗实录》乾隆五十八年九月辛卯朔（卷1436，第3页）。

究不可信”，紧急谕令专人押送京师讯问，并要求“沿途务须留心防范，毋致脱逃”①。

1816(嘉庆二十一)年，英国派遣阿美士德为首的使团来华，副使为司当东。由于司当东粗通汉语汉字②，清政府害怕汉族人民同司当东接触，因而神经很紧张。两广的大员特别奏报皇上说：司当东“既通汉话，并识汉字，自应严禁与汉人交接往来，以杜勾串教诱之渐”③。

对资本主义侵略者应该加以戒备，这是毫无疑义的。但是清政府的上述政策措施，却是反映了他们对广大人民的猜忌心理，反映了封建专制主义者对自己的统治缺乏信心。马克思深刻地指出：“推动这个新的王朝实行这种政策的更主要的原因，是它害怕外国人会支持很多的中国人在中国被鞑靼人征服以后大约最初半个世纪里所怀抱的不满情绪。由于这种原因，外国人才被禁止同中国人有任何来往。”④

以上我们从一些侧面探讨了闭关政策所由产生的社会历史根源。此外，史学界还有一个重要的意见：闭关政策具有“更积极的自卫意义”，即防止资本主义侵略的意义。这里谈一下个人的看法。

16 世纪以后，西方殖民主义者远来东方，就是为了掠夺。他们在中国沿海一带烧杀抢劫，侵犯领土和主权，犯下了大量的侵略罪行。此后，他们之间为了争夺在华利益，又不断发生纠纷，对我国东南沿海的秩序也是一种扰害。这些，都迫使明末的，特别是清

---

① 《清高宗实录》乾隆五十九年九月丁酉(卷 1436，第 9 页)。

② 司当东之父在 1793 年曾任马戛尔尼使团的副使，当时司当东 13 岁，随其父到过北京、热河。

③ 《清代外交史料》嘉庆朝 5，第 9 页。

④ 《中国革命和欧洲革命》，《马克思恩格斯选集》第 2 卷，第 6—7 页。

朝的政府不能不采取防卫措施。但是必须指出：防卫侵略绝不等于闭关。只是由于清朝政府把防卫措施同闭关政策结合起来，才使人容易产生误解，混淆了二者的区别。例如一位美国的资产阶级学者，列举了早期资本主义国家在中国沿海的海盗行径以后，写道：

> 如果中国政府（指清朝）不鉴于上述事例，对有关国家采取严格闭关政策，岂不表明它是无以复加的无能，可耻地不顾臣民生命财产么？该帝国受到这些残害为时之久以及从中获得的一系列经验，尚不足够判定这一极端政策是正当的么？①

这段话的涵义有三层：如不实行闭关政策就是“无能”；实行闭关政策是为了保护人民；闭关政策是正当的。

我们不能同意这种意见。当然，由于清朝政府把防卫侵略的措施同闭关政策结合起来，所以我们不否认闭关政策的实施过程中间包含有一定的防卫因素；但又认为，这绝非一个主要的因素。闭关政策的产生，主要是由封建社会的内在因素所决定的，闭关政策的内容及其意义远远超出了防止侵略的范围。它不是为了保护人民，而是愚弄人民镇压人民。它既不是防止侵略的必要手段，更不是防止侵略的有效办法，因此，就不是“正当”的。魏源说得好：“古之驭外夷者，惟防其协寇以谋我，不防其协我而攻寇也。止防中华情事之泄于外，不闻禁外国情形之泄于华也。”②这是一位爱国者对闭关政策的很中肯的批判。闭关政策的特点是闭目塞听，孤立自己，落后挨打，祸国殃民，充分体现了封建统治者的反动和无能。

---

① Blakes Lee：China and the Far East，p. 38，译文用《中国近代对外贸易史资料》第1册，第125页。

② 《海国图志》卷2，《筹海篇三·议战》。

三　对外贸易的管理和闭关政策的主要内容

提到清政府的闭关政策，一般总会联系到公行制度和一系列的管理外国商人的章程。

在管理对外贸易上，清政府废止了唐宋以来的“市舶司”，而设立粤海关，由皇帝的亲信担任粤海关监督，负责征收对外贸易的税饷；另外，粤海关监督与两广总督、广东巡抚等地方官一起，也负有对外贸易的管理职责。

不过，清代与前代最大的不同是，政府及海关不直接与外商发生关系，一切有关外商的事务都要通过“洋货行”（简称洋行）的行商，居间经办。① 洋货行通称“十三行”——这是沿袭明朝的习惯称呼②。以后各洋行之间为了避免过分的竞争，又共同成立一种行会性质的“公行”③。公行的行商垄断进出口贸易④。它所承担的任务主要为：

承销外国商人的进口货，并为之代购出口货；

---

① 清朝在成立粤海关后，1686（康熙二十五）年，正式出告示，招纳“身家殷实之人”，呈报官府批准，开设洋货行，专门经营对外贸易。参看彭泽益：《清代广东洋行制度的起源》，载《历史研究》1957 年第 1 期。

② 《粤海关志》卷 25《行商》：“国朝设关之初，番舶入市者，……令牙行主之。沿明之习，命曰十三行。”此牙行以后发展成为洋货行。

③ 公行成立的年代，据《粤海关志》，为乾隆二十五年（1760），但据《广州番鬼录》等西方资料，则云在 1720（康熙五十九）年即已成立。笔者以前说为是。本文以主题所限，暂不考辨。

④ 除行商外，广州还有许多经营对外贸易的“散商”（自由商人）。按照清政府的规定，散商只能经营行商所不经营的货物买卖，例如供应外侨个人的必需品之类。而且散商的货物只有经过行商才能运出中国，由行商抽一笔手续费，并以行商名义报关。

划定进出口货物的价格；

代外商缴纳海关税；

照管外商的生活，并监督其行动；

为清政府具体经办一切对外商的联系事宜。政府的命令、公文由公行转达，外商的意见、禀帖由公行转递。

由此可见，公行既是中外商人的联系媒介，又是清政府与外商的联系媒介。它既具有商业垄断的职能，又具有政治外交的职能。前一种职能还是正常的，在欧洲中世纪，英、意、法、荷等国都存在过这一类的行会；而后一种职能则在历史上是罕见的。清朝官员，包括海关官员在内，是不同外商会见的，连外商的大班、二班（领事、副领事），原则上也不能会见清朝官员，一切由公行居间转达，否则就叫"有失国体"。这种制度，只能从清朝僵硬的封建官僚制度和闭关政策中得到解释。其实用这种办法，只能更便于外国资本主义的不法商人和亡命之徒的胡作非为，而许多管理外商的章程，大部分变成了具文。

由于外国资本主义势力不断与清政府发生矛盾冲突，所以清政府的管理办法也多次调整，逐步趋于严密。其主要的规定如下：

1. 禁止外商在广州过冬。外商通常须于阴历九、十月随洋船回国。如届期因货、款未清，不能回国，只能酌留一二名司事者，到澳门去过冬。①

2. 外商到广州，必须住在行商为之特别建造的"夷馆"里面，其生活、行为由行商负责照管。外商不得任意出外闲逛，不得乘舟游行江上；也不许民人出入夷馆，以免互相"结交引诱"。外商如有置买货物等事必须外出者，须由行商及通事（翻译）亲自伴随。后经英商提出异议，乾隆末年规定外商可于每月初三、十八两日，由

① 此条后来被美国商人带头破坏。至1831年粤督李鸿宾的《八条章程》中，宣布取消此一硬性规定。见《粤海关志》卷29。

行商派人带赴海幢寺陈家花园游散，但日落即须回馆。① 1816（嘉庆二十一）年又改为每月初八、十八、二十八日三次，每次十人，前赴海幢寺花园游散，由通事陪同，日落回馆。②

此条规定，对外商兼有保护其安全及监督其行为的双重用意。保障国家安全和保护外侨安全，这是主权国家应有的职责，但规定如此过分的办法，则反映了清朝政府的专制和无知，缺乏有效的合理的手段。实际上上述两条规定只是具文，早被外商破坏，没有执行。

3. 外商雇佣中国民人（看门、挑水、挑货等）加以限制，不许雇用中国仆妇。

4. 外国妇女（外商或大班的眷属）不许居住广州夷馆，只许停留船上或居住澳门。此条用意在于不使外商在广州享受家庭生活，以免其留恋不去。为此曾与英人发生剧烈纠纷，甚属无谓。

5. 禁止中国行商拖欠外商银两，违者“照结交外国，诓骗财物问拟”。一经查出行商拖欠外商巨款，即将其革职充军，并将其资财房屋田产等，全部折变抵债，如仍不足抵债，则勒令其他行商摊还，甚至先由粤海关垫付。

此条用意有二：一为维护天朝尊严，免得“贻笑外夷”；一为防止行商受外商控制。而在客观上，对外国商人的财产也体现了保护的精神。不过，在商务交往上，欠债是难以避免的，由于外商对行商的高利盘剥（年利率高达20%，复利滚算），也由于清政府对行商的重重勒索，行商经常大量欠债破产。

6. “夷船”停泊的地方，拨派兵丁加强巡查。

7. 禁止偷运枪炮到商馆。

8. “夷船”到中国后，不入口纳税，而在外洋湾泊，走私漏税、

---

① 许地山编：《达衷集》卷下，第166页。

② 《粤海关志》卷26。

贩卖鸦片者,立时予以驱逐(此条为1835年新增)。以上3条完全正当合理。新增的一条尤其体现了反对鸦片侵略的精神。但由于中国水师的落后及官兵的受贿,根本没有生效。

综观以上对外商的主要管理办法,固然有一些过于苛刻专横的,体现了某些闭关政策的精神。但也有一些完全正当合理的防止侵略的办法,不能与闭关政策混为一谈。尤其值得注意的是,由于清政府的腐朽无能,和外国资本主义势力的蓄意捣乱破坏,上述各条管理办法,无论正当与否,并没有得到执行。有一个鸦片战争前后在广州生活了20年的美国商人(鸦片贩子)写道:

> 广州城外叫做"十三行"的那一部分,在订约(指南京条约)以前,是"番鬼"(指外国人)唯一居住的地方。从表面看来,在这里居住,是受着一堆限制……我们被肯定告诉着,要听话和服从,要战战兢兢地,不要因顽抗和规外行动以致引起皇帝的愤怒。但是这仅是一些具文。中国当局一再地威吓我们说:假若我们继续卖给人们洋土(鸦片)的话,要严厉的惩罚……可是我们像从前一样,继续出售洋药。……从任何方面来看,好像我们的生命和自由不值一文。除去一个月三次固定的日子以外,禁止我们闲逛,并且永远不得离开一位通事。可是我们高兴的时候,我们可以随便走走,愿意逗留就逗留,并且很少有通事跟着我们。……每个商馆,当局只准许有八个中国人照料,担任挑水扫除做饭,及一位大班主持一切。但是实际上数目是无限制的。……我们并不管这些官样文章,我们只专心作买卖、划船、散步、吃好的,因此时间是很快乐地过着。

这个美国商人还说,清政府表面上严禁走私,可是"我们只要出些小费,那监管的人就乐为居间,而使我们免去一切麻烦"①。

① 《旧中国杂记》,见《鸦片战争》资料丛刊第1册,第235—236页。

“我们对于他们(指清政府)的文件,禁令,警告,以及威吓,照样是很轻视的。我们时常说他们的宽容,并且对于他们的帮助及保护感觉惊奇。”①

另一个美国人写道:清政府的一切规章没有不可以“通融”的,“一切都是事以贿成,法同虚设的”,外国人“一年四季来来往往,推翻了在广州作生意的一切古老规章”②。

多少年来,人们把清政府对外国商人的严格限制当作闭关政策的主要内容,这是一种误解。如果是这样,那就可以说清朝基本上没有实行闭关政策,因为那些规定有些是合理的,即令有些过苛的规定,也只是一些具文,基本上没有付诸实现;再退一步说,即令实现了一小部分,那也只是闭关政策的一个侧面,而且并非主要的侧面。我们应该把西方资产阶级所极力宣传的那种观念改变过来。闭关政策的主要内容,不是对外国商人的“防范”条例,而应该是它对国内所实行的一些商业的文化的政策:

1. 对国产货物出口的严格限制:粮食(包括豆类)、铁及铁器(包括铁锅、铁钉及一切废铁)、硫磺、硝等物,均严禁出口。丝及丝织品③、茶叶、大黄的出口量严加限制。禁止茶船出洋贸易,闽、浙、皖等地茶叶,必须由内河过五岭运赴广州,通过行商卖给外国。如直接出洋贩运,则目为“通夷”,商人治罪,茶叶入官。④

这些规定,对中国农业、手工业、商业的发展是一个沉重打击。

---

① 《广州番鬼录》,见《鸦片战争》资料丛刊第1册,第273页。

② 丹涅特:《美国人在东亚》,姚译本,第52页、第70页。

③ 乾隆二十四年(1759),曾下令严禁丝及丝织品出口。五年后虽宣布弛禁,但只准出口少量粗丝,而细丝及绸缎纱罗、丝棉等项,照例禁止出口。国内商人只有在前赴东洋等地换铜的名义下,才准搭配少量绸缎出口。

④ 嘉庆二十二年(1817)上谕:“所有贩茶赴粤之商人,俱仍照旧例,令由内河过岭行走。永禁出洋贩运。”又云:“漏税事小,通夷事大,不可不实心实力,杜绝弊端也。”(《光绪大清会典事例》卷630)

尤其茶、丝、丝织品，是当时中国对外贸易的王牌货，也是明清以来中国资本主义萌芽发展最显著的行业，清政府恰恰从这里开刀，其作用之恶劣，不言而喻。

2. 严格限制中国商人制造海船。沿海各省渔船只许用单桅(福建省可用双桅)，梁头不得超过一丈，舵工水手不得超过二十人，捕鱼不许越过本省境界。① 出洋贸易的海船仅许用双桅，梁头不得过一丈八尺，载重不得超过五百石，舵水人等不得超过二十八名。② 以上是对造船规模的限制。此外，又规定：严禁将所造商船租于他人，或租用他人之商船。更不许打造海船卖与外国人，“其打造海船卖与外国图利者，造船人与卖船之人，为首者立斩，为从者发边卫充军”③。又严禁中国商人在外国打造船只带回中国。④ 以上是对造船专业化的禁止。

总之，上述规定对中国造船技术的发展是一个沉重打击。15世纪郑和下西洋时，中国的造船技术在世界上名列前茅。明朝中叶以后，基本上停止进步。清朝又如此限制摧残，虽然其法律规定是专对商船的，但势必严重影响到官船和战船制造技术的发展。鸦片战争时中国水师的失败，早已注定了。

3. 长时期的“禁海”，海禁解除后又有一段时期禁止华人赴南

① 《嘉庆大清会典事例》卷507《兵部·绿营处分例·海禁》(《光绪大清会典事例》卷629同此)。按:《嘉庆大清会典事例》卷97，第4页云:“出洋海船，只许用单桅，梁头不得过一丈，舵水人等不得过二十名，取鱼不得越出本省境界。”(《光绪大清会典》卷120同此)显系将渔船误作“出洋海船”。

② 《嘉庆大清会典事例》卷615《刑部·兵律关律》:“如有打造双桅五百石以上违式船只出海者，不论官兵民人，俱发边卫充军。”(《光绪大清会典事例》卷776同此)

③ 《嘉庆大清会典事例》卷615(《光绪大清会典事例》卷775同此)。

④ 《嘉庆大清会典事例》卷97《吏部·处分例·海防》(《光绪大清会典事例》卷120同此)。

洋等地贸易，以及种种对出国华商及海外华侨的刁难和迫害政策。仅以商民出海一事而论，其限制的苛刻，可以说古今中外找不到先例。每船的舵水人等有限制(28 人，见前)；所带口粮有限制(按路程远近，每人每日准带食米一升，余米一升)；自卫防盗的武器有限制(每船限带二炮，火药三十斤)①；甚至对航海必不可少的用品如铁钉、油灰、棕、麻等物都有严格限制。这样，出洋的人一遇较大意外，就会饿死；一遇海盗，特别是英、荷等西方海盗，就只有引颈待戮；远海航行，如果船有破漏，连钉一钉、油一油、捆扎一下的东西也不够用。这是在途中。至于出海时那种极端烦琐难办的手续、申请、具结、取保、十艘船只连环保结，以及舵水人等的连环保结、大量的贿礼等等，简直难于上青天。

4. 除个别杰出人物(如康熙)以外，绝大多数封建统治者对西方资本主义的科学文化，都采取不加分析的深闭固拒态度。对西方制造品，也不加分析地一概视为“奇技淫巧”，予以排斥。② 这些我们在后面再来讨论。

5. 禁止中国史书出洋。外国人到中国“不得收买史书”，中国人不得将史书卖给外人，“违者将买给之人，照代为收买违禁货物例，枷号一月，发近边充军”③。这是钦定的法规。但下边的官员实际执行的过程中又将范围扩大，成了“内地书籍，不准出洋”④。又禁止中国民人教授外人以汉文，否则即目为“奸民”、“汉奸”，严

---

① 俱见《嘉庆大清会典事例》卷 507(《光绪大清会典事例》卷 629 同此)。

② 甚至林则徐这样杰出的开明人物，在钦差赴粤初期，也不免有“外来之物，皆不过以供玩好，可有可无。既非中国要需，何难闭关绝市”的偏激言论(《拟颁发檄谕英国国王稿》，《林则徐集·公牍》第 126 页)。当然，在斗争中，林的思想不断进步，终于成为开眼看世界的先驱人物。

③ 《嘉庆大清会典事例》卷 615(《光绪大清会典事例》卷 775 同此)。

④ 《史料旬刊》第 10 期，第 363 页，《邵正笏折》。

拿治罪。以上各种规定大约意在“保密”，不使外人了解中国。而对国内人民学习外语，也严加限制和迫害。魏源指出：“嘉庆间，广东有将汉字夷字对音刊成一书者，甚便于华人之译字，而粤吏禁之。”①总之，要隔断中外文化的交流。

6. 由行商垄断对外贸易，这已经对国内工商业的发展及资本的原始积累造成不利。而对那十来个行商，又要进行无情的勒索敲诈。行商每年须向皇帝交纳“常贡”；代粤抚及海关监督采办“贡品”，价值即由行商赔垫；对各级大员送礼；交纳皇帝万寿及其他大典的款项；为粤海关监督的寿辰及其太夫人、夫人的寿辰献款；临时捐纳大笔的军饷及河工费用，等等。因此，有些行商竟至用巨款贿赂官府，请求“告退”不干。

上述那些工商业上、文化上的政策，才是闭关政策的主要内容，并在历史上产生了深远的不良影响。

四　闭关政策的后果

长时期以来，由于西方资产阶级的片面宣传，人们习惯于把闭关政策理解为对外国商人的刁难和压制，好像闭关政策就是把外国商人“关在门外”，好像闭关政策的主要内容就是公行制度。但实际的后果却迫使我们不得不打破这一观念。前面提到的那位美国商人（鸦片贩子）就认为，公行对于外国商人很方便，“这使商业手续便捷。不用多说，商业的规模是巨大的。这种交易的进行是很愉快的，所有各种手续十分便利”②。再看看当时英国商人的反映。1830 年英国下议院关于对华贸易的审查委员会会议中，几乎所有出席的证人都承认，在广州做生意比在世界上任何其他地方

① 《海国图志》卷 2，《筹海篇三・议战》。

② 威廉・亨德：《旧中国杂记》第 222 页。

都更加方便。下面是英国下院审查委员会与作证人的问答记录:

问:在广州做生意方便不方便?

(作证人港脚商人阿肯)答:大为方便。

问:你认为在广州做生意和在你所熟悉的任何其他商埠做生意同样的方便吗?

答:我认为广州更加方便。

问:和在印度一样的方便吗?

答:远比印度方便得多。

问:在广州也和在英国同样的方便吗?

答:是的,并且更方便得多。

问:你何以说更加方便得多呢?

答:你只消和一个(行商)商人打交道,别的什么都不用管;而你一经成交,那就什么事都不用烦心了。

问:你认为行商做生意是开明的,还是不开明的?

答:非常开明。

问:你能相信他们的忠诚正直吗?

答:是的,我有一切理由相信他们在一切方面都是诚实的。

问:他们遵守他们和别人订的契约吗?

答:是的,我还没有听说有任何人受到他们一丝一毫的损失。①

由此可见,公行制度并没有起到对外"关紧大门",从而使外国资本主义对华通商多么困难的作用。诚然,广州一口通商及公行制度毕竟限制了外商的活动范围,造成了英国资产阶级的不满。可是,假定鸦片战前清政府实行五口通商、十口通商,英国资产阶级难道会就此满意,鸦片战争难道会因此避免么?不会的。伴随

---

① 转见严中平:《英国资产阶级纺织利益集团与两次鸦片战争史料》,《鸦片战争史论文专辑》第 32—33 页。

着公行制度，诚然有一些“防范外夷”的规定显得苛刻而又愚蠢，这体现了闭关政策的一个侧面。但正是在闭关政策下，鸦片从英美商船上汹涌而入，泛滥全国。“关”是闭不住的。“闭关”对外是不能抵制侵略的，它的矛头主要是对内，它的恶劣后果也主要是害了国内：

首先，闭关政策严重阻碍了国内资本主义萌芽的生长。16世纪中叶以后，我国已明显地出现了资本主义萌芽，那时西欧最先进的国家，也还处在资本主义发展的早期阶段。中国在这方面并不落人后。

马克思说：“世界贸易和世界市场在十六世纪揭开了资本的近代生活史。”①又说：“现在，工业上的霸权带来商业上的霸权。在真正的工场手工业时期，却是商业上的霸权造成了工业上的优势。”②欧洲资本主义发展的历史证明，光有国内的商业市场还不行，还必须开拓国外的市场，才能大大促进资本主义的发展。16、17世纪，当葡、西、荷、英先后东来的时候，它们发现，中国商人和华侨早已大量涌入东南亚、南洋群岛各地，并且掌握了这一广大地区商业上和航海上的主导地位，17世纪初，荷兰和英国这两个最大的海上强国，曾经在东南亚联合起来对付中国人；从1620年起，荷、英两国的东印度公司在远东的舰队统一指挥，对中国商船进行攻击。

西方国家千方百计奖励人民出海冒险，大力支持海外贸易，它们的商人有国家作为后盾，气焰很盛。而中国呢，自从明朝中叶以后，由于倭寇的侵扰，海禁就相当严厉，实际上也实行了闭关政策。清朝更加严厉苛刻，如前所述，它死死地卡住对外贸易，限制造船航海，打击迫害华侨。海外华商和侨民成了祖国所抛弃的人。在

① 《资本论》第1卷第4章，《马克思恩格斯全集》第23卷，第167页。

② 《资本论》第1卷第24章，《马克思恩格斯全集》第23卷，第822页。

激烈的商业竞争中，华商华侨腹背受敌，遭受的是内外夹攻。

1603(万历三十一)年，西班牙在吕宋屠杀华侨2.5万人，本来担心明朝兴师问罪，不料明廷漠然视之，未予深究①；于是以后又进行了几次屠杀。

1741(乾隆六)年，荷兰在噶喇巴(今爪哇)屠杀华侨万人，清朝统治者认为，被害华侨是“自弃王化(指不顾清朝禁令前往南洋贸易——笔者)，按之国法，皆干严谴。今被其戕杀多人，事属可伤，实则孽由自作”②，“在天朝本应正法之人，其在外洋生事被害，孽由自取”③。华侨与当地人民一起，世世代代用汗水灌溉了南洋的土地，也间接促进了国内闽、广、江、浙等地工商业的发展，到头来横遭西方殖民强盗掠夺杀戮，清朝政府还认为除了一害。资本的原始积累，国内工商业的发展，在闭关政策下是何等艰难！鸦片战争前夕林则徐钦差使粤，奏云：“华民惯见夷商获利之厚，莫不歆羡垂涎，以为内地民人格于定例，不准赴各国贸易，以致利薮转归外夷。”④这是得自亲见亲闻(林氏本福建人，熟悉闽广民情)，很能反映实际的话。足证闭关政策使外国商人得利，本国人民受害，摧残了资本主义萌芽的生长。

其次，闭关政策阻碍了科学文化的发展。

人类的科学文化，总是在互相渗透、互相交流中前进的。毛主席说：每个民族都有它的长处，也都有它的短处。“我们的方针是：一切国家的长处都要学，政治、经济、科学、技术、文学、艺术的一切

① 《明史·外国传四·吕宋》载：此次事件，仅由巡抚徐学聚“移檄吕宋，数以擅杀罪，令送死者妻子归，竟不能讨也”。

② 《清朝文献通考·四裔考五·噶喇巴》。

③ 《史料旬刊》22期，《乾隆朝外洋通商案·庆复折》。

④ 《林则徐集·奏稿中》第640页(《外人带鸦片罪名应议专条片》)。

真正好的东西都要学。”①清朝政府对西方国家，却是闭目塞听，不屑于学习，不愿意了解；甚至舍其所长而取其所短。

葡萄牙人于16世纪初叶就已来到中国，未到中国之前，先攻灭了满剌加（马六甲）。明朝人管葡萄牙叫“佛郎机”，这大概是根据东方伊斯兰教徒的叫法来的（原为对基督教徒的统称）。葡萄牙和明朝发生过多次冲突，以后又租借了澳门，同中国的关系不算生疏。但明朝和清朝的人，长时期不知道这个国家究竟在哪里。顾炎武是一位注重实际的学者，他“骑驴走天下”②，博闻强识；但他在《天下郡国利病书》中，却把佛郎机列在“交趾西南夷”一类，认为其国“在爪哇南”③。这里无意妄薄前贤，只想说明，在闭关自守的历史环境里面，求知识是多么困难！《明史》是清朝人根据明朝史料修的，《明史·外国传》④竟写着“佛郎机，近满剌加”⑤。这不是谬以万里吗？

随后，西班牙人来了，杀了几万华侨。明朝人和清初人却不知道西班牙是哪个国家，把葡、西两国都叫佛郎机。《明史·外国传》就误认两国为一国，分不清谁是谁。如《外国传》的《吕宋传》说：“时佛郎机已并满剌加，益以吕宋，势愈强，横行海外，遂据广东香山澳，筑城以居，与民互市。”⑥这本来是在写西班牙，却把葡萄牙的事情——并满剌加、据香山澳，都记在西班牙账上了。又如写葡

---

① 《论十大关系》，《毛泽东选集》第5卷，第285页。

② 李光地：《顾宁人小传》。

③ 《天下郡国利病书》，四部丛刊本，第47册，第47页。

④ 《明史·外国传》乃据尤侗的稿子稍加删订而成。参看张维华：《明史佛郎机吕宋和兰意大里亚四传注释》。

⑤ 《明史》卷325，《外国传六·佛郎机》。

⑥ 《明史》卷323，《外国传四·吕宋》。按：“香山澳”指广东香山县所属浪白等澳；后葡人转据澳门。

萄牙，说：“万历中，破灭吕宋。”①把西班牙人干的事给葡萄牙记上了；而且攻灭吕宋事在1571年，即隆庆五年，《明史》年代也不准确。

明朝人把葡、西两国都当作“佛郎机”，而葡萄牙的国名Portagal，旧译“蒲丽都家”（《明史》误作“蒲都丽家”）；西班牙被称作Castilla，旧译“干丝腊”（古时在西班牙的北部和中部曾有干丝腊王国）。这些名称可把明、清的官僚士大夫都闹糊涂了。《明史·佛郎机传》一忽儿说，佛郎机“改称蒲都丽家”，一忽儿说，佛郎机“后又称干系腊国”。他们认为，佛郎机、蒲都丽家、干系腊，这些名称，不过是一个国家的名字随便改来改去。

17世纪末年，法国人开始来到中国。由于法兰西与佛郎机音近，清朝人竟将法国也称为佛郎机，概念越加混乱了。乾隆年间修的《清朝文献通考》，其中的《佛郎机考》就是一个典型。它写道：

> 佛郎机，一名和兰西。……东与荷兰接，其国都地名巴离士（Paris）。

这显然写的是法国。但后面又说：

> 佛郎机国人寓居壕镜澳（澳门），与粤商互市，于明季已有历年。

这又是葡萄牙人的事情。下面又写道：

> 其种族有居吕宋者，详吕宋传。来粤互市，或从其本国，或从吕宋国至云。②

这又写到西班牙头上了。该书还有《干丝腊考》，谈到“西北海中”有一个干丝腊国，占据了吕宋，“分遣小王镇守吕宋”。但明、清人已知道“佛郎机”占据了吕宋，何来一个干丝腊国呢？为了解决这一矛盾，作者写道：

---

① 《明史》卷325，《外国传六·佛郎机》。

② 《清朝文献通考》卷298，《佛郎机》。

臣等谨案：佛郎机在明时既袭据吕宋，今干丝腊亦分守吕宋。盖旧国已空，岛夷互据，难以实稽也。①

反正吕宋的"旧国"已经"空"了，"岛夷"随便去占，你占几天，他占几天，所以很难考证了。这样妙的理由，亏他想得出来。

荷兰曾侵占我国澎湖、台湾，又在爪哇屠杀华侨；英国是后来侵华的最主要国家。明、清士人对这两国，很长时间分不清谁是谁，统呼之为"红毛番"。1637(崇祯十)年英船四只初来广州，炮轰虎门，一度占领虎门炮台，抢走了炮台上的大炮，放火烧了衙门，掳掠江面上的船只，事情闹得不可谓不大。而"英吉利"一国，却不见于《明史》。原来，《明史》把这件事记在《和兰(荷兰)传》里面，而且避讳了英军的暴行，只以"(崇祯)十年，驾四舶，由虎跳门薄广州，声言求市"②等数语了之。挨了打，不知道谁打的，还要讳言挨打的事实，这都是无知而又虚荣的心理。

从葡、西两国来华算起，到清朝中叶已有200多年，到鸦片战争前夕已有300多年；英国来华较晚，到鸦片战争前也有200年了。而清朝统治者仍然不清楚这些国家的来历。魏源对此愤然写道："以通事二百年之国，竟莫知其方向，莫悉其离合，尚可谓留心边事者乎？"③这是对闭关政策的控诉。当然，魏源的《海国图志》对西方国家的叙述，也有不小的错乱；但他在努力地了解世界，辛勤地搜集材料。长期的闭关政策给科学研究带来严重的困难，这不是他的过错。

明末以来，西方耶稣会士已经开始把世界地理的新知识介绍到中国。利玛窦绘有"舆地全图"，艾儒略(意大利人)著有《职方外

---

① 《清朝文献通考》卷298，《干丝腊》。

② 《明史》卷325，《外国传六·和兰》。

③ 《海国图志》卷2，《筹海篇三·议战》。按：魏源《海国图志》对法兰西、佛郎机、葡萄牙等国的地理概念，仍然是错乱的。张维华先生已指出。

纪》,清初,南怀仁(比利时人)又著《坤舆图说》。他们是传教士,他们的著作里自然少不了宣传宗教迷信、美化殖民主义的成分。魏源的可贵之处,就在于他一方面批判上述的毒素,指出它是"夸诞无稽之说"①,而同时又努力吸收其科学内容。然而,鸦片战前的清朝士大夫却不屑于读"外夷"的书,就是读了,也只当作海外奇谈。《清朝文献通考》对于世界五大洲之说无条件地不相信,说是:"意达里亚人所称天下为五大洲,盖沿于战国邹衍裨海之说。……彼所称五洲之说,语涉诞诳。"②一代文宗的纪昀,对《职方外纪》的评论是"所述多奇异不可究诘";对《坤舆图说》,则认为它不过是摹仿道家的神话《神异经》,而全部予以否定,说:"疑其东来以后,得见中国古书,因依仿而变幻其说,不必皆有实迹。"③云云。

封建统治者对西方最起码的情况——地理位置、国家概况——还不屑一顾,至于其科学文化,自然要加以排斥。更糟的是,他们对外来的东西,不是择善而从,而偏要择其善者而排之,择其不善而从之。耶稣会士带来一点西方的技艺之类,主要是为他们的宗教宣传服务的,其中夹杂有许多谬误的成分。例如,利玛窦、汤若望所介绍的西方天文历算之学,在理论上,仍然是托勒密的地球中心说、日动地静那一套反科学的旧货色。汤若望的《历法西传》,就有意识地隐瞒了哥白尼地球绕日运行的伟大发现。这是应该受到历史的谴责的。但是,清朝统治者却接受了这一套东西,原因是这样的,"西历"能够为星象占验、吉凶休咎之类的封建迷信

---

① 《海国图志》卷 41 关于《职方外纪》的批注。

② 《清朝文献通考》卷 298,《四裔考六》。

③ 《四库全书总目提要·史部·地理类四》。

服务。① 乾隆年间，法国人蒋友仁将哥白尼的学说介绍进来（这时距哥白尼《天体运行论》的发表已有200多年），清朝统治者就坚决拒绝接受。甚至阮元那样的学者，也不遗余力地反对西学。他认为哥白尼的学说“其为说至于上下易位，动静倒置，则离经叛道，不可为训，固未有若是甚焉者也”。拿天象和人事相比附，这是根深蒂固的传统封建哲学。在阮元看来，如果地球绕日运行，那就意味着人间统治秩序的根本颠倒，是断然不容许的。这样“离经叛道”的邪说如予接受，“自是而后必更有……逞其私知，创为悠谬之论者，吾不知其伊于何底也！”②。所以阮元认为，中国的古法比近代的西法还要“精深微妙”，眼前采用一点西法，那不过由于古法失传，“此礼失求野之义也”③。这种自满和偏见是科学文化进步的极大障碍。

不过，同一般封建官僚比较起来，阮元还算是开明的。有许多人，则公然宣扬蒙昧主义。杨光先著的《不得已》，提出“宁可使中国无好历法，不可使中国有西洋人”的论点。这个论点听起来很“壮”，颇有类于“宁要没有文化的劳动者”那种逻辑。杨光先认为历法不好丝毫不妨碍封建统治，“无好历法不过如汉家不知合朔之法，日食多在晦日，而犹享四百年之国祚”。要有了几个西洋人在

---

① 清初，在接受“西历”的过程中，也曾遭到许多封建士人的激烈反对。杨光先、吴明煊就是反对“西历”的中坚人物。但他们并不是反对它非科学的一面，而是反对它迷信成分不够的一面。例如汤若望进呈“二百年历”，光先等攻击道“天祐皇上，历祚无疆，汤若望只进二百年历”，说汤若望有意诅咒清朝只有200年的天下。又攻击汤若望“选荣亲王葬期不用正五行，反用《洪范》五行，山向年月俱犯忌杀，事犯重大”（见《清史稿》卷272，《汤若望传》），建议将汤若望及其助手凌迟处死。只是由于康熙皇帝开明，汤若望才未被判罪。

② 《畴人传·蒋友仁》，《皇清经解》（学海堂本）卷1067，第14页。

③ 《畴人传·利玛窦》，《皇清经解》卷1065，第6页。

中国主持“钦天监”，那可不得了。因为西洋人“仪器精”、“兵械亦精”，可以使中国“祸至无日”；西洋人攻灭吕宋，侵略日本，不是前车之鉴吗？因此，他主张废除西历，将在钦天监里任职的西洋人全部赶尽杀绝。诚然，西方资本主义仪器精、兵械精，是当时最危险的侵略者，但如果将其仪器、兵械学过来，为我所用，抵抗侵略，岂不更好？以后的日本正是走的这条道路，而且很有成效。能够设想把西洋人赶尽杀绝，永远关紧大门吗？毛主席说：“自从帝国主义这个怪物出世之后，世界的事情就联成一气了，要想割开也不可能了。”①门是关不住的，闭关政策和蒙昧主义只能是一条自取败亡的道路。清朝统治者 200 年间所走的正是这条道路。

西方的造炮术从明末即已传入中国。清初康熙皇帝对造炮相当重视，而且在反对沙俄侵略中发挥了重要的作用。但自此以后，无人讲求。乾隆时期，西方的科学技术、各种武器又有进一步的发展，而清朝的军队，基本上仍在使用刀矛弓箭。1793 年英使马戛尔尼来华，送来的礼物有天球仪、地球仪、西瓜炮、铜炮、各种自来火枪、西洋船样、望远镜等 29 种②，清朝君臣只当作“贡品”、“玩好”加以收藏。马戛尔尼曾向大学士和珅谈到欧洲的新发明日多一日，并炫耀气球的发明，可载人升入天空；还表示愿意派人来北京表演气球升空。马以为和坤一定很高兴。但恰巧相反，和珅态度极为冷漠，对于那些科学技术进步的消息，一律傲然置之③，这使马很不理解。马戛尔尼还曾邀请清朝名将福康安检阅英国使团的卫队演习欧洲新式的火器操法，他以为福康安一定乐于观看。殊不料，“福大人意颇冷淡，岸然答曰：看亦可，不看亦可。这火器

---

① 《论反对日本帝国主义的策略》。《毛泽东选集》合订本，1964 年 4 月第 2 版，第 147 页。

② 《光绪大清会典事例》卷 503，《礼部·朝贡·贡物一》

③ 见刘译《乾隆英使觐见记》下卷，第 39 页。

操法，谅来没有什么稀罕！"①。马戛尔尼谈发明，请观操，其动机如何，姑置不论。但不管怎样，清朝大员那种冷漠傲慢的态度，送上门来的东西也拒不接受，说明其头脑是何等的顽固和愚昧。

嘉庆皇帝更是这种闭关政策和蒙昧主义的提倡者。一生鼓吹"节欲"、"崇俭"，把钟表、玻璃等一切西方制造品都不加分析地当作奇技淫巧来反对。他曾向英王发出敕谕说："天朝不宝远物，凡尔国奇巧之器，亦不视为珍异。"②早在他即位不久，就曾向臣下作了如下的自白："朕从来不贵珍奇，不爱玩好，乃天性所禀，非矫情虚饰。……至于钟表，不过为考察时辰之用，小民无此物者甚多，又何曾废其晓起晚息之恒业乎？尚有自鸣鸟等物，更如粪土矣。当知此意，勿令外夷巧取，渐希淳朴之俗。汝等大吏共相劝勉，佐成朕治！"③"小民"没有钟表照样种地，要养成百姓的"淳朴之俗"等等，这段话所阐明的思想，从理论上讲，正是来自古老的蒙昧主义哲学。《老子》上不是说过吗，"我无欲而民自朴"；"是以圣人欲不欲，不贵难得之货"④，就是要尽量限制劳动人民的生活欲望，使之"返淳还朴"，以便统治者更多地掠夺剩余产品。《老子》上又说："使有什伯之器而不用，使民重死而不远徙。虽有舟舆，无所乘之；虽有甲兵，无所陈之；使人复结绳而用之。"⑤《庄子》上更有一个"修浑沌氏之术者"的故事，宁愿抱着瓮浇水，而反对用简单的机械——桔槔，因为"有机械者，必有机事；有机事者，必有机心。机心存于胸中，则纯白不备"⑥。使历史倒退到"结绳""抱瓮"之世，

---

① 见刘译《乾隆英使觐见记》中卷，第27页。

② 《清仁宗实录》卷320，嘉庆二十一年七月乙卯。

③ 同上，卷55，嘉庆四年十一月癸未。

④ 《老子》(王弼注本)第57章、第6章。按：《老子》第3章又云"不责难得之货，使民不为盗；不见可欲，使心不乱"，均是此义。

⑤ 《老子》第80章。

⑥ 《庄子·天地》。

诚然是不可能的了，但清朝的封建顽固派总是尽量想使人民愚拙一些，抱残守缺，以利于他们的专制统治。

然而，正当闭关政策雷厉风行的时候，鸦片输入年年增加，造成白银外流、公私交困的局面。有一些封建士人就笼统地把洋货输入当作白银外流的原因。一位桐城派的文人管同写道："洋之人作奇技淫巧以坏我人心，而吾之财安坐而输于异域。"其实，白银外流的根本原因是鸦片走私，而不是正当的中外贸易。如所周知，在正当贸易方面，中国商品年年有大量的顺差。管同完全判断错了。就在此错误判断的基础上，他写道：

> 天下之物，取其适用而已矣。……洋有刀镜之属，而中国未尝无以为器也；仪器、钟表，彼所制诚精于吾，而为揆日观星者之所必取矣；然而舜在璇玑，周有土圭之法，彼其时，安所得是物而用之？然则吾于洋货何所赖而不可绝焉？

是的，西洋有玻璃镜，古人不用玻璃，用铜鉴，用清水也可以照脸。西洋有仪器钟表，古人用土圭也可以测量日影。这和前述的杨光先、嘉庆皇帝是一个思想体系，姑且不予置辩。现在且看管同的结论，他说：

> 宜令有司，严加厉禁，洋与吾商贾，皆不可复通。其货之在吾中国者，一切皆焚毁不用，违者罪之。①

这是要闭关绝市，连广州一口也予以关闭。这种主张是很彻底的。其实，管同到底是一个书生，如果当真地彻底闭关绝市，那些当权的大官僚、大贵族、大地主就将起而反对了，皇帝将头一个反对。粤海关的报效从何而来？高级的奢侈品从何而来？鸦片烟、公班土从何而来？这就牵涉到对闭关政策的理解问题。原来，闭关政策所要排斥的，是西方的科学技术乃至船炮武器等真正有用的东西，而对西方的高级奢侈品（真正的"奇技淫巧"），如鸦片，

① 以上俱见《因寄轩文初集》卷2，《禁用洋货议》。

乃至各种的“打簧货”，封建统治者不但不排斥，而且嗜之如命。

什么是“打簧货”？指当时由（英国）伯明翰和其他地方专为东方市场制造的钟、表以及样式奇巧的机器玩具（例如“藏着一只宝石镶嵌的小鸟，盖子揭开就发出叫声的鼻烟壶”）……它们得到广州和北京官员们的欣赏，并被行商们选用作为馈赠政府官员的年礼。① 此外，还有羽纱、哆啰呢、貂皮及水獭等高级皮货、花毡、洋酒、西洋参、高级玻璃器皿、香料……都是他们所追求的对象。那个对西方科学表示极其轻视的和珅，倒台以后，在查抄其家产的清单里面，竟有：

大自鸣钟（19 座）；

小自鸣钟（19 座）；

洋表（100 余个）；

洋钱（5.8 万元）；

大红宝石（180 余块）；

小红宝石（980 余块）；

蓝宝石（大小共 4070 块）；

洋货库两间（内有五色大呢、五色羽缎、五色哔叽等）；

皮张库一间（内有玄狐 12 张、各色狐 1500 张、貂皮 800 余张、杂皮 5.6 万张）；

玻璃器皿库一间（800 余件）；

此外，还有数以千计的貂皮衣帽袍靴以及其他东洋、西洋的舶来品。②

到鸦片战争前夕，这种海外的奢侈品已经相当广泛地深入到东南沿海及京津一带官僚地主的生活之中。例如，在江浙等省的

---

① 格林堡：《鸦片战争前中英通商史》（康成译）第 20 页。嘉庆所谓“自鸣鸟”，即系此物。

② 薛福成：《庸庵笔记》。

语汇里，“凡物之精好贵重者，皆加‘洋’称”①。语汇的变化反映了洋货(奢侈品)的深入程度。发人深省的是，鸦片战争时期投降派琦善的家产被查抄，抄出家产仅“番银”一项即达一千万元，②可见其“洋化”程度又远远超过和珅；而琦善在鸦片战争前夕，却力主“大张晓谕，海口关隘严戒，不准通商”③，竟是一个不折不扣的闭关论者。这雄辩地说明了闭关政策的反动两面性。

五　小　结

概括以上不成熟的论述，本文想着重指出：

1. 闭关政策是封建专制和蒙昧主义的产物，它的主要目的是防止封建经济的解体，维护专制统治。在西方资本主义东侵的初期，明朝即开始实行闭关政策；清政府更是变本加厉。

2. 清朝的闭关政策，带有鲜明的阶级压迫和民族压迫的特征。面临着外来资本主义的侵略活动，清政府将某些防卫措施同闭关政策结合起来，但我们应予分析，将二者区别开来。闭关政策既不是防止侵略的必要手段，更不是防止侵略的有效办法。

3. 清朝闭关政策的主要内容，不是公行制度和“防范外夷”的章程；它的主要内容，是对国内所实行的某些经济上、文化上的政策；它的主要作用，也在国内。

4. 闭关政策带有反动的两重性。它实行的结果证明：西方的

---

① 包世臣：《安吴四种》卷 35，《致广东按察姚中丞书》。按：该文作于道光八年(1828)。

② 《鸦片战争》资料丛刊第 3 册，第 433 页。

③ 琦善：《遵旨复奏禁烟折》，见《鸦片战争》资料丛刊第 1 册，第 494 页(《溃痈流毒》)。按：此折不见于《筹办夷务始末》，但当时英人常加征引，可见不是赝品。当时大臣奏章《筹末》不收者，不止此件，如林则徐《钱票无甚关碍宜重禁吃烟以杜弊源片》，脍炙人口，而《筹末》未收。

科学技术被拒之门外，中国的商业、手工业被关在门内，而奢侈品和鸦片却从海外汹涌而入。它阻碍了国内经济的发展和科学文化的进步，从而使中国受害，西方得利。

16 世纪，当葡萄牙、西班牙人东来的初期，中国还不算落后；从 17 世纪算起，欧洲正式揭开了近代史的篇章，到 1840 年鸦片战争，共是 200 年的时间。中国封建统治者闭眼不看世界大势，妄自尊大，固步自封，耽误了 200 年的光阴，造成政治、经济、科学文化的落后，同西方的差距越来越大。马克思说："一个人口几乎占人类三分之一的幅员广大的帝国，不顾时势，仍然安于现状，由于被强力排斥于世界联系的体系之外而孤立无依，因此竭力以天朝尽善尽美的幻想来欺骗自己，这样一个帝国终于要在这样一场殊死的决斗中死去。"①鸦片战争及以后各次对外战争的失败，人民革命的奋起，终于促成了清朝覆亡，证明了马克思的光辉论断。

（原载《吉林师大学报》1979 年第 2 期）

① 《鸦片贸易史（一）》，《马克思恩格斯选集》第 2 卷，第 26 页。

鸦片战争前夕的“汉宋之争”

乾、嘉以后至鸦片战争前大约100年的光景，统治中国学术思想界的，主要有两大学派：宋学和汉学。宋学家标榜程、朱，专讲纲常名教、性命义理，号称“得孔子不传之绪”，是嫡系的“正学”。程、朱理学是钳制人民思想的工具，早就被封建统治者当作学术的“样板”来提倡。元朝初年的一个理学家许衡有一番名言，说是“人心如印板，惟板本不差，则虽摹千万纸皆不差；本既差则摹之于纸，无不差者”①。元朝皇室很赞赏这个话。清朝统治者自然也十分理解“样板”的作用。所以朱子配享孔庙，八股试帖用四书朱注，宋学的正统地位是无可怀疑的。为了用程、朱的模式划一思想，宋学家们经常挥舞大棒，排斥异己。在这方面，清初陆陇其的论调最为典型。他说“今之论学者无他，亦宗朱子而已。宗朱子为正学，不宗朱子即非正学。董子云：诸不在六艺之科，孔子之术者，皆绝其道，勿使并进，然后统纪可一，而法度可明。今有不宗朱子者，亦当绝其道，勿使并进”②。这就是要把董仲舒“罢黜百家，独尊儒术”的原则，进一步用在儒家内部，“罢黜别儒，独尊程朱”。但是，既然如此，它就只能有一个模式，用一个腔调说话。所以有清一代，无论官方怎么扶持，宋学始终缺乏生气，根本谈不上什么创新和发展。

---

① 《元史》卷164，《王洵传》。

② 《国朝学案小识》卷1，《平湖陆先生》。

清朝的汉学一派，本来是在黄宗羲、顾炎武所提倡的经世致用、实事求是的学风影响下发展起来的。到乾、嘉时期达到了极盛阶段。这个学派最初很有生气，在经学、史学、文学、音韵、舆地、历算等方面都作出了斐然可观的成绩。他们取得成就的原因，就在于能够摆脱宋明理学、心学的羁绊，比较具有求实和独立思考的精神。汉学对于宋学而言，是一个"异端"；它的求实和独立思考的倾向如果发展下去，也会对封建专制造成威胁。然而清朝统治者采用高压、怀柔、一张一弛的两面政策，终于"招抚"了这个学派。有的汉学家变节求荣，放弃反清斗争，应征"博学鸿儒"；有的原是反程、朱的健将，一听说清廷将朱子升附大成殿(原来朱熹的牌位只摆在殿下的东庑)，赶快用斧头把自己批判程、朱的书板也劈毁了。①

乾隆年间，清朝屡兴文字狱，士大夫畏祸不议时政。绝大多数汉学家把毕生精力全用在古书的训诂考据之中。他们认为：六经是圣人之道，"舍经学则无以为学"；学习圣人之道就必须好古，"蔑古则无以见道"②。仿佛六经已包括了全部学问，古人已说尽了全部真理。又有人主张读经时应先通晓古代的语言文字、典章制度(这种说法有相对的合理性)，因此音读训诂、典章制度应放在一切学问的首位(这就荒谬了)。汉人去古未远，所以汉朝经师的训注是最好的，而宋人朱熹只是"诬圣乱经"。汉学一派的主张越来越偏颇，及其末流，竟至认为后学不但不能对六经有任何怀疑，而且也不应怀疑汉人的注释，"但当墨守汉人家法，定从一师"③，不能越雷池一步。很明显，汉学已走上了墨守故训，厚古薄今，烦琐考

---

① 全祖望：《鲒埼亭集》外编卷12，《毛检讨别传》说毛奇龄"晚年雕《四书改错》，摹印未百部，闻诸子升祀殿上，遂斧其板"。

② 钱大昕：《经籍纂诂序》。

③ 王鸣盛：《十七史商榷序》。

据，脱离实际的死胡同。清初诸儒那种大胆探讨、经世致用、救民水火的精神被阉割得干干净净，汉学变成了对于清朝统治完全无害的学派。于是，许多汉学家受到皇帝的恩赏提拔，或入内阁，或领翰苑，或开府封疆，上升为大官僚权贵。① 汉学与宋学一样，也成了官学。

到了鸦片战争前夕，随着清朝国力的下降，汉、宋二支对垒的学派也日益衰败了；但它们仍要党同伐异，互争正统。历史即将沦入另一时代。好像要趁着即将逝去的时代各为自己的学派作一总结性发言似的，两个营垒先后出现了两部著作，即：《汉学师承记》和《汉学商兑》。

嘉庆二十三年(1818)，江藩的《汉学师承记》首先问世。这是一部清代汉学的发展史，对有清以来至嘉庆年间几十位汉学家的履历、著作、学术思想及其成就，乃至师友渊源等作了简要的介绍，具有相当的参考价值。但是，这部书存在严重的缺点，即：狭隘的门户之见和脱离实际的倾向。主要从以下三个方面表现出来：

首先，为了替汉学争正统，他把魏晋六朝唐宋元明以来中国学术思想的发展一笔抹杀，当作黑暗时代，“长夜悠悠，视天梦梦可悲也夫！”。只有到了清朝，由于历代皇帝特别圣明，敦尚经术，尊崇汉儒，“从此汉学昌明，千载沈霾，一朝复旦”②。在江藩看来，清代汉学直承东汉马(融)、郑(玄)诸儒的正统，而东汉又直承周、孔的正统；除此以外，其间千余年的学术文化是一堆谬误，一片漆黑。褊狭武断竟达到如此惊人的程度，充分说明了汉学的没落。

其次，基于这种狭隘的门户之见，该书不但把许多真才实学的优秀学者拒之千里以外，而且对清代汉学的开山祖师黄宗羲、顾炎

---

① 这并不是说，汉学家全是大官，如汪中，终生贫寒，仅是一个秀才。凌廷堪，学徒出身，成进士后，仅官至宁国府教授。焦循是个举人，家居不仕。

② 《汉学师承记》(丛书集成本)卷1，第2—4页。

武也横加贬抑，只附记于该书的卷末。其理由，据作者说，由于黄、顾曾参加抗清斗争，是“不顺天命”的“顽民”；再就是黄、顾在学术思想上继承了宋、明诸儒的某些东西，未能割断同宋儒的联系，在汉、宋二者之间“多骑墙之见，依违之言，岂真知灼见者哉？”①，附于卷末，表示不承认二人“正统汉学”的地位；这还不算，而且对他们学术思想上带有民主性的任何言论都一概不提，不着一字。

第三，即以“正统汉学”的范围而论，该书对几十位汉学家的介绍，也只记述他们在训诂考据方面的某些成就，而略去许多有益于世用的学问，特别是有关哲学、政治思想部分，更是摈斥唯恐不力。戴震是公认的汉学集大成的学者，戴震自言：“仆生平著述之大，以《孟子字义疏证》为第一。”《孟子字义疏证》的最大贡献，就在于批判了程、朱“理在气先”的唯心主义世界观，建立自己“气化流行”的朴素唯物主义世界观；就在于揭露了程、朱“以理杀人”的反动说教，论证了自己“体民之情，遂民之欲”的进步政治哲学。（这种探究义理的著作在乾嘉汉学中是颇为例外的现象）仅从汉宋对立，打击宋学的角度说，《汉学师承记》也应对这个论战大书特书。然而，该书对戴震如何批判程、朱，却一字不提，因为在“正统汉学”看来，哲学、政治的原则争论是不值一顾的。② 此外，毛奇龄是汉学健将，他的《四书改错》痛诋程、朱，淋漓尽致。而《汉学师承记》却不为毛奇龄立传，这是因为毛奇龄私德不检，恐其玷污了汉学的“门风”。

江藩的《汉学师承记》意在为清代汉学作一个总结，但其门户之见的卑陋，思想内容的贫乏，再加上根深蒂固的对国计民生的冷

---

① 《汉学师承记》卷8，第135页。

② 乾、嘉汉学家对哲学和政治现实多数不感兴趣。戴震与程、朱辩论理气心性，当时许多汉学家就认为戴震多事，写这一类的东西是“空说义理，可以无作”（见《文史通义》卷2，《书朱陆篇后》）。

漠态度，使该书变成一部琐屑的流水账。这正是汉学走向末路的征候。

《汉学师承记》问世不久，在道光六年(1826)，桐城派的宋学家方东树写了《汉学商兑》一书，对江藩及整个汉学营垒进行了全面反击。道光十一年(1831)该书正式刊行。

方东树在《汉学商兑》里指出，汉学家们“以为古今圣人惟孔子，孔子之道在六经，六经之旨在训诂名物制度”，按照汉学家的说法，只要学者从事于训诂名物制度的考据，就自然会通乎“天道”(终极真理)，这是过分夸大了训诂考据的意义，“以为天下之学莫大乎是”①。他举例说：对古代的宫室、衣服、冕弁、车制、禄田等等，多少人考据了多少年，一个人一个说法，互相矛盾，则天道何在？他进一步指出：

> 以荀子“法后王”之语推之，则冕服，车制，禄田，赋役等虽古圣之制，亦尘饭木胔[庸按：胔应作胾]耳②。何者？三统之建③，忠质之尚④，井田、礼乐诸大端，三代圣人已不沿袭，又何论后世，而欲追古制乎?!⑤

这里，方东树的意思是：孔子不是古今惟一的圣人。孔子之

---

① 《汉学商兑》卷下，槐庐丛书本，第33页。

② 尘饭木胾——胾，大块的肉。《韩非子·外储说左上》：“夫婴儿相与戏者，以尘为饭，以涂为羹，以木为胾。然至日晚必归饷者，尘饭涂羹，可以戏而不可以食也。夫称上古之传，颂辩而不悫，道先王仁义，而不能正国者，此亦可以戏而不可以为治也。”其意为：拿古代“先王”的一套治理当今天下，好比小孩子用土当饭，用木块当肉的儿戏，全不中用。

③ 三统——指夏商周三代正朔的变化。夏正建寅，商正建丑，周正建子；分别称为人统，地统，天统。

④ 忠质之尚——古代儒家有一种说法，历史的发展是从“尚忠”到“尚质”，从“尚质”到“尚文”。

⑤ 以上引文见《汉学商兑》卷下，第34页。

前，有“先王”，孔子以后，有“后王”。历史是变化发展的，夏、商、周三代不相沿袭。应该像荀子所说的那样“法后王”。汉学家埋头考求先王的典章制度，以为可以用于今世，这不过是“尘饭木胾”一类的儿戏罢了。

《汉学商兑》又争辩道：汉学家动不动就骂宋学是禅宗余孽，空疏无用；标榜他们自己所搞的是“实事求是”①之学。不，不是这样。汉学家毛举细故，埋头考证一些小事，不切实用，“只向纸上与古人争训诂、形声、传注，驳杂援据群籍，证佐数千百条，反之身己心行，推之民人家国，了无益处。……然则虽‘实事求是’，而乃虚之至得也”②。总之，汉学是只见其小，不见其大，“弃本贵末。……其有害于世教学术，百倍于禅与心学”③。这就把汉学对宋学素常所用的骂词反过来回敬于汉学了。

一般地说，乾、嘉汉学都带有经验主义的色彩。方东树对汉学的批判，从哲学高度来看，正是对经验主义弱点的批判，从社会实践的意义来看，是对那种脱离实际，不问国是的倾向的批判。

不过，方东树终究无法否认汉学的长处，他的结论是：训诂名物制度的考证是必要的，但义理之学更为首要，“义理，考证，必两边用功始得”④，这就是折中主义的“汉宋兼采”的主张。这种主张在鸦片战前已经出现，鸦片战后曾被一部分封建士大夫当作挽救危机（政治、社会和学术思想的危机）的药方。

汉学在清代学坛上称霸百年，有人说它好比当时的“学阀”，形

---

① 《汉书·河间献王传》云：“河间献王德……修学好古，实事求是。”颜师古注：“务得事实，每求真是也。”是则汉人所谓“实事求是”只是一种研究经史的方法，还没有达到普遍的认识论的高度。

② 《汉学商兑》卷中之上，第16页。

③ 《汉学商兑·序例》。

④ 《汉学商兑》卷下，第34页。

成了“汉学专制”的局面①,这是不无道理的。鸦片战争前夕,许多有识之士不满于这种局面,对汉学多所批评。② 有人甚至将清朝的衰落归咎于汉学。而宋学一派同汉学互争正统,结下了“九世之仇”③,当然更想推倒这一堵墙。方东树歪打正着,不少地方居然击中了汉学的要害。

但是,从根本上说,宋学是反动的。他们是一伙唯心主义者,方东树也不例外。在论战中,方东树使用了不少颠倒黑白的手法,例如:他攻击汉学的末流是“虚之至者也”,固然不错;不过他还要把汉学“实事求是”的旗帜夺归己有,说什么程朱才是最“实事求是”的,甚至陆九渊那样主观唯心主义的心学,也都是“实事求是”的,“言理则是实理,言事则是实事,德则实德,行则实行”④,这就是指鹿为马了。列宁曾指出哲学上有两条基本路线:“从物到感觉和思想呢,还是从思想和感觉到物?”⑤这是区别唯物主义和唯心主义两条路线的标志。“实事求是”的原则,是强调只有从客观事实出发,而不是从思想、感觉出发,才能得出正确的结论。这是唯物主义的路线。而程、朱、陆、王同主张“万理具于一心”、“心外无物”的宇宙观和认识论,恰恰是地地道道的唯心主义,同“实事求是”毫不相干。

方东树在攻击汉学时,由于赤膊上阵,也更清楚地暴露了自己身上的阶级烙印。他在宣布对方罪状时说,汉学之害“拟之于洪水

---

① 梁启超:《清代学术概论》第 20 节。

② 例如章学诚的《文史通义》对汉学的批评,在某些方面较之方东树更为深刻。《文史通义》的刊行(1832 年)较《汉学商兑》只晚一年,不幸章氏生前不为时所知,故当时的影响反不及后者之大。

③ 此语见《汉学商兑》卷下,第 14 页。

④ 同上书,卷中之上,第 15—16 页。

⑤ 《唯物主义和经验批判主义》,《列宁选集》第 2 卷,人民出版社 1965 年版,第 37 页。

猛兽而更凶。何者？洪水猛兽害野人，此害专及学士大夫！”①。这里所谓的“野人”，就是《孟子》上“无君子莫治野人，无野人莫养君子”②的那个野人，指的是以农民为主体的被剥削被压迫者；其所谓的“学士大夫”，亦即君子，指的是封建统治者及其知识分子。汉学之所以“罪大恶极”，方东树认为，是由于它不怎么害野人而专害君子。这在我们看来，固然是谬奖了汉学，同时也将其自己的反动本质暴露无遗。

江藩写《汉学师承记》是为了替汉学张目，但他尽量略过戴震的哲学、政治思想，好像理亏似的。而方东树在《汉学商兑》里却抓住戴震不放，大肆攻击谩骂。戴震反对程、朱“以理杀人”，而主张“体民之情，遂民之欲”；方东树认为这万不可行，他说：“顾民之为道也，生欲既遂，邪欲又生，苟不为之品节政刑，以义理教之，则私妄炽，而骄奢淫佚，犯上作乱，争夺之祸起焉。”③老百姓吃饱了饭就会滋长邪欲，骄奢淫佚，犯上作乱；按照理学家“饿死事小”的原则，必须不给他们吃饱，遏制他们生存的情欲，再绳之以“政刑”和“义理”。所以方东树痛骂戴震“谓不当以义理为教，而第惟民之欲是从，是率天下而乱也。不知何代何王有此治法？”，“此亘古未有之异端邪说！”④。

方东树所谓的“政刑”、“义理”，就是封建专制主义的法律和纲常名教，这是地主阶级意志的体现，是维护反动统治所不可缺的暴力和欺骗交替使用的两手。方东树那样痛恨对封建的“政刑”和“义理”稍持异议的人，只是再一次表明了，宋学自始至终都是封建主义最顽固的卫道士。

---

① 《汉学商兑》卷下，第 29 页。

② 《孟子·滕文公上》。

③ 《汉学商兑》卷中之上，第 20—21 页。

④ 《汉学商兑》卷中之上，第 20—21 页。

总之，鸦片战争前夕的汉宋之争，固然标志着“汉学专制”局面的崩溃，但宋学也远非胜利者。尽管《汉学商兑》里用了许多人身攻击的恶毒字眼，甚至用乾隆年间文字狱的案例来威吓对方，但那种陈旧而又空洞的性命义理说教，久已为人所讨厌。理学一统的局面也已一去不返。

（原载《史学月刊》1981 年第 4 期）

龚自珍思想论略

一　家世与思想渊源

龚自珍(1792—1841)字瑟人,号定庵,浙江仁和人。龚氏是浙江的右族,“簪缨文史”,累代仕宦。他的本生祖父禔身是个举人,过继祖父敬身是个进士,都在北京做过官;敬身后来由礼部外放,官至迤南兵备道。父亲丽正在嘉庆初年中了进士,供职礼部,外放官至苏淞太兵备道,署江苏按察使。外祖父段玉裁是赫赫有名的文字学家。龚自珍12岁就开始从外祖父学习《说文》部目,可谓学有根底。他很有才华,少时所作诗词文章“风发云逝,有不可一世之概”①。外祖父却担心浪漫的诗文有害于学问功名的正途,特别告诫外孙要读经治史,“努力为名儒,为名臣,勿愿为名士”②。但龚自珍以后偏偏走上了名士的道路,38岁始中进士,后官宗人府主事、礼部主客司主事,仕途蹇滞,潦倒终生。

龚自珍生当嘉、道之际,这几十年是中国封建社会的最后阶段,也是清朝开始走向衰乱的阶段。政治上、思想上极端严酷的封建专制,压得人们透不过气来。吏治腐败、土地集中、鸦片泛滥,使

① 段玉裁:《经韵楼集》卷9,《怀人馆词序》。

② 段玉裁:《经韵楼集》卷9,《与外孙龚自珍札》。

各种社会矛盾都激化起来。抗粮、抗租、暴动和起义连年不断，使一些敏感的知识分子已经有了大祸将临的感觉，惊呼“看到风俗人心，可惧之至！……如此风俗，实有书契来所未见！”①。不祥的阴影笼罩着整拿社会，一场更大的农民革命风暴已经为时不远了。

列宁曾指出，革命形势的第一个特征是：“统治阶级不可能照旧不变地维持自己的统治；‘上层’的某种危机，即统治阶级的政治危枧，给被压迫阶级的愤怒和不满造成一个爆破的缺口。光是‘下层不愿’照旧生活下去，对革命的到来通常是不够的；要革命到来还须‘上层不能’照旧生活下去。”②中国当时的形势正是这样。龚自珍出身于官宦世家，但他已不能照父辈祖辈的样子生活下去。他不愿久伏牖下，皓首穷经。当时统治中国学术思想界的有两大学派：宋学和汉学。宋学专讲纲常名教、性命义理，固然是封建专制的精神工具，而汉学只讲音韵训诂、名物制度的考据，不问现实，不谈时政，也是禁锢思想的有效方法；所以二者被清廷当作官学来提倡。乾、嘉以降，由于文字狱的恐怖，士大夫治学离现实越远越安全，汉学盛极一时，许多汉学经师做了大官，声势煊赫，造成了“汉学专制”③的局面。龚自珍有家学渊源，有很好的汉学基础，如果走这条道路，是不难援类结党，青云直上的。但触目惊心的现实和时代的苦闷，使他放弃了家传的优势，而去寻求异样的生活，异样的思想。他成了一个狂放的文人，被人嘲为“龚呆子”；在学术思想上，他成了一个与汉、宋官学对立的今文经学家。

今文经学曾经盛极于西汉，但东汉末年以来久已衰落失传。到了清朝乾、嘉时期，为了扭转汉学脱离实际的倾向，知识界的有

---

① 沈垚：《落帆楼集》卷 10，《与吴半峰》。

② 列宁：《第二国际的破产》，《列宁选集》第 2 卷，人民出版社 1965 年版，第 594—595 页。

③ 梁启超：《清代学术概论》第 20 节。

识之士发出了“通经致用”的呼声，要求学术有益于国计民生，于是今文经学才应运而起，开始复兴。今文经学不重考据训诂，而善于附会经文，“微言大义”，是议论时政的一种方便的形式，也比较地能够容纳一些变革现实的思想。但在龚自珍以前，它还是一个冷落的学派；前此的今文经师，无论是庄存与，还是刘逢禄、宋翔凤等，都没有真正接触到社会的实际问题，所以不为人所重视，在思想界影响不大。年轻的龚自珍找到了这种思想形式，开始利用它大胆地抨击时政。嘉庆二十四年(1819)，龚自珍28岁，在北京结识了刘逢禄、宋翔凤，更使他一见倾心，师事刘逢禄学习《公羊春秋》(今文经学的经典)。他有一首诗写道：

昨日相逢刘礼部，高言大句快无加；

从君烧尽虫鱼学，甘作东京卖饼家。①

他又曾投诗于宋翔凤，说是“万人丛中二握手，使我衣袖三年香”。可以想见他对这个学派是多么崇敬热爱。此后他进一步利用今文经学说经、论事，揭露清朝社会的腐败，有如石破天惊，在思

---

① 《龚自珍全集》1975年版(下简称《龚集》)，第441页。“虫鱼学”指训诂考据。“卖饼家”，典出《三国志·魏志》裴秀传注：当时的司隶钟繇不喜欢今文的《公羊传》，而喜欢古文的《左传》，他说：《左传》好比皇家的御膳房(“太官”)，丰盛甘美；而《公羊》只是一间卖饼的小铺罢了。故“卖饼家”借指今文经学。

想界造成巨大影响。① 当然，龚自珍不像刘逢禄那样笃守今文家法，他考制推崇《周礼》，说诗兼采毛公，②对古文经没有深闭固拒的门户之见，而是不拘一格，泛滥九流百家。他在《古史钩沉论三》中说“方读百家，好杂家之言”，这是明白的自述。又有诗云“庄骚两灵鬼，盘距肝肠深”③，说明庄子、屈原对他的影响之大。至于他对佛学的笃信精研，更是人所共知的事实。他不但突破了今古文的界限，而且也突破了儒、佛、道的界限。杂采百家，不泥儒典，晚清许多思想家都有这个特点，龚自珍更是如此，这是时代的特点。

二　闪光的语言，深夜的警钟

中国的封建社会在漫长的历史中高度发展，在政治、经济、文化上都形成了一套强大而坚韧的体系，形成了世界上首屈一指的封建专制制度。皇权是绝对至高无上的，皇帝的尊严程度、臣民的

---

① 近来有些同志想否认今文经学对龚氏思想的影响，说：“把他（指龚氏——引者）看作一个经今文学家，这是很不确切的。龚自珍虽在二十八岁时向刘逢禄学公羊学……但是，仔细查一下龚自珍的论著，‘讥切时政’最犀利的《明良论》、《乙丙之际箸议》诸文，都写于二十八岁之前，与公羊学毫无关系。”（见《九州生气恃风雷——龚自珍全集重印前言》）这个论断是缺乏根据的。查《乙丙之际箸议》第 9 篇开宗明义就说：“吾闻深于《春秋》者，其论史也，曰：书契以降，世有三等……”考此云“深于《春秋》者”，当指今文大师董仲舒无疑：“世有三等”的说法，正是来自董仲舒。董仲舒《春秋繁露・楚庄王》云：“春秋分十二世；以为三等：有见；有闻，有传闻。”这正是公羊家三世说的张本。可见，早在结识刘逢禄之前，龚自珍已经利用今文经学“讥切时政”了。

② 龚自珍：“圣世所用，实是《周礼》。”（见《保甲正名》）又说：“予说诗以涵泳经文为主，于古文、毛、今文三家，无所尊，无所废。”（见《己亥杂诗》第 63 首自注）

③ 《自春徂秋，偶有所触，拉杂书之，漫不诠次，得十五首》，第 3 首，见《龚集》第 485 页。

卑贱程度，世界历史上也是绝无仅有的，这是封建专制主义过度发展所造成的社会病态。乾隆五十八年(1793)英国特使马戛尔尼(Earl of Macartney)觐见清朝皇帝时，看到了文武大臣向皇帝行三跪九叩大礼，竟使他惊骇得瞠目结舌，他在日记中写道："嗟夫！余生平所见各种宗教之礼拜亦多矣；即不以余所目见者为限，而复求诸史乘，凡往古来今，各种宗教信徒之拜其教主若教王者，其仪式之隆重，殆均不能与此中国臣民之拜其乾隆大帝相比伦也。"①对皇权的顶礼膜拜超过世界历史上一切宗教对神的礼拜，这是中国封建社会(尤以晚期为然)独一无二的现象。在这样的皇权下面，必然要产生麻木不仁的官僚制度；围绕着官僚制度的则是一大群虎狼般的吏胥和食客。这种现象在封建社会的上升时期还不显著，越是到了封建社会晚期越是暴露明显，清朝更是如此。整个上层建筑极端腐朽，缺乏生气。

龚自珍从青少年时代起，就在家庭、亲友和上层社会中耳闻目睹了这种事实，他以一个青年士子的纯真，对之深恶痛绝，许多精彩的社会批判文章都是这个时期写的。例如他在《明良论》里痛骂官僚士大夫的无耻，说："士不知耻，为国之大耻。"他写道：有权势的官僚，只知道车马、服饰、巧言令色；没权势的闲员，便练练书法，作作诗。跟皇帝说话，便窥探皇帝的喜怒；给个好脸，赏他一些不值钱的玩艺，那些大官就洋洋自得，出来向自己的门生、妻子夸耀。皇帝脸一沉，就赶紧磕响头，再寻求其他可以得宠的法子。"历览近代之士，自其敷奏之日，始进之年，而耻已存者寡矣！官益久，则气愈媮；望愈崇，则谄愈固(越有声望越会向皇帝进谄)；地益近，则媚亦益工(地位离皇帝身边越近，献媚的功夫越到家)。"他认为士大夫无耻到这步田地，是"辱国"、"辱社稷"②，是国家的耻辱。

① 《乾隆英使觐见记》卷中，刘半侬译，中华书局1916年版，第33页。

② 《明良论二》，《龚集》第31页。

读了这篇文章，很容易只注意他对官僚士大夫无耻行为的嘲骂。其实，该文寓意更深刻，更巧妙。同"近代之士"相对比，他描绘了"古者大臣巍然岸然师傅自处之风"，引证了《中庸》、《国策》，说明先秦有作为的帝王，都把大臣当作师友对待，只有亡国之君，才把大臣当作奴才看待；又引证了贾谊的话："主上之遇大臣如遇犬马，彼将犬马自为也；如遇官徒（一种政府的奴隶），彼将官徒自为也。"汉时，三公坐而论道，唐宋盛时，大臣讲官，从容于便殿之下，皇帝不断有赐坐、赐茶之举，"及其季也，朝见长跪、夕见长跪之余，无此事矣"①。龚自珍用古代君臣间的师友关系（这当然不一定全合事实）反衬出清朝皇帝的无上尊严，用古代大臣"巍然岸然"之风对照清朝大臣的婢妾之行，从而谴责了封建晚期畸形膨胀的君权和官僚士大夫的可耻行径。

专制君主对权力极端贪婪而又吝啬，唯恐大权旁落，因此对臣下处处加以防范，"约束之，羁縻之"，费尽了心机。一二品的大臣见皇上早晨磕头，晚上磕头，可是"议处、察议之谕不绝于邸钞"。为了集权于一身，废除宰相，设置六部、都察院，使它们互相牵制，"部臣工于综核，吏部之议群臣，都察院之议吏部也，靡月不有"。这是中央机构。至于地方的府州县官，更是动辄得咎，"左顾则罚俸至，右顾则降级至，左右顾则革职至"。在这样的集权束缚下，群臣们只有因循苟安，一切按成例办事，"天下无巨细，一束于不可破之例"，做些不痛不痒、"无大损大益"的事情。② 朝廷用人讲资格，士大夫则无所作为，熬资格。一个读书人假使 30 岁考中进士，踏入仕途，一级一级上升，做到尚书、大学士，需要 35 年左右，这时"其齿发固已老矣，精神固已惫矣"，"此士大夫所以尽奄然而无有

① 《明良论二》，《龚集》第 31 页。

② 《明良论四》，以上所引俱见《龚集》第 34—36 页。

生气者也”①。麻木不仁的官僚制度就是这样形成的。

《明良论》诸篇是龚自珍刚过弱冠时的作品，后来他的思想大体上沿着这条路子发展，有时候感情非常激愤。他把专制帝王叫作“霸天下之氏”②、“霸天下之统”③。专制君主为了守住天下，都用尽“苦心奇术”④对付士大夫，消磨他们的意志，摧锄他们的英杰，使士大夫变成可耻的奴才。他在《古史钩沉论一》中说：“霸天下之氏……未尝不仇天下之士。去人之廉，以快号令，去人之耻，以嵩高其身；一人为刚，万夫为柔，以大便其有力强武。”⑤

在这样的君主专制淫威之下，真正的英才遭受压抑摧残，伏处山野，而无耻的利禄之徒充斥于官僚界，他们不过是一群行尸走肉，一群会跪拜的稻草人，正像龚自珍所说的：“遂乃缚草为形，实之腐肉，教之拜起，以充满于朝市。”他恨透了这一群徒具人形的官僚，诅咒他们说：“风且起，一旦荒忽飞扬，化而为沙泥！”⑥这是对清朝官僚政治的批判，也是对他所处的时代的批判。

龚自珍多次指出，这样的时代是一个衰败的时代。他用今文经学的三世说，把董仲舒的“世有三等”具体解释为治世、乱世和衰世。现实的社会是衰世。在这个世界里，没有颜色，没有声音，没有道路，没有议论，分不出君子和小人。举世昏昏闷闷，不容与众不同的“才士”和“才民”存在。一旦出现了才士才民，就会被软刀子杀害：

> 当彼其世也，而才士与才民出，则百不才督之、缚之，以至

① 《明良论三》，《龚集》第33—34页。

② 《古史钩沉论一》，《龚集》第20页。

③ 《京师乐籍说》，《龚集》第117—118页。

④ 《京师乐籍说》，《龚集》第117—118页。

⑤ 《古史钩沉论一》，《龚集》第20页。

⑥ 《与人笺五》，《龚集》第339页。

于戮之。戮之非刀，非锯，非水火；文亦戮之，名亦戮之，声音笑貌亦戮之。……其法亦不及要领（要即腰；其法不及要领，即杀人不腰斩，不砍头），徒戮其心：戮其能忧心，能愤心，能思虑心，能有廉耻心，能无渣滓心。①

扼杀生机，杀戮心灵，这是一个鬼蜮的世界。社会到了这步田地，离灭亡就不远了。所以在他的诗文里，经常流露苍凉之感和危机之感，简直惶惶不可终日。例如：

楼阁参差未上灯，菰芦深处有人行。凭君且莫登高望，忽忽中原暮霭生。②

四海变秋气，一室难为春。宗周若蠢蠢，嫠纬烧为尘。所以慷慨士，不得不悲辛！③

嫠不恤其纬，忧天如杞人！④

当清朝统治者文恬武嬉、歌舞升平的时候，当他们酣卧梦乡的时候，他敲起了声声警钟：清朝的天就要塌下来了！大祸临头，无限繁华即将化为灰烬了！

还有一篇《尊隐》，是其平生得意之作。他以极其敏锐的洞察力，描写了社会危机来临的可怖景象。他说："日有三时，一日蚤（早）时，二日午时，三日昏时。"而清朝已到昏时。在这昏黑的夜里，"俄焉寂然，灯烛无光，鹖旦不鸣，则山中之民，有大音声起，天地为之钟鼓，神人为之波涛矣"⑤。这是一篇用象征手法写成的散

---

① 《乙丙之际箸议第九》，《龚集》第6—7页。

② 《杂诗，己卯自春徂夏在京师作，得十有四首》，第12首。

③ 《自春徂秋，偶有所触，拉杂书之，漫不诠次，得十五首》，第2首。按："宗周若蠢蠢，嫠纬烧为尘"，典出《左传》昭公二十四年。龚诗中以宗周借指清朝，意为：如果清朝大乱，连穷寡妇织机上的纬线也会烧为灰尘，大家都完了。

④ 《乞籴保阳》诗，见《龚集》第507页。

⑤ 《龚集》第88页。

文诗，哀悼清朝的灭亡，歌颂“山中之民”起来吊民伐罪，代替至死不悟的统治者。在客观上，这是革命风暴的预言。

总之，龚自珍不愧为一个杰出的社会批判家。当他揭露皇权专制的时候，当他鞭挞封建官僚政治的时候，当他预言这个社会即将灭亡的时候，他的思想和语言真是金光闪闪。

三 “药方只贩古时丹”

龚自珍在晚清思想史上享有盛名令誉。他对皇权专制的批判和社会危机的宣告，曾经震撼了思想界，这确实是他的历史功绩。但维新变法运动以来，由于他呼吁过要“更法”（“奈之何不思更法?”）要“改革”（“与其赠来者以劲改革，孰若自改革?”），人们便不假思索地同资产阶级维新变法思潮联系起来，把他当作这一方面的“先驱人物”。由于他批判了专制的皇权，梁启超甚至推崇他“颇明民权之义”①，这更是信口开河了。仔细考察龚自珍的全部著作，其思想与“民权”二字不但毫不相干，而且冰炭不容。

龚自珍的家庭累代仕宦，他对其家庭满怀崇敬和虔诚，这种感情在他的诗文中屡有表述，老而益甚。他祖父和父亲都曾在京师礼部做官，后来他自己也任礼部主事，祖孙三代，先后百年。仅此一事就使他追慕先人，深感家门有幸：“上窥景运之灵长，下抚家门之多幸，以不陶不淑之躬，顾瞻履綦，弗敢迈越。”②在晚年的《己亥

① 梁启超：《论中国学术思想变迁之大势》，见《饮冰室合集·文集》第3册，第96页

② 《国朝春曹题名记序》，《龚集》第190页。按：“履綦”，即鞋印（足迹）。

杂诗》中，他还屡次咏叹不已。① 因此，深深的阶级烙印决定他总是从上层世家大族的角度观察问题。他对君主专制的种种批判，只是出于“士”这一阶层同皇权的矛盾，而绝非人民大众同封建主义的矛盾。他认为“霸天下之氏……未尝不仇天下之士”②。为什么专制君主要同士为敌呢？因为“士也者，又四民之聪明喜论议者也。……则留心古今而好论议。留心古今而好论议，则于祖宗（指开国君主）之立法，人主（指在位君主）之举动措置，一代之所以为号令者，俱大不便”③。专制君主之所以可憎，只是因为与士为敌，而不是与民为敌。龚自珍在《江南生橐笔集序》一文中批评清朝：“本朝刑太宽，民太不畏”，“本朝纠虔士大夫甚密，纠民甚疏”④。埋怨清朝对人民过于仁慈，对士大夫过于严厉，阶级立场十分鲜明。

龚自珍批君权，不是为了倡民权，甚至也不是提倡绅权，而是要提高官权，提高既得利益者的士家大族之权。他所谓的“更法”、“改革”就是要解决这个问题。他的主张不外是：

1. 改变君臣相见的礼仪。他在《明良论》里分析大臣无耻，只知献媚取宠的原因，是君威太盛，以奴仆待大臣。臣下见了君上就须下跪磕头，这是社稷之耻。他主张恢复早期封建社会的君臣礼仪，恢复“古者大臣巍然岸然师傅自处之风”。他论证的出发点和归宿点是这样四句话：“厉之以礼出乎上，报之以节出乎下。非礼无以劝节，非礼非节无以全耻。”⑤其实，根本精神可以概括为一句

---

① 如“百年綦辙低徊遍，忍作空桑三宿看”、“祖父头衔旧颎光，祠曹我亦试为郎”等诗句皆是。

② 《古史钩沉论一》，《龚集》第 20 页。

③ 《京师乐籍说》，《龚集》第 117—118 页。

④ 《龚集》第 205 页。按：《江南生橐笔集序》是用“微言大义”的方法，假托“江南生”之口说出龚自珍自己的话。

⑤ 《明良论二》，《龚集》第 32 页。

话:君上有礼,才能换来臣下的忠节。孔子说过:“君使臣以礼,臣事君以忠。”①龚自珍的四句话正是孔子的翻版,找不出来新的东西。为了恢复古礼,他写有《撰四等十仪》一文,将古代经籍上所载的君臣相见之礼加以钩稽条列,似在供人采择。

封建社会晚期高度的皇权专制,诚然有许多可憎可耻的现象。但龚自珍只想到王公大臣,丝毫没有想到人民所受的专制之苦。他不是眼睛向前去设想带有民主因素的改革(像黄宗羲、唐甄那样),而是要恢复早期封建社会的君臣礼仪。这是“托古改制”吗?打着古人旗号,实际上有利于新阶级,有利于历史前进的改革,在习惯上才能叫托古改制。龚自珍却只是要复古,“何敢自矜医国手?药方只贩古时丹”②,正是他自己的忠实写照。

2. 大大增加各级官僚的俸禄口他写道:“贫贱,天所以限农亩小人;富贵者,天所以待王公大人君子。人主以大臣不富为最可嘉可法之事,尤晚季然也。”③农民天生应该贫贱,贵族官僚天生应该富贵;这是自古而然的天理。而皇帝限制大臣富贵,这是晚期封建社会的现象。《论语》上有一句话:“季氏富于周公。”④龚自珍抓住这句话说:可见周公很富;不但周时大臣很富,两汉、唐、宋大臣的俸禄,都比现今高出数倍。大臣魁儒,雍容华贵,饮食风雅,这是国家的体统。而现今的官员天天愁着没钱,京官穷,外官也穷,“廪告无粟,厩告无刍,索屋租者且至相逐”,很失卿大夫的体统。因此,应该仿古改制:“内而大学士、六卿,外而总督、巡抚,皆古之莫大诸侯,虽有巨万之赀,岂过制焉?”⑤这项“改革”的反民主性质昭然若

① 《论语·八佾》。

② 《己亥杂诗》,《龚集》第513页。

③ 《明良论一》,《龚集》第29页。

④ 《论语·先进》。

⑤ 上引俱见《明良论一》,《龚集》第29—30页。

揭，不言自明。

3. 加重大臣及各级地方官的政治、军事、司法等权力。他说："伏见今督、抚、司、道，虽无大贤之才，然奉公守法畏罪，亦云至矣，蔑以加矣！"这么善良的官，可惜其权力太小，遇事不敢自专，对于镇压人民不利。"内外大臣之权，殆亦不可以不重。……权不重则民不畏，不畏则狎，狎则变。"改革的方法，应该"略仿古法而行之"，皇帝无须过分束缚臣下的手脚，只须"亲总其大纲大纪"，其余放手让内外官员去干，这是"万万世屹立不败之谋"①。这是他青年时期的主张。以后在他考进士的殿试《对策》中，又重申了这一主张。

如果抽象地从提高行政效率这一点来考虑，适当的地方分权自然比过度的中央集权要好。但关键在于，他主要是着眼于使民"畏"、防民"变"的角度提出问题的，反映了官僚世家对付农民起义的紧迫感。溯其渊源，早在清初，顾炎武鉴于明末农民起义的教训，就在其《郡县论》里提出"寓封建之意于郡县之中"②，加强郡县用人、专杀之权，以对付农民军的流动作战。鸦片战争前后，由于农民起义的威胁，龚自珍、吴嘉宾等人又极力鼓吹这一思想；太平天国革命爆发后，汪士铎又提出恢复唐代藩镇的论调，成为洋务派军阀割据的舆论先导。

如果承认本文的叙述和分析是忠于历史事实的话，就不能再对龚自珍笔下"更法"、"改革"的字眼笼统肯定了。当然，他也有一些积极意义的改革主张，归纳起来不外是：

1. 他规划了在新疆设置行省。这是有很大现实意义和历史意义的。他平素研究"天地东西南北之学"（即边疆舆地），这是最大的创获，其贡献诚然不应抹杀。他生平对自己的《西域置行省

---

① 上引俱见《明良论四》，《龚集》第 35—36 页。

② 顾炎武：《郡县论》，《亭林文集》卷 1。

议》和《罢东南番舶议》二文很自负，晚年作诗还说："五十年中言定验。"①但前者"验"了，后者却落了空。他身后编文集时，儿子把《罢东南番舶议》藏匿起来了，原因是该文主张闭关绝市，实在拿不出去。②

2. 主张废除八股文。这是积极的意见。但在他以前很久，早有许多人提出过这种意见。与他同时的包世臣、潘德舆等人，都是如此主张。

3. 主张用人不论资格。如果就事论事，此条可以承认有积极意义。但用人来推行何种政治，才是更关键的问题。考虑到他的政治立场和政治主张，这一条的价值就要大为减色。

4. 主张禁鸦片。这自然是好的。当时一般正直的士人无不大声疾呼。清政府也正在厉行禁烟。但值得注意的是他在鸦片战争中的表现。

鸦片战争时期，他在一封信中说：如果一个家庭受四邻百般欺凌，但该家内部却秩序井然，"奴仆无不畏其家长者，子姓无不畏其父兄者"，那末该家必不致迅速败亡。又有一家，尽管很有钱，四邻敬重，但此家内部却是"入其门，则奴仆箕踞而嬉，家长过之，无起立者。登其堂，有孙攘臂欲箠笞其祖父……此家宁可支长久耶？"龚自珍根据封建家长制的原则来衡量现实，认为中国没有什么希望了。他说："开辟以来，民之骄悍不畏君上，未有甚于今日中国也。今之中国，以九重天子之尊，三令五申，公卿以下，舌敝唇焦，

---

① 《己亥杂诗》，《龚集》第516页。

② 《罢东南番舶议》已佚。但从《送钦差大臣侯官林公序》中犹可依稀考见其闭关绝市思想（如说禁绝呢绒、羽毛、玻璃、钟表等物，及将洋人全部赶至澳门，"不留一夷"等），但不若《罢东南番舶议》之彻底罢了。又其《乞籴保阳》一诗云："昨日林尚书，衔命下海滨。方当杜海物，毳毳拒其珍。"他希望林则徐不仅去禁鸦片，而且要"杜海物"、"拒其珍"，这是同林则徐大有区别的。

于今数年，欲使民不吸鸦片烟而民弗许；此奴仆踞家长，子孙箠祖父之世宙也。”信中对人民的仇视诬蔑，不正好同林则徐“民心可用”的信念形成鲜明对比吗？

那么，对外国侵略者的态度如何？信中说：“即使英吉利不侵不叛，望风纳款，中国尚可耻而可忧，愿执事且无图英吉利。”①态度很明显：打败英吉利也挽救不了“奴仆踞家长，子孙箠祖父”的危局，不要再同外国打了，赶快枪口对内吧！此信是 1840 年 12 月 2 日写的。那时林则徐已被革职，琦善主持广东战事。这同琦善的主张又何其相似！

或问：他在《送钦差大臣侯官林公序》中，不是要坚决抵抗侵略吗？那是鸦片战争爆发以前写的，那里面诚然表现了对外抵抗的思想。然而要知道，大势所趋，道光皇帝那时也表示坚决抵抗哩！鸦片战争爆发后，龚自珍在苏州一带吟风弄月，态度消极。他自己承认，这时“颓放无似”，“心绪平淡”②。这与当时一些爱国人士奔走呼号，如救燃眉，又是那么鲜明的对比！③

四　“农宗”——龚自珍的理想国

清朝中叶以后，随着吏治的腐朽和土地集中的加速，阶级矛盾日趋尖锐。年轻的龚自珍敏锐地觉察到其中的危险。他思索多年，心情是矛盾的。25 岁那年（1816），他写了《平均篇》，指出贫富

---

① 《与人笺八》，《龚集》第 340—341 页。

② 《与吴虹生书（十二）》，《龚集》第 353—354 页。

③ 按：梁章钜：《师友集》卷 6《仁和龚定庵主事》条云：“君（指龚）之归也，掌丹阳讲席，适余（梁氏自谓。时梁任苏抚）在上海防堵，邮书论时事，并约即日解馆来访，请助筹军。余方扫榻以待，数日而凶闻遽至，为之泫然。”有的同志据此资料说明龚逝世前仍坚主抗英，殊属臆测之辞。梁氏所谓“请助筹军”云云，乃系梁约请龚，而非龚主动投军。龚死乃罢。

的尖锐对立，如任其发展，必有江山变置之虞。并作了以下的著名论断："大略计之，浮不足之数相去愈远，则亡愈速，去稍近，治亦稍速。千万载治乱兴亡之数，直以是券矣"，"小不相齐，渐至大不相齐；大不相齐，即至丧天下"。这种思想本是极其可贵的，可以和清初优秀思想家唐甄的平均学说前后辉映。① 龚自珍应是受到了唐甄的影响②，虽然不如唐甄那样深刻具体，方向却是一致的。但唐甄身受饥寒之苦，龚自珍完全缺乏那样的感受，终于没有沿着这条思想路线前进下去。

29 岁那年(1820)，他的看法开始有了变化。他说："自京师始，概乎四方，大抵富户变贫户，贫户变饿者。四民之首(即"士")，奔走下贱，各省大局，岌岌乎皆不可以支月日，奚暇问年岁？"③把眼光移向了"士"和"富者"——大家都在变穷。这应是衰落中的家庭给予他的感觉。

又过了三年(1823)，他写了《农宗》，作为其"理想国"的蓝图。他自己承认，《农宗》与《平均篇》"大指不同"④，即根本精神不同。《平均篇》的根本精神是缩小贫富差别，而《农宗》的根本精神，是恢复并扩大古代以血缘为纽带的宗法制度，使之推行于社会的各角落各阶层。

中国自土地私有制确立以来，财产(主要是土地)的继承方式

---

① 唐甄：《潜书·大命篇》说："天地之道故平。平则万物各得其所。及其不平也，此厚则彼薄，此乐则彼忧。……王公之家，一宴之味费上农一岁之获，犹食之而不甘。吴西之民，非凶岁为麲粥，杂以荍秆之灰，无食者见之，以为是天下之美味也。人之生也，无不同也，今若此，不平甚矣。……惧其不平以倾天下也！"

② 按：唐甄长期流寓江南，终老于苏州，近人钱穆以为"唐甄《潜书》极行于吴，定庵必见之"(《中国近三百年学术史》下册，第 553 页)，是有道理的。

③ 《西域置行省议》，《龚集》第 106 页。

④ 见《平均篇》自记。

为各子平分，典型的宗法制度也随之解体了。龚自珍反对各子平分产业的习俗。他说，比如某家有田百亩，“长子与余子不别，则百亩分；数分则不长久；不能以百亩长久，则不智”①。因为这不但很快将祖业分光，而且宗法制度难以维持。他的“新”设想（仍是复古）大致是这样：把整个社会按血缘关系分成四个等级：大宗、小宗、群宗、闲民。立宗之始，长子是大宗，次子是小宗，三子四子是群宗，五子以下是闲民。大宗的长子长孙恒为大宗，小宗的长子长孙恒为小宗，依此类推。小宗的次子是群宗，三子以下是闲民。群宗的次子以下是闲民。小宗、群宗总称“余夫”。

分田的方法是：假如大宗分田百亩，“余夫”只能分二十五亩，闲民不分田。大宗的百亩之田，可以役使五户闲民作佃户，余夫们各二十五亩，可以分别役使一户闲民作佃户。佃户只能用同姓的人；同姓不足，才能用异姓，但必须呈报官府批准。五品以上的大官，国家授予禄田若干，禄田可以世袭若干代，不交税。六品以下小官不授禄田，而给薪俸。对于手工业者和商人，他没有专门论及，但通观全文，他主张基本取消。

《农宗》的理想国根本无法实现。这不但是空想的，而且在政治倾向上是反动的。

一般的说法认为：它有限制大地主土地兼并，保护中小地主的意图。这种看法大概是被他在行文中“百亩之田”、“百亩之农”的提法所迷惑，而误以地主占有土地只限百亩。其实，他在《农宗答问第一》里已经明白表示，那不是“限田之法”，“吾书姑举百亩以起例”——为了说明的方便，姑且打个比方罢了。他说：“贫富之不齐，众寡之不齐，或十佰，或千万，上古而然。”古已如此，今天是否要限制呢？他答：“天且不得而限之，王者乌得而限之？”②在《农宗

① 《农宗》，《龚集》第 49 页。

② 《龚集》第 54 页。

答问第四》里，他再一次肯定了“既立农宗，又不限田”①的意思，可见，大宗固然可以有田百亩，何尝不可有田千亩？而且大宗的田只传长子，这就可以保证祖业历久不失，“世世富足”②。

此外，《农宗》规定五品以上大官授予禄田，禄田数量虽未明言，但根据他尽量使公卿大夫富贵的一贯主张，其数一定很多。这样，大官僚必定是大地主，土地免税世袭若干代；子孙又做了大官，还可再得一份禄田，锦上添花，世袭罔替。这只能起扩大官僚地主特权的作用，哪里有“保护中小地主”的意义呢？

最后，根据《农宗》的设想，是要强化封建宗法制度和自然经济，用血缘关系的强韧纽带，把穷人（“闲民”）束缚在土地上，子孙恒为闲民，世世代代不得翻身。而且，这种剥削与被剥削的阶级关系，还可以被血缘宗谱的幕布所掩盖，照龚自珍的话说，“蓬跣之子（蓬头赤脚的穷人），言必称祖宗，学必世谱谍”，死后做了鬼，也“知恋公上”③，哪里还懂得反抗呢？

由此可见，《农宗》的理想国是官僚地主的乐园，是农民的永恒地狱。

现在让我们再深入考察一下与《农宗》有联系的龚自珍的另一主张，即：强化自然经济的“驱民于南亩”的主张。

早在明清之际，随着商品经济和资本主义萌芽的发展，一些先进的思想家就开始对传统的“重本抑末”思想提出异议，黄宗羲更提出“工商皆本”④的主张，支持工商业的发展。

龚自珍则不然。他把重本抑末思想发挥到了极致，远远超过一般封建思想的程度。从青年时代起，他就把“食”（农）与“货”

---

① 《龚集》第 55 页。

② 《农宗·陈硕甫跋》，《龚集》第 52 页。

③ 《农宗》，《龚集》第 51 页。

④ 《明夷待访录·财计三》。

(商)对立起来看问题。他认为"匹夫之忧,货重于食","人主之忧,食重于货"。匹夫与人主的看法不同,当然是人主的看法对。因此他主张把商品经济及货币抑制到最小限度:"凡民以有易无……皆以稻、麦、百谷、竹、木、漆、陶、铁、筐筥桑柘、葛苎、蔬韭、木实、药草、牛、驴、马、猪、羊、鸡、鱼、蒲苇、盐、酒、笔、楮,使相当。其名田者赋于官亦用是。"这就是说,把商品交换倒退到物物相易的方式,田赋也改征实物,不要货币。货币是个坏东西,要尽量限制其作用:"百家之城,有限百两;十家之市,有钱十缗;三家五家之堡,终身毋畜泉货可也。"①

货币少到不能再少,基本上等于取消,农民一生也不许有一文钱。他认为"行此三十年",不但穷人不再羡慕货币,富人也不再贮存货币(自然只有扩大占田一条路);工商业者毫无出路,就会全部"退而役南亩"②,建立起庄园自然经济的绝对统治。

在《农宗》的理想国里,他又重申了实物交换,"皆不得以赡泉货。百家之城,有货百两;十家之市,有泉十绳"③……那一套主张。

在《对策》里,他进一步把反对中央集权和反对商品经济的思想结合起来,论证历史。他说:汉朝初年,"户口蕃息,风气淳庞",是汉朝最好的时代。其原因就在于:第一,地方官员的权重,中央不多干涉;第二,厉行重农抑商,"禁贾人不得衣丝乘车","驱民于南亩";第三,加重丁赋,迫使游民"多执业以谋生"④。实际上,这还是驱民于南亩。这样好的黄金时代,到了汉武帝时,商人兴起,开始变坏了。宣帝以后,实行了中央集权,就坏得不可收拾了。这

---

① 《乙丙之际塾议第十六》,《龚集》第7—8页。

② 同上书,第8页。

③ 《农宗》,《龚集》第50页。

④ 《对策》,《龚集》第114—117页。

当然是歪曲历史。汉朝的衰替，是地主阶级腐朽残暴的统治所造成的。商品经济和中央集权的发展，是历史的必然趋向，并且在那时也都是进步趋向。而龚自珍的理想国及其有关的经济思想，只是追求历史的倒退。

五 “山中之民”考辨

本文第一节曾摘引列宁关于革命形势来临的指示：不但“下层”人民不愿照旧生活下去，而且统治阶级也产生了政治危机，不可能照旧不变地维持统治，“上层不能照旧生活下去”。龚自珍生活时代的中国正是这样的形势。他敏锐地感到了“上层”的危机，呼吁改革，并在其著名文章《尊隐》中宣告了危机的到来，满腔热情地欢呼“山中之民”将要兴起，代替旧的统治。

现在要问：这个神秘的“山中之民”是谁？他代表哪种政治力量？

有一种意见认为，“在当时，只有农民阶级是这种力量”①。假使仅就当时历史的客观进程来说，“山中之民”最后体现在农民阶级身上了，这个意见似乎不错。事实证明，若干年后太平天国农民革命爆发了。根据字面来猜测，似乎也可以把“山中之民”解释为农民。假如真是这样，那末龚自珍满腔热情地欢呼农民起来造反，岂非成了农民的代言人？但根据他的一贯立场和思想体系，这是不可能的，因此，他所欢呼的“山中之民”在他的主观心目中究竟指谁，值得认真探索。

龚自珍直到晚年还念念不忘他的《尊隐》，有诗云：“少年《尊

① 中国社会科学院近代史研究所：《中国近代史稿》第 1 册，1978 年版，第 297 页。

隐》有高文，猿鹤真堪张一军。”①此诗前一句意义甚明，后一句是说“猿鹤”有力量干一场。“猿鹤”何所指？考龚自珍在《与人笺五》里，曾咒骂官僚界“遂乃缚草为形，实之腐肉，教之拜起，以充满于朝市。风且起，一旦荒忽飞扬，化而为沙泥。子列子有言：君子化猿化鹤，小人化虫化沙。等化乎？然而猿鹤以贤矣。”②原来，“猿鹤”意指像龚自珍自己这样的“君子”。又考吴昌绶《定庵先生年谱》载：龚16岁时，在北京法源寺读书，他的外祖父之弟段清标找他游玩，一老一少“寺僧戏谓一猿一鹤”③。这个和尚的雅谑使龚很得意，时隔19年，他35岁(1826)时，还有诗追忆此事：“寺僧两侮之，谓一猿一鹤。”④可见“猿鹤”就是君子，就是龚这一类清高的封建士大夫，当为不诬。龚自号“羽琌山民”，他在昆山的别墅，号“羽琌山馆”。据此可以断言：“山中之民”决非农民的代表，而是龚自珍那样的封建士大夫的化身。

再进一步考查，“山中之民”在龚看来还不算最理想的人物。高踞“山中之民”之上的是超脱物外的隐士。试看《尊隐》的结尾部分：

> 之民(指山中之民)也，有待者耶？无待者耶？应之曰：“有待。”“孰待？”“待后史氏。”“孰为无待？”应之曰：“其声无声，其行无名，大忧无蹊辙，大患无畔涯，大傲若折，大瘁若息，居之无形，光景煜爚，捕之杳冥。后史氏欲求之，七反而无所睹也。悲夫悲夫！”

---

① 《己亥杂诗》，《龚自珍全集》第532页。

② 《龚自珍全集》第339页。按：“君子为猿为鹤，小人为虫为沙”，本出《抱朴子》；龚说出于《列子》，乃系偶误，龚氏《最录穆天子传》即引此为《抱朴子》(见《龚集》第248页)。

③ 《龚集》第595页。

④ 《丙戌秋日，独游法源寺，寻丁卯戊辰间旧游，遂经过寺南故宅，惘然赋》。《龚集》第478页。

龚的诗文，有许多消极颓废的东西，原因之一，是受庄子的影响太深。《尊隐》一文，不但笔调神韵酷似《庄子》，而且结尾部分的思想也来自庄子，“有待”、“无待”的用语，正是从《庄子·逍遥游》那里套来的。① 所谓“有待”，就是有所依赖，有所局限。这种人还要受世俗客观条件的限制，不能超然物外而得到无条件的精神自由。“山中之民”虽比“京师”好，但毕竟还“有待”。只有那个“无待”者（这是庄和龚的理想境界），才能彻底摆脱客观世界的限制和烦扰，获得无条件的解脱和自由。像“山中之民”那样吊民伐罪的事，自然也不屑去干。《逍遥游》上的无待者，是姑射之山的神人，《尊隐》上的无待者，是傲视万物而又悲天悯人的隐士（“纵之隐”）。《尊隐》在思想上艺术上，总的看来是一篇好文章；但必须透过那迷离惝恍的文字，找出其不健康的东西，予以应有的批判。

如实地指出龚自珍的阴暗面，并不是要抹去他的光辉。他生当封建社会向半殖民地半封建社会转变的边缘，思想充满矛盾是不足为奇的。他对清朝的官僚政治作过深刻的批判；尤其在封建社会晚期，高度皇权专制统治下，许多可憎可耻的东西被他无情地揭发出来，予以鞭挞，确实起了振聋发聩的作用。当一般官僚地主浑浑噩噩，醉生梦死的时候，他大声疾呼，发出了“死期不远”的警告。他的伤时之语，骂座之言，引起了统治者的嫉恨，一生受尽了种种打击陷害，最后连礼部主事的闲差也维持不下去，挂冠回籍。他有一首诗写道：

促柱危弦太觉孤，琴边倦眼眄平芜。

① 《庄子·逍遥游》：“此虽免乎行，犹有所待者也。若夫乘天地之正，而御六气之辨，以游无穷者，彼且恶乎待哉！”《庄子·大宗师》亦有“夫知有所待而后当，其所待者特未定也”等语。

香兰自判前因误，生不当门也被锄。①

诗的前两句写自己“曲高和寡”的孤独之感和倦归之情，后两句自比香兰，借用刘备“芳兰生门，不得不锄”的话，伤叹自己生不逢辰，虽然并没有挡住别人的路，也被摧锄了。

[作者附记：本文草成于1979年夏，是年先后在河北师院文科各系、河南师大历史系作过报告，意犹未尽，尚须续补，只好俟诸异日了。]

（原载《河南师范大学学报》1981年第4期）

① 《己亥杂诗》，《龚集》第521页。按：“前因”系佛教用语，即前世所造的孽。“香兰”句，典出《三国志·蜀志·周群传附张裕传》。张裕得罪了刘备，刘备将要杀他时，诸葛亮问其何罪，刘备答：“芳兰生门，不得不锄。”裕遂弃市。

伟大的爱国者林则徐

一

百余年来中国人民反帝反封建的悲壮历史，从鸦片战争的炮声一响，便揭开了它的序幕；而林则徐的名字便从此昭垂史册，为中国人民所深深纪念。

林则徐(1785—1850)，福建侯官(今福州)人，出生于一个下层的地主士大夫家庭。他的祖父是一个潦倒终生的穷秀才，他的父亲是一个“岁贡生”，因为科场失意，在家乡教书，菲薄的束脩入不敷出，因此他的母亲和姐妹们就不得不为人做些女红以维持生活，“岁可易钱数十缗，遂贸其值以佐家计”，“往往漏尽鸡号，尚未假寐”①。

则徐“生而警敏，长不满六尺，英光四射”②，1804 年(嘉庆九年)20 岁，中举；1811 年成进士，被选为翰林院庶吉士，三年散馆，授翰林院编修。他先后在京师 10 年，结识了一批富有政治敏感的封建知识分子，例如董国华、陶澍、梁章钜、龚自珍、魏源、张维屏等人，组织了一个带有政治色彩的诗社，由于这个诗社设在北京宣武

---

① 林则徐：《先妣事略》，见《云左山房文钞》卷 2。

② 李元度：《林文忠公别传》。

门南面，因而以后就名为“宣南诗社”[①]。他们不仅集会吟诗，而且也互相砥砺名节，讲求经世致用之学。

1820 年(嘉庆二十五年)，则徐任江南道监察御史，以后便一步步地向上爬，历任杭嘉湖道、淮海道等官；在仕宦的生涯中，他逐渐地显示出了自己优异的才能和区别于一般腐朽贪婪的清朝官僚的正派作风来。1823 年(道光三年)升任江苏按察使，决冤狱，抑豪强，清名大著。这一年全国很多地区都遭了大水，江苏也是被灾区域，在清政府和封建地主的残酷追逼下，“松江民有聚众告灾，汹汹将变”[②]。人民的自发反抗眼看就要起来了，这时江苏巡抚(韩文绮)便调兵准备血腥镇压。刀口和绞索——这本来是封建统治者，特别是清朝统治者对付人民反抗的当然逻辑，但是林则徐当时没有这样做，亲自坐着一叶扁舟前往灾变地区“劝慰”。他一方面用这种温和的手段暂时缓和了人民的愤怒，一方面用他干练的才能大力举办赈济，又推行“当牛”的办法，让农民在冬天以耕牛向政府抵借款粮，次年春天归还。就这样，灾情缓和了，“民颂大起”，他的声名一天一天上涨，博得了“林青天”的称号。

当然，我们决不能忘记：林则徐是清朝封建统治者的一员，他这样温和的手段和某些具有改良意义的措施，本质上还是为封建统治阶级服务的；但是我们能不能够就因此得出结论来说：林则徐和一切其他的残民以逞的封建统治者都是一丘之貉，毫无一点区别呢？不能。斯大林在论到封建时代的农民时，曾经说：“决不要忘记：他们(农民)都是皇权主义者，他们反对地主，可是拥护‘好皇

---

① 林则徐：《云左山房诗钞》卷 2，有《题潘功甫舍人宣南诗社图卷》一诗。《云左山房文钞》卷 2，有《龙树院雅集记》一文，龙树院即宣南诗社所在地。

② 金安清：《林文忠公传》

帝'。"①与此相联系的，就是拥护"清官"：平一些冤狱，兴一些水利，减少一些搜刮和屠杀，让他们能够活得下去。而这个时期的林则徐，正是这样的一个"清官"，他的进步作用在此，他进步的限度也在此。

从1824年到1831年(道光四年至道光十一年)，林则徐先后在河南督修过堤工，并在陕西、湖北、河南、江宁当过布政使，他所到的地方，注意兴办河湖水利，惩治贪污，所以"一时贤名满天下，至儿童走卒妇人女子皆以公所莅为荣。辄曰：林公来，我生矣!"②。有的地方，甚至于把他的事迹编成歌谣，传之于荒村野市。

1831年10月，他升任河东河道总督，在那个时代，河务是贪污营私的渊薮，黄河泛滥一次，官员们就大发横财一次。就拿黄河堤工的"垛料"(秫秸垛，储存以备岁修或抢修)来说，林则徐到任以后，马上了解出来："最易朦混。其显然架井虚空、朽黑霉烂者固无难一望而知，更有理旧翻新名曰'并垛'，以新盖旧名曰'戴帽'；中填碎料杂草以衬高宽，旁插短节秸根以掩空洞……"③所以他就认真调查，豫东一带几千个垛，他都徒步逐一检查，抽验虚实，丈量高宽，使贪官难以作弊，而人民成群结队地去看他的检查。连道光皇帝也不能不承认："向来河臣查验料垛，从未有如此认真者。"在浑浑噩噩的清朝官场里，他不但能够清廉自守，而且也肯于负责办几样事情。

1832年(道光十二年)6月，他再到江苏，出任巡抚，江苏绅民听说这个消息以后，许多人出境迎接。江苏，这是有名的殷盛繁富的地区，也是清朝政府剥削的重要对象。在大江以南的苏州府、松

① 《和德国作家路德维希的谈话》。

② 金安清：《林文忠公传》。

③ 林则徐：《查验豫东各厅垛完竣折》。

江府、常州府、镇江府和太仓州，“四府一州之地，延袤仅五百里……比较浙省征粮多至一倍，较江西则三倍，较湖广且十余倍不止”①。当丰收的年景，农民已经不足养命，而从1831年以来又接连遭受水灾，1833年大雨滂沱，江湖盛涨，沿岸一带汪洋一片。江宁、上元、句容、江浦、六合、江都、仪征，乃至苏州、松江等广大地区的稻谷大减收，有些地方房倒屋塌，灾民蓬栖露宿，奄奄待毙；而沿海的太仓、镇洋、嘉定、宝山等地的主要作物——棉花也腐烂脱落，手工业者大量失业。在这种情形下，清政府并没有丝毫放松其追逼勒索。林则徐和两江总督陶澍联名上疏，请求缓征漕赋。道光皇帝反而下令责斥他们妄报灾情，搜刮不力，说：“该督抚等不肯为‘国’任怨，不以‘国计’为亟……只知博取声誉！”就在这种情形下，不少农民被迫放弃自己血汗浸透的土地逃亡，不少农民和手工业者更直接发动了零星的武装斗争。

林则徐昼夜听见风雨的飘摇和灾民的呼号，主张继续上疏报灾，而总督陶澍慑于皇帝的切责，踌躇不敢决定，则徐便向陶澍表示：“倘有应得处分，侍当独任！”②于是单衔上疏和道光力争说：“国计与民生实相维系。朝廷之度支积贮无一不出于民，故下恤民生，正所以上筹国计，所谓民惟邦本也！”“多宽一分追呼，即多培一分元气。”③这里，他表现了自己的早期政治思想——民本主义思想。在中国封建时代，这是一种比较开明的、具有一定进步意义的思想。封建士大夫曾经长期把它当作一种虚伪的口头禅来玩弄，而林则徐则确能见之于实践。这个奏稿，据说在江苏“争相传抄，远迩为之纸贵。小民闻之，皆嗟叹聚泣，庆更生”④。另一方面，他

---

① 林则徐：《江苏阴雨连绵田稻歉收情形片》。

② 《与陶云汀官保》，见《云左山房文钞》卷4。

③ 林则徐：《江苏阴雨连绵团稻歉收情形片》。

④ 金安清：《林文忠公传》。

自己带头捐廉，勒令各级官员及绅商大户捐输赈济，采用减赋、平粜、施粥、收养幼童、招抚流亡、严禁贪污等办法。并且乘机兴办水利，挖浚了浏河、白茆河等等，以工代赈。这些工程，他不敢动用库银，主要靠捐钱兴办。当他勘验工程时，这些地方“沿途香花载道，闾阎欢忭异常”①。

显然，他深受着他那个时代，尤其是他的阶级的限制。他以上这些措施好像是很“仁慈”，但其最后目的，正如他自己所承认的，这不过是一种“安贫保富之计”②，说穿了，不过是为了地主政权的稳固秩序而已，不过是害怕人民起来“滋事”而已：“若借口饥寒，为匪不法，断不能曲为宽贷。”③

从 1832 年到 1836 年这 5 年的时间，他在江苏兴办的水利工程很多，除上述白茆河、浏河等外，又修建了宝山的海塘，太仓的杨林河、七浦河，运河西岸的练湖，以及苏州、松江、通州、盐城等处的河道闸坝等，便利了航运灌溉，减少了水灾旱灾。就这样，他在一定程度上暂时稳定了那些地区的封建秩序，并且博得了许多的赞颂。

林则徐，他在鸦片战前应该是一个开明的、精明强干的封建政治家。

二

19 世纪以后，英国资本主义得到了更迅速的发展，从非洲、美洲到亚洲，它已经完成了一系列的殖民活动，侵略的矛头便指向了

---

① 林则徐：《验收浏河挑工并出力人员请奖折》；《会奏白茆河挑工验收并出力人员请奖折》。

② 林则徐：《江苏省各属捐赈情形片》。

③ 林则徐：《各属拿获凶盗要犯分别审办情形折》。

清朝腐朽统治下的中国。马克思说:“资本就是从头到脚,每个毛孔都流着血和肮脏的东西。”①英国资产阶级强盗为了赚取血腥的高额利润,为了“打开中国的大门”,便不惜采用最无耻的鸦片走私手段,吮吸中国人民的膏血。骇人的银价高涨、生产破坏和生命斫伤的现象像瘟疫一样袭击着中国。对于中国来说,这不仅仅是一种社会的危机,而且已经构成整个民族的危机了。

清朝政府也感觉到这种局面对自己有所不利,因为鸦片的大量输入造成了它财政的困难和统治机构(特别是官吏和军队)的迅速腐烂和削弱。所以从雍正七年(1729)起,就曾经严禁鸦片:“私开鸦片烟馆引诱良家子弟者,照邪教惑众律,拟绞监候。”②从雍正一直到道光,清政府先后颁布十几次禁烟法令,但是由于上自皇帝下至各级官僚的贪污收贿,所以除了替他们多开辟一道勒索敲诈的门路以外,毫无效果。到了道光十四年(1834)以后,更有一群无耻官僚如卢坤、王玥和许乃济等出来说话,公开主张“弛禁”。王珥说:“凡吸食者,无非闲荡之徒。但若辈既已不知爱惜,上负生成厚德,即使生命自戕,要皆孽由自作,似亦不足计论。”③许乃济更主张在本国提倡种植鸦片,抵制“洋烟”。一句话:不顾人民死活!

这样年复一年,鸦片像洪水一样越来越汹涌了。还在1833年(道光十三年),当林则徐在江苏巡抚任上的时候,“银昂钱贱”、“商民交困”的现象已经十分严重,他指出主要的原因就是外洋鸦片的输入,“鸦片以土易银,直可谓之谋财害命!”④。所以就在这个阶段,他已开始在江苏沿海认真查禁鸦片的入口。

1837年,他升任湖广总督。次年,黄爵滋向道光奏请严禁鸦

---

① 《资本论》第1卷,第961页,人民出版社1953年版。

② 李圭:《鸦片事略》。

③ 转见郭廷以:《近代中国史》第2册,第81页。

④ 《会奏查议银昂钱贱除弊便民事宜折》。

片，以塞漏卮，对吸食者科以死罪。道光令高级官员就此奏各抒所见。当时议论纷纭，而以琦善为首的多数官僚反对严禁。这时，林则徐就出头支持黄爵滋，拟出详细切实的禁烟办法，并且献出四种戒烟药方，要求颁行各省。在另一个片奏里，他更尖锐地指出，鸦片之所以愈禁愈多，都是由于官吏的包庇："盖以衙门中吸食最多，如幕友、官亲、长随、书办、差役，嗜鸦片者十之八九，皆力能包庇贩卖之人。"因此，他主张应首先对官吏严绳以法，"若不从此严起，彼正欲卖烟者为了源源接济，安肯破获以断来路？"①。他相信鸦片流毒并不是不可以肃清的。他在两湖初步推行禁烟措施的结果，"湖广之人，有积瘾三十年，日吸一两，而居然断去者。断后则颜面发胖，筋复强，屡试屡验"②。很多烟贩都纷纷自首呈缴烟土烟膏，很多老人妇女都"在路旁叩头称谢，据云其夫男久患烟瘾，今幸服药断绝，身体渐强"③。人民热烈拥护禁烟，给林则徐以极大的鼓舞和信心，他看出："习俗大可转移"，"特视奉行者之果肯认真否耳！"。

林则徐的禁烟主张是怎样和道光结合起来的呢？就是说，他为什么能够在一定时期内得到了道光的同意和支持呢？这是因为，他打中了道光的要害："若犹泄泄视之，是使数十年后，中原几无可以御敌之兵，且无可以充饷之银。"他的这几句话，中心着眼点是在"军队"和"财政"四个大字。军队，这是清朝统治的爪牙和工具；财政，是这个统治权生存的命脉。二者缺一，清朝统治就无法再维持下去。难怪道光看到这个奏折以后十分震动，用朱笔在上面大圈大点，并决心任命林则徐赴广东禁烟。当然，这里反映了林则徐在维护清朝统治权这一点上和其他封建官僚并无区别；但是

---

① 《钱票无甚关碍宜重禁吃烟以杜弊源片》。

② 《晓谕粤省士商军民人等速戒鸦片告示稿》，见《信及录》。

③ 《查拿烟贩收缴烟具情形折》。

在坚决禁绝鸦片、抵抗侵略、挽救民族危机这一点上——也正是主要的一点上，符合了人民的利益和要求。

1838年(道光十八年)12月，林则徐被调到北京召见多次，特赏紫禁城骑马，并被任命为钦差大臣，到广东查禁鸦片。这在他的一生是一个重大关键，在政治生活上，他开始肩负了举国瞩望的大业；在思想认识上，他开始突破了狭窄的“天朝”“华夏”的圈子而接触到了广阔的世界。

1839年1月，他从北京出发赶赴广东。首先，他就表现了在贪秽的清朝官吏中少有的清廉作风。为了避免沿途各级官僚的可厌的阿谀应酬和借端勒索人民，他便发出“传牌”：“所有尖宿公馆，只用家常饭菜，不必备办整桌酒席，尤不用燕窝烧烤，以节糜费。……至随身丁弁人夫，不许暗受分毫站规门包等项，需索者即须扭禀，私送者定行严参!”到了广州，他严令随从人等，倘有“在外招摇者，所有地方官立即严拿，彻究重办！至公馆一切食用，均系自行买备，不收地方供应。……如有借名影射扰累者，许被扰之人控告，即予严办”①。我们如果想一想清朝时代“钦差”和“禁烟”两件事情，从钦差本人到大小官员随从人等应该是如何一种捞钱的“肥缺”，就了解林则徐这些措施的意义了。

当他未到广州之前，那里的空气便已紧张起来：官僚、洋行买办、各国领事、鸦片贩子……都在探头探脑地打听，准备对付的手段。他到达之后，最初几天是沉默的，因为他正在详细地调查情况、部署力量；等到部署就绪，就雷厉风行地行动起来。他首先抓住最紧要的关键：清除目前的毒害——收缴洋商的鸦片；和永断将来的毒害——勒令他们出具永不带来鸦片的甘结。他向资本主义强盗们坚决表示：“若鸦片一日未绝，本大臣一日不回，誓与此事相始终，断无终止之理!”他知道广大人民对侵略者的同仇敌忾，他告

---

① 《传牌稿》及《关防示稿》，见《信及录》。

诉这些强盗们:“察看内地民情,皆动公愤,倘该夷不知改悔,惟利是图,……即号召民间丁壮,已足制其命而有余!”①一切鸦片贩子失望了——原来林某真干起来!原来他和别人不同,不是借机收贿的!

以英国强盗为首的一群小丑们要尽了一切花招,企图挣扎和违抗。英国商务监督义律百般无赖,迟不缴烟,并指使被索拿的大鸦片贩子颠地深夜逃遁。于是林则徐采取了断然的措施:停止贸易,围困外国商馆。在强大压力下,英美鸦片贩子不得不暂表屈从,到 5 月 18 日为止,先后共缴出鸦片 19187 箱,又 2119 袋。在英美鸦片贩子开始缴烟以后,林则徐即下令恢复贸易。6 月 3 日,他亲自监视,开始在虎门滩上销毁鸦片。“于海滩高处,挑挖两池……纵横各十五丈余尺……其浸化之法:先由沟道车海水入池,撒盐成卤,所有箱内烟土,逐个切成四瓣,投入卤中,泡浸半日,再将整块烧透石灰,纷纷抛下,顷刻便如沸汤,不爨自燃。”②正像范文澜同志所说:“这一伟大行动,是以林则徐为代表,第一次向世界表示中国人民纯洁的道德心和反抗侵略的坚决性。”③

但是,鸦片贩子们恼恨在心,尤其是英国这个卖鸦片最多、发财最大的国家,是绝对不会甘心的。英国领事义律坚决拒绝具结,他接到林则徐的结式以后,怒不可遏,立刻撕得粉碎,说:“头可断而结不能具!”因为他惟恐具结以后,鸦片贸易永远断绝,况且他又清楚地知道,印度仍存有 6 万多箱的鸦片,正准备运向中国。为了坚持可耻的鸦片贸易,英国终于图穷匕见,向中国发动武装侵略。

武力,这并没有吓倒林则徐。他做了一切必要的准备,在广东沿海各炮台布置防御,并且在一定程度上依靠了人民。他重视民

---

① 《谕各国夷人呈缴烟土稿》,见《信及录》。

② 《会奏销化烟土已将及半情形折》。

③ 范文澜:《中国近代史》上册。

心的向背，察看民情，对于侵略者“不但正士端人衔之刺骨，即渔舟村店亦俱恨其强梁，必能自保自家，团练抵御”①。他招募了数千渔民疍户加以训练，专门乘月黑潮退，奇袭火攻，竟使英国侵略者屡战屡败，一筹莫展。1839 年 9 月，英船在九龙挑衅，大败而逃，以致英国报纸就埋怨起义律来：“义律此事办理大错，无一件错事可以比之！”对于渔民疍户的火攻，他们也感到风声鹤唳，发出哀鸣：“中国人若放得各火船得法，我等船必大受其害……后来恐中国人若一练熟，驶火船有准，即更有危险之事。”②

在国防上，林则徐尽了最大的努力，使广东海防空前巩固；在外交上，他最大限度地孤立敌人，执行着“奉法者来之，抗法者去之”的正义政策；在鸦片问题上，他站定脚跟，不留余地地坚决拒绝。英国强盗无论在哪一方面，都找不到空子钻，他们黔驴技穷了，资产阶级国会终于可耻地通过了对华作战的议案。1840 年 6 月，英国正式派遣大批侵略军来华，局势空前紧张起来：

鸦片战争，这是一个封建的中国为抵抗资本主义英国侵略的战争。当然，中国正为一个腐败的王朝统治着，一切方面都是落后的。英国在武器、经济力量和政治组织力量上是比较优越的。但这并不能决定战争的胜败。首先，英国进行这一次非正义的侵略战争，并不能取得本国人民的支持；而且，它远渡大洋，在作战上兵力不足，补给困难；它和葡、法等资本主义国家之间有矛盾，它和印度等殖民地之间有矛盾，这些都说明它发动这次战争并没有胜利的把握，而只是一种海盗式的冒险。相反地，中国是一个广土众民的国家，人民积极支持这次正义的民族自卫战，历史无比雄辩地证明，中国人民具有无穷无尽的战斗潜力，一小撮侵略军投入中国

---

① 《筹办夷务始末》(道光朝)卷 8。

② 魏源：《海国图志》卷 82 所录《澳门月报》。按：该报当译自英人所办报纸。

(英国最初只拼凑了4000人来华作战),真像针尖插向海洋一样。如果充分发挥了自己方面的长处,英国侵略者是完全可以被打败的。

林则徐做对了。他在“民心可用”的信念下发动了人民,配合军队,水上陆上严阵以待。英国侵略军停泊海面,不断遭到奇袭,如果他们胆敢闯入内河,舍舟登陆,那么更会遇到“人人持刀痛杀”的军民群众,“直是鱼游釜底,立可就擒”①。英舰在广东无隙可乘,依照英政府训令,避免在广东作战,7月初,以主力向北侵犯。在那里,他们遇到了和林则徐大不相同的情况:江浙直隶一带的清朝官员还正在做梦,没有战守准备;英军顺利地陷定海,犯大沽,对清朝政府进行大肆恐吓。

本来,定海一地的得失,对中国这样一个大国来说,离战败还遥远得很。尤其是敌寡我众,民气高昂。定海人民完全自发地对侵略者进行反抗,击毙每一个大胆走出县城的英国兵,使敌人坐困孤城。据当时参加侵略战争的英国海军大佐宾汉(Elliot Bingham)亲笔自述说:定海农民拒绝供应英军粮食,英军派人下乡买办粮食,立刻“被中国人擒获,作为俘虏运到宁波”。定海人民坚壁清野式的斗争,使英军饮水都发生困难,“仅仅能得到的水是最坏的一种,颜色微黑”②。因此,英军不久便疾疫流行,死亡枕藉。在登陆定海的3000英军中,很快就死掉400人,病倒1500人,残余的军队也“完全消瘦到皮包骨”③。随着人民斗争的开展,英军的情况愈加恶化。宾汉写道:“剩下的寥寥的居民弃城而逃。就连强盗也传染上痛苦。街上难得看见一个中国人,没有可能得到新鲜

---

① 林则徐:《英夷兵船移泊校椅沙情形片》。

② 宾汉:《英军在华作战记》,见中国史学会主编:《鸦片战争》第5册,第69页。

③ 同上书,第120页。

食物。城的附近看不见公鸡和母鸡，就是听得一只鸟叫，也难得再叫了。”①

林则徐对于敌人的情况是相当了解的，他根据所得情报向皇帝反复指陈：定海人民对敌人的斗争是有效的，“各夷船……今已火食无多，转瞬风色将转，均甚愁急。是其伎俩之穷，已可概见”②，“现有夷信到粤，已言定海阴湿之气，病死者甚多”，“即炮子火药，亦不能日久支持，穷蹙之形，已可概见”③。敌人不能日久支持，敌之所短正我之所长，从这里已经可以看出林则徐已经具有某种持久抵抗的观念。他又建议在定海组织人民，“或将兵勇扮作乡民，或将乡民练为壮勇”，有计划地潜入定海城厢内外，“约期动手，杀之将如鸡狗”④。这个建议丝毫不是幻想，而是歼灭敌人的有效办法。

但是定海的失陷和英军的恫吓，使道光皇帝吓破了胆；汉奸投降派乘机出头，宣扬英国如何船坚炮利，如何无法抵抗，又攻击林则徐禁烟惹祸。于是，上谕就宣称林则徐的“罪状”：“误国病民，办理不善。”10 月，将林则徐等人革职，派臭名昭彰的琦善到广东去议和。

禁烟和抗战的正义事业被破坏了！被暗害了！这对于林则徐该是一种多么沉重的打击！但是他仍然想作最后的呼喊和努力，他说：“天下万世之人，断无以鸦片为不必禁之理！”他指出屈膝投降的道路是断断走不得的：“夷性无厌，得一步又进一步，若使威不能克，即恐患无已时；且他国效尤，更不可不虑！”他请求皇帝给他

---

① 宾汉：《英军在华作战记》，见中国史学会主编：《鸦片战争》第 5 册．第 123 页。

② 《密探定海夷情片》。

③ 《密陈夷务不能歇手片》。

④ 《密陈夷务不能歇手片》。

一个机会，调他到定海前线去："苟有裨国家，虽顶踵捐糜，亦不敢自惜。倘蒙格外天恩，宽其一线，或令戴罪赴浙省随营效力，臣必当殚竭血诚，以图克服！"①多么沉痛的语言！这语言透过了百余年的悠长岁月，仍然激动着人们的心弦。林则徐在中国历史上的辉煌功业，将永远为人民所深深纪念！

琦善来了！这个卖国贼，他把林则徐为抵抗侵略而在国防上所作过的一切努力，差不多完全破坏。这时候，林则徐悲痛到了极点，独自住在一个馆舍里面，害着病，不愿意接待任何客人。当他在寒冷的冬天又奉命出来"协理夷务"的时候，"询知前所备舟勇已尽撤，欷歔无如何"②。但是琦善好像并不以此为满足，还进一步瞒住国人和英国订立密约，赔偿军费并出卖香港。林则徐听到这个消息，忧愤交加，但他既然已被革职，不在其位，只劝说广东巡抚怡良揭发琦善。怡良犹疑不决，则徐便发动爱国士人纷纷列名敦促怡良，终于，这个大卖国案被揭发了。

当清朝皇帝还没有被侵略者彻底打怕以前，还是相当顽傲和爱面子的，所以闻报大怒，将琦善革职拿问，派奕山、杨芳等调兵再打。这些腐朽的家伙，当然做不出什么好事来，前线一触即溃。而林则徐在 1841 年 4 月也被调离广东，"命赴浙江镇海军营协办事务"，6 月，又命令把他远远地遣戍到伊犁。

大约在青年时代，林则徐就写过一首《病马行》的诗，寄托自己无法施展的抱负："生驹不合烙官印，服皂乘黄气先尽。千金一骨死乃知，生前谁解怜神骏？不令鏖战临沙场，长年驿路疲风霜。早知局促颠连有一死，恨不突阵冲锋裹血创。……"③这首诗恰巧成为林则徐现时的写照。他正像诗中描写的那匹骏马，尽管有着鏖

① 《密陈夷务不能歇手片》。

② 《夷氛闻记》卷 2。

③ 《云左山房诗钞》卷 1。

战沙场、冲锋陷阵的壮志，然而因为他是朝廷豢养的工具，烙上了官印，“服阜乘黄”，重重束缚，欲战死而不可得，只有局促颠连在迢迢的驿路上——谪戍的驿路上。这就是一个爱国者在旧时代的遭遇。

林则徐，他不仅是一个爱国者，而且还是中国近代维新运动的第一先驱者，所谓“知己知彼，百战百胜”，为了反抗资本主义侵略者的实际需要，就要了解世界，研究敌情，这就使他的思想领域大大开展，能够看得远一些，对敌斗争更策略一些，并且初步接触到了历史发展过程中所提出的新问题。他一到广州，不但向当时执行对外贸易的行商了解情况，向一些知识分子了解情况，而且非常注意利用“线民”(经常接触外国人、通晓外语、能够作为眼线的人)刺探敌情，所以他的军事情报往往灵通而又准确。为了更深刻地了解敌人，他又广为搜罗西书，组织许多人翻译西书。连敌人也惊讶地说：“中国官府全不知外国之政事，又不询问考求，故至今中国仍不知西洋。……惟林总督行事全与相反，署中养有善译之人，又指点洋商通事引水二三十位，官府四处探听，按日呈递。”①他不但翻译外国报纸，而且翻译了一些外国的法律、地理、政论乃至军事技术的书籍。据英人德庇时(J. F. Davis)说，林则徐叫人译了大炮瞄准法的书，并且在广东防务中加以实际应用。② 如果证以林则徐的一封致友人书中所说：“前曾觅一炮书，铸法炼法，皆与外洋相同，精之则不患无以制敌。”③此事当为可信。他所编译的有关世界地理知识的《四洲志》以及其他资料，以后被魏源作为主要依据，写了有名的《海国图志》，对维新运动产生了极大影响。

---

① 《海国图志》卷82所录《澳门月报》。

② 德庇时：《战时和缔和后的中国》，转见陈原：《林则徐译书》一文。

③ 《林少穆制府遣戍伊犁行次兰州致姚春木王冬寿书》，见《溃痈流毒》卷4。

在数十年后维新运动的主要道路上，他算是起了一个头。被道光批为“一片胡言”的他的建设国防工作抵抗侵略的主张，曾经是多少年间中国人民的共同愿望。

三

林则徐被清朝皇帝像敝屣一样地遗弃了，连他在镇海军营的四品卿衔也被革掉。他不得不满腔忧愤地向着遥远的戍途走去。

但是那一年8月，黄河在开封附近溃决了，大学士王鼎赶到开封堵口，极力保荐他留在开封治河。从1841年8月到1842年2月，前后6个月的时间，他在风沙和冰雪中奔波筹划，以致操劳成疾，黄河的合龙工程终于完竣了。就在这个时候，王定九(鼎)先生大开宴会，林居首座。忽传旨到谕曰：于合龙日开读。明日启旨，曰：“林则徐于合龙后，着仍往伊犁。”①王鼎老泪纵横地送别他，他在告别王鼎的诗中写道：“西行有梦随丹漆，东望何人问斧柯！”虽然自己即将谪戍西行，仍然念念不忘东南海疆的反侵略战争；他又写道：“余生岂惜投豺虎，群策当思制犬羊！……公身幸保千钧重，宝剑还期赐尚方！”②为了反抗入侵的豺狼，他甘愿献出自己的生命；他痛恨当道的投降派，希望有“尚方宝剑”来除尽这些败类。这首光辉的诗篇，表达了林则徐忧国愤时的真实情感。

王鼎悲愤地回北京以后，力荐林则徐贤能，皇帝根本不听。那时王鼎和投降派头子穆彰阿同为军机大臣，王鼎一见这个老贼就厉声诟骂，老贼阴险地一笑躲开。有时两人同时召见，王鼎便当着皇帝的面，上前斥责老贼是秦桧、严嵩，老贼默认不辩。“上笑视蒲城(王鼎号)曰：卿醉矣。命太监扶之出。明日，复廷诤甚苦，上怒，

---

① 邹弢：《三借庐笔谈》卷12。

② 《云左山房诗钞》卷6。

拂衣而起，蒲城牵裾，终不获伸其说。”①一心投降的皇帝和一心卖国的宰相打成一伙，再加上大地主大商人的阶级支持，真是凶焰万丈，王鼎最后只能演出一幕自缢尸谏的悲剧。凡稍有血性的清朝官僚，都在为林则徐抱不平。协办大学士汤金钊、太常寺卿唐鉴都为了同情林则徐或被借故降级，或自动不干。唐鉴闭住门叫他的外甥黄婉替他誊写奏折，替则徐申辩，黄婉劝他不要惹这个祸，他说：“吾老矣！荐贤报称在此举，得罢斥吾安之，即偕林公戍万里，吾甘之。”②但是没有一点用处。

而林则徐这个时候表现得非常矛盾。在许多公开的场合，他表现得好像很旷达、很镇静。虽然他对投降派非常憎恨，但他却始终不敢憎恨清朝皇帝。当他谪戍经过陕西时，他的门生赶来见他，口出不平，而他还是“谈笑自若”，并让其妻郑夫人答复他的门生：“今决裂若此，得保首领，天恩厚矣！臣子自负国耳，敢惮行乎？”③他在离开西安，告辞家人的诗中说：“苟利国家生死以，岂因祸福避趋之？”固然表现了一个爱国者俯仰无愧的坦荡胸怀，但是紧接着他又说：“谪居正是君恩厚，养拙刚于戍卒宜。”④无论什么时候，在他看来，皇帝总是好的，生杀予夺，都是皇帝的“天恩高厚”。真的，一切封建士大夫，能够跳出“忠君报主”的狭小圈子的，是太少了。

但是在另一种场合，在密谈和私议中，他对朝局的败坏便不能自已地流露出愤懑来：“近者时事至此，令人焦愤填胸。”他在1842年9月行抵兰州⑤时，在一封私信里谈到战局，对英军已深入长江

① 薛福成：《庸庵笔记》。

② 曾寅光：《林文忠公逸事》。

③ 陈康祺：《燕下乡脞录》卷13。又，曾寅光，前揭书。

④ 《赴戍登程口占示家人》，见《云左山房诗钞》卷6。

⑤ 据《荷戈纪程》，则徐于壬寅年七月二十九日抵兰州，当公历1842年9月3日。

感到"忧心如焚",他主张继续抵抗下去,恢复失地。他说:"恢复之策,扼要首在荆、襄,须连结秦、蜀以为之。不识局中筹及否?"①长江下游既失,则坚守中上游,扼要荆襄,连结秦蜀,在广袤的国土上和敌人周旋下去,这正是一种长期抵抗的战略思想。但是,他哪里晓得,"局中"——清政府早已投降,在南京城下订立了不平等条约呢?

他带着病继续西行,跨过万里关山,在 1842 年的冬天到达冰雪迷茫的伊犁。伊犁将军布彦泰问他:"君欲远乎? 欲近乎?"答曰:"林某愿远!"②由于当时清政府开始重视新疆的农业开发,他就被允许在帕米尔高原以东和昆仑山以北,特别是沿着塔里木河的上下游一带地方,诸如库车、阿克苏、乌什、和阗、喀什噶尔(疏勒)、叶尔羌(莎车)等地,南北二万里,东西十八城来往奔波,着手勘垦荒田,兴办水利。在天山以南的吐鲁番一带,由于地面水源过分缺乏,当地维吾尔族人民,很久以来就通过一种叫坎儿井的引水工程,利用地下潜流来灌溉田地。林则徐到这里以后,大加提倡坎儿井灌溉,兴修许多坎儿井工程。据说,从此以后这种坎儿井就曾经被称为"林公井"。(按:坎儿井乃我国劳动人民的发明创造,还在西汉初年,我国就有了坎儿井的使用,以后由内地传入当时的西域。法国资产阶级学者伯希和因为见到波斯也有类似的灌溉方法,便信口宣称是由波斯传入中国的。王国维对此曾有所驳斥,见《观堂集林》卷 13)林则徐又把内地的纺车和织布技术传入吐鲁番,这些劳绩,都有利于新疆生产力的发展和提高。

如果说,在祖国历史上曾经对中华民族的生存作过奋斗和牺牲的人值得我们尊重;如果说,曾经对社会生产力的推动作过若干努力和贡献的人值得我们尊重,那末,让我们对林则徐——这位清

---

① 《行次兰州致姚春木王冬寿书》,见《溃痈流毒》卷 4。

② 邹弢:《三借庐笔谈》卷 12。

朝时代伟大的爱国者和政治家一表景仰的心情吧。

但是,当我们涉足于历史的长河中,我们就会深深感到,一切剥削阶级中的人物,是无论如何不能和现代劳动人民的伟大相比拟的,因为他们简直是显得太渺小了,照斯大林的说法,前者是一滴水,而后者却是整个汪洋的大海。林则徐也是一样,他的光芒远不能掩盖他的黑暗,这是由他的阶级本性所决定的。

1845 年(道光二十五年)秋天,道光认为林则徐办理勘荒屯田,给他省钱不少,于是下令说林则徐"自备资斧,效力奔驰,著有微劳",命他回京以四五品京堂起用;11 月,当他从伊犁行次甘肃时,又任命他署理陕甘总督。狠狠地打几巴掌再轻轻地抚摩两下,弄得林则徐又害怕又感恩,从此对于皇室更加忠实。这时甘肃西宁(今属青海)一带的藏族在清朝压迫下发起暴动,林则徐便用他在鸦片战争中的军事经验,整顿军队,"并拟改制大炮,仿照洋炮之法,推轮运放"①。暴动的藏族和帮助藏族起事的汉族人民被他"搜逐殆尽",道光下令:"所办可嘉之至!"

就这样,他又重新取得了道光的重视了。这时,在云南正在发生着回汉之间的"冲突"和回族人民的起义,1847 年春天,他便被派为云贵总督,专门去镇压回、汉人民。

回汉的冲突,完全是清统治者阴谋挑拨的结果。他们采取时而"助汉以杀回"、时而"助回以杀汉",终于"助汉以杀汉"、"助回以杀回"的政策,从中操纵拨弄,以转移回汉两族人民对自己的反抗情绪,削弱并分化两族人民的力量,以利自己的统治。1845 年,云南永昌府的清朝官厅密令流氓分子沈盈屠杀城内回民,这样,就造成了长年回汉两族之间的流血冲突。人民对清朝这种毒辣政策是非常愤怒的,正如林则徐所指出——"回汉无不怨官",因此,回汉两族人民,特别是回族人民,到处起事反抗清朝官厅。但是他们有

---

① 《国朝耆献类征》卷 203,《国史馆本传》。

一个共同的特点：还没有共同的阶级觉悟，还没有彻底认清清朝统治者的阴谋。因而一方面反抗官厅，一方面却不免继续着互相仇杀的悲剧。

林则徐，富有统治经验的林则徐，立即抓住了这个弱点。他一到云南，就提出“但分良莠，不论汉回”的口号——这实际上是一种圈套，用以瓦解回汉人民的反抗力量，收买其中的动摇分子。就在这种口号底下，他大量逮捕起事者，整批地加以屠杀，先后压平了各处人民的暴动。

在汉回人民的起事被他相继镇压以后，他又强迫永昌的残存回民迁移到烟瘴之地的官乃山去垦荒。官乃山在当时一个什么样的地方呢？林则徐自己说：“周围约十余里，外狭中宽，前隔潞江，后依雪山，雪山之巅，石崖陡险。虽有傈傈夷人窝居其上，向不与民人相通。”①他硬逼着回民把自己的原来产业贱价卖给汉族官僚地主和商人，用军队押解着迁移到那里去。当时的回民“仅有少数胆小柔懦者前往，其稍有刚气者则不愿前往，佥言：迁往烟瘴之地，是欲灭我种族耳！遂各散往他方”②，他们宁愿饿着肚子漂泊流浪，而不愿接受这样一种奴隶的命运。正是在这种血泊与泪海中，林则徐进一步换取了清朝皇帝的信任，他被加上了“太子太保”的头衔，并被“赏戴花翎”。然而，人民的反抗真是能够平息的吗？连林则徐自己也知道：“经此次创艾，区区之力，不过维持十年，过此非所知矣。”③果然，到 1856 年（咸丰六年）初，在杜文秀领导下的大规模的回民起义就爆发了。而那一次起义一开始，回、汉、彝各族人民就表现了亲密的团结，显然是人民吸取了这一次血的教训

---

① 《保山县城内回民移置官乃山相安情形折》。

② 李元丙：《永昌府保山县汉回互斗及杜文秀实行革命之缘起》，见《回民起义》（近代史资料丛刊）第 1 册。

③ 金安清：《林文忠公传》。

的结果。

1849年（道光二十九年）5月，林则徐又因为云南腾越的“野夷”（彝）暴动，便派兵大加屠杀镇压，道光更表示十分满意，说他“洵能远振军威，又安边地”。到这里为止，他可以说是手上沾满人民的鲜血。他觉得自己已经充分取得了皇帝的宠信，同时他的宿疾（疝气）复发，便先后数十次坚持请求退职，告老还乡。

在他的家乡福建住了一年光景，伟大的太平天国革命在广西爆发了。新爬上血腥宝座的咸丰皇帝惊慌万状，想起了林则徐，颁给钦差大臣关防，希望他能够像在云南所作的一样迅速扑灭革命火焰，下令说“林则徐受皇考（道光）简任深恩，前在云南办理汉回军务，迅速蒇事，朕所夙知”，要他星夜赶赴广西镇压。这时林则徐已是60岁的老人了，但他仍然“自许可偿马革之志”，他认为，他仍然可以像在云南一样给皇帝立一个大功，谁知道当他走到半路——广东潮州府的时候，大病不起，1850年12月便死掉了。

林则徐的死，引起了所有封建统治者的震惊哀伤，他们面临着迅雷疾雨般的太平天国的胜利发展，悲叹他死得太早了，甚至有人说：“且使公（则徐）延数日之命，则‘粤匪’已如鸟兽散。”①实际上，如日方升的革命怒火绝不是任何人可以扑灭得了的，应该说，没有遭到太平军的重大打击而先行病死，倒是他的某种侥幸。

四

林则徐，这位中国近代史上的重要人物，从他死直到今天，已经一个世纪还要多了，一个世纪以来的历史发展给他作了最好的评判，现在我们已经能够清楚地指出他的一生，哪些事情是符合历史要求并为历史本身所肯定了的，哪些是违背历史要求并为历史

---

① 金安清：《林文忠公传》。

本身所否定了的。

我们纪念他，因为他是一个伟大的爱国者，在资本主义侵略者面前他表现了中华民族高贵不屈的意志和力量；这种高贵的爱国心还不仅仅表现在鸦片战争中，而是贯穿了他整个的一生。直到他临死前一年，当他告老在乡的时候，仍然保持着对侵略者的强烈憎恨。那时英国强盗为了扩大侵略，曲解南京条约，强入五口城中居住。在福州，他们强占了城中乌石山的积翠寺。闽浙总督刘韵珂百般投降让步，福建人民哗然不满，林则徐挺身而出，联合士绅列名上书刘韵珂，主张把侵略者驱逐出城，同时，他估计到敌人可能在海口用兵舰恫吓，所以他每天驾着小船到闽江口观察海防形势，规划防守策略，在他的倡议下，以后闽江口修筑了一系列炮台。刘韵珂因此十分嫉恨他，甚至准备奏劾他“阻挠抚局”（妨碍投降）。在他的一生中，受尽了汉奸卖国贼的明枪暗箭，但他从来没有屈服过。

我们纪念他，因为他作为一个维新运动的先驱者，作为一个在共产党出世以前的“先进的中国人”，曾经企图给中国文化引入某些进步的新东西。这也不仅仅表现在鸦片战争中，也是贯穿了他整个的一生。直到他临死前两年，在云贵总督任上的时候，由于云南的采矿事业被官府插手和限制弄得一塌糊涂，他便奏闻道光，力陈官府开矿之弊，请求朝廷准许“招集商民，听其朋资伙办。成者加奖，歇亦不追”。他又主张开放“铅禁”（铅是开银矿的副产品，系当时的军火原料，清政府不准随便开采出卖，违者办罪），允许民间自由制作贩卖。他的口号是“藏富于民”、“有土有财，货原恶其弃于地，因利而利，富仍使之藏于民”①。无疑地，他这种主张正是符合了新兴商人的利益，支持了资本主义萌芽。在他死后的数十年

① 《查勘矿厂情形试行开采折》，又在湖广任上也曾提出“损上益下，藏富于民”的主张，见《钱票无甚关碍宜重禁吃烟以杜弊源片》。

间，维新派的马建忠、薛福成乃至谭嗣同等人，便把“富民”、“藏富于民”的口号明确地规定出发展私人资本的内容了。

我们纪念他，也因为他是一个封建统治阶级中较开明的政治家，还能够注意到所谓“民生疾苦”的政治家。他是一个中国封建文化优良部分的继承者，毛主席说：“中国现时的新政治新经济是从古代的旧政治旧经济发展而来的，中国现时的新文化也是从古代的旧文化发展而来。”①林则徐正是这种从旧到新的发展进程的过渡人物，而他在主要方面则面对了历史前进的方向。

但是，作为一个阶级上的敌人，我们同时也反对他。因为他和任何封建统治者一样，当人民起义妨碍着他们的阶级利益时，他便显出了地主阶级的残暴本质，加以最惨毒的屠杀。

林则徐，他生当中国几千年来空前激变动荡的时代，生当中国封建社会开始向着痛苦的半殖民地半封建社会转变的时代，对于他这样一个封建士大夫说来，这种变化是多么陡然，多么奇特！在鸦片战争中，他接触到古老书本上所从来没有提到过的新式的“外夷”，接触到了一种对于他来说是这样新鲜的社会力量，当他还没有完全弄清楚那个时代时，而历史已经又向前迈进了一大步——作为中国旧民主主义革命序幕的太平天国起义发生了。他根本不可能懂得这种“造反”的实际意义，毫不犹豫地把它当作“盗匪滋事”而前往镇压。他死了，以后不久，这个伟大的革命便席卷全国，严重动摇了清朝封建统治的基础。

当时的历史事实，说明了林则徐所属的阶级、这个阶级的历史地位，已经开始急剧地没落下沉。

然而我们对这位重要人物究竟应该作怎样一种总的认识呢？我们显然不能超越历史而用今天的标准苛求他。他生在历史大转变的时代，他身上充满了这个时代所特有的矛盾：他爱国，但是和

---

① 《毛泽东选集》第2卷，人民出版社1952年第2版，第701页。

忠君不能分开；他有维新的倾向，却忠实地维护着旧的封建统治秩序；等等。不过，就他终生活动的主要一面，就他在历史上影响最大最深的一面来说，他应该是一位值得赞扬的爱国者。

呵，林则徐，伟大的爱国者！当我们想起你在侵略者面前所表现的光辉行动，当我们想起你离开广州前的沉痛呼吁，当我们想起你带着满腔悲愤投向迢迢戍途的时候，不禁兴起无限的敬意和同情。

（原载《新史学通讯》1954 年 1 月号、2 月号，收入中华书局 1979 年出版的《中国近代史论文集》时又经作者略加修改）

论林则徐的思想

林则徐不但是近代中国的一个伟大的爱国者和政治家，而且是一个有重要影响的思想家。他生在鸦片战争以前55年(1785)，死在鸦片战争爆发以后10年(1850)。这个年代，正是中国历史空前动荡和变化的年代——从末期封建社会开始转向半殖民地半封建社会的年代。在这些年代里，中国社会充满了各种各样的矛盾冲突：侵略和抵抗、进步和倒退、衰朽和新生，等等。由于林则徐不但目击了这些历史事变，而且在许多重要方面，他还是一个积极的参与者乃至主持者，因此，这些矛盾斗争就不能不在他的思想上强烈地表现出来。这就是林则徐思想的物质基础，也是我们论述林则徐思想的出发点。

一　早期政治思想

林则徐从嘉庆末年开始了自己的政治生涯，到了道光初年便渐渐以其优异的才能和清廉的作风吸引了人们的注意。如所周知，那个时代中国封建社会已经发展到最后阶段，处于崩溃的前夕。与此相应的，统治者官场中的腐朽败坏、残暴贪婪也必然变本加厉。作为一个正直的士大夫，林则徐对这种情况是痛心疾首的。在他所遗留下来的作品和文件里面，很多地方都反映了这个问题。

他在给清朝著名学者陈寿祺的一首诗中①说：

鸣呼利禄徒，宇氓何少恩！所习在脂韦②，所志在饱温。色厉实内荏，骄昼而乞昏③。岂其□才智，适以资攀援。摸棱计滋巧，刀笔文滋繁。峻或过申商，滑乃窬衍髡④。牧羊既使虎，吓鼠徒惊鹓⑤。有欲刚则无⑥，此际伏病根。

我们推断这篇诗应该是道光元年(1821)的作品⑦，林则徐刚刚度过了自己的青年时期，步入宦途也不算久；但是在这篇诗里，却极其尖锐而深刻地揭露了当时官场中的丑恶形象，愤怒地鞭挞了它们。接着，他说明了自己的信念和抱负："于传戒焚象⑧，于诗厉悬貊。""但当保涓洁，弗逐流波奔！"

这种信念和抱负的思想动力是从哪里来的呢？无疑地，来自所谓"古圣先贤"，来自封建文化中某种优良的传统。本来，它丝毫也不会触动封建的统治秩序的，然而在当时的政治环境下，即令是

---

① 《云左山房诗钞》卷2，《答陈恭甫前辈》。

② 脂韦，语出屈原《卜居》，意为圆滑，没有骨气。

③ 即：白昼骄人，昏夜乞怜。

④ 即：申不害、商鞅、驺衍、淳于髡。

⑤ 《庄子·秋水篇》的一个寓言，说惠子为相于梁，害怕庄子夺取他的职位，将要杀害庄子。庄子答复惠子说："夫鹓雏发于南海而飞于北海，非梧桐不止，非练实不食，非醴泉不饮。于是鸱得腐鼠，鹓雏过之，仰而视之曰：'吓！'今子欲以子之梁国而吓我邪？"林氏借用此典，说明廉吏受污吏排斥陷害。

⑥ 《论语·公冶长》："枨也欲，焉得刚？"

⑦ 这一年林则徐正任杭嘉湖道员，因父病引疾回家，而他的同乡陈寿祺这时也正隐居家乡，故知此诗必为该时互相酬答之作。且道光二年春，林则徐再度出仕时，又有一首与陈氏告别的诗作，该二诗俱载于同书同卷，紧相衔接。

⑧ 左襄二十四年："象有齿以焚其身，贿也。"言象以其齿之贵重而遭毙，辟人以财贿而致杀身之祸，戒主政者勿贪婪聚敛。

这样的抱负，也会遭到各种各样的挫折和打击。所以林则徐愤慨而倔强地呼喊："呜呼廉吏不可为！廉吏不可为而可为！"①

从1823年到1836年的9年间，林则徐先后在江苏、陕西、湖北、河南等地任官，而尤以在江苏的时间最长，先后两度，占去了6年的光景。当时的江苏，由于封建剥削的沉重、水利失修、天灾连年，所以阶级矛盾也特别尖锐。林则徐记载说：一群群的饥民们自发地起来，向着查赈的官员"抛砖掷石，泼水溅泥，翻船毁轿。甚至将委员拥置空屋，肩𨱍其户，以为要求必得之计。并主使村庄妇女，百般凌辱。"人民对于地主豪绅也同样掀起了斗争："其于殷富之户，则恃众闯闹，名曰'坐饭'，又曰'并家'，而统谓之'吃大户'。公然传单，纠约助势。"②1823年（道光三年），当林则徐刚刚升任江苏按察使的时候，就遇到一次大水灾；1832年（道光十二年）他再到江苏出任巡抚，次年就遇到了更大的水灾。这两次的阶级关系都很紧张。第一次："松江民有聚众告灾，汹汹将变"③；第二次：大江南北的"凶悍之徒，因乏食而流为匪类"，州县城乡到处起来"抢掠滋闹"，宝山县的人民挤至县署举行示威。④ 清朝统治者都准备采取"镇压民变"、"严催漕赋"的手段，然而林则徐却拒绝这样做：他独自坐着小船到灾区去"劝慰"；他力争缓征漕赋；他自己带头捐廉，勒令各级官员及绅商大户捐输赈济；他采用减赋、平粜、施粥、收养幼童、招抚流亡、严禁贪污、兴办水利、以工代赈等办法，总算多少减轻了一些人民的痛苦，暂时缓和了阶级矛盾的紧张程度。皇帝严旨切责他妄报灾情，搜刮不力，说他是"不肯为'国'任怨，不

---

① 《云左山房诗钞》卷3，《题彭宗岱冶山饯别图》。

② 俱见《林文忠公政书》卷3，《复奏查办灾赈情形折》

③ 金安清：《林文忠公传》。

④ 《林文忠公政书》卷2，《江苏阴雨连绵田稻歉收情形片》。卷4，《各属拿获凶盗要犯分别审办情形片》。

以'国计'为亟"。他抗疏力争,说:

> 窃维尽职之道,原以国计为先,而国计与民生实相维系。朝廷之度支积贮,无一不出于民,故下恤民生,正所以上筹国计,所谓民惟邦本也。……
>
> 多宽一分追呼,即多培一分元气。

在这篇奏稿里,他比较明确地表示了自己的政治思想,这种思想,显然渊源于古老文化的传统:所谓"民惟邦本,本固邦宁",本来是中国古老的民主性思想的萌芽,几千年来,封建政治家们能够继承这种优良传统并真正付诸实践的,实在是不绝如缕,难能可贵。

当然,我们不能忘记林则徐是封建统治阶级当中的一员,他的政治思想——包括上述的"廉吏"、"民本主义"等,不过是出发于一种维持正常的封建秩序的愿望,局限性是很大的。但是如果我们把他置于当时特定的历史条件下来评价,总比那些竭泽而渔、残民以逞的人物要好得多。唯其如此,他才能在当时人民心目中产生极深刻的印象。他的学生冯桂芬写道:"公为政,所至得民心甚,而吾吴为最久。吾吴之民安公之教化,向公亦最深。大江南北数十州之远,亿万户之众,虽乡曲妇人孺子,绝不知大吏名氏者,独于公名氏甚熟悉,莫不知其为好官。"①

二　爱国思想和战略思想

使林则徐在中国历史上具有永垂不朽的价值的,是他坚决抵抗资本主义侵略者的爱国思想。毛主席教导我们:"中华民族的各族人民都反对外来民族的压迫,都要用反抗的手段解除这种压迫。……在中华民族的几千年的历史中,产生了很多的民族英雄和革命领袖。所以,中华民族又是一个有光荣的革命传统和优秀

① 《显志堂稿》卷12,《林少穆督部师小像题辞》。

的历史遗产的民族。”①如果说，林则徐是中国封建文化优良部分的继承者和代表者，那末，首先就应当是指他的爱国思想。

林则徐爱国思想的最突出的表现，是他在鸦片问题上和英国侵略问题上所持的态度。

在鸦片问题上：我们知道，随着鸦片大量输入所造成的中国社会危机的愈来愈表面化，从 19 世纪 30 年代起，清朝的封建统治者也不得不引起注意。但是那时一般的官僚所以注意这个问题，都是因为鸦片输入所造成的白银外流和财政困难所引起的，所以对于解决这个问题的办法，也都是着眼于政府的财政的“杜绝漏卮”上面。很少有人考虑到人民的生活和健康。卢坤、王玥、许乃济都是这种主张。他们认为人民的死活并没有什么关系：“究之食鸦片者，率皆游惰无志，不足轻重之辈……海内生齿日众，断无减耗户口之虞。”从这种观点出发，当然就很自然地得出结论来：在本国大力提倡种植鸦片，抵制“洋烟”，遏止白银外流。② 就连主张严禁鸦片的黄爵滋等人，也不过是为了塞漏卮，平银价。而林则徐却远驾于黄爵滋等人之上，他除了政府的财政之外，还看到了人民、国防和国家的前途。他说：如果任鸦片继续流行，“污俗不回，颓波日沸，则人人皆委顿，户户皆因穷，此邦之人，将何恃以不恐乎？”他在广东晓谕军民人等说：“尔等独不思瘾作之时，纵有巨盗深仇，凶刀烈火，来至尔前，尔能抵敌之乎？惟有听其所为而已。尔等生长海滨，非同腹地，不可不思患豫防！”正因为林则徐能够在这一点上突破其所属阶级的局限，意识到了民族的利益，所以他对于英美鸦片贩子才具有强烈的仇恨，他说：“是比诸盗贼之用闷香，拐带之用迷药，妖邪之用蛊毒，以攫人财而害人命者，殆有甚焉！”③这种对于

① 毛泽东：《中国革命和中国共产党》。

② 《许太常奏议》，见中国近代史资料丛刊《鸦片战争》第 1 册。

③ 《信及录·晓谕粤省士商军民人等速戒鸦片告示稿》。

资本主义侵略的仇恨，远较当时的任何封建士大夫都要鲜明得多。

在抵抗侵略的问题上：林则徐是非常坚决的，并且确实给予侵略者以沉重的打击。鸦片战争所以失败，完全是由于腐朽的清朝封建统治者屈膝投降的结果。当定海失陷以后，投降派乘机陷害林则徐，将他革职和遣戍伊犁的时候，他仍然念念不忘祖国的命运，表达了自己对于祖国的“鞠躬尽瘁，死而后已”的高贵情感。①从此以后，他在悲愤的日子里，写下了许多辉煌的、不朽的诗篇。这些诗篇，表达了他对侵略者的无比仇恨和对祖国的高度热爱。

他在1842年赠给王鼎的诗中说：

元老忧时鬓已霜，吾衰亦感发苍苍。
余生岂惜投豺虎，群策当思制犬羊
……
公身幸保千钧重，宝剑还期赐尚方。②

由此可见，他不但痛恨侵略者，而且也痛恨投降派，希望有“尚方宝剑”把他们斩尽杀绝。

同年，他在戍途经过洛阳时的诗中说：

谪臣敢辞投雪窖？捷书犹冀靖天骄！③

当他到洛阳的时候，正是清军在长江一溃千里，道光皇帝决意投降，耆英、伊里布等向英国积极进行求降活动的时候。林则徐对于这些可耻的事情表示了无限的悲愤。他在一篇诗中说：

岂为一身惜，将如时事何？
绸缪空牖户，涓滴已江河！

① 说见拙作《伟大的爱国者林则徐》，载《新史学通讯》1954年2月号，兹不赘述。

② 《云左山房诗钞》卷6。

③ 《云左山房诗钞》卷6，《西行过洛叶小庚招入衙斋并赠两诗次韵奉答》。

军尽惊飞镝，人能议止戈。

华严诵千偈，信否伏狂魔？①

他看到祖国的危急命运，自比岳飞、韩世忠，报效国家的志愿虽不能伸，但是殷切期望祖国能有兴盛的一天。他说：

太息恬嬉久，艰危兆履霜。

岳韩空报宋，李郭或兴唐。

果有元戎略，休为谪宦伤。

手无一寸刃，谁拾路傍枪？②

在他写给自己妻儿的告别诗中，他表示自己对于祖国的利益，抱着不计较个人生死、不考虑祸福得失的决心：

苟利国家生死以，岂因祸福避趋之！③

1842 年 9 月，当他到达兰州时，清朝政府早已签订了卖国的南京条约。以后，他愈来愈寂寞地向着塞外奔行，但是他仍然没有忘记抵抗侵略：

小丑跳梁谁殄灭？中原揽辔望澄清。

关山万里残宵梦，犹听江东战鼓声。④

邓廷桢也因为抵抗侵略，被遣戍到伊犁。林则徐在写给邓廷桢的诗中说：

知是旷怀能作达，只愁烽火照江南！

中原果得销金革，两叟何妨老戍边！⑤

在林则徐所遗留下来的诗文中，大量地、始终如一地贯穿了爱国主义的精神，我们无需一一列举。毫无疑问，他是一个杰出的爱

---

① 《云左山房诗钞》卷 6，《次韵答宗涤楼赠行》。

② 《云左山房诗钞》卷 6，《次韵答王子寿》。

③ 《云左山房诗钞》卷 6，《赴戍登程口占示家人》。

④ 《次韵答陈子茂》。

⑤ 《将出玉关得嶰筠前辈自伊犁来书赋此却寄》。

国诗人和政治家。

下面我们再来看看林则徐在抵抗英国侵略者上面所表现的战略思想。

鸦片战争是封建的中国抵抗资本主义英国侵略的战争。英国诚然在武器和军队训练方面优越得多,但是这并不能决定战争的胜败。问题在于:英国所进行的战争是非正义的,因此它得不到本国人民的支持。而且它的兵力极端不足,后方过远,补给非常困难。中国是一个广土众民的大国,人民热烈支持这次正义的民族自卫战。如果中国能够发挥自己的有利条件,发动广大人民,在辽阔的土地上和敌人展开持久战,那末,“就造成了陷敌于灭顶之灾的汪洋大海,造成了弥补武器等缺陷的补救条件,造成了克服一切战争困难的前提”①,完全可以把资本主义侵略强盗打得筋疲力竭,滚出中国去。

林则徐是敢于发动人民的,他始终不渝地相信“民心可用”。在发动人民的基础上,他提出“以守为战,以逸待劳”②的战略方针,曾经有效地打击了敌人,取得多次辉煌胜利。

在鸦片战争中,定海的失陷是一个关键,因为从此以后,道光皇帝就惊惶失措,投降派乘机散布失败主义,爱国力量被压倒,战争节节失败。现在我们就以定海失陷为例,来阐述林则徐的战略主张,在这里我们将会看到:林则徐确实已经具有朴素的游击战和朴素的持久战的战略思想。

我们已经说过,英国的兵力是极端薄弱的。英国用在中国的全部兵力,不过 4000 多人,其中登陆定海的,只能有 3000 人。然而在 1840 年 7 月登陆以后,就遭到中国人民的强烈反抗,火药和给养也发生很大困难,并且随即在军队中迅速流行疫病,死亡枕

---

① 毛泽东:《论持久战》。

② 《林文忠公政书·烧毁匪船以断接济折》。

籍，剩下能够作战的寥寥无几。当时一个英国的海军军官记载说："三四百人已被安葬，大约有一千五百人在医院中（丧失了战斗力），英勇的苏格兰来福枪联队完全消瘦到皮包骨，勇敢的第四十七团的情形简直不见得好一些。"①这个时机如果能够发动人民，不断地袭击这些强盗，肯定是会使他们全军覆没的。

林则徐对于敌人的情况相当了解，他早已得到了正确的情报。他告诉皇帝说："现有夷信到粤，已言定海阴湿之气，病死者甚多。""密探定海情形……现在英逆甚望定海居民，回至该处，与之同住。而民人屡招不至，所出章程，亦无人肯信，沿海渔船，悉皆避去。各夷船本系随带鸦片，售作资粮，今已火食无多，转瞬风色将转，均甚愁急等情，是其伎俩之穷，已可概见。"②"即炮子火药，亦不能日久支持，穷蹙之形，已可概见。"③他看到了敌人经不起日久支持，主张和敌人长期坚持下去，发动人民，灵活地打击侵略者，他说："是正有可乘之机，与其交镝于海洋，未必即有把握，莫若诱擒于陆地，逆夷更无能为。或将兵勇扮作乡民，或将乡民练为壮勇，陆续回至该处，诈为见招而返，愿与久居，一经聚有多人，约期动手，杀之将如鸡狗。"又说："即此时不值与之海上交锋，而第固守藩篱，亦足使之坐困也。"这种战略方针，如果能够得到真正的实施，可以断言，鸦片战争的结局将完全是另一种样子。

林则徐朴素持久战的思想非常鲜明，这是无可怀疑的。当1842年秋天，林则徐正在被遣戍的路途上的时候，他听到了清军在长江节节败退，英国强盗的侵略矛头指向南京的消息，曾经再一次地表示了在广袤的国土上和敌人周旋到底的意见，他说："此时

---

① 宾汉：《英军在华作战记》。见中国近代史资料丛刊，《鸦片战争》第5册。

② 《密探定海夷情片》。

③ 《林文忠公政书·密陈夷务不能歇手片》。

江左军情，果能大得捷音；则如天之福。倘久踞，则恢复之策，扼要首在荆襄，须连结秦蜀以为之，不识局中筹及否？"①扼要荆襄，连结秦蜀，抵抗到底，林则徐朴素持久战的思想难道还不明显吗？

总而言之，林则徐是一个坚决抵抗侵略，并具有朴素的游击战和持久战的爱国的政治家、诗人和思想家。当然，他在爱国思想上，还往往和"忠君"的观念相连系着。皇帝要投降，把他革了职，充了军，他认为"雷霆雨露总君恩"②。他痛恨卖国投降的人，想要把他们斩尽杀绝，但他却不敢想象，皇帝就是投降派的渠魁，而希望由皇帝赐下"尚方宝剑"来杀投降派。在战略思想上，他也还不可能达到真正人民的游击战和持久战的高度。虽然有着这些时代的局限，但是他那种独迈一时的宝贵思想，对于中国近代历史的进步发展已经作出了杰出的贡献。以后魏源在《海国图志》中大加发挥，说："客兵利速战，主兵利持重。不与相战而唯与相持。行与同行，止与同止，无淡水可汲，无牛羊可掠，无硝药可配，无铁物可购，无篷缆可补，烟土货物无处可售，柁桅无处可修，又有水勇潜攻暗袭，不能安泊。放一弹即少一弹，杀一夷即少一夷，……逸待劳，饱待饥，众待寡。"③这种战略思想显然是林则徐的发展和提高。

三　维新先驱思想

林则徐思想的另一个光辉部分，就是维新先驱思想。范文澜先生说得好：林则徐是清朝开眼看世界的第一人。他不同于一般

---

① 《林少穆制府遣戍伊犁行次兰州致姚春木王冬寿书》。见中国近代史资料丛刊《鸦片战争》第 2 册。按：是时清朝政府已和英国订立了城下之盟，林则徐尚没有得到这个消息。

② 《云左山房诗钞》卷 7。

③ 魏源：《海国图志·筹海篇三》。

顽固分子的特色，就是他肯于正视现实，愿意了解资本主义世界的情况。正因为如此，就使他在思想领域上大大扩展，就使他能够保持清醒的头脑和正确的策略，更好地向敌人进行斗争。他不遗余力地组织力量去刺探敌情，翻译西书，并且以此所得，编成了《四洲志》，把一些新鲜知识介绍进来，对于日后的维新思想，起了推进作用。但是除了这些以外，我认为至少在以下的三个方面，说明林则徐已经具有维新思想的萌芽，并且这些思想和主张对于日后民族资本主义的发展是非常有利的，对于维新思潮的产生和发展也起了真正的先驱作用。

第一，他重视工商业利益，批判了封关禁海的封建顽固思想，主张和西方进行正常的接触和贸易。林则徐所以坚决地主张禁烟，其原因之一，就是他注意到了鸦片有害于工商业的利益。早在1838年，他就向皇帝报告说："臣历任所经，如苏州之南濠，湖北之汉口，皆阛阓聚集之地，叠向行商、铺户暗访密查。佥谓：近来各种货物，销路皆疲，凡二三十年以前，某货约有万金交易者，今只剩得半数。问其一半售于何货，则一言以蔽之曰：鸦片烟而已矣。"①当他奉命在广州禁烟的时候，他注意到了当时清朝海关政策在对外贸易上的种种限制，影响了民间工商业者的利益。他说："且闻华民惯见夷商获利之厚，莫不歆羡垂涎，以为内地民人，格于定例，不准赴各国贸易，以致利薮转归外夷。"②这些话不但反映了萌芽中的资本主义的要求，而且简直成为后者的喉舌。在禁烟期间，他执行着"奉法者来之，抗法者去之"的策略，极力保护合法贸易，因此广州的对外贸易曾经呈现欣欣向荣的景象。这个时候在顽固的封建官僚中就产生一种意见，即：封关禁海，断绝和一切资本主义国家的通商关系。我们可以断言，这种愚昧顽固的意见代表了清朝

① 《林文忠公政书·钱票无甚关碍宜重禁吃烟以杜弊源片》。

② 《林文忠公政书·附奏夷人带鸦片罪名应议专条夹片》。

封建统治者的绝大多数。然而林则徐是比较清醒的，他批判了封关禁海的思想，他说，封关禁海，一方面会对外扩大打击面，形成和所有资本主义国家的对立，这只能对于敌人有利。同时，他又说："广东人民以海面为生者，尤倍于陆地。……若一概不准其出洋，其势即不可以终日。"①这也不能不说是代表了萌芽中的民族资本主义的利益和要求。

第二，在社会经济上，他具有可贵的"藏富于民"的思想。他说："夫财者，亿兆养命之源，自当为亿兆惜之。果皆散在内地，何妨损上益下，藏富于民？"②我们认为"损上益下，藏富于民"的思想，具体到林则徐所处的时候——资本主义萌芽已经出现、近代民族工业即将产生的时代来说，这就是那个时代的进步趋向在林则徐思想上的反映，这就是萌芽中的民族资本主义要求发展自己的愿望在林则徐思想上的反映，绝不是一种偶然现象。

诚然，在中国古代就已经有了"富民"的思想，但是这和林则徐的思想有本质上的不同。例如《管子》一书就曾说过："民贫则难治也，民富则安乡重家。安乡重家则敬上畏罪，敬上畏罪则易治也。"③由此可见，那里的"民富"是为了"敬上畏罪"，便于统治。再进一步看，"管子"民富的办法是什么："必先禁末作文巧，末作文巧禁，则民无所游食，民无所游食则必事农。"显而易见，这是一种"重本抑末"、重农抑商的思想，"民富"是要让封建地主富，不是别的。但是林则徐却与此不同，他直截了当地主张要让工商业者富。我们可以提出如下的证据来：

在1848年，林则徐任云贵总督时，曾经要求道光皇帝准许民间自由开发矿藏，免去或减少政府限制和插手，"招集商民，听其朋

---

① 《林文忠公政书·复奏曾望颜条陈封关禁海事宜折》。

② 《林文忠公政书·钱票无甚关碍宜重禁吃烟以杜弊源片》。

③ 《管子·治国篇》。

资伙办，成则加奖，歇亦不追”。这样就可以“有土有财，货原恶其弃于地，因利而利，富仍使之藏于民”①。显然，他这种“藏富于民”的思想不是别的，而是要求民间工商业能够自由地发展，顺利地积累资本。在他死后的几十年中间，维新派和封建主义的斗争主题之一，就是这个。在薛福成、马建忠以至康有为等的著作里面，就把这种“藏富于民”的口号提得更响亮了。

第三，林则徐要求学习西方技术，建立国防工业。他在鸦片战争期间，曾经主张用海关税收的一部分来制炮造船，照他的说法是：“以通夷之银，为防夷之用，制炮必求其利，造船必求其坚。”②但是道光拒绝采纳他的意见，朱批：“一片胡言！”在 1842 年他被流放的期间，曾给他的两个朋友写过一封信，更明确地发挥了这个主张，信里面写道：

> 彼（指英国——作者）之大炮，远及十里内外，若我炮不能及，彼炮已先及我，是器不良也。彼之放炮，若内地之放排枪，连声不断。我放一炮后，须展转移时，再放一炮，是技不熟也。……盖内地将弁兵丁，虽不乏久列戎行之人，而皆觌面接仗，似此相距十里八里，彼此不见面而接仗者，未之前闻。故所谋往往相左。徐尝谓剿夷有八字要言：器良、技熟、胆壮、心齐。是以要大炮得用。今此一物，置之不讲，……奈何奈何！前曾觅一炮书，铸法炼法，皆与外洋相同，精之则不患无以制敌。未识两君曾见之否！③

---

① 《林文忠公政书·查勘矿厂情形试行开采折》。

② 《林文忠公政书·密陈夷务不能歇手片》。

③ 《林文忠公政书·林少穆制府遣戍伊犁行次兰州致姚春木王冬寿书》。见资料丛刊《鸦片战争》第 2 册。按：卖国贼蒋廷黻曾经利用这个信件，污蔑说：林则徐是“伪君子”，他也害怕外国人云云。（见蒋所著《中国近代史大纲》）这完全是歪曲事实的卖国贼论调，我们和他没有共同的语言。

林则徐这种思想和主张，经过魏源把它发展成为“师夷之长技以制夷”，构成了以后维新思潮的又一个重要内容。

总上而论，无论从他的重视工商业、反对封关禁海方面看，从他的“藏富于民”、主张民间自由开矿方面看，或从他的建立新式国防工业的要求方面看，他对于日后数十年的维新事业，都差不多起了一个头。林则徐是一个真正的维新运动的先驱者。

但是，他毕竟是一个刚刚接触到外面的广大世界的人，在他的思想里面，仍然还没有摆脱“尊王攘夷”的古老成见：他认为和外国的交涉是“天朝以大字小”①，是“训诲成全”②。他甚至还有“夷兵腿足缠束紧密，屈伸皆所不便，若至岸上更无能为”的可笑信念。然而作为第一个先驱的人，第一个筚路蓝缕的先锋，在行进的道路上摸索迂回的现象，不是可以理解的么？

四　简短的结语

林则徐所生活的年代，是由封建社会到半殖民地半封建社会的转折点的年代，是几千年来中国社会遭遇到前所未有的猛烈震动和转变的年代。这里面充满着新旧矛盾的斗争。林则徐参加了并主持了这些斗争：他要维护旧中国文化的优良传统，和腐朽的官僚政治进行斗争；他要保卫民族利益，和卖国贼侵略者进行斗争；他要向西方的先进事物学习，促进民间工商业，和顽固保守势力进行斗争。这样，在斗争中，就形成了他的有很大进步意义的政治思想、爱国思想、战略思想以及维新先驱思想。

同时在他自己的思想领域内，也反映了这个时期所特有的矛盾。他对现实政治不满，但是他又要维持现实政治的统治秩序；他

① 《信及录·札澳同知传谕义律准驳条款由》。

② 《信及录·会谕义律分别准驳事宜由》。

爱国，但是和忠君相联系着；他要维新，但是又要守旧。总之，他带着浓厚的新旧交替时的一切特征。毛主席说："必须将古代封建统治阶级的一切腐朽的东西和古代优秀的人民文化即多少带有民主性和革命性的东西区别开来。"①我们对于林则徐的思想，正是要将其进步性和局限性区别开来，"剔除其封建性的糟粕，吸收其民主性的精华"。

（原载《史学月刊》1959 年第 4 期）

① 毛泽东：《新民主主义论》。

林文忠公家书考伪

笔者几年前见到《清代四名人家书》一部(1936 年广益版),内中收有林则徐家书(下简称《家书》)40 余件,并羼入致杨芳、致乌尔恭额、致关天培等人书札数件。经核对考辨,发现全是伪造。

兹将《家书》按原刊次序编号,并按其性质相近者略事分类,考辨如下。

第一类为林则徐在禁烟及鸦片战争期间所写的家信。这类最关重要,在《家书》中所占比重也最大(共 34 封家信),其中有几封最有名的信,常为史学家所援引。现在就先从这几封信说起。

(一)《家书》第十五函乃林则徐在湖广总督任上写给其弟林元抡者。林元抡(霈霖)当时正在两江总督陶澍那里做幕府。信中林则徐表示坚决支持黄爵滋的禁烟意见,并要求元抡通过宾主的关系向陶澍疏通,希望陶澍也赞成禁烟。从时间上来看,这封信在《家书》里面是最早的一封,而刊列次序却在第十五封。更值得注意的是:因为它写得慷慨激昂,满篇"国家民族",而丝毫没有忠君报主的封建意识,因此很受人们重视,并加以引用。

我们姑对信中文理欠妥之处置而不论,仅就所说"兄(则徐自称)与陶公,素无深交,未便直接磋商"的话,即可断定其伪。

第一,林则徐与陶澍交情很深,意气相投。从道光十一年陶澍初任江督不久,就推荐则徐从河南布政使调任江宁布政使。则徐一直到道光十七年升任湖广总督为止,前后在江苏充布政使、巡抚等职，和陶共事六七年之久，同为当时的所谓“名臣”。陶氏举办水利、盐政等，则徐都是他的赞襄者或继承者。所以魏源就说过，林、陶二人是“志同道合，相得无间”①。1839 年陶澍病死以前的遗折，还向皇帝推荐说：“林则徐才长心细，识力十倍于臣。”②则徐有一个《挽陶文毅公》的联语，就是指的这件事：

> 大度领江淮，宠辱胥忘，美谥终凭公论定；前型重山斗，步趋靡及，遗章惭负替人期。（自注：公遗疏有林某才什倍于臣之语）③

这些都证明“与陶公素无深交，未便直接磋商”云云，必非出于林氏手笔。

第二，陶澍老早就是一个禁烟派，并且早在 1833 年，林、陶二人就曾联衔会奏查禁鸦片，中有“鸦片以土易银，直可谓之谋财害命”④等语。等到 1838 年黄爵滋的意见一提出来，二人又都是坚决的支持者⑤。但《家书》中的口气，好像林则徐深恐陶澍反对禁烟，这是可能的吗？

第十五函既证明伪造，则第十六函致弟元抡，乃接谈上函之事，故亦必伪。

（二）《家书》第二十六函、二十七函、二十八函都是写给其弟元抡的。从这三封信的内容上看，是林则徐初到广东禁烟直到“林维喜案”发生以后所写的。奇怪的是，它的字句，竟有百分之九十以上是从《林文忠公政书》上摘抄下来的。但除此以外，我们仍可

---

① 魏源：《文毅陶公行状》。

② 《陶文毅公全集》卷 30，《恭谢恩准开缺折子》。

③ 《云左山房文钞·联语》。按：陶澍病危，道光曾令则徐接任江督，故联中有“替人”之语。

④ 《林文忠公政书·江苏奏稿》卷 1，《会奏查议银昂钱贱除弊便民事宜折》。

⑤ 参看《陶文毅公全集》卷 23，《筹议严禁鸦片章程折子》。

找出其中作伪之处。

例如，第二十六函是告诉林元抡他到广东以后，英国大鸦片贩子查顿畏罪先逃的事情。信中字句完全与《附奏粤省鸦片情形片》相同①，不过将其中“屡经严拏之余，兴贩者不能不敛戢，吸食者亦不能不戒断”的话，改成了“自销化趸船鸦片二万余箱后，兴贩者不能不敛迹，吸食者亦不能不戒绝”。考林氏此一片奏乃1839年3月所发，而销毁鸦片二万余箱乃6月间的事情，时间上相差3个月。一句之差，伪迹立见。

第二十七函乃抄自《会奏拟具檄谕英吉利国王底稿恭候钦定折》。其最明显的伪迹，是这样一段话：

> 奉旨拟谕英咭唎国王檄。……兹将檄文抄录于后，便中与陶制军一阅。倘彼有批驳处，即书函告我，以速为贵，犹及改削，至嘱至嘱。

当然，檄文底稿已经拟好，暂不奏闻，送与有力疆吏征求意见，这是可能的。但查陶澍在道光十九年六月初二日已病故②。而林则徐这个檄文的拟定，当在六月间陶澍病死以后，所以征求陶的意见是不可能的。

至于第三十八函乃从《会奏英夷抗不交凶严断接济查办情形折》（即林维喜案）摘抄而成。其中只精简了几个字，并有误抄之处。

（三）第二十四函及二十五函乃分别致郑夫人与其弟元抡，告以穿鼻之战与官涌之战的胜利经过。这两封信在时间上应较上述三函为晚，《家书》却把它排在上述三函的前面。次序颠倒，可置不论；又查其辞句，亦抄自《会奏穿鼻尖沙嘴叠次轰击夷船情形折》，而间有肢解原奏，似是而非之处，因太琐碎，不多辟辨。特举一例，

① 见《林文忠公政书》（下简称《政书》）《使粤奏稿》卷1。

② 见《陶文毅公全集》卷30及卷末。

以见其谬：

……吾弟来函云："英夷声威远播，故敢私售毒物，以祸我国。幸勿操之过烈，酿成国际交涉。"持论不为无见。……（第二十五函）

首先，林元抡表现了投降主义思想，而则徐却复以"持论不为无见"，这是与则徐终生的言行以及他所遗留下来的所有文字，水火不容的。如果这一点仅能构成我们的怀疑，还不足以定案的话，那末，函中"国际交涉"一词的出现，就成为无可逃脱的作伪赃证了。如所周知，"国际"一词就其国家与国家的关系这一含义而论，是来自近代西方的名词（可能从日本间接传来）。在鸦片战争时期，中国的士大夫还只会使用"天朝"、"小夷"、"剿抚"、"羁縻"等字眼，连林则徐这样开明的政治家，也还认为和外国办交涉是"天朝以大字小"①，是"训诲成全"②，一句话，当时还没有"国际交涉"这样的观念和词汇。故知此函不真。

（四）第三十函致郑夫人，告以英国兵船来粤寻衅，担心窜扰闽浙各省事。这封信也很有名，史学家不止一人引用过它，原因是以此可说明林则徐的爱国思想。但这封信却是假造的。它主要是抄自《英夷继来兵船情形片》，不过前后稍加弥缝而已。

从哪里知道它是伪造的呢？

第一，此函既然是叙述英国兵船来粤而尚未窜扰他省，而字句又多与《英夷续来兵船情形片》相同，那末它的写作时间就应该与《英夷续来兵船情形片》同时，即道光二十年的五月底或六月初（1840 年 6 月底或 7 月初）。故此函中所叙敌人的活动情况，就应与林氏同时的奏报一致。但是，请看函中却有这样一段话：

旋据探报：各船都满装鸦片。进口恐货物充公，人须正

① 《信及录·札澳同知传谕义律准驳条款由》。

② 《信及录·会谕义律分别准驳事宜由》。

法，故逗遛外洋，诱引汉奸驾船往购，银洋一圆，可买鸦片一斤。

查一圆一斤的鸦片价格，与林氏同时的奏报不符。当时林氏有一个奏报这样说：

查近日公班大土一个，仅卖洋银五六圆。较之前年秋冬，价减十分之七。……①

两相比较，函中所说的烟价较之奏报低了一倍（按：鸦片每个约重 3 斤）。那末，函中的烟价是哪里来的呢？来自林氏另一个奏报：

查此已次嘆夷所憾在粤省，而滋扰乃在浙省……现闻其于定海一带，大张招帖，每鸦片一斤，只卖洋钱一圆。是即在该国嗌啊啦等处出产之区，尚且不敷成本。

而这个奏报，就是有名的《密陈夷务不能歇手片》，奏报时间是道光二十年九月二十九日（1840 年 10 月 24 日），比前一奏报晚了 4 个月。这时，定海已经失陷，林则徐已被革职。一圆一斤的价格，是林氏从定海得到的情报。

难道林氏在写第三十函时，能够预知几个月以后英军侵占定海贩卖鸦片的价格吗？当然不能。

第二，这封信里，还叙述了林氏派水师焚烧英船的情形。这也是从《英夷续来兵船情形片》中抄来的。不过由于作伪者的疏妄，竟至抄出大错来了。林氏奏中称："该夷目自贸易断后，每扬言兵船多只，即日到粤。"这是当时的事实。而《家书》弄成"纵此一炬，英夷贸易顿绝。该夷目遂扬言国王将派兵船多只，即日来粤"。几字之差，便与事实大相背谬。查中英贸易断绝，早在 1839 年 12 月，道光皇帝正式下诏"即将英吉利国贸易停止"以后，已经开始。如果再向前追溯，则自从 1839 年 8 月，义律下令全体英商离开广

---

① 《焚剿夷船擒获汉奸折》。按：鸦片每个约重 3 斤。

州以后，已经实际上中断贸易关系了。绝非多半年以后，林则徐“纵此一炬”才开始停止的。

第三，该函又云：

> 夫余生逢盛世，得蒙宣庙特达之知，以进士选庶吉士补御史，外任观察廉访以至封圻。圣恩隆重。……

这里“宣庙”一词，实足令人骇异！庙号是皇帝死后升附太庙才追尊的。这时道光皇帝还活着，林氏何由得知他是“宣庙”呢？

综上三点，足证此一“名函”也是假的。

（五）第三十四函致其弟元抡，主要谈三个问题：第一，说明英军已占领定海，但是并不可怕；第二，分析严厉禁烟的必要；第三，谈到海防船炮。

显然，这封信是逐段逐句从《密陈夷务不能歇手片》抄来的。如果说信中还有什么新字句的话，那就是要求那位作为两江总督幕宾的弟弟元抡，向其“居停”疏通一下，出面支持自己：

> 现在嫉我者纷起。……居停为封圻大吏中最负重望者。对于时局必有持平之论。对于嫉我者之论调，究持若何态度，均望详细告我。

使人怀疑的是：这里所谓“居停为封圻大吏中最负重望者”，究竟指的是谁？如果和前面的第十五函、十六函、二十七函联系起来看，应当是指陶澍了。但从本函的内容上看，所谈的都是1840年10月以后（即《密陈夷务不能歇手片》递呈以后）的事情。然而这时陶澍已经死去一年多了。两江总督换成了伊里布。但伊里布是著名的投降派，林氏似不可能期望他来支持自己。

以上我们一共考证了9封信，内容都是关于鸦片战争中林则徐的重要政治活动的。这9封信没有一封不是伪造的。同时《家书》中其他的信也都是假的。

（六）从第一函至第三函用林则徐致郑夫人及其长儿汝舟，告以奉旨使粤查禁鸦片。这三封信竟在林氏赴粤的时间、路线等方面，完全弄错。

查林则徐于道光十八年十一月（1838 年 12 月）因禁烟问题被调进京，旋被任命为钦差大臣于十一月二十三日（1839 年 1 月 8 日）出京南下。因此第一函中所说道光皇帝命其“毋庸来京请训”一语，是不合事实的。又，林氏去广东，虽途中经长江、赣江、北江诸水道时全系乘舟，但绝非海道。因此第二函“沿海道至省”一语也是不合事实的。另外，第三函中说“父自五月十一日动身赴广东”一语也是伪造。

（七）第十九函致郑夫人，内容仍是通知她关于奉命使粤禁烟的事情。这一函所谈的赴粤时间及所走路线则符合事实。单就此函的字句，似乎无懈可击，但仔细考察起来，此函仍系伪造。

考《林则徐日记》己亥年（道光十九年），对于他自己所发的家信，每一封都当天登录，并且都编有号码。例如所发家信都编成“己字第×号”，一共发了 20 封家信，收到 19 封家信，记录历历不爽。而此函内容，与《日记》不能吻合。

细查此函所谈内容，全系报告沿途及刚到广州不久的情形，口吻之间，完全模拟林氏奉旨禁烟后第一次和家中的通信。而根据林氏日记，他在正月初三日走到江西南昌，已经发了“己字第一号”的家信。到达广州的第二天（正月二十六）他又发了“己字第二号”的家信。再过一天，他才草拟第一个奏稿——《恭报抵粤日期折》。又过了一个月——二月二十六日，他发了“己字第三号”的家信。

准此，我们可以作出以下两点推断：

第一，则徐在奉命使粤、行次南昌时，已经发了己字第一号家信，此信必应告知家人他已经奉旨使粤，陛辞出京，以及途经山东、直隶、安徽、江西等省的大致情形，断不致在到达广州以后的第二号家信里，才当作新闻，通知家人。

第二，此函有这样几句话：“业已专折奏请谕令师船，驻泊洋面，堵截夷船售私。”我们已经知道，林氏到广州发己字二号家信时，尚没有写过一个折稿，根本谈不上“业已专折奏请”的话。如果说：此函乃系专折奏事以后的家信，那么就应该是己字第三号的家信；而己字三号乃一个月后所写，那时形势已有很大变化，英国已开始呈缴鸦片，林氏绝不会撇开这些新事不谈，而去谈奉旨使粤、途经江西的旧事。

毫无疑问，此函乃系撮合《恭报抵粤日期折》的字句的伪作。

（八）第四函乃致郑夫人书，告以广州之饮食起居，信中曾言及幕僚劝林吸食鸦片事。

按林则徐禁烟认真，早为举世所公认，无须笔者再加证明。当时林的幕客竟公然劝其吸食鸦片，揆诸情理，万不可通。

（九）第五函乃复郑夫人书，告以接到家信以及禁烟的决心和初步措施。这封信在时间方面差误太大。根据信中所谈，林则徐“连接”两封家书的时候，正是决心禁烟的时候。而他所接到的两封家信都是七月下旬从闽侯寄发的。闽侯到广州，不过半月的路程，我们就算宽一些：按照半个月到一个月计算，那么林氏写此回信时，当不出八月。但这是哪一年的八月呢？如果是道光十八年的八月，那末林氏尚在鄂督任上；如果是道光十九年的八月（1839年9月），那末林氏在广州推行禁烟已经8个月，发生了虎门焚烟、林维喜案、九龙海战等一系列重大事件，中英交涉已濒决裂。怎能说这个时候林氏才决意严行禁烟呢？

至于在办理交涉的人员上，将广州知府误为“广州道”，亦可见其伪谬。

（十）第七函乃林则徐写给其长子汝舟，同意汝舟从北京返家探望母亲妻子；第九函乃写给次子聪彝，令其前来广州，以便增长“阅历”。这两封信都与实情不合。

这两封信将林氏长子次子的年龄完全弄错。查汝舟生于嘉庆十九年（1814），道光十八年（1838）成进士，至道光十九年才不过26岁，何得如第七函中所云“年方三十”？聪彝生于道光四年，至道光十九年才不过16岁①，何得如第九函中所云“年虽将立”？只此两点，已可断定七、九两函又是赝品；而第八函致郑夫人书所谈的家事，和七、九两函相关相同，必亦伪造。

（十一）第十函、十一函皆为致郑夫人书，内容仍是谈其长子返家、次子赴粤的问题，同时也谈到了禁烟的问题。

从这两封信的内容来看，林氏写信的时间当是冬天。试问：哪一年的冬天呢？1838年的冬天吗？林氏还没有到广州；1839年的冬天吗？那时交涉已经破裂，道光皇帝已正式命令停止中英贸易，并且发生了九龙、尖沙咀、官涌等7次战役，而信中对此等大事只字未提，反说“如至明年，彼再强梗不服，当用辣手以处置之”（第十一函），断非事实。

尤其明显的伪迹，是第十一函中这样的几句话：

> 下月初五，为先母忌辰，余忝为人子，不获回家一申哀忱……

考林则徐在其所作《先妣事略》一文中，明言其母乃在甲申年（1824）秋天病卒；《先考行状》更明言该年“先妣陈太夫人闰七月十七日在籍弃养”②。又考《林则徐日记》己亥年（道光十九年）七月十七日有载：“先太夫人忌辰，茹素。”③准此，可知林母忌辰绝不在冬季的某月初五，此函定伪无疑。

（十二）第十二、十三、十四函，作伪者所犯的错误，大致与前相同，即在禁烟交涉的时间方面，与史实完全不合，细心一看便知。这里不再一一抄引辨正。

（十三）第二十一、二十二两函皆为致郑夫人，告以收缴鸦片的经过。这两封信乃从《会奏夷人趸船鸦片尽数呈缴折》抄来的，

---

① 魏应麒：《林文忠公年谱》第10页及第21页。

② 《云左山房文钞》卷2。

③ 中国史学会编《鸦片战争》第2册，第27页。

而且有些地方还抄错了。

第一,《家书》把英商拟缴鸦片的数字误植为以后实缴的数字。第二,林则徐和邓廷桢当时亲赴虎门监督验收,缴出的鸦片,就地存放在虎门"贮烟公所"等待处理。而《家书》却写成:"随收随验,运省(运至广州)贮存,候旨销毁。"这完全不合事实。

(十四)第三十一函训子汝舟、三十二函复郑夫人、三十三函与弟元抡,皆伪。

第三十一函中云:"尔(指其子汝舟)既奉母弟居京华,务宜体我寸心,常持勤敬与和睦。"考汝舟从来没有迎养其母居于北京的事。可知此函伪误。

第三十二函复郑夫人,乃抄自《严办烟案栽赃人犯片》。这封信仍误作郑夫人居在北京,故显系伪造。

第三十三函致弟元抡,乃抄自《议复叶绍本条陈捕盗事宜折》,亦系剽窃之作。

(十五)此外,还有第六函、第十七函、第二十函,皆为训大儿汝舟、三儿拱枢的信,原函内容空洞,没有涉及一点具体史实,更无法证明其真。

第十八函致族弟芝汀,字句完全抄自《林文忠公政书·湖广奏稿》中的《筹防襄河堤工折》。林芝汀,查无其人。

第二十九函复从弟啸泉,乃抄自《两广奏稿·追夺张石氏诰封折》。林啸泉,查无其人。

第二十三函致郑夫人,乃抄自《使粤奏稿·会奏销化烟土已将及半情形折》。

以上我们将《家书》中的第一类信件——即鸦片战争期间的家信,共34封,考查了一遍,断定它们全部都是伪造的。

第二类信件为林则徐被谪戍伊犁以后直至他奉旨"赐环"、充任云贵总督时的家书。这一类共有11封信(第三十五函至第四十五函),其中也有曾为史学界当作史料引用过的。兹特考辨如下:

（十六）第三十五函致郑夫人，告以自己被遣戍伊犁的原因。其中漏洞百出：第一，则徐于 1841 年 4 月赴浙“效力”，6 月到镇海，协助刘韵珂办了一个多月的海防，7 月，才奉命从重发往伊犁。而《家书》则说，皇帝本来打算命他赴浙，忽然看了某人的密奏，就立刻追回前命，改为谪戍伊犁。照此说来，则徐赴浙没有成为事实。岂不大谬？第二，则徐被遣戍后，走到清江浦，由于黄河溃决，又临时奉命到开封协助王鼎治河。工程完竣后，仍然被遣戍到伊犁。林则徐从开封径直首途，根本没有到北京。《家书》所谓“入京待罪”、“出京赴伊犁”，等等，全系虚构。

第三十六函致郑夫人，告以到达伊犁后的情况。但此函仍接上函余意，提起赴浙未成的话，因此也系伪造。

（十七）第三十七函致郑夫人，所谈的乃是林氏门生赵云汀为其谪戍代抱不平，并特意去找郑夫人申抒愤懑的事。这封信又很有名，连《林文忠公年谱》的作者也把它当成信史，全文引录。这件事情，曾寅光《林文忠公逸事》、陈康祺《燕下乡脞录》以及李元度《国朝先正事略》等都有记载。《家书》就是根据那些资料铺陈的。笔者以为，事情可能有，不过《家书》把情节搞错了。

考林氏奉命遣戍伊犁后，郑夫人也偕其三子从杭州迁至西安，这一点有诗为证。当则徐在 1845 年得旨赐环时，曾写了《纪恩述怀》的诗，有云：

> 寓公家室问苍茫，笑指新丰似故乡。（自注：眷属寓西安三载余矣）

所以《家书》中所说赵云汀“奔至侯官见夫人”的话，立刻就使我们洞烛其伪了。

（十八）第三十八函乃林氏在伊犁写给次子聪彝的。开头就说：

> 尔兄在京供职，余又远戍塞外。惟尔奉母与弟妹居家，责任綦重。……

我们已经知道，郑夫人不在“家”，而在西安寄寓。或问：“家”也可能就指西安吧？即令如此，也错了。因为聪彝这时根本不在其母身边，而在其父身边。则徐遣戍伊犁，次子聪彝、三子拱枢都跟随他到了伊犁，一直陪伴他，至赐环为止。长子汝舟也依依不舍地送他很远，被他打发回去了。关于这一点，则徐有一诗《舟儿送过数程犹不忍别诗以示之》，写道：

> 三男两从行，家事独赖汝。汝亦欲我从，奈为例所阻（自注：词臣例不准请假出关）。兹来已数程，再远亦何补！忍泪临交衢，执手为汝语：汝父虽衰龄，余勇或可贾。平生一念愚，艰危辄身许。过涉占灭顶，坎壈乃自取。斧锧犹可甘，况仅魑魅御？（下略）①

从这首诗里，我们除了依稀窥见则徐当年鲠直不苟的风骨以外，只就诗中“三男两从行”一语，即可对《家书》的荒诞不经，洞若观火了。

（十九）第三十九函与弟元抡，内容乃告知奉旨赐环的事。考清廷颁旨赐环林则徐，乃在道光二十五年的九月②，而则徐接到谕旨，已是十一月六日的事了③。所以函中“八月初六”的日期，纯系捏造。至于信中“于日昨抵京”云云，就更荒谬了——则徐还没有走到北京，行次甘肃，就被任命以三品顶戴署理陕甘总督了。

第四十函致郑夫人，有云：

> 自塞外回京，即奉命署理陕抚。……以后如有家信，竟寄陕西抚署可也。本拟接尔来陕，只因道途杳远，兼之崔苻不靖，伏莽众多……只好姑作缓图也。

---

① 《云左山房诗钞》卷6。

② 据《东华录》，道光二十五年。

③ 《云左山房诗钞》卷8，有《乙巳子月六日伊吾旅次被命回京以四五品京堂用纪恩述怀》的诗。

“自塞外回京”、“署理陕抚”皆讹，不辨自明。至于接郑夫人来陕的话，更系捏造。郑夫人原已在陕，何用去接？

第四十一函与从兄如松。中有云：

> 弟自去秋蒙恩赐环，命以四品京堂驰赴甘省会办“番匪”。……仅一阅月，全境肃清。仰荷天恩，补授陕抚。于四月初六日抵省接篆。

这一小段话，就错了三处：林氏初赐环时，固是“以四五品京堂候补”，但十一月间，就被赏以三品顶戴署理甘督了，所以镇压藏族起事的时候，不是以四品京堂资格，这是一。镇压藏族起事共四个月，不是一个月，这是二。道光二十六年三月，陕西巡抚邓廷桢病卒，林氏被命实补陕抚。但那时他镇压人民的事还没有办完，所以六月二十四日他才从兰州起程赴新任①，到西安“接篆”当已在七月间了。所以“四月初六日”云云，显系捏造，这是三。

（二十）第四十二函与弟元抡，内容乃告以正在镇压云南回民起事的情形。信的开头有几句客套说：

> 愚兄本系一介文士，得邀宣庙恩遇，以御史历任至封圻。而今上恩慈，更逾于先朝，不以卤莽见罪，反视作剿匪平乱之干员。……

只此几句，已可见作伪者的无知：“宣庙”就算“恩遇”了林则徐吧，然而“今上恩慈，更逾于先朝”又何所指呢？“今上”难道是指咸丰——“文庙”吗？可是这时道光还在位，一直到两年以后，道光死掉，咸丰才即位为“今上”。

（二十一）第四十三函、四十四函、四十五函，皆为致郑夫人。四十三函乃抄自《审办倡乱妖匪金混秋折》②，告诉郑夫人关于保山起义首领金混秋的故事。然而，我们已经知道，郑夫人那时正在

① 见《林文忠公政书·陕甘奏稿》，《番务完竣赴任日期折》。

② 见上书《云贵奏稿》卷4。

云南和则徐一起生活，根本用不着通信。

第四十四函乃告诉郑夫人，自己已经病入膏肓，“引疾乞归田里”，“苟能如原，与夫人会晤，当在金粟飘香时耳”。第四十五函乃告以辞职获准，“正在赶办移交，拟于七夕前一日起程返里”。但郑夫人此时已去世将近一年，林则徐如何还能和她通信呢？

林则徐的家书共四十五函，经过考辨，竟然没有一封是真的。笔者所述意见，容有不恰之处，敬希同志们批评指教。

（原载《历史研究》1962 年第 6 期）

林则徐手札十则辑注补证

故宫博物院院刊1979年第3期选登了《林则徐手札十则》(以下简称"手札"),并由刘九庵同志作了《辑注》。"手札"先后写于道光二十二年至二十六年,即从林则徐在开封堵御黄河事竣、登上西赴伊犁的戍途、至赐环后滞留兰州、就任陕抚前夕,这段时间的通信。"手札"对于研究鸦片战争和林则徐的思想提供了有价值的史料。刘九庵同志的《辑注》也写得简明翔实,颇便读者。但"手札"中所涉及的某些史实,还有需要稍加疏解的;而《辑注》偶有一二疏误,也应订正。草此数条,敬请批评。

(一)"手札"之一(按原发表次序,下同)《致李石梧札》有云:"浙事溃败一至于此,九州铸铁,谁实为之?……事势如此,徒为野老吞声耳。弟于河上蒇工,仍行西戍。忆上年即应就道,缓至今日又复奚辞?雪海冰山实非所惮,路途音渺,将时事付诸不见不闻,较之有见闻而莫可如何者不犹愈乎!"

按:林则徐在鸦片战争中因遭受投降派打击,被革去两广总督职务,后又以四品卿衔,派赴浙江镇海军营效力。不久,又奉旨遣戍伊犁。据《林则徐日记》,他于道光二十一年四月二十一日(1841年6月10日)到达镇海,至同年五月二十五日(7月13日)奉到遣戍伊犁的上谕,次日即登赴戍途。前后在镇海不过一个月出头的时间,他为抗英防务奔波筹划的一切,离去后都半途而废了。当林则徐行次扬州时,又以黄河决口事,奉旨改赴开封,协助钦差大臣、大学士王鼎办理河工。道光二十二年二月河工告竣，他又奉旨仍然遣戍伊犁。而这时浙江前线由于扬威将军奕经的腐朽无能，已经一败涂地了。所以这封信里说“九州铸铁，谁实为之”，不但对奕经的罪行有所谴责，而且也流露了对清廷的不满。

由于现存《林则徐日记》散佚了道光二十一年六月至次年六月那一部分，林则徐到达开封的日期向无文献可查。今据当时的开封士人痛定思痛居士所写《汴梁水灾纪略》(未刻，手抄本，现藏河南师范大学图书馆)，林则徐乃于道光二十二年八月十六日(1841年9月21日)到达开封，驻在祥符六堡工地。《汴梁水灾纪略》写道：“林公之来也，汴梁百姓无不庆幸，咸知公有经济才。其在河上昼夜勤劳，一切事宜，在在资其筹画。”当为可信的资料。

值得讨论的是，这封《致李石梧札》的写作日期。《辑注》的作者认为：

> 这封信的末尾未署年月日，仅有两处谈到“去冬在祥符工次，奉到陕西寄惠手书”，“弟于河上蒇工，仍行西戍忆上年即应就道”。考林则徐在道光二十一年(1841)，阴历五月被遣戍伊犁，同年阴历七月，开封黄河决口，复‘奉旨免戍’，襄助王鼎治理河工，于道光二十二年(1842)阴历二月河工告竣。此信当写于一八四二年“浙事溃败”之后，工竣之前的阴历正月末到二月初之间。

这段话中，说道光二十一年“阴历七月，开封黄河决口，复‘奉旨免戍’，襄助王鼎治理河工”。阴历七月，当然不是开封黄河决口的时间(开封河决时在阴历六月十六日)，也不是林则徐到开封的时间(林于八月十六到汴)，而是上谕发出的时间(七月初三日)。《清宣宗实录》道光二十一年七月乙卯载：“命遣戍伊犁已革两广总督林则徐，折回东河效力赎罪。”①上谕并没有让林“免戍”的话，所

① 《清宣宗实录》第354卷，第3页。

谓“奉旨免戍”是不准确的说法。

黄河合龙、河工告竣的时间是道光二十二年二月初八日寅时①(1842年3月19日晨)。林则徐是什么时候离开开封、登上戍程的呢？据抄本《汴梁水灾纪略》记载，是在二月初四日，并说：“百姓闻之，皆扼腕叹息，多有泣下者。”士民同情林则徐，“扼腕叹息”，当是实情；但林氏赴戍登程的日期，显然是作者追记有误。考《清宣宗实录》道光二十二年二月丙戌条载：“命东河差委已革两广总督林则徐仍发往伊犁，效力赎罪。”②二月丙戌是二月初七日，是日才发出上谕，又要若干天才能传到开封，故知二月初四日离汴赴戍的记载失之过早，因为那时皇帝尚无此谕。假使林氏奉谕后即日起行，也当在河工告竣后的二月十几日以后。而上述信札的写作，又当在起行赴戍之后，信中说“弟于河上蒇工，仍行西戍”，可为明证。

然而，《辑注》认为该信写于“工竣之前的阴历正月末到二月初之间”，必为错误的判断。因为工竣之前，林氏不可能奉到上谕，未奉上谕前，更不可能动身西戍，并函告他人。《辑注》作出此信写于“工竣之前……”的判断，可能是错审了信中的文意。信中云“弟于河上蒇工，仍行西戍”，在语法上是过去完成时态，而不是未来时态。信中接着说“忆上年即应就道”，只是表明：去年他在镇海军营时，已奉了遣戍的诏令。今年河工告竣，理应就道而已。

关于林则徐离汴赴戍的时间，还有一件重要文献值得研究：《林少穆制府遣戍伊犁行次兰州致姚春木王冬寿书》(此信收录于《溃痈流毒》)，其中有一段文字是林则徐自述近年行踪的，有云：“到浙兼旬，奉文遣戍，行至淮、扬，蒙恩改发河工效力，自八月至今

---

① 《清宣宗实录》第367卷，第17页，《开封水灾纪略》与此记载相合。

② 转见中国史学会编：《鸦片战争》资料第2册，第568页。又见《道咸同光名人手札》第2集(1924年上海商务印书馆影印本)。

年三月，乃复西行。”①这里所谓的“八月”指道光二十一年八月，这是林到达开封河工的时间；“今年三月，乃复西行”，当是林由汴赴戍启程的时间。若尔，则“手札”之一《致李石梧札》的写作时间，又当在道光二十二年三月之后了。但此段文字的可信程度如何呢？

按：林氏那时以“获罪之身”，本是奉命唯谨的。据《林则徐日记》，道光二十一年闰三月十一日，他在广州奉到调赴浙江效力的谕旨，隔了一天就登舟启程；五月二十五日在镇海奉到遣戍谕旨，次日即踏上戍途。而在开封河工奉到遣戍上谕，当在二月十几日，却迟至三月才动身西行，这是大可怀疑的。考林则徐《云左山房诗钞》卷6收有《壬寅二月祥符河复仍由河干遣戍伊犁蒲城相国涕泣为别愧无以慰其意呈诗二首》，中有“西行有梦随丹漆，东望何人问斧柯”之句，可知道光二十二年二月，林氏确已自汴西行。又邹弢《三借庐笔谈》卷12记载，林氏于庆祝黄河合龙的宴会上奉到遣戍谕旨，“即日启行”，亦可为证。故知《致姚春木王冬寿书》所云“今年三月，乃复西行”，或系林氏自己行文的疏误。笔者认为，当仍以“二月西行”为是，不过应在二月中旬左右了。

（二）“手札”之三《自嘉峪关外致友人札》写道：

> 南中事竟尔如许，人心咸知愤懑，而佥谓莫可如何。恬嬉久矣，可胜浩叹！……船、炮、水军之不可缺一，弟论之屡矣；犹忆庚秋获咎之后，犹复附片力陈，若其时尽力办此，今日似亦不至如是束手。今闻有五省造船之议，此又可决其必无实济，果得一二实心人便宜行事，只须漳、泉、潮三处濒海地方，慎密经理，得有百船千炮，五千水军，一千舵水，实在器良技熟、胆壮心齐，原不难制犬羊之命。今之事势全然翻倒，诚不解天意如何，切愤殷忧安能一日释耶！

这封信写于道光二十二年九月十四日，那时南京条约已签订

① 《清宣宗实录》第367卷，第12页。

一个多月，林则徐在嘉峪关外的戍途中当已得悉。他对“南中之事”痛心疾首，一片忧国愤时之心跃然纸上。痛定思痛，他总结了鸦片战争之所以失败，是由于政治的腐朽（即所谓“恬嬉久矣”）和船、炮武器的落后。他在抗英斗争和实践中开眼看世界，主张了解西方，学习西方的军事科学技术，造船制炮，建立新式的水师。

“犹忆庚秋获咎之后，犹复附片力陈”，即指庚子年（道光二十年）秋八月他所上的《密陈夷务不能歇手片》①。该片谓：“即以船炮而言，本为防海必需之物，虽一时难以猝办，而为长久计，亦不得不先事筹维。且广东利在通商，自道光元年至今，粤海关已征银三千余万两。收其利者必须预防其害，若前此以关税十分之一，制炮造船，则制夷已可裕如，何至尚形棘手！”这本是慧眼独具的高论，但由于批评了清廷的国策，触犯了皇帝（他只知从关税得利而不谋预防侵略之害），所以道光览奏大怒，朱批“无理可恶”、“一片胡言”。此后他被遣戍伊犁，承受了一系列的迫害，而学习西方技术、建立新式国防的主张却持之愈坚。“手札”之一《致李石梧札》曾说：“海上之事，鄙见以为船、炮、水军万不可少。”《遣戍伊犁行次兰州致姚春木王冬寿书》也说“窃谓剿夷而不谋船、炮、水军，是自取败也”，并提出练兵的“八字要言——器良技熟，胆壮心齐”②。这些言论都和我们所讨论的“手札”之三如出一辙，可以互相印证。

“手札”之三又谓：“今闻有五省造船之议，此又可决其必无济实。”此话何所指？原来，在鸦片战争期间，道光皇帝和许多文武官员慑于英军的船坚炮利，而又不愿学习其长技，一味消极地主张

---

① 《辑注》虽亦指出“犹复附片力陈”乃指《密陈夷务不能歇手片》，但却具体诠释为：该片“提出对英国侵略者只能‘以威服叛’，而不能‘设法羁縻’妥协投降”。则与“手札”之三原意不切。

② 中国史学会主编：《鸦片战争》资料，第 2 册，第 568—569 页，又见《道咸同光名人手札》第 2 集。

“但为陆守之计，勿与海上交锋”①，结果，军队的装备、训练、指挥不求改进，在陆地上同样遭到溃败。于是从道光二十二年六月起，上自皇帝，下至各地文武官僚，又兴起造船之议。② 有人主张当英船进入海口时，只须“将捆缚巨木顺流放下，使之借助水力，急湍激发，冲击逆船，便可破碎”③。有人则加紧捆扎木筏，在筏端钉以“签锥”，“如逆船敢入内河，拟将木筏燃火，乘流下放，遇船签住，或不能立脱也”④。还有人主张“木簰火攻”⑤之计，等等。结果只是劳民伤财，一事无成。一直折腾到南京条约订立前夕，大理寺少卿金应麟又查了许多古书，便上奏说：西洋的造船法不过是“中国之绪余耳”，中国古已有之。他主张在木材产地之四川、湖广（湖北、湖南）及沿海福建、广东，共五省，分别造船。他从古书上抄了子母舟、连环舟、楼船、走舸等，认为如照此法加以变通推广，由五省赶造，则“川、广之船，足以制江、闽、粤之船，可以防海”，“蕞尔夷人，有不足平者矣”⑥。这种古色古香的“五省造船之议”，拿来对付资本主义侵略，不啻梦呓。所以林则徐“决其必无实济”，认为这是开倒车（“今之事势全然翻倒”）。从这封信再一次证明，林则徐不愧为维新思想的先驱者，他确比当时的封建官僚士大夫要高明百倍。

（三）“手札”之五《致眉生札》有云：“眉生大兄阁下：汴州河上匆匆晤别，弹指已三年矣。……昨于家言中，得诵惠寄小儿一书，

---

① 《筹办夷务始末》道光朝卷54，中华书局排印本第4册，第2092页，廷寄。

② 《筹办夷务始末》道光朝卷54，中华书局排印本第4册，第2092页，廷寄。

③ 同上书2093页，廷寄二。

④ 同上书卷56，第2180页。

⑤ 同上书第2181—2183页。

⑥ 《金应麟奏筹计水攻请旨办理折》，见《筹办夷务始末》，道光朝卷58，中华书局版，第5册，第2270—2274页。

爱注之殷，溢于子墨；且知赎锾义举，实由执事与梦蜨先生首发其端。……心非木石，感何可言。惟念弟获咎之由，实与寻常迥异，即前此辗转播迁之故，尊意当亦有闻。雨露雷霆，惟待天心自转，与其批龙鳞而难测，莫如听马角之不生，是以小儿先有覆书求寝其事，而厚意则铭诸心版，终不可谊也。”

按：林则徐居官廉能，政声很好，鸦片战前，在江南已博得“林青天”的称号。鸦片战争中，他领导禁烟、抗击侵略，到后来反被革职充军，这不能不在全国，尤其是江南一带，引起广泛的同情和声援。当林则徐于开封河工完竣，仍遭遣戍的消息传开以后，江南的爱国士大夫便发起一个募款运动，意欲用巨款交纳朝廷，免去林的遣戍之罚，实际上是对清廷乱命的一种抗议，这就是所谓“赎锾”之举。这个事件的发起人，据“手札”之五《致眉生札》所说：“赎锾义举，实由执事与梦蜨先生首发其端。”然则眉生与梦蜨究系何人？

《辑注》云：“眉生，疑为刘斯嵋，刘字眉生，号称三，江西南丰人，嘉庆十六年进士。”

《辑注》这条推断是缺乏根据的。据陈康祺《燕下乡脞录》记载：“林文忠戍西域时，南中绅民有赎锾之举，不期而会集白银至巨万。公（指林则徐——笔者）闻之，邮书婉谢，而公子汝舟言尤切至，遂不果行。未几即赐环，且重膺节钺矣。……”在这条记载下面，还附了一条注文，云：“按：宗侍御稷辰《躬耻斋文钞》，倡是举者唐梦蝶、金眉生，而远近应之。公既命子苦辞，遂以金还诸其人。”①可见所谓眉生，姓金不姓刘。金眉生又是什么人呢？

查《光绪重修嘉善县志》，载有金安清的传：“金安清，字眉生，号傥齐，国子生。”此人“幼负异才”，不事举业，“游公卿间，掌书记、司笺奏。林文忠、许文恪（即许乃普，浙江钱塘人，官至工部尚书，

---

① 陈康祺：《燕下乡脞录》（即《郎潜二笔》）卷3，光绪乙酉暨阳刊本，第17—18页。

谥文恪——笔者)、季文敏(即季芝昌,江苏江阴人,官至闽浙总督。光绪间追谥文敏——笔者)三公知之尤深"①。可见金安清即金眉生。金氏同林则徐的关系是很密切的,他曾写《林文忠公传》,但为了不矜己德,未载"赎锾"一事。从江南"赎锾"之举,也可以窥见地主阶级内部抵抗派与投降派矛盾的尖锐;而林则徐坚决谢绝此举,退回捐款,情愿充军,说是"雨露雷霆,惟待天心自转",固然表现了他的浓厚忠君观念,②另一方面,也表现了他"息事宁人"的畏祸心理。这正是封建官僚的局限所在了。

(原载《近代史研究》1980年第4期)

---

① 《光绪嘉善县志》第19卷,《宦业》,第74页。按:金安清后官至湖北督粮道、盐运使、按察使。

② 林则徐《赴戍登程口占示家人》云:"谪居正是君恩厚。"(《云左山房诗钞》卷6)又《送嶰筠赐环东归》云:"雷霆雨露总君恩。"(《云左山房诗钞》卷7)

魏源思想论略

魏源(1794—1857)字默深，湖南邵阳人，出身于小官僚地主家庭。少年时好读史，又曾受王阳明心学的较大影响。1814 年到北京，从刘逢禄学习公羊春秋，又结识了龚自珍，一起切磋学问，议论政治，时人并称“龚魏”。1822 年中举后，受江苏布政使贺长龄延聘，编辑《皇朝经世文编》，这使他接触了大量有关时政的文献，更加留心经世致用之学。那时，清朝的漕运、盐务积弊很深，公私交病，陶澍、林则徐先后作过江苏巡抚、两江总督，试行南漕海运和票盐等项改革①，总是找魏源商议筹划，因此，他的经验和知识更加丰富起来。

鸦片战争对魏源的思想震动很大。1841 年他投入两江总督

---

① 清代江南漕米北运，过去都通过运河。但整修运河的费用和沿途官吏、兵丁勒索的费用越来越大，运费奇昂，速度迟缓，“经数月抵通〔州〕，积久蒸热，米或黯坏”(魏源《复魏制府询海运书》)。道光六年以后，苏、淞、常、镇、太仓四府一州开始试行海运，雇商人的沙船由上海经海道直运天津，效果很好。

盐务方面，清政府原来实行“纲盐制度”，由政府指定‘官商垄断食盐的收购和运销，从食盐的产地到销售的地区都划定范围，垄断经营。结果官吏同垄断商人勾结舞弊，官盐昂贵滞销，走私风行，公私俱病。道光初叶以后，两淮开始推行“票盐制度”，废除官商垄断，由私商自愿领票买盐，交税后自由运销。

裕谦的幕府，亲身参与了抗英斗争。鸦片战争失败后，他愤而写成《圣武记》、《海国图志》等书，目的在于激励国人发愤图强，总结经验，学习西方，抵抗侵略。在这期间，他于1844年中进士，分发江苏任知县、知州等职。1853年太平天国进军江南后，他曾倡组团练对抗革命。后病卒于杭州。

魏源在学派源流上，是今文经学的劲旅。他对宋学和汉学进行过多次猛烈的抨击。他认为宋学空谈心性，"而民瘼之不求，吏治之不习，国计边防之不问……上不足制国用，外不足靖疆圉，下不足苏民困"①。这样的学问毫无用处。汉学专搞训诂名物、烦琐考据，"毕生治经，无一言益已，无一事可验诸治"②，同样毫无用处。他主张恢复西汉今文经学的传统，"以经术为治术"，即通经致用。

汉学一派用东汉的马、郑来压宋朝的程、朱；而今文经学复兴以后，又用西汉的董（仲舒）、伏（胜）来压东汉的马、郑。作为今文经学家的魏源，正是运用这一战术来同汉、宋二派进行斗争的。他说："今日复古之要，由训诂声音以进于东京典章制度，此'齐一变至鲁'也；由典章制度以进于西汉微言大义，贯经术、政事、文章于一，此'鲁一变至道'也。"③春秋末年，齐国是个先进国家，制度习俗较新；鲁国落后，保存了许多西周"先王"的遗风旧俗。孔子主张复古，说过"齐一变至于鲁，鲁一变至于道"④的话。魏源利用这句话来比喻汉学和今文经学，认为从东汉古文经学回复到西汉今文

---

① 《默觚下·治篇一》，见《魏源集》上，中华书局1976年版（下同），第36页。

② 《默觚上·学篇九》，《魏源集》上，第24页。

③ 《刘礼部遗书序》，《魏源集》上，第242页。又，《两汉经师今古文家法考叙》（《魏源集》上，第152页）字句与此相同。

④ 《论语·雍也》。

经学，就好比“鲁一变至于道”。表面看来，这是要“复古”，实际上却是打着复古的旗号，利用“微言大义”、“通经致用”的形式，为现实的政治改革服务。

为了夺走清代汉学的金字招牌，他甚至不承认它是什么“汉学”。他在为庄存与的文集作序时，赞扬庄氏微言大义的方法，说是：“呜呼！君所为真汉学者，庶其在是，所异于世之汉学者，庶其在是。”①既然今文经学是“真汉学”，不言而喻，“世之汉学”就是伪汉学了。魏源的经学著作，如《诗古微》、《书古微》等，张大今文，排斥古文，比刘逢禄更进一步。② 今古文的壁垒，到魏源手里更加分明了。

在哲学上，魏源的历史进化观点和素朴的辩证法思想，超过了同时代的任何一个学者。鸦片战争前后，一些顽固派的学者起劲地宣扬退化论。例如管同③就认为整个宇宙包括人类社会在内，都在衰老退化，他说：“古初之天如婴孩，虞、周如少壮，自汉迄今为衰，后此为耄。……稍不谨焉，则百病丛生，而不可复治。”④魏源的看法与此针锋相对，他在多数场合认为历史越变越好，后胜于前。他说，三代惩罚罪人，有劓、刖等肉刑，汉文帝以后废除了，这是三代“酷”而后世“仁”；三代实行封国土、建诸侯的“封建制”，秦汉以后变成郡县制，这是三代“私”而后世“公”；三代用人是按血统世袭，“贵以袭贵，贱以袭贱”，而秦汉以后逐渐变化，终于改行科

---

① 《武进庄少宗伯遗书序》，《魏源集》上，第 238 页。

② 《诗古微》发挥今文齐鲁韩三家微言大义，排斥古文《毛诗》美、刺、正、变的解说。《书古微》不但把东晋晚出的古文尚书作为伪书（这是阎若璩等人早已考明的），而且认为马、郑的古文说也不是来自孔壁真本。

③ 管同（1780—1831），字异之，江苏上元人，桐城派古文家，著有《因寄轩集》。

④ 《原灾》，《因寄轩初集》第 1 卷。

举，这也是三代“私”而后世“公”。① 几千年来，儒家的传统观念认为：“三代”是人类的黄金时代，后世则每况愈下。魏源的论证是对这种陈腐观念的挑战。当然，他所谓的“仁”和“公”是根据地主阶级的利益判别的，但在客观上，上述制度的变革确实体现了历史的进步。因此他断言：“天下事，人情所不便者变而可复，人情所群便者变则不可复。”②他所谓的“人情”，实际上是指人心所向，潮流所趋。凡是违反这一趋向的，变了还得改回去；符合这一趋向的，变了就改不回去了。

他还进一步将这种变化的观点运用于整个自然界和人类社会，说明古往今来，天地、山河、湖海乃至人类本身，都在不断地变化，要是有人硬是不用桌椅而跪地以坐，不用碗盏而捧饭以食，不用纸笔而用骨、漆书，打仗时还乘古代的兵车，治民时还用古代的肉刑，那末，此人不是“大愚”，就是“大戾”(怪物)。以上种种论证，都十分有力，虽然缺乏高度的理论概括，但实际上他已逼近了历史的发展不依人的意志为转移这样一条原理；虽然没有形成明确的概念和结论，但他也意识到了：历史的进步趋势，总是对人民(在他心目中首先是中小地主)有利的，所以他才能响亮地提出：“变古愈尽，便民愈甚。”③

这样好的变易进化观点，假使进一步贯彻下去，就可能引起一场思想革命。但是，魏源给自己的变易进化观点加上了两条限制：

第一，“道”不能变。他说：“气化无一息不变者也，其不变者道而已。”其所谓的“气化”，在中国哲学史的用语上，通常是指物质。万物一息不停地在变化。其所谓的“道”，则是精神性的东西，它凌驾于万物之上，亘古不变。

---

① 《默觚下·治篇九》，《魏源集》上，第 60—61 页。

② 《默觚下·治篇五》，《魏源集》上，第 48 页。

③ 《默觚下·治篇五》，《魏源集》上，第 48 页。

第二，循环论。今文经学的三世说，本来就是一种循环论。老子的“归根”、“复命”哲学①，也是循环论。魏源承袭了二者的消极影响，他非常赞同老子的“返淳还朴”思想，并加以阐发说：“气化递嬗，如寒暑然。太古之不能不唐虞三代，唐虞三代之不能不后世……故忠、质、文皆递以救弊，而弊极则将复返其初。”②这样，历史的螺旋上升运动被误解为忠——质——文的反复循环。

魏源思想中有丰富的辩证法因素，可惜都没有彻底地贯彻。例如他说：“天下物无独必有对，而又谓两高不可重（“重”读阳平——笔者），两大不可容，两贵不可双，两势不可同。重、容、双、同必争其功。何耶？有对之中必一主一辅，则对而不失为独。”③这段话的意思是：一切事物都包涵矛盾（“有对”），矛盾的双方互相斗争（“重、容、双、同必争其功”）；在矛盾着的两方面中，必有一方是矛盾的主要方面（“一主”），另一方是次要方面（“一辅”），因此矛盾才作为统一体而存在（“对而不失为独”）。

这种论证来自程、朱而高于程、朱。“天地万物之理无独必有对。”“虽说无独必有对，然独中又自有对。”④——程、朱说过不少这样的话。然而程、朱看到了“有对”的存在，却不懂“一主一辅”的道理。魏源确实比程、朱前进了一大步。

不过，魏源前进以后，又退回来了。不是说“一主一辅”吗？那末，表现在自然界就是“乾尊坤卑，天地定位”；表现在人类社会就是“君令臣必共，父命子必宗，夫唱妇必从。……四夷非中国莫统，小人非君子莫为帡幪”⑤。前进了的辩证观点，却得出了与程、朱

---

① 《老子》：“夫物芸芸，各复归其根，归根曰静，是谓复命。”

② 《论老子二》，《魏源集》上，第 257 页。

③ 《默觚上·学篇十一》，《魏源集》上，第 26 页。

④ 《朱子语类》（同治应元书院刊本）第 95 卷，第 19—20 页。

⑤ 《默觚上·学篇十一》，《魏源集》上，第 26 页。

同样的纲常名教的结论。这是为什么？从政治上说，这是魏源封建地主立场的表现。从哲学上说，则是因为他仍然没有把辩证法贯彻到底。矛盾的主要方面和次要方面——即一主一辅，不是固定不变的，它们在一定条件下都会向对立面转化。这一点他不可能看到，因此，他还会回到程、朱那里去，回到董仲舒“天不变道亦不变”的说教那里去。

魏源在认识论上是唯物的经验论，在这方面他有许多精辟的论述。首先，他肯定了认识来源于实践。他说：“‘及之而后知，履之而后艰’，乌有不行而能知者乎？”这就是说，实践先于认识，没有“行”就不会产生“知”。他的名言：“披五岳之图，以为知山，不如樵夫之一足；谈沧溟之广，以为知海，不如估客之一瞥；疏八珍之谱，以为知味，不如庖丁之一啜。”①在这里，他强调了直接经验在认识上的首要意义。

其次，正因为肯定了认识来源于实践，所以他断然否定了有所谓“生而知之”的人，而强调后天的学习，强调群众的智慧：“绝世之资，必不如专门之夙习了；独得之见，必不如众议之参同也。……合四十九人之智，智于尧、禹。”②这些命题，都是毫不含糊的唯物主义认识路线。

第三，关于人的思想同客观实际的关系，他说：“事必本夫心。……然无星之秤不可以程物，故轻重生权衡，非权衡生轻重。善言心者，必有验于事矣。”③这段话的关键部分，可惜他只用“轻重、权衡”的具体事例加以说明。然如稍加抽象，他的意思即昭然无疑有如下述：人做事固然要受思想的支配（“事本夫心”），但客观实际决定人的思想（“轻重生权衡”），而不是人的思想决定客观实

① 《默觚上·学篇二》，《魏源集》上，第7页。

② 《默觚上·学篇一》，《魏源集》上，第35页。

③ 《皇朝经世文编叙》，《魏源集》上，第156页。

际。人的思想是否正确，要到实践中去检验（“验于事”）。

总括上述三点可以看到，他已经成为素朴的唯物论的反映论者。

但是他的认识论毕竟与能动的反映论的高度相差甚远。对于经验是认识的基础，他有较充分的论证；而对于来自经验的感性认识有待于能动地发展到理性认识，却缺乏论证。至于实践、认识、再实践、再认识，螺旋式上升以至无穷的认识发展运动，更为其梦寐所不及。他还停留在唯物经验论阶段。

正因为他是经验论者，其唯物主义因素就很难贯彻到底。

魏源的有神论是很粗糙的。某些自然现象，知“迅雷风烈”，他相信是神力的表现。古代典籍上的神话，他拿来作为有神的论据。他还把有神论同其阶级偏见结合起来，宣称“君子”之道是“纯阳”，死后灵魂升天成神。《诗经》上说“文王在上，于昭于天”①，可见周文王升天成神，不但文王，所有的圣贤死后都成神，大圣贤成大神，小圣贤成小神，“各如其德业之大小为秩之尊卑”②，在天地各方继续统治。而“小人”之道是“纯阴”，死后灵魂降地，变成鬼，受天神的统治。这样，鬼神的世界无非是人间封建等级秩序的投影，“神道设教”与“人道设教”互相配合。正如魏源自己承认的：“鬼神之说，其有益于人心，阴辅王教者甚大，王法显诛所不及者，惟阴教足以慑之。”③说穿了，不过是吓唬人民罢了。

魏源的政治思想，在鸦片战前和战争以后有很大的变化。

鸦片战前，他对于清朝官僚政治的极端昏暗表示不满，主张改革。他揭露多数的封建官僚都是“鄙夫”、“乡愿”，“除富贵而外不知国计民生为何事，除私党而外不知人材为何物”。这些人圆熟老

---

① 《诗·大雅·文王》。

② 《默觚上·学篇十四》，《魏源集》上，第 33 页。

③ 《默觚上·学篇一》，《魏源集》上，第 3 页。

成，模棱两可，使你抓不到他们的错处，“攻之无可攻，刺之无可刺，使天下阴受其害而己不与其责焉。古之庸医杀人，今之庸医，不能生人，亦不敢杀人……致人于不生不死之间，而病日痼”。这种半死不活、麻木不仁的状态，是封建官僚政治走向末路的征候，魏源认为这是“亡天下之患”①。

然而总的说来，在鸦片战争以前，在批判旧社会方面，他不像龚自珍那样尖锐泼辣，使气骂座。他所受儒家“岂弟君子”之道，也就是温柔敦厚之道影响太深。② 他说：“求治太速，疾恶太严，革弊太尽，亦有激而反之者矣；用人太骤，听言太轻，处己太峻，亦有能发不能收之者矣。”③尽管在哲学上他发挥了那么多变易进化思想，但因为“道”不能变的信念限制着，所以在政治上，他的改革主张不但没有触及封建制度，甚至连官僚体制的改革也极少议论。他甚至反对谈“变法”：“君子不轻为变法之议，而惟去法外之弊，弊去而法仍复其初矣。”④

法——封建社会的各项制度法令，他认为不能轻言改变，只需要把那些派生的弊病革除，封建制度仍然会回复它的生命力。所以他最初所筹划和从事的改革，不外乎治河、票盐、漕米海运等一项一项的具体问题。

道光中叶（19 世纪 30 年代）以后，由于西方侵略步伐的加紧和鸦片走私的猛增，内忧外患交互影响，社会矛盾进一步激化，这使魏源惊心动魄。他进行了历史对比，认为有三个方面比前代严重：第一是河患，“无一岁不虞河患，无一岁不筹河费，此前代所无

---

① 《默觚下·治篇十一》，《魏源集》上，第 66—67 页。

② 见《默觚下·治篇二》，《魏源集》上。按：《诗·小雅·蓼萧》：“既见君子，孔燕岂弟。”注云：“岂，乐；弟，易也。”岂弟即和气平顺之意。

③ 《默觚下·治篇三》，《魏源集》上，第 45 页。

④ 《默觚下·治篇四》，《魏源集》上，第 46 页。

也”。第二是鸦片泛滥白银外流，“夷烟蔓宇内，货币漏海外，漕艖以此日敝，官民以此日困，此前代所无也”。第三是学风脱离实际，“举天下人才尽出于无用之一途，此前代所无也”。① 他主张禁烟，继续筹划治河、漕运和盐政。但是，他没有估计到贫富对立（阶级矛盾）的严重，没有像龚自珍那样，预感到大乱将临，清朝已面临崩溃的边缘。他的语调一般是温和的。

鸦片战争以后，魏源的思想起了突飞猛进的变化。战争暴露了清朝统治者的蒙昧昏庸、卖国投降，暴露了中国政治、经济、军事各方面的落后。惨痛的失败使他悲愤填胸，引为奇耻。他发愤写了《圣武记》及《海国图志》等书，尤以后者最负盛名，在思想界留下了巨大影响。

《海国图志》初刊于 1842 年，50 卷。1847 年增补为 60 卷，1852 年又增为 100 卷。它主要以林则徐的《四洲志》等译稿为基础，又搜集了明末以来直到近期西方人所写的有关世界史地的著作、舆图、科技资料；中国历代史志及近人研究西方的著作，甚至包括他本人在宁波、姚莹在台湾审讯英俘的口供，等等，钩稽贯串，写成了一部介绍各国地理、历史以及部分科技知识的大书，并且研究了鸦片战争的经验教训，探寻了学习西方富国强兵的道路。

多少年来，由于闭关政策的重重束缚，中国人看不到世界状况，所以《海国图志》是一个开创性的工作，正如魏源自己所说，“创榛辟莽，前驱先路”②。这就和龚自珍大不相同了。龚自珍对衰亡着的封建社会设计过种种改革方案，但自认“何敢自矜医国手，药方只贩古时丹”③，由于时代的限制，他仅能从封建文化里吸取思

---

① 《明代食兵二政录叙》，《魏源集》上，第 161 页。按：此文作于 1837 年。

② 《海国图志》（光绪十三年善成堂刻本），《原叙》，第 1 页。

③ 《己亥杂诗》，《龚自珍全集》，第 513 页。

想资料，没有能够开辟新的方向。魏源则突破了狭小的圈子，扩大了视野，提出了新的问题，探索了新的方向。

《海国图志》的内容相当丰伟，现仅从政治军事思想方面和地理学方面，分别作一简要的评介：

(一) 从政治军事思想方面看

魏源在鸦片战后的政治军事思想，主要集中在《海国图志》前两卷的《筹海篇》内。其主要内容表现为以下两点。

首先，总结了鸦片战争的经验教训，批判了唯武器论，论证了朴素的游击战、持久战的思想。

魏源认为鸦片战争失败的原因，不仅仅因为船炮之不如人，主要是指挥的错误与军队的腐朽造成的。许多将帅“非苟且即虚懦”，军队缺乏训练，纪律不整，交战时不能命中，“反为一二飞炮惊走”，溃散之后为了逃避罪责，便故危其词，夸说敌炮怎样“神奇”，敌船怎样“如鬼神雷电”①。所以他响亮地提出“器利不如人和”的口号，认为如果没有正确的指挥和善战的军队，“岂专恃船坚炮利哉？无其节制，即仅有其船械，犹无有也”②，“以无律无谋之兵，即尽得夷炮夷艘，遽可大洋角逐乎？不知自反，而惟归咎于船炮之不若，是疾误庸医不咎方，而咎药材之无力也”③，这是对唯武器论的有力批判。

魏源看到敌之所长在海上，而孤军远来，所短在陆地，所以他主张“守外洋不如守海口，守海口不如守内河。”又鉴于清军的腐败和人民的英勇，所以又提出“调客兵不如练土兵，调水师不如练水勇”④。他能在一定程度上重视人民的力量，主张对沿海的渔艇疍

① 魏源《军储篇二》，《圣武记》第 14 卷。

② 《筹海篇三·议战》，《海国图志》第 2 卷，第 12 页。

③ 《筹海篇一·议守上》，《海国图志》第 1 卷，第 24 页。

④ 《筹海篇一·议守上》，《海国图志》第 1 卷，第 1 页。

户乃至“海盗”，对内地的“盐枭”乃至“捻匪”等等，都利用起来组织起来，用于反侵略战争。他的这种主张虽然同时具有削弱人民抗清力量的用意（他叫做“以毒攻毒”），但在民族大敌当前的条件下，是无可厚非的。

他在三元里和台湾等地人民抗英斗争的启示下，主张大胆地“纵其（指英军）深入，截其出口”，“坚壁清野……出奇设伏，多方误敌，使不可测”①，在内河与陆地上与敌周旋。敌为客，我为主，“客兵利速战，主兵利持重，不与相战而惟与相持，行与同行，止与同止，（使敌）无淡水可汲，无牛羊可掠，无硝药可配，无铁物可购，无篷缆可补，烟土货物无处可售，柁桅无处可修，又有水勇潜攻暗袭，不能安泊，放一弹即少一弹，杀一夷即少一夷，破一船即少一船……逸待劳，饱待饥，众待寡”②。最后取得反侵略战争的胜利。当然，这样的战略战术在腐朽的清朝统治下是不可能贯彻的；但是，在原则上，这种朴素的游击战持久战的设想，确是弱国战胜强国的有效办法。

第二，批判了闭关政策，论证了“以夷攻夷，以夷款夷，师夷之长技以制夷”的思想。

由于长期闭关自守，清朝统治者愚蠢透顶。1842 年 5 月，鸦片战争已经打了将近两年，差不多快要结束时，道光皇帝发出上谕，居然向疆臣打听“究竟该国（指英国）地方周围几许？所属国共有若干？……又英吉利至回疆各部（指我国天山以南地区）有无旱路可通？平素有无往来？俄罗斯是否接壤？有无贸易相通？”③。这说明清朝君臣上下对世界，甚至对敌人还一无所知。魏源针对这桩事猛烈抨击道：“以通事二百年之国，竟莫知其方向，莫悉其离

---

① 《筹海篇一·议守上》，《海国图志》第 1 卷，第 23 页。

② 《筹海篇三·议战》，《海国图志》第 2 卷，第 18 页。

③ 《筹办夷务始末》，道光朝，第 4 册，第 1776—1777 页。

合，尚可谓留心边事者乎？"①他详细分析了清政府多年以来不求了解世界，不准翻译西书，不学习西方船坚炮利的长技，又不知利用西方各国及其殖民地的复杂矛盾，以致造成战不能战、守不能守的败局。他根据历史的经验一针见血地指出："古之驭外夷者，惟防其协寇以谋我，不防其协我而攻寇也。止防中华情事之泄于外，不闻禁外国情形之泄于华也。然则欲制外夷者，必先悉夷情始。"②这是对闭关政策的有力批判。在打破闭关政策、"悉夷情"的前提下，才能"以夷攻夷，以夷款夷，师夷之长技以制夷"。

所谓"攻"，就是战；所谓"款"，就是和。"以夷攻夷，以夷款夷"的原则，在魏源的思想上绝不是不求自振，依靠投降媚外，幻想在外国的矛盾夹缝里苟延残喘。这一点魏源阐述得很清楚："不能守何以战？不能守何以款？以守为战，而后外夷服我调度，是谓以夷攻夷；以守为款，而后外夷范我驰驱，是谓以夷款夷。"③这段话除了"服我调度"、"范我驰驱"这样的用语表现了封建士人的夸诞习气以外，其根本思想是：自强自立，在反侵略战争中坚决而且能够守卫领土，在此基础上利用矛盾，联合与国，挫败侵略者。从原则上讲，这是反抗资本主义侵略的正确有效的办法。

关于"师夷之长技以制夷"，则是《海国图志》的中心思想。魏源认为："夷之长技三：一战舰，二火器，三养兵练兵之法。"中国应该学过来，为我所用，以抵抗侵略。鸦片战争前后，一些封建顽固派曾扬言西方的制造技术是"奇技淫巧以坏我人心"④；魏源驳斥

① 《筹海篇三·议战》，《海国图志》第2卷，第4页。

② 《筹海篇三·议战》，《海国图志》第2卷，第4页。

③ 《筹海篇一·议守上》，《海国图志》第1卷，第1页。

④ 管同：《禁用洋货议》，《因寄轩初集》第2卷。

道："指南制自周公，挈壶创自周礼①，有用之物，即奇技而非淫巧。"②科学技术是有用的东西，中国历史上有许多创造发明，古圣先贤不以为那是奇技淫巧。只有那些有害无益的奢侈品才是奇技淫巧。清朝同西方"互市二百年，始则奇技淫巧受之，继则邪教毒烟受之，独于行军利器，则不一师其长技，是但肯受害不肯受益也"③。

他主张在广东建设造船厂、火器局各一个，聘请法、美的技师传授技术，选送中国工匠学习制造；另编练精锐水师三万人，十分之八取诸"沿海渔户枭徒"，十分之二取诸水师旧营，延请西洋人教练驾驶、演炮、作战之法。这样，在造船造炮技术和作战训练方面，"人习其技巧，一二载后，不必仰赖于外夷"④。这支新式海军，战时可以抵抗侵略，平时可以在沿海查禁鸦片走私、护运漕粮、邮递文书、护送民间出洋贸易的商船等。

造船厂与火器局除修造军用船炮外，也可制造民用商船、望远镜、蒸气磨、弹簧秤、风火锯等，"凡有益民用者，皆可于此造之"⑤。此外，在福建、上海、宁波、天津等地的沿海商民，听任他们自由集资开设厂局，制造轮船或机械，作为出售的商品，并允许海外贸易的商民，从外国购买船炮转卖给政府。

可见魏源所设想的，不仅是发展新式的军事工业．而且要发展民用工业；不仅兴建官办工业，而且提倡商办工业。如果再联系他在《圣武记》中主张由商民自行开采银矿，政府"税其什之一二"，而

---

① 《周礼·夏官》："挈壶氏下士六人。"郑注："世主挈壶水以为漏。"即漏壶计时之法。

② 《筹海篇三·议战》，《海国图志》第2卷，第11页。

③ 《筹海篇三·议战》，《海国图志》第2卷，第6页。

④ 《筹海篇三·议战》，《海国图志》第2卷，第7页。

⑤ 《筹海篇三·议战》，《海国图志》第2卷，第11页。

反对封建政府插手开采，“何必官为开采，致防得不偿失，财用不足乎？”①。这就不能不说，魏源在鸦片战后已不自觉地具有发展资本主义的思想了。

魏源的资本主义思想是有一个发展过程的。40年代初期，当《海国图志》初稿问世的时候，他只是在经济上有了初步的发展资本主义的要求。到40年代末期以后，他为了增补《海国图志》，继续搜集有关资料。他读了葡萄牙人玛吉士的《地理备考》②和美国人高理文《合省国志》等书，思想又有所发展。他说，前者“直可扩万古之心胸”，后者使他认识到“墨利加北洲之以部落代君长，其章程可垂奕世而无弊”③。这里所谓“以部落代君长”，乃指美国各州州长及总统的选举制度④，他对这种制度很赞赏。他又把瑞士“不设君位”、“不立王侯”的政治民主赞誉为“西土桃花源”⑤。说明他思想上对封建君主专制已经不满，而开始向往西方的政治制度。当然，他说资产阶级民主制度“可垂奕世而无弊”，在今天看来是错误的溢美之辞，但在当时却是最进步的思想。

（二）从地理学方面看

《海国图志》是中国关于世界地理的空前详明的著作，在中国地理学史上占有重要地位。该书不但将中国历史上有关外域的地名与近代的地名加以对勘，澄清了一些地理概念，订正了前人的某些讹误；而且对明清以来西方耶稣会士的地理著作也进行了认真的研究，并批判了他们的错误。

---

① 《军储篇二》，《圣武记》第14卷。

② 《地理备考》又名《外国地理备考》，道光二十七年刊本。

③ 《海国图志后叙》。

④ 据《海国图志》第61卷，第1页。“部落”今当译为州；“总理部落”，今当译为合众国；魏源有时直称合众国为“育奈士迭”，即 United States 的音译（这是沿袭林则徐《四洲志》的译法）。

⑤ 《海国图志》第47卷，《瑞士国》。

耶稣会士所带来的世界知识不但非常简陋，而且夹杂着一些谬误。例如《职方外纪》和《坤舆图说》都将欧亚二洲的交界定为“大乃河”(第聂伯河)和“阿被河”(鄂毕河)①，魏源认为，将两个大洲“强指一河一泊为界”是错误的，他说：“《职方外纪》之阿细亚与欧罗巴二图，一则界以大乃河，一则界以阿被河。此二河者，一在里海之西，一在葱岭之东，相去二十余度，计五千余里。循前图大乃河，则西侵欧罗巴之界，依后图阿被河，则东侵阿细亚之界。究竟此二河中，五千余里之地，属彼洲乎？属此洲乎？”②魏源纠正了他们的错误，在《海国图志》的《地球全图》中，采用了乌拉尔山的正确画法，说明了他严肃认真的态度。

耶稣会士在他们的地理著作里，随处宣扬基督教的神话迷信，魏源也随处予以严厉驳斥，指出它是“夸诞无稽之说”③。《职方外纪》在介绍“如德亚国”(即犹太国)时，连篇累牍宣传天主造人，以及“善人”灵魂升天堂，“恶人”入地狱的说教，魏源从哲理上予以反驳道：“人皆天主所造，何不但造善信，毋造邪恶乎？”④他认为，基督教天堂地狱菩恶报应之说，是一种粗俗的教义，“皆委巷所谈，君子勿道”⑤。

---

① 《职方外纪》第2卷《欧罗巴总说》，认为欧洲的东界是“东至阿比河九十二度”。《坤舆图说》卷下《亚细亚洲》条，说亚洲的西界“西至大乃河、墨阿的湖〔黑海〕”。但同书卷上《天下名河》条，又把大乃河算作欧洲的名河。不但自相矛盾，而且错误混乱。

② 《海国图志》第74卷，《国地总论上·释五大洲》。

③ 《海国图志》第41卷，关于《职方外纪》的批注。

④ 按：俞正燮《癸巳类稿》曾批驳基督教上帝造人之说云：“天主造人，当造盛德至善之人以为人类之初祖，犹恐后人之不善继述，何造一骄傲为恶之亚当，致子孙世世受祸？且其子孙中又有圣、有贤、有智、有仁，不尽肖亚当所为，又何人造之哉？”与魏源意同而辩驳更加有力。

⑤ 《海国图志》第27卷，《天主教考》。

以上的事例表明了，魏源在向西方寻找真理的时候，一点也没有奴颜婢膝、顶礼膜拜，而是坚持了民族的尊严和科学的原则，有分析有批判地吸取其精华，排除其糟粕。

当然，由于《海国图志》是一种“创榛辟莽”的新工作，难免出现某些错误。例如关于“佛郎机”，明清以来，士大夫都弄不清楚它究竟在哪里，清朝人把葡萄牙、西班牙和法国都叫做佛郎机。这一历史的错误影响到魏源，他在《海国图志》第 41 卷《佛兰西国总记》中注明佛兰西“即佛郎机，一作法兰西”，并误以为侵占马六甲、租借澳门等都是法兰西干的事情。但在鸦片战争时期，居住澳门的明系葡萄牙人而非法兰西人，魏源也知之甚悉。他无法解释这一矛盾，便说明末法兰西人一度借居澳门，“然佛郎机旋去澳门不居”，后来才由葡人占居。这显然把史实搞错乱了。

《海国图志》是一部大书，出现个别错误是瑕不掩瑜的。为了寻求富国强兵的真理，魏源努力地了解世界，辛勤地搜集可能得到的任何资料。长期的闭关政策给科学研究带来严重的困难，这不是他的过错。

（原载《中国近代史新编》上册，人民出版社 1981 年版）

何玉成冤词

——三元里抗英斗争领导问题之我见

三元里人民的抗英斗争，是中国近代史上第一次大规模的群众性武装反侵略斗争，它的伟大功绩早已载入人民反帝事业的光荣史册。这是一次以农民为主力的自发斗争，但是又难以想象，如此大规模的群众运动，纯属“乌合之众”“不期而会”的偶发事件，而没有任何个人或集团曾在其间起了一定的组织领导作用。

《夷氛闻记》曾记载，当英军包围广州、奕山败溃议和之际，英兵“闯至泥城、西村、萧冈诸村落，大肆淫掠，奸及老妇，村民大哗。举人何玉成，即柬传东北南海、番禺、增城连路诸村，各备丁壮出护。附郭西北之三元里九十余乡，……一时义愤同赴，不呼而集者数万人”①。根据这条时人记载，还有其他原始文献，萧冈乡举人何玉成应该是三元里抗英斗争的组织者领导者之一。

1951 年，广州的有关同志出于对人民革命斗争史的高度重视，召开了“三元里平英团史实调查会”。会上，三元里中农韦祖同志第一次提出三元里抗英斗争是“本人祖父绍光首先发起，四处宣传”的。这个调查纪录发表在《近代史资料》1954 年第 1 期上，该期的《编者按》说：这个调查“应是可靠的”，“可纠正其他资料的错

① 《夷氛闻记》卷 3。

误(如梁廷楠《夷氛闻记》误言三元里等村人民抗英斗争系先由举人何玉成柬传各村)。"1958 年,几位同志再次访问韦祖,韦祖再次肯定:"当时英军到三元里奸淫掳掠,我祖父首先发难,由他带头,村人都奋勇参加杀敌。……我祖父还在我村及各村进行抗敌宣传,得到各村群众的热烈参加,打败了英国鬼子。"①

从 1951 年起,一直到"文化大革命"后的 1973 年,许多同志对三元里抗英斗争进行了几十次的调查访问,发掘了大量的口碑、资料和实物,填补了历史文献的缺漏,成绩是巨大的,影响是深刻的。对待这些调查资料,正像对待其他历史文献一样,本应加以科学的分析甄别,去伪存真,去粗取精,才能有助于认识历史的真相。但是,在相当长的时期内,特别是林彪、"四人帮"横行的时期内,在有关的历史著作和历史教学中,韦绍光被描述成了三元里附近 103 乡抗英群众的公认领袖,而何玉成等爱国士绅的名字被抹掉,《夷氛闻记》的上述记载被当作纯粹的"误言"而"纠正"了。老实说,这早已引起许多史学工作者和历史教师的怀疑,哪怕他们也曾经照着说、照着写也罢。

去年,卞哲同志《研究和编写历史必须实事求是》②一文,公开提出了这个问题。该文指出:"三元里的抗英斗争是以农民群众为主要力量,但是不能否认地主阶级在当时起了组织领导作用。据鸦片战争时的公私文献,萧冈乡的举人何玉成是 103 乡群众代表会盟牛栏岗的主要领导人。"对于菜农韦绍光的领袖地位,该文表示怀疑,因为"在鸦片战争时写的公私记载,甚至民间诗歌都没有'片文只字'"。该文认为,拔高韦绍光,抹掉何玉成,是一种唯成份论的表现。诚然,卞哲同志把何玉成当作"一百零三乡群众代表会盟牛栏岗的主要领导人",是欠斟酌的,因为 103 乡代表会盟牛栏

① 《三元里人民抗英斗争史料》修订本(以下简称《史料》)第 167 页。

② 载《读书》1979 年第 2 期。

冈,并推举何玉成领导一事,缺乏史实根据。但三元里抗英的主要领导人之一是何玉成,而不是韦绍光,这样一种基本看法,却是几个院校的同志于1978年2月在广州、同年10月在开封的讨论会上所形成的一致看法,卞哲同志的上述论点反映了他们的看法。

然而这种看法却被视为大逆不道。陆力同志《关于三元里人民抗英斗争的领导问题》①一文,就是对这种看法所进行的尖锐抨击。陆力同志认为,卞哲"不相信今人调查",竟至对农民韦绍光的抗英"盟主"地位发生怀疑,这"实在是可怪"。他写道:"卞哲同志揭橥反对'唯成份论',但反到隔壁去了,变成另一种'唯成份论'"。这无非是说:政治立场有问题,诬蔑农民,为地主知识分子树碑立传!陆力同志还对当前"学风"提出指责,说是"城中爱高髻,四方高一尺",大有人心不古之慨。

这样的论战方法,要是放在前几年自然会使人们诚惶诚恐,噤若寒蝉而屏息待命的。但在粉碎"四人帮"后的今天,我们还是应当回到马克思主义立场上来,用同志式的态度,科学的态度,对这一问题进行平心静气、实事求是的商榷为好。

(一)陆力同志认为:何玉成"这样的人能说是三元里抗英斗争的主要领导人,也算是活见鬼了!","这和所有记载都矛盾"。

我们姑且撇开《夷氛闻记》等时人的间接记载不论,仅从现存的原始档案文献里面,也可以找到许多证据。例如,在三元里抗英运动尚未结束之际,何玉成等爱国士绅曾向两广总督祁𡎴递呈,要求对抗英死伤的群众进行抚恤,建立忠勇祠②。道光二十一年四月十七日(1841年6月6日)祁𡎴批:"该举人何玉成等,督同各乡

---

① 载《读书》1979年第8期。

② 按:何玉成等人的呈文肯定写在阴历四月十六日(阳历6月5日)以前,是时三元里武装斗争虽已结束数日,但乡民痛斥英军的揭帖正纷纷贴出,所以这时仍属三元里抗英运动的范围。

丁勇，奋不顾身，杀毙匪(指英兵——笔者)多名，我乡民亦有伤亡。实属志切同仇，深知大义。……”①此处“督同各乡丁勇”，显然含有组织、领导的意义。

同日，三元里等90余乡有功名、有头面的地主士绅，贴出了《三元里等村衿耆说贴》②，表示对侵略者“不共戴天，誓灭英逆”。“说贴”声讨了英军的侵略暴行之后说：“我等所以奋不顾身，将义律围困于北门，咱〔咱〕麦斩首于南岸。”(按：“伯麦斩首”乃当时群众传闻之误)此处“我等”二字，表明这些“衿耆”们公然自居为三元里抗英群众的代表，可以说他们是贪了农民群众之功吧，但尊重事理的人不难判断：他们确是参加了斗争，并且起了某种组织领导的作用。“说贴”中还说：“饱德之义士襄助口粮，荷锄之农夫操戈御敌。”其中“饱德”者，正指士绅。

上述说贴的起草人之一，就有何玉成。根据当时文献，两天以后，奕山、祁𡊮等文武大员为了奖励三元里的斗争和“说贴”的写作“骂得英逆妙极”，便委托广州知府和南海、番禺两知县在大佛寺宴请了何玉成等13名士绅，并当场发给各乡死伤群众恤银5000两③。这也有力地说明了问题。

以后，由于何玉成在三元里抗英中的作用，清政府特赏给奖匾，并授予六品军功。其弟何壮能《族谱序》一诗有云：“厥后四月夷围城，城北村民皆骇惊。相斗略输伊略赢，肆逞狐威村前塍。……相联众社奋豪英，杀毙多夷振威声。藉非国福惟孔厚，北郭战功何由成。复蒙大宪嘉乃绩，优赏首事添光荣。覃及同袍

① 罗香林：《鸦片战争粤东义民抗英史料》，见《中国近代史资料丛刊·鸦片战争》(下简称《鸦片战争》)1954年版，第4册，第30页。

② 故宫博物院《史料旬刊》第39期，钞件十八。

③ 《史料》。又见《鸦片战争》第4册，第21页。

〔胞〕暨同泽，铭勋不遗弟与兄。”①就是写的何氏弟兄参加三元里抗英、因功受赏的事。直到1844年，广东巡抚程矞采在保奏升平社学、公所的出力士绅时，还列有何玉成的名字，对他的考语是“举人、六品军功何玉成，奋勉有为，不避艰苦，前在三元里打仗，著有军功。……”②

上述来源不同的档案、文献雄辩地说明了在三元里抗英斗争中，何玉成确实起了组织领导作用。如果硬说那些原始史料全是“活见鬼”，我们实在无法可想，只有诉诸史学界的公议了。

（二）《夷艘入寇记》一书，关于三元里抗英斗争有如下记载：“及讲和次日（按为1841年5月28日），夷兵千余自四方炮台回至泥城，于是三元里民愤起，倡议报复③，号召众乡，勇壮云集，四面设伏，截其归路……”陆力同志征引了这段文字，然后作出判断说：这段记载“大体是三元里之役全程。‘号召众乡’的是‘里民’究竟是谁？三元里人，见诸记载的只今人调查材料中的菜农韦绍光，……何玉成是三元里北萧冈人，他来‘号召’当然有可能，而文献不载其事”。

但这条记载帮不了陆力同志的忙。首先，《夷艘入寇记》不是第一手资料，只是时人的间接记载。像这一类性质的资料很多，例如《英夷入粤纪略》说：“番禺三元里诸乡民，忿英逆横肆，纠合各乡义众，一呼而集，万有余人。”④所谓“诸乡”“纠合各乡”，并没有说一定是三元里乡的某个农民去“号召”的。《广东军务记》说：“逆夷又往三元里及萧岗各乡，复行扰害，由是乡民共愤，鸣锣聚众，杀死

① 《史料》第206页。

② 《原藏故宫大高殿军机处档案》，《鸦片战争》第4册，第202页。

③ 此处“报复”二字，陆力引文为“叛变”，当系排印之误。

④ 《鸦片战争》第3册，第10页。

逆夷……"①这里却明确提出何玉成的故里萧岗，同属首义的乡村，与《夷氛闻记》的记载相同。《同治南海县志》也说："英吉利兵分扰三元里等处，各村庄民愤甚，歼而瘗之。"②这里"各村庄民"，也没有单指三元里一村。总之，这些大同而小异的记载，只是说明了：三元里抗英斗争的主力是农民，这是千真万确的，没有人怀疑。但是从这些记载里并不能解决具体的组织领导人问题，更没有片言只字提到韦绍光其人。

当然，陆力同志尽可以指责古人带有阶级偏见，故意不记载菜农韦绍光的事迹。但是，我们却可以从靖逆将军奕山的奏折里看到在三元里战斗中，普通农民颜诰长等人英勇杀敌的事迹，道光皇帝朱批："览奏欣悦之至！"③奕山奏中的颜诰长，据解放后多次调查，是番禺县唐夏乡的贫苦农民，绰号"定拳长"，并于1854年参加过天地会的红兵起义。其后裔及村人至今多能言其佚闻。而被当作三元里"领袖"的韦绍光，却在公私文献中找不到痕迹。文献为什么厚此薄彼，能够解释得通吗？

其次，被当作三元里抗英斗争领袖的韦绍光只见于百余年以后的调查材料，而且只见于韦祖一个人的说法。其他那么多被调查访问的对象，没有一个人说是韦绍光发动、领导三元里抗英斗争的。就按"三占从二"之例，也应遵从多数。韦绍光作为一个普通成员参加了斗争，固然是可能的，但作为领袖，实无可能。

相反地，根据广州的同志在萧冈的四次调查，群众却说：三元里抗英斗争中，"我乡何玉成号召大家奋勇抵抗"，"玉成号召杀一

---

① 《史料》第33页。

② 《同治南海县志》卷3，《舆地略·前事沿革表》，又同书卷26《杂录下》亦云："……三元里等处各村庄村农愤甚，歼十数人。"

③ 《筹办夷务始末》，道光朝卷29，中华书局版第2册，第1059页。

个番鬼，赏十满鸡（十元）”①。调查材料同原始文献记载若合符节，互相印证。而陆力同志既不相信文献，又不相信调查，只以“活见鬼”三字了之，何以服人？

（三）陆力同志认为，在三元里斗争中“打起仗来，各乡集合，怎么合适就怎么打。这不需要地主阶级去‘教战’”，“地主阶级的组织领导，一点影子都没有”。

三元里抗英斗争固然是自发的，“各乡集合，怎么合适就怎么打”。但是请问：103乡的群众，灌去邀来“集合”的？这不需要一点点组织串联的工作吗？根据调查材料，“五月二十九日（阴历四月初九），十余个鬼子闯到我村（三元里）……想强奸韦绍光老婆，因而惹起大家的愤怒，将鬼子围住，把逃不了的十一个鬼子杀了，尸首扔到猪屎坑里”②。次日，英军千余前来报复，群众诱之于牛栏冈，各乡闻讯赶来，将敌人重重围困，战斗进入高潮。如果照1958年韦祖同志的说法，靠韦绍光“在我村（三元里）及各村（103乡）进行抗敌宣传”，那么短的时间，办得到吗？

看来，《夷氛闻记》关于举人何玉成“柬传诸村”的记载，要合理得多。而且，如果事先没有丝毫的酝酿、准备工作，如果不通过适当的有效的渠道，事起仓猝，临时再去“柬传”也是来不及的。

查何壮能《族谱序》诗中记述三元里抗英一事，有云：“相联众社奋豪英，杀毙多夷振威声。”自注说：“时联合本司各社学保守乡间，适夷匪扰境，各乡民壮到击夷者甚众。”这说明在三元里抗英斗争之前，何玉成等爱国士大夫已从事联合旧有社学进行“保守乡间”、抵抗英军骚扰的尝试。这一点也可以从群众的口碑中得到证明。在1953年的有关座谈会上，三元里群众提出：“据父老传说，三元里打仗前，各乡就有初步组织，并约定，一有警报就全体出动，

---

① 《史料》第169页。

② 《史料》第165—166页。

互相援助。”①历史文献与群众口碑都证明:三元里抗英斗争,事前确有“初步组织”为基础。这个“初步组织”不是别的,就是“保守乡闾”的旧有社学。三元里等各乡群众在5月30日的迅速会合,正是通过旧有社学的渠道进行联系的。

“社学”起源甚早,可以上溯到明代。它原是封建士人的教育、集会场所,清朝中叶以后,逐渐演变为维护地方社会秩序的辅助机构。三元里抗英斗争中,利用社学这一机构作为组织群众、动员群众工具的,不止何玉成一人。例如监生王韶光(他同何玉成是儿女亲家),也曾率领城郊东北六社的客家群众及打石工人,前往参加战斗,事后被赏六品军功。次年,王韶光在上粤督祁埙的一个呈文中说:“窃自去年英逆滋扰城北,职等督东北路六社客民,歼毙夷匪多名,……”②这里“东北路六社”,就是东北路的六个社学。鸦片战前,许多社学也叫做“社”,升平社学就叫“升平社”。③

在三元里抗英斗争期间(5月30日),广东乡民同时在十三行门口贴出一张对英国侵略者的“晓谕”,内中历陈绅民的抗英决心,说:“我虽乡愚小民,乃亦天朝赤子。惜身家亦惜土地,终怀父母之邦;保土地即保身家,愿作干城之寄。因仇同愤,何烦长官操戈;振臂一呼,自足歼诸丑类。……所以隐而未发者,盖因仓猝之际,众志未联;迨后集众公盟,又阻于官帅之和议,故尚退居自保,来敢擅行。……而成城之众志,始终无殊。”④这张“晓谕”中所谓的“集众公盟”,自然是各村联合、誓师以反抗侵略、保卫身家的意思;晓谕

① 《三元里人民抗英斗争史料》修订本,第165页。

② 前“中央大学”《社会科学丛刊》第2卷第2期:《番禺东北六社义民禀督署请建东平总社呈文》。

③ 张友仁、胡希明:《三元里抗英社学史料》,载《三元里人民抗英斗争史料》1959年版,第133页。

④ 《广东乡民于十三行门口出示晓谕》,《鸦片战争》第3册,第319—320页。

中所谓的“官帅之和议”，即指奕山同英军订立《广州和约》(5月27日)。由此可见，早在5月27日《广州和约》订立之前，广州各乡绅民已经有了联合，有了“集众公盟”之举，而“集众公盟”的最便利的渠道，自然是旧有的社学了。不过，社学“集众公盟”之后，由于《广州和约》的订立，绅士们“未敢擅行”，推迟了抗英斗争爆发的时间。5月29日，英兵到三元里等村大肆淫掠，群众大愤，抗英斗争的时机完全成熟，何玉成柬传各地社学，自然一呼百应，势若燎原了。

这里需要澄清一个事实：前些年许多历史著作都说，5月29日，英兵到三元里淫掠，菜农韦绍光临时首倡抗敌，号召各村群众到村北三元古庙集合誓师。这不但与历史留下来的原始记录不合，而且从事理上判断，这样短的时间，又无联系的渠道，集合103乡素无组织准备的群众进行战斗，也是断断不可能的。因此，只有依据原始文献的记载(社学的旧有渠道，早些天的“集众公盟”)，才能合理解释103乡群众的迅速集结。当然，农民群众迅速踊跃地奔赴战场，奋不顾身地英勇战斗，连妇女儿童也齐心助战，这充分体现了中国人民的伟大爱国精神和光荣革命传统。归根究底，这是劳动群众建立的功勋。而何玉成及社学的爱国士绅所起的作用，只应给予应有的肯定，不能喧宾夺主，过分夸大(自然也不应抹杀)。

三元里斗争的第二年，即1842年，以抗英为直接目的的广州各处社学相继建立起来(毋宁说是旧有社学的改组，或重建)，而何玉成、王韶光等正是其中的骨干人物。如所周知，这些社学在以后的抗英斗争中，起了颇大的组织领导作用。因此，从社学建立的前前后后，正可以说明三元里抗英斗争本身，爱国的地主士人也起了不小的组织领导作用。

(四)然而，陆力同志说：“从大量史料中，实在看不到有什么‘地主阶级的组织领导作用’。”他拿出的是一些什么样的“大量史料”呢？原来，他摘录了几种时人的间接记载以及文人的诗歌之类，那里面明明写着三元里打仗的是“乡民”、“里夫”、“草野”之人，并没有写明“士绅”的字样。

诚然，手执戈矛、冲锋陷阵的全是农民和手工工人，不会有地主士绅。但这与爱国地主士绅在其间所起的组织领导作用并不矛盾。

而且，“乡民”、“里夫”、“草野”一类的字样，并没有严格的阶级涵义，只表明这场斗争是民间自发的，不是“官办”。足以反驳陆力同志的史料倒是“大量”的，例如本文前引的《三元里等村衿耆说贴》，“衿”是有功名的人，自然是地主，“耆”是年高的“乡老”，主要也是地主。再如当时三元里等村所贴出的《乡民讨英夷檄》，既然标题用“乡民”字样，是否专指农民呢？否。在这个檄文里明明写着：“……是以乡老绅民，亲率义勇，牧子樵夫，共围残暴。”①其中，“乡老绅民”，主要指地主，“牧子樵夫”才专指农民。可见，“乡民”一词，包括了地主和农民两个阶级。“里夫”、“草野”等词同此，不再赘述。

俯拾皆是的史料，陆力同志“看不到”，还要说“一点影子都没有”，这不能不说是偏见。偏见的根源不是别的，正是“唯成份论”。唯成份论是对马克思主义阶级论的形而上学的歪曲：阶级的矛盾和对立是僵死的，不会发生变化的，没有互相渗透、互相影响，没有任何统一性。这是违反马列主义、毛泽东思想的。

毛泽东同志在分析近代中国社会主要矛盾变化的时候曾明确指出：当着帝国主义向中国发动侵略战争时，由于民族矛盾上升，中国社会内部各级阶“除开一些叛国分子以外，能够暂时地团结起来举行民族战争去反对帝国主义”。毛泽东同志并特别列举鸦片战争作为例证。② 据此原理，三元里抗英斗争中爱国地主士绅的

① 《史料旬刊》第39期，钞件十九。

② 《毛泽东选集》(四卷合订本)第295—296页。

组织领导作用并不难理解。我们口口声声要“以毛泽东思想为指导”，但是在许多场合，尤其是极“左”思潮泛滥时期，对一些具体问题，往往采取某种“更革命”的提法。时至今日，早该改弦更张了。

当然，地主阶级很反动，即令是其中比较爱国的士大夫，在民族战争中也有其动摇妥协的一面；但这是另外一个问题，需要用具体的分析代替笼统的概念。

（五）陆力同志说：“从何玉成的诗看，这个人的品格实在很低。别人的诗对官僚备加讥诮，何诗则备加颂扬，媚态、奴性兼而有之。别人的诗对乡民备致歌咏，他的诗则说是‘愚民’……”因此，从个人“品格”看，他也不可能是三元里抗英斗争的主要领导人。

笔者细读何玉成诗，竟看不出来他的品格比别的地主士人低在何处。“别人的诗对官僚备加讥诮”，何玉成何尝不尔？请看下面一首：

群夷须控制，天势设嵯峨。谁失虎门险，竟生珠海波？艨艟频进港，将士尽抛戈。休养由来久，临危竟若何！①

这分明是对清朝统治者文恬武嬉、国防废弛的愤怒控诉，比“讥诮”犹进一层。“谁失虎门险”、“将士尽抛戈”，单刀直入，寻根究底，直使琦善等一班投降派无处藏身。至于在三元里抗英事件上，“别人的诗对乡民备加歌咏”，请看何玉成诗：

今岁〔　〕初夏，寇掠城西乡。少壮争御侮，老弱同赍粮。天心助我民，一雨纷淋浪。彼兵黯无焰，我兵众且强。奋我刀与牌，歼彼犬与羊。夷众下船去，众怒犹未降！②

这首诗在艺术上的巧拙姑置勿论，但至少在情操上是纯真的，对三元里人民的英勇斗争极尽讴歌之能事。至今读来，觉得实在

---

① 何玉成：《辛丑首夏书事》，《史料》第296页。

② 何玉成：《团练乡勇驻扎四方炮台等处纪事》，《史料》第297页。

无可指摘。三元里斗争的胜利，是人民的胜利，本与清政府无涉。但当时的微妙关系是：清朝正规军队方在一败涂地，人民的胜利总算使前线的统帅奕山有所交待，有所搪塞；使道光皇帝觉得挽回了一点面子。所以皇帝情不自禁地表示“欣悦之至”。事后论功行赏，其他各乡的地主士绅不免有争功邀赏的表现。① 作为三元里抗英斗争组织领导人之一的何玉成，在诗中并没有借机自吹自擂，以功归己，而是诚挚地歌颂“我民”，赞扬群众之功。这种“品格”，也不算太低吧。

三元里斗争结束以后，何玉成为殉国的义勇呈准修建了义勇祠，这又是一件好事。因此，他不免有了踌躇满志之感，在诗中写道：

回思接仗时，死事廿余人。发帑重优恤，建祠妥英魂。死者当含笑，生者弥感恩。从兹娴义勇，赴斗情更欣！②

诗中有“死者含笑，生者感恩”的话，这大约就是陆力同志所加“媚态”、“奴性”诸恶谥的由来了。何玉成决非“完人”，作为地主阶级知识分子，他的思想带有深刻的地主阶级烙印，他的爱国感情和忠君观念是密切相连的。但我们不可忘记是在对历史人物进行评价。清朝准予为抗英战死的烈士修建义勇祠，如果要求何玉成对此事表示抗议“死者怒目，生者横眉”，未免求之过苛而有悖事理了。

至于何玉成在诗中骂三元里的乡民是“愚民”，笔者浅陋，尚未见到。只知道在1842年夏，清政府下令解散团练，何玉成奉命将自己所部的团练也解散了。他有一诗纪述此事说：

---

① 梁信芳：《中秋二十七日同金醴香员外黄蓉石比部出北门经三元里至萧冈怀清社即事偶作》一诗有云：“事往有余快，论功谁晓晓？”自注：“事后，闻各乡有争功者。”向谁争功？自然是向萧冈何玉成争功了。

② 何玉成：《团练乡勇驻扎四方炮台等处纪事》，《史料》第297页。

万民皆同心，集众惟一呼。以此慑远夷，不战胆亦虚。……可聚亦可散，谆谕开民愚。招众为敌忾，散归仍荷锄。①

诗中“谆谕开民愚”句，大约就是陆力同志指摘之处了。但这里不是指三元里抗英斗争，而是指1842年的团练。何氏认为皇上的“谆谕”可以开导“民愚”，团练要聚可聚，要散可散；聚则抵御外侮，散则解甲为农。至于“民愚”，也包括何玉成自己。本文前引广东绅民于十三行口贴出的对英“晓谕”，一开头就说：“我虽乡愚小民，乃亦天朝赤子”，其中“乡愚小民”，恰是士绅自谓。这里并没有特别污蔑人民的意思。君王是“睿知天纵”，臣民都“愚”，臣民之忠，谓之“愚忠”。自居为君王的愚蠢奴仆没有一点平等精神，这是封建士人的通病，是几千年封建专制制度造成的，不能独责何玉成一人，更不能据此将其人一笔抹煞。

何玉成出身贫苦，教读为生。中举后社会地位虽然上升，但作为一个爱国的知识分子，他不但是三元里抗英斗争的组织领导人之一，也是社学的骨干人物。鸦片战后，他仍然积极从事抗英活动。过去，由于封建的和资产阶级的史学家对人民斗争的轻视，遂使何玉成的事迹掩没不彰。我们既然非常重视人民的斗争历史，理应表彰何玉成的功绩，而为其“莫须有”的罪名一雪沉冤。

（原载于《史学月刊》1980年第1期，署名田用）

---

① 何玉成：《团练乡勇驻扎四方炮台等处纪事》，《史料》第296—297页。

《川鼻草约》考略

鸦片战争初期，英国侵略军于 1841 年 1 月强占香港时，曾发布公告诡称义律与琦善已经签订协定（即此后所谓的《川鼻草约》），将香港岛割让英国。百余年来，中外史籍颇多沿袭此一谬说。近年来虽已引起一些学者的注意，但还没有就这个问题专门论述。本文拟就这个问题作进一步考订。

琦善与义律在广东的谈判，大致经过三个阶段，分述如下。

一

第一阶段，是从 1840 年 11 月底开始的。

早在 1840 年 8 月 9 日，义律等在天津呈递的英国外交大臣巴麦斯顿致"清朝宰相书"中，即提出了赔款及割一岛或数岛的无理要求。琦善到达广州后，义律又迫不及待地要求琦善根据英方提出的条件缔约签字。

琦善 11 月 29 日抵广州，义律 12 月 7 日来照："本公使大臣，会同前统帅公使大臣懿，于本年七八月间，曾在天津白河口外，为本国宰相转递之公文内载各款，应请贵爵相大臣定议照会如何办理。……现在本公使大臣，惟俟贵大臣，将此等节款结议，写作汉字英字约文一张，盖封贵大臣关防，及本公使大臣印书，以为盟约之始基。”①琦善4天后复照义律，答应赔款500万两，对于英方提出的其他条款，也表示“善为调停”。但对割地一事，琦善则加以拒绝。他说“只有请给地方一款，实因格于事理”，“若贵公使大臣，必将此一款，始终坚执，势必致诸事不能仰邀大皇帝允准”，请求义律对此“详细思之”。12月12日，义律照会琦善，要求赔款700万两，关于割地一事，义律说：“请给地方一节，据来文称云，已奉大皇帝谕旨，不愿如此办理。即英国原亦不求取地方。倘能应允另行开港贸易，本公使大臣，当可不再求地。”照会要求开放广州、厦门、定海三个港口，并提出英国军队将“在外洋红坎山（即香港）暂屯，俟各事善定全完之后，撤回本国”。

12月15日，琦善照会义律，重申割地是“天朝从来未有之事，其势断不能行”。至于通商口岸，琦善表示可“代为奏恳圣恩”，广州之外，“另给码头一处”，且只准“乘舟载货前往，即在舟中与行户互市，仍遵定例，不得上岸居住，与居民私自交换”。

琦善随时将谈判的情况奏报道光。最初的奏折中透露过英国垂涎香港等地，道光曾有朱批：“愤恨之外，无可再谕。”②后来当琦善奏报他已答应对英赔偿烟价并增开通商口岸一处时，道光朱批：“恰与朕意吻合”、“好”。③ 由此可见，道光皇帝认为，其他方面均可让步，但不能割地。道光的这个原则性的态度，应该说也是琦善与义律谈判的基本准则。琦善之所以对义律提出的各项侵略要求一一允诺，但对割让香港一事却始终不敢公开答应，主要原因就在这里。也正因为这样，琦善与义律一直不能达成协议，签订条约。

义律掌握了琦善的求降心理及广州防务松弛的情况后，步步

---

① 佐佐木正哉编：《鸦片战争の研究》（资料篇），东京1964年11月版，第29页。以下引文未注明者，均出自此书。

② 道光朝《筹办夷务始末》第2册，第630页。

③ 道光朝《筹办夷务始末》第2册，第656页。

紧逼，并以武力相威胁。12月17日，义律照会琦善，同意中国赔款600万两，但对于通商口岸，坚持广州之外，浙江、福建再各开一处，并强调指出："惟来文开载另给码头，即在舟中与行户互市等因。本公使大臣再三熟思，倘如此办理，则买卖之务，必不能行。应请异议筹办，而此请并无别故，只有求予方便馆所，俾得寄寓贸易。"12月26日，义律扬言，所请条款若不答应，"议借兵法办行"。12月29日，义律出尔反尔，蛮横地重提割地问题，要求"予给外洋寄居一所，俾得英人竖旗自治，如西洋人(按：即葡萄牙)在澳门竖旗自治无异"。1841年1月2日，琦善照会义律："查天朝准令外国之人前来贸易，已属大皇帝格外恩施，断无再给地方之理，亦经本大臣爵阁部堂备文照会。并据贵公使大臣来文内，声明不再求地，今何以又有予给寄居一所之语?"义律见琦善持这种态度，便拟以武力迫琦善就范。1月5日，义律照会琦善，以"照兵法办行"相威胁。同日英国海军统帅伯麦也照会琦善："自从本日以后，就拟动兵相战。"1月7日，英军攻占大角、沙角炮台。

以上这段时间内，英国殖民主义者千方百计胁迫琦善按英方提出的条件赔款、割地，签订所谓"盟约"。面对穷凶极恶的英国侵略者，琦善不能积极准备战守，一味把希望寄托在讨价还价的谈判上，用他自己的话说，就是"磨难"。他在1840年12月14日给道光的奏折中说：

> 奴才惟有殚竭血诚，不惜颖脱唇焦，与之多方磨折，但求可已则已，断不敢稍存易于结事之心，或致轻为然诺。①

在12月27日的奏折中又说：

> 是以奴才故事磨难……借此延以时日。②

琦善"磨难"政策的含义是，对英国殖民主义者的要求既不严

① 道光朝《筹办夷务始末》第2册，第617—618页。

② 道光朝《筹办夷务始末》第2册，第654页。

加拒绝，也不轻易答应，而是怯懦地拖，尽量把投降的条件定低一些，尤其是割地问题，更不能贸然允诺。清政府对琦善所谓的“磨难”是很赞赏的。道光在琦善奏折中“故事磨难”四字后面朱批：“好！”清政府投降主义的政策，助长了英国侵略者的嚣张气焰。他们岂肯“磨难”，决定诉诸武力，给琦善和清政府点颜色看看，打了再谈。

二

1841 年 1 月 7 日，英军攻陷大角、沙角炮台后，双方谈判进入第二阶段。

1 月 8 日，义律、伯麦照会关天培，提出了五条要求。其中第一条是：“应将现归英国占据之沙角地方，仍留英国官员据守，给为贸易寄居之所。”并声言，所列各款，不能更改，限琦善 3 日内给予明确答复。10 日，义律在照会中重申，“所有开载款节，稍毫未能更改”，若琦善“仍执前见，不允所请，必仍行动兵交争”。

英方的军事行动，的确吓坏了琦善。他 1 月 11 日照会义律，表示可考虑英方原来的要求，“代为奏恳”，在外洋给予一“寄居地”。琦善此举，颇需要点“勇气”。因为割地毕竟是史无前例的事，太伤“大清帝国”的“尊严”，道光皇帝能批准吗？

义律接到琦善照会后，当即照复，表示愿以尖沙嘴和香港代换沙角。“若除此外别处，则断不能收领。”值得注意的是，义律照会中提到，寄居的“境界”，可另行详定。这是什么意思呢？原来，当时香港一词，尚非全岛的总称，而是专指岛上西南一隅。岛的西北部称裙带路，东北部叫红香炉，中部是大潭，香港的东面是赤柱。下文所引赖恩爵称“该夷前求香港与之寄居，意不重在香港，实则欲占有全岛”，也说明了这一点。因此才有详定“境界”之说。

1 月 14 日，义律又照会琦善，要求“将尖沙嘴、香港等处，让给英国主治，为寄居贸易之所。”按：寄居地、居留地，主权仍在中国；而英国主治，则纯属割让，义律的要求升级了。

次日，琦善照会义律，表示尖沙嘴与香港两处，只能“择一地方寄寓泊船”，望义律“筹思具复，以便即为代奏”。义律第二天复照，先说同意按琦善来文办理，但又说“一面以香港一岛接取，为英国寄居贸易之所”，一面归还定海和沙角、大角等地。由香港一隅变为香港一岛，暴露了殖民主义强盗的贪婪。

1 月 20 日，义律照会琦善，表示立即归还沙角、大角，“所有兵船军师，撤退九龙所近之香港岛地驻扎”。这是一个信号，英国殖民者不等琦善“代为奏恳”的下文，就要强占香港了。

就在这一天，义律单方面发布了一个公告，声称：

> 女王陛下的全权公使兹宣告他和中国钦差大臣已经签订了初步协定，其中包括以下各款：
>
> (1) 香港本岛及其港口割让与英王。……①

值得提出的是，一些西文著作断言琦善与义律签订了《川鼻草约》，根据就是义律发表的这一公告。1978 年版的《剑桥中国史》说：“一八四一年一月二十日，琦善无能为力地同意了《川鼻条约》。”②美国 1980 年版的大百科全书中说：“一八四一年一月二十日，中国战败之后，被迫签订了《川鼻条约》。”③这些说法，是根本站不住脚的，因为更权威的文献完全否定了这一说法。查英国外交大臣巴麦斯顿看到本国报纸刊载的义律发布的“公告”，曾致函义律说：“在你和琦善之间，对于割让香港一节，并不是像签订了任

---

① 马士：《中华帝国对外关系史》第 1 卷，中译本，第 305 页。

② The Cambridge History of China Vol. 10. part1. P. 199 Cambridge University Press 1978.

③ The Encyclopedia Americana Vol. 14. P. 348. International edition 1980.

何正式条约，而且无论如何，我们可以断言在你发布通告的时候，这种条约即使经琦善签字，也绝不是已经由皇帝批准的；因此你的通告全然是为时太早。"①

试想，如果琦善与义律有正式签订的协定或条约文本，义律当定呈送英国政府。而巴麦斯顿的信是1841年5月14日写的，若义律呈送了正式文本，巴麦斯顿肯定见到了。实际上，中英双方任何正式协定也未签订，巴麦斯顿也只是从报纸上见到一则消息而已。"不像是签订了任何正式条约"，这就是英国政府当时的看法，而这一看法对我们判断1月20日《川鼻条约》是否签订，无疑是很有权威的。进一步说，若是琦善与义律已经签约，此后他们之间的"签约"谈判岂非多余？事实上，正因为琦善没有和义律签署任何协议，谈判继续在进行着。

在义律发布公告后第六天，即1841年1月26日，英军强占了香港。这一天，伯麦照会大鹏协副将赖恩爵，内容如下："照得本国公使大臣义，与钦差大臣爵阁部堂琦，说定诸事，议将香港等处全岛地方，让给英国主掌，已有文据在案。是该岛现系归属大英国王治下地方，应请贵官，速将该岛全处所有贵国官兵撤回。"

伯麦的照会，是地地道道的讹诈。

其一，所谓"已有文据在案"，给人的印象似乎双方已签订条约。其实，"文据"云云，只不过是义律与琦善往来磋商和照会。其中有的意见统一，有的并不一致，并非什么正式协定。直到2月1日义律给琦善的照会中还说："倘贵大臣爵阁部堂，能将业将分别酌议说定诸事，曾有文据之各条款，列作盟约，俾两国制体，均无所伤之处。"足见"文据"并非什么条约，否则何必再"列作盟约"？

其二，琦善答应"代为奏恳"的是把香港作为英人寄居贸易之

① 马士：《中华帝国对外关系史》第1卷，中译本，《附录》（八），第735页。

所，并非割让。伯麦所称"让给英国主掌"，由"英国主治"，这是有意的歪曲；

其三，琦善答应"代为奏恳"是将香港一隅作为英人寄居之所，而并非全岛。前引义律照会中"境界"另行详定，已是证明。琦善在12月28日给道光帝的奏折也说："至于香港地方，奴才先已派员前往勘丈，俟奉旨准行，再与该夷酌定限制。"①这里所说"香港地方"，也是指香港一隅，因而才有"勘丈"、"限制"一说。

就这样，英国殖民义者用强权和讹诈霸占了香港。他们下一步目标，就是要制定条款，胁迫琦善加盖关防，以取得法律上的依据。

三

在谈判的第三阶段，琦善虽早已被英军屈服，但在得到道光批准以前，仍不敢擅自与义律签订条约。

这期间，琦善与义律有两次面对面的谈判。

第一次1841年1月27日，地点在狮子洋莲花山。在秘密会谈中，义律出示他拟定的条款，其中第一条便是"香港之岛及港让与英国"。对此琦善没有答应。英方的记载也非常明确："二十七日，义律大佐和琦善在莲花山塔下会见。……但是他们毫未达成具体协议。"②琦善在事后的奏折中也说：义律呈出章程草底，"奴才当加指驳，该夷即求为酌改，兹已另行更定，容俟拟就，录呈御览"③。琦善说，是日义律"情词极为恭顺"，实际上是英军强占香港已成为事实，义律便软硬兼施，诱追琦善加盖关防。

---

① 道光朝《筹办夷务始末》第2册，第736页。

② 中国近代史资料丛刊：《鸦片战争》第5册，第175页。

③ 道光朝《筹办夷务始末》第2册，第776页。

第二次，1841 年 2 月 10 日，地点在川鼻洋蛇头湾。

这次会谈，琦善拿出了自己拟定的条款，第一条是："既经奏请大皇帝恩旨，准令英吉利国之人仍前来广通商，并准就新安县属之香港地方一处寄居。应即永远遵照，不得再有滋扰，并不得再赴他省贸易以归信实。"义律不同意琦善拟的条款，而要"坚求全岛"，这次会谈仍无结果。①

2 月 13 日，义律照会琦善，拿出了他拟定的"条约草案"，让琦善加盖关防。草案计七条，其中一条是："天朝大皇帝准将治属之广东新安县附近海滨者香港一岛，给予大英国王。"《川鼻草约》一说，概由此"条约草案"七条而来。前此义律与琦善往来的照会或会谈中，均无"草约"一说，1 月 20 日义律的公告，也用的是"初步协定"字样。那么，这个"草约"琦善签字没有呢？回答是否定的。据宾汉《英军在华作战记》一书记载：15 日琦善派鲍鹏向英人声明不能签字，"请再予十天进行考虑"②。宾汉系当时义律手下一个军官，是个当事者，他的记载应该说是实际情况。义律见琦善不肯签字，又获悉清政府正在调兵遣将，决定再次以武力相威胁。2 月 16 日，他给琦善的照会说："本月之内，倘终未能以善定事宜条款，盖印了结，诸事全妥，必使再开衅端，不免仍复相战。"

这时，琦善已因奏请香港给英人寄居被革职。他见事情不妙，便于 2 月 18 日照会义律："本大臣爵阁部堂，本欲备文商酌，因日来抱恙甚重，心神恍惚，一俟痊可，即行办理。为此先行照会，既已承平，务望等待。倘再如上年之不候回文，即行滋扰，则前议一切，皆归乌有。本大臣爵阁部堂，万难再为周旋。"当时琦善给道光的奏折中说：

奴才前拟章程四条，未据该教遵依，续又具其自行拟具条

① 道光朝《筹办夷务始末》第 2 册，第 814、815 页。

② 中国近代史资料丛刊：《鸦片战争》第 5 册，第 177 页。

款，呈请用钦差关防，其词尚多矫强，奴才以事关印文，未敢轻许。……奴才一面备文告以患病，借延时日；一面将其条款，酌加删改发还，饬令另缮，呈请盖用关防。仍佯谕以此出自奴才之意，尚未具奏，系大皇帝所不知。以备将来奕山等到后，可以再酌。①

2月19日，英军准备进攻虎门。琦善闻讯，急派鲍鹏带书信两封，面见义律。一封信重申以前的意见，另一封信则答应给予香港全岛。但琦善告诫鲍鹏，若义律态度蛮横，战事无可避免，后一封信便不递交。结果义律态度极端恶劣，鲍鹏并未向义律出示后一封信，而是将它带了回来。②

2月26日，道光帝得到广东巡抚怡良奏报英军占据香港的奏折后，即令将琦善锁拿解京。以上就是琦善与义律谈判的经过。由此我们不难看出：

（一）琦善始终没有向义律答应割让香港，只许寄居；而且始终也未答应英方占香港全岛，只同意香港一隅。两广总督祁𡎴和广东巡抚怡良奉旨调查琦善罪行后的奏报中说：

现据署大鹏协副将赖恩爵禀称：该夷前求香港与之寄居，意不重在香港，而重在裙带路与红香炉，名则借求香港，实则欲占全岛。……至前署督臣琦善是否给与全岛抑止给一隅，并无明文。……又查琦善任内所出示文，有该夷既准贸易，复求寄居，既准寄居，复求全岛之语。……窃意琦善原只许以一隅，俾得寄居，而夷情无厌，遂借此要借求全岛，似系实在情形。③

琦善之被革职锁拿，系由怡良揭发其罪行所致，想他在调查时

---

① 道光朝《筹办夷务始末》第2册，第833页。

② 中国近代史资料丛刊：《鸦片战争》第3册，第250—251页。

③ 道光朝《筹办夷务始末》第2册，第1103页。

绝不会再为琦善隐恶，上述材料当属可信。

（二）所谓《川鼻草约》，是在英军强占香港以后，才单方面制定的条文，而琦善始终未在该约上签字或加盖关防。故《川鼻草约》不仅事后未经中、英两国政府批准，即便当时也并没有签订。“订立”、“签订”、“签字”等说法，是缺乏事实根据的。

关于这一点，一些西方论者也曾有过比较实事求是的论述。G. B. 安达科特《香港史》一书说：

> 在广州的谈判，琦善拒绝义律提出的大部分要求，之后一个时期曲折的谈判，在一八四一年一月初破裂了。义律向广州行动，占据了大角炮台。三天后休战。恢复了达成一个协定的谈判协定即一般人所说的“川鼻条约”。义律和琦善两人安排在一八四一年一月二十日于川鼻会谈，签定这个协定，但琦善提出了异议。安排在二月十二日的最后一次会谈，也没有举行。事实上，条约从未签订。①

（三）英国殖民主义者先是在没有任何条约根据的情况下，武力强行霸占了我国领土香港，以后又经过一年多的持续侵略战争，用武力胁迫清政府签订《南京条约》，将抢夺来的侵略权益用条文的形式固定下来，充分暴露了殖民主义者的强盗本性。

（与郑永福合作，原载《光明日报》1983 年 2 月 2 日）

---

① G. B. Endacott, A History of Hongkong, P. 17. Oxford University Press, second edition.

近代开封人民的苦难史篇
——介绍《汴梁水灾纪略》

一

道光二十一年(1841),正当鸦片战争的炮火震撼东南沿海之际,古城开封人民又遭遇了特大河患。

历史上的河患,不单纯是一种自然现象,也与封建统治者腐朽与无能密切相关。清朝政府平均每年用于河工的帑项,少说也有六七百万两,占其财政岁收的七分之一以上。但这些白银“实用之工程者,十不及一。其余以供文武员弁之挥霍,大小衙门之酬应,过客游士之余润。凡饮食、衣服、车马、玩好之类,莫不斗奇竞巧,务极奢侈”①。河工料物以少报多,以无报有,历来是一笔糊涂账,而河堤坝埽年久失修,往往无人过问。至于河南,清朝有人说过:“豫省黄河之患,非不能治,病在不治而已。”②一语道出了问题的症结所在,道光二十一年开封黄河决口就是一个明显的例证。事

① 薛福成:《河工奢侈之风》,《庸庵笔记》卷3。

② 《再续行水金鉴》第12册,第3294页,吴大澂奏。又见《清史稿·河渠志一》,中华书局标点本第13册,第3759页。

先，下级官员曾禀报，黄河大堤“单薄，久不治，难御盛涨”①。向负责河务的开归陈许道步际桐要求拨给2000多两银子的区区之数，以修补河堤，竟遭拒绝；申诉到巡抚衙门，还是不准。所以一遇水涨，只有“束手待溃”②了。

这一年的六月十六日（1841年8月2日），黄河从开封西北的三十一堡③决口，冲开护城堤，包围了开封城。怒涛逼撞城墙，城内人民猝不及防，仓皇堵御。三天后，黄水冲开东南护城堤，从苏村口④弥漫下注入淮。此后霪雨连绵，水势于六月二十二日，七月初三日、初八日、初十日、十六日数次猛涨，大溜汹涌，声如雷鸣。城内多数街道水深数尺或至丈许，官署民舍倒塌无算，居民纷纷迁宿城头，而城墙则一塌数丈、十数丈，总计倒塌16段，120余丈之多。城外则极目浩渺，庐舍漂没，浮尸相触。回、汉各族人民昼夜舍命抢护，拆屋补城，堵筑下埽，以与洪水争生死于呼吸之间。

黄河的漫水犹如野马脱缰，从开封苏村口向东南冲闯，所到之处皆沦为泽国。河南省的陈留、通许、杞县、太康、鹿邑、睢州、柘城、淮宁，安徽省的太和、凤台、五河、阜阳、亳州、颍上、凤阳、怀远、泗州、盱眙、灵壁、霍州、蒙城、寿州，共计五府二十三州县都因此次河决直接受灾。⑤ 又由于黄水漫滩，造成漳、洹、卫、广济等河并涨，因而被水淹者尚有荥泽、郑州、中牟、内黄、封邱、考城、武陟、孟县、原武、孟津共十州县。⑥ 所以，河南省受灾最多，其中又以开封

---

① 蒋湘南：《辛丑河决大梁守城书事》，《七经楼文钞》卷5。

② 蒋湘南：《辛丑河决大梁守城书事》，《七经楼文钞》卷5。

③ 旧时黄河堤工皆分段设堡，以便修治。数十堡辖于一汛，数汛辖于一厅，开封（祥符）黄河南岸堤工由下南厅统辖，下南厅分上（西）下（东）二汛，上汛自西向东，凡设33堡，第31堡在省城西北十余里，地近张家湾。

④ 苏村在省城东南十余里。

⑤ 见《再续行水金鉴》第8册，第2125页，麟庆奏。

⑥ 同上书，第2087页，牛鉴奏。

最重。计自道光二十一年六月十六日河决三十一堡起，至次年二月初四日(1842 年 3 月 15 日)决口合龙止，开封被大水围城几乎达 8 个月之久，也算是旷古罕见的奇灾了。

二

《汴梁水灾纪略》真切而详确地记载了这次开封水灾的实况。这本书属河南师大图书馆旧藏，原稿本及民国初年的过录本各一册，向未刊刻。作者未具真名，自署“痛定思痛居士”①。原稿本 32 开，宽 14.3 厘米，长 21 厘米，纸色已变暗黄，纸质变脆，无格，有虫蛀，原系双页订成，但骑缝已全部自然开裂。正文字体行、草兼用，有多处涂抹添改，不少地方添后又复涂去，涂后又在其旁连加“△△△”符号，仍示保留，显见原作者行文时推敲斟酌之迹。封面右侧另一手迹写有“甲寅冬购于都门”字样，封背写有署名“梅溪”的识语，与上述手迹相同。识语有云：“……甲寅冬得此于宣武门瓮城。梅溪识。”按南阳举人张嘉谋字中孚，号梅溪，平生致力教育及乡邦文献的搜集整理，1914 年(民国三年，岁次甲寅)河南文教界设“中州文献征辑处”于北京，由李时灿主持其事，张嘉谋则“协助采访”②，即于是年访购得《汴梁水灾纪略》(下简称《纪略》)的稿本③，保存了近代开封人民的这一苦难史篇。

《纪略》用日记体裁，自道光二十一年六月十六日起，至次年二

① 李湍波《汴梁水灾纪略著者辨》一文，认为痛定思痛居士即祥符人王桂，我同意这个意见。按：王桂家住曹门内，水灾时曾参加曹门堵筑义举，见《汴梁水灾纪略》六月十七日所记。

② 张清涟：《显考中孚府君行述》；郭宝钧：《张中孚先生传略》。俱见《南阳张氏先芬录》。

③ 按：《中州文献征辑处现存书目》著录：“汴梁水灾纪略，祥符常茂徕著。抄本一册，张中孚藏本。”对该稿著者固然轻率错断，且将稿本误为抄本。

月十六日，根据亲身经历，按日写下了开封水灾的实况，回、汉人民的英勇抗洪斗争，以及官府的部署措施等各方面的史实。作者在序中说："一编率成，随泪共洒……敢云大书特书，约略无妨自存，只纪所闻所见云尔。"正因为写作的动机是"无妨自存，只纪所闻所见"，而不是献媚当道、沽名求利的文字，所以能无所顾忌。对于当时清朝吏治的腐朽、河务的废弛、河营弁兵的败坏，都能据实直陈，历历如绘。

《纪略》收录了当时官府的告示、批牍，士民的禀帖、文札，以及粮价、菜价、银价、钱价，乃至汴梁民俗等等，故可有助于考史；而且还收录了有关大员的奏报和道光皇帝的上谕多篇，其中有一些是他书所未见的。如七月初二日所录河东河道总督文冲的奏折，八月初九日所录钦差大学士王鼎、署理藩院侍郎慧成与巡抚牛鉴的会衔奏折，均为《再续行水金鉴》所漏载。在前一奏折中，身为河督的文冲不顾豫皖两省数十州县千万人民的死活，强调决口堵塞的困难，竟主张放弃堵口，听任黄河漫流"行走一二年后，再行查看办理"；并提出放弃开封省城，城中文武大员"另择善地，早为迁避"。这当然引起广大人民的反对，但道光皇帝却有采纳其主张的倾向。在后一奏折中，王鼎、慧成、牛鉴经过"博采舆论"，反映了各阶层人民的强烈情绪，驳斥了文冲放弃堵口、放弃开封的主张。他们忠告清廷，如果实行上述主张，百姓必将四处逃亡和反抗，"因之无赖棍徒乘机抢夺，赤手游民随声附和。即此时急公效力之义民，亦将变而为劫掠作乱之奸民。祸生不测，只在须臾！"。这样，清朝堵口、守城的决心才算下定。七朝古都的开封，之所以没有从此沦为鱼鳖之区，应该说是人民斗争（包括抗洪斗争与反对放弃堵口、放弃开封的斗争）的结果，这从《纪略》中可以看得一清二楚。

《纪略》还记载了林则徐在河决以后来开封河工办理堵口的事实。林则徐不但是伟大的爱国者，而且富于治水经验。早在道光五年（1825），由于江苏高堰大堤决口，他曾在那里督修过堤工。道光十一年二月至七月(1831 年 4 月至 8 月),他在开封,任河南布政使。道光十一年十二月至次年五月(1832 年 1 月至 6 月),他升任河东河道总督,曾经沿着大堤走遍了河南、山东黄河两岸 15 个厅,查验料垛,整顿积弊。以后他调任苏杭,在江苏主持修建了白茆河、浏河、宝山的海塘、太仓的七浦、运河西岸的练湖,以及苏州、松江、通州、盐城等处的河道闸坝工程,对江苏水利事业作出许多贡献。他又有《畿辅水利议》一书,论述了北方的水利事业。可以说,他是当时的一位水利专家。鸦片战争时期,他在广东领导禁烟和抗英斗争,后因投降派的排陷,被革职遣戍伊犁。当他北上赴戍行次扬州时,由于王鼎的推荐,他奉旨前来开封河工"效力赎罪"。

林则徐此次是什么日期到达开封的?过去有关他的传记、年谱等书,对此都付诸阙如;这是由于他当时以戴罪之身,失去了奏事权,所以在其奏稿中查不到这一段的行踪,而现存《林则徐日记》又恰好缺失了这一部分。只有《纪略》对此有明确记载。道光二十一年七月初三日,清廷发出上谕:"命遣戍伊犁已革两广总督林则徐,折回东河效力赎罪。"①七月初九日,消息传到了开封,《纪略》写道:"闻林制军则徐将来,绅民无不喜跃。林公前任河南布政使及河东河道总督,人皆服其干略。后以两广总督严禁吸食鸦片,英夷滋事,被谪发往伊犁。至是复奉旨发往东河效力赎罪,故闻之者共相庆也。"表达了开封人民充满敬意和同情,期待着林则徐的重新到来。《纪略》在八月十六日又明确记载:"前任两广总督林则徐至。在北城见巡抚,住祥符六堡。"这是迄今所见关于林则徐此次来汴日期及住址的唯一记载。此后,《纪略》又写道:"林公之来也,汴梁百姓无不庆幸,咸知公有经济才。其在河上昼夜勤劳,一切事宜,在在资其筹画。"所有这些,都真实地记下了林则徐在开封宣房安澜的劳迹。

---

① 《清宣宗实录》第 354 卷,第 3 页。

但是，需要指出的是，《纪略》的内容也有错误之处。例如它在道光二十二年二月初四日写道："前任两广总督林则徐仍发往伊犁。……百姓闻之，皆扼腕叹息，多有泣下者。"开封士民同情林则徐的遭遇，"扼腕叹息"，乃至泣下，当是实情。但林则徐奉旨仍遣戍伊犁的日期，显系作者追记有误。考《清宣宗实录》道光二十二年二月丙戌条载："命东河差委已革两广总督林则徐仍发往伊犁，效力赎罪。"①二月丙戌是初七日，是日才发出上谕，又要若干天才能下达至开封（至早亦应在二月十日以后），故知《纪略》系于二月初四日，时间失真。

《纪略》是日记体裁，按日记事，为什么会出现此类讹误呢？这不但由于作者事后追记致误，通观全书，它在体例上也不够严谨。例如，道光二十一年六月二十五日的日记，却抄录了东河总督文冲六月二十九日的奏折；道光二十二年正月初四日的日记，却涉及了正月初六日、正月十九日王鼎等人的奏事，以及正月十一日、正月二十五日的上谕内容。这些地方，我们都加了脚注，予以辨明。还有些地方，如道光二十一年七月二十一日的日记写道："是日晴霁。自是以后至八月二十五日始雨，晴明凡月余。"是则将此后月余的天气记于一日，读者当一目了然，这是作者事后整理归纳的结果。

尽管存在上述微疵，但这本书所记多属亲历、亲见、亲闻，为研究黄河水患、近代社会政治经济状况、河南人民的苦难生活及其英勇斗争，提供了丰富而珍贵的史料。

三

1980 年夏，笔者和河南师大图书馆的王守忠、李湍波决定整理此书，商定了体例和步骤，并着手搜集有关的上谕、奏折、诗文等

① 《清宣宗实录》第 367 卷，第 12 页。

资料，作为本书上的附录，以供读者互相参正。我们时作时辍，前后三个年头方告完成。最后，特请王守忠同志绘制地图二幅，以便省览。我又根据《清史稿·河渠志》、《河南通志》（光绪二十八年补刊本）、《续河南通志》（乾隆三十二年刊本）、《新修祥符县志》（光绪二十四年刊本）及《黄河变迁史》等资料，制成《清代黄河决口次数与河南河患纪要》一表。这当然是一个不完全的资料，但仅就此表即可看出有清一代，沿黄河各省共发生河决 174 次，其中河南 70 次，占总数的 40％；特别是咸丰五年（1855）铜瓦厢改道以前，各省河决共 132 次，其中河南 62 次，占总数的 46.6％即此一端，也可见近代河南人民灾难之深重了。

（原载《中州今古》1983 年第 1 期）

鸦片战争史研究述评[①]

鸦片战争是中国近代史的开端，在中国和世界历史上都占有重要地位。近年以来，鸦片战争史的研究越来越引起史学界的重视，探讨的问题正在逐步深入，研究的领域也逐步有所扩大。

一

1982年在福州召开了“林则徐与鸦片战争”学术讨论会，讨论围绕着林则徐、道光皇帝等历史人物的活动、思想及其评价而展开，涉及鸦片战争前后的中国社会、清朝的吏治、英美对华鸦片贸易、鸦片战争时期的军事斗争等方面。

林则徐是伟大的爱国者，是近代维新思想的先驱者，他反抗侵略的英雄业绩和开眼看世界的进步思想，彪炳史册，对于这些主要方面，讨论会上的全体同志意见是一致的，并从各个侧面进行了论证探讨。但是，也有同志指出，建国以来，对于林则徐在鸦片战争中斗争策略的得失缺乏分析，似乎林则徐的所有措施都是对的，几乎没有错误，这是不符合客观实际的。罗耀九、郑剑顺在《林则徐在禁烟斗争中的策略得失》一文中，认为烟毒泛滥固然已造成严重

---

① 由于“鸦片战争史”的研究成果以前未作介绍，故本文所介绍的文章，时间不限于1982年。

的社会问题，但根据林则徐在湖广所收缴的烟枪数目来推算，全国鸦片吸食者充其量也不超过100万人，还没有构成全国的主要矛盾，当时的主要矛盾是国内的阶级矛盾。如果把禁烟摆在首要地位，就会造成战略的失误。在禁烟初期，黄爵滋、林则徐主张主要禁绝国内的吸食者。可惜林则徐没有始终坚持这种正确方针，钦差使粤不久，把重点改为对外。斗争矛头主要指向英国鸦片贩子，这是正义的行动，但正义的事业不一定肯定取胜。在禁烟斗争中促使矛盾激化，成为爆发战争的导火线的，是“具结”与“惩凶”两个问题，林则徐虎门销烟后如能审时度势，有所节制，不强求外人具“人即正法”的切结，就可能暂时缓和矛盾。林维喜案的惩凶问题不是禁烟斗争中的重要问题，甚至可以说对禁烟斗争没有影响，而林则徐过分重视了这个问题，策略上操之过激，使得本来可以通过谈判谋求解决的问题变得更加尖锐。九龙海战后，中英恢复谈判，林则徐把交凶、查禁鸦片、恢复进口贸易三个问题搅在一起，弓弦拉得太紧，谈判于是决裂了。当然，即使谈判达成协议，也不能保证英国侵略者不发动战争，但推迟战争爆发的时间却有可能，中国可以争取时间巩固已取得的禁烟成果，购造船炮，整顿水师，在一定的历史时期内达到抵御侵略的目的。可惜林则徐计不及此，操切过急，遂铸成历史性的悲剧。陈胜粦在《林则徐在粤功罪是非辨》一文中指出，道光帝和琦善加给林则徐“措置失当”、“误国误民”的罪名，把英军侵犯归咎于禁烟，完全是诬枉之词。英国发动侵华战争蓄谋已久，他们早就叫嚷“中英之间迟早会有一场战争”。他们挑起武装侵略，却诬蔑林则徐的禁烟措施是“挑衅行为”、“不端”、“不义”，无非是贼喊捉贼的故伎罢了。他又指出了《筹办夷务始末》（道光朝）的一处重要的编排错误。该书卷12，编入琦善在道光二十年七月二十日（1840年8月17日）所接受的英方《巴麦尊照会》以后，紧接着就附载了琦善的《答懿律照会》（未著日月），人们往往把琦善这个《答懿律照会》的日期误认为七月二十日所发。下面编入了七月二十三日的两个“廷寄”，在廷寄里，上谕的内容乃至文字与琦善《答懿律照会》几乎完全相同，这就给人们造成一种错觉：好像琦善在未奉上谕之前，已经先自向英方作出惩办林则徐的保证，而道光帝的上谕只是重申了琦善照会的内容。但是佐佐木正哉《鸦片战争の研究》(资料篇)同样收载了琦善的上述照会，文末署有“道光二十年八月初四日”。可见道光帝的上谕比琦善照会早了三天。琦善应是先奉到上谕，于八月初四日与义律会谈之后，才发出《答懿律照会》。因此，道光帝“是制订、推行以惩林图苟安这条罪恶方针的决策人和总指挥”。

此外，与会者还对解放以来鸦片战争史研究的状况进行了系统的回顾和评述，一致认为，史学界对这段历史的研究，相对而言比较薄弱，这同鸦片战争在历史上所应占的重要地位是极不相称的。(以上均见《林则徐与鸦片战争论文集》，将由福建人民出版社出版)

二

1982 年有不少文章，对鸦片战争前后的中国社会经济状况作了比较具体的论述。①

周育民《1840—1849 年的清朝财政》(《山西财经学院学报》1982 年第 2、3 期)一文，系统考查了鸦片战后 10 年间清朝财政入不敷出的困难状况，特别对鸦片贸易、白银外流、银贵钱贱给予清朝财政的冲击，作了比较全面的分析。文章指出，地丁银历年收不足额，盐课和内地关税收入减少，各省州县地方政府每年办奏销时，也由于银贵钱贱而发生亏损，无法赔垫，不能如数解库等，都对

---

① 有关鸦片战争前后的中国社会经济状况的研究成果，可参见“清史”和“中国近代经济史”中的有关内容。

清朝财政造成灾难性的影响。作者认为鸦片战争时清朝的军费开支约为2000余万两，再加上赔款、英军劫掠勒索的帑银，共合4000万两左右，相当于清朝国库一年正款的收入，对清朝财政和社会经济状况的恶化起了极大作用。

张连生《清代扬州盐商的兴衰与鸦片输入》(《扬州师院学报》1982年第2期)一文，对清朝最大商业垄断资本集团之一的扬州盐商(即两淮盐商)，在嘉、道年间迅速衰落的原因作了较深入的分析。作者指出，由于鸦片输入，银贵钱贱日趋严重，完纳税课成为盐商面临的一大难题。在各省盐商之中，又以扬州盐商所受到的打击最为沉重。两淮盐商拖欠政府的课银，从道光元年至道光十年，共达2100万两。过去挟资千万的商总，也迅速疲乏倒歇，被皇帝下令革退，又因积欠税款数目庞大，被查抄家产。为了打破淮盐疲惫的僵局，增加财政收入，清政府不得不放弃原来的专卖制度，变“纲盐法”为“票盐法”。至此，扬州盐商也就失去了赖以生存的土壤。当年称雄一时的商总，此时经济政治势力皆一落千丈。

三

如果对近几年报刊发表的有关鸦片战争史的论文作一鸟瞰，即可看出在许多重要问题上，研究工作有了明显的进展和创获，下面略举数例。

1. 关于广州十三行的历史。彭泽益《广州十三行续探》(《历史研究》1981年第4期)对两件重要史实再一次加以考辨，作出了明确结论:第一，关于十三行的创立时间问题。彭泽益在1957年，曾根据新发现的广东督抚为建立洋货行招商承充和分别住行货税的布告，认为十三行创立于康熙二十五年(1686)四月。后来有人提出异议，认为前此两年，即康熙二十三年，即有十三行之名。彭泽益在这篇文章中反驳了这种说法，断定十三行创立于康熙二十五年。第二,关于梁廷枏《粤海关志》记载谬误的问题。《粤海关志》卷25《行商》开头有按语云:“国朝设关之初……沿明之习,命曰十三行。”许多史学家就据此认为,十三行“这个名称,明时已有”,到了清代,不过是“沿明之习”,照旧称呼而已。彭泽益对此作了深入的考辨,指出梁廷枏编撰《粤海关志》时,不曾见到粤海关早期档案这类重要的原始资料。所谓“沿明之习,命曰十三行”的话,是梁廷枏抄袭印光任、张汝霖的《澳门纪略》而又误解其意,加以妄改的结果。《澳门纪略》的原文,以及当时的大量记载,均无此说。至今仍有史家沿用梁廷枏说,这是“不无遗憾的”。

不过,既然“十三行”的称呼不是“沿明之习”而是开始于清朝,那末洋货行为什么又要称为“十三行”呢?《学术月刊》1981年第3期发表的徐新吾、张简《“十三行”名称由来考》一文,从行商的具体职能加以考释,认为行商作为中间商人,一方面要与中国商人洽谈交易,一方面又要另建若干“夷馆”,供外商居住、囤货和交易。这种夷馆恰为十三所。“馆”带有双重性格,它既是住人的“馆”,又是经营业务的“行”,故十三夷馆也就是十三个行。“行商”与“夷馆”虽有区别,但名称上都混称为“行”。到十三夷馆去联系交易的洋货行不一定是十三家,可多可少,而夷馆则是固定的十三所。因此从事与十三夷馆联系交易业务的行商,也就称为十三行了。

2. 关于三元里抗英斗争的领导者。1841年5月三元里人民的抗英斗争,是中国近代史上第一次大规模的群众性反侵略斗争。《读书》杂志1979年第2期发表了卞哲《研究和编写历史必须实事求是》一文,提出“三元里的抗英斗争是以农民群众为主要力量,但是不能否认地主阶级在当时起了组织领导作用”。该文认为,根据鸦片战争时的公私文献,何玉成应是斗争的领导人之一;而菜农韦绍光,在当时的公私文献,甚至民间歌谣中都没有片文只字的记载,不可能是领导人。拔高韦绍光,抹掉何玉成,是一种唯成份论的表现。陆力在《关于三元里人民抗英斗争的领导问题》(《读书》

1979年第8期)一文中,对上述看法进行了尖锐抨击。陆力认为,卞哲"不相信今人调查",竟至对农民韦绍光的抗英"盟主"地位发生怀疑,这"实在是可怪"。他写道:在三元里抗英一役中"地主阶级的组织领导,一点影子都没有"。"卞哲同志揭橥反对'唯成份论',但反到隔壁去了,变成另一种'唯成份论'。"于是引起一场争论。卞哲写了《答陆力同志》(《读书》1980年第2期),田用写了《何玉成冤词》(《史学月刊》1980年第1期),根据一些原始文献,说明早在1841年5月27日《广州和约》订立之前,何玉成等爱国地主士绅已经开始联合附近的各社学,"集众公盟",准备抗击英军骚扰。5月30日何玉成"柬传"各乡,之所以能够迅速地集合,正是因为事前已有初步的准备。关于何玉成在这场斗争中的组织领导作用,解放后的调查材料同当时的文献记载若合符节,互相印证。而韦绍光领导之说,文献中找不到痕迹,在解放后的调查资料中,也只是其后裔的一人之词,得不到其他人的响应,因此是不足征信的。劳动群众是反帝反封建的主力军,但在外敌侵略、民族矛盾上升时,一部分地主士大夫"在一定时间和一定条件下,不仅参加,甚至组织领导了群众抗击外国侵略者,这样的例子在中国近代史上是屡见不鲜的"。

3. 关于广州人民反抗英国强租河南地的斗争。近30年来,先后出版的中国近代史著述和有关的年表、辞书等,凡提到鸦片战后广州群众"反河南租地"斗争的,都肯定事件发生于1844年,其主要依据是《夷氛闻记》的一段记述。林增平《广州群众"反河南租地"事件年代辨误》(《近代史研究》1979年第2期)一文,从《夷氛闻记》该段行文前后枘凿,道光二十四年四月初二、三、四日耆英与德庇时均不在广州,河南绅耆《致英吉利领事官信稿》系道光二十七年所撰以及《筹办夷务始末》所载有关此事的奏章等四个方面,证实了该事件发生于1847年。廖伟章的《广东人民在第一次鸦片战争后反对英国租地斗争新议》(《学术研究》1979年第2期)一文指出，“河南人民反租地斗争发生在1847年是毫无疑义的”，结论与林增平相同。

4. 关于宣南诗社问题。自从30年代魏应麒著《林文忠公年谱》提出，道光十年林则徐与龚自珍、魏源、黄爵滋等人“结宣南诗社”，范文澜在《中国近代史》一书中采用了这一说法。此后，史学界便沿袭此说，并把宣南诗社评价为具有革新、进步倾向的文学社团。1964年，杨国桢曾著《宣南诗社与林则徐》(《厦门大学学报》1964年第2期)一文，否定了这一说法。指出:宣南诗社即消寒诗社，创立于嘉庆九年(1804)而非道光十年。林则徐是诗社成员(嘉庆二十四年冬至次年春)，但龚自珍、魏源、黄爵滋均不在其列。这个诗社并不带有进步的政治色彩，而是在京南方中小官吏和士大夫“雅歌投壶”的消闲组织。近年来，不少同志继续深入研究了这一问题，发表的论文有杨国桢的《再论宣南诗社与林则徐》(《中华文史论丛》1980年第1辑)、王俊义的《关于宣南诗社的几个问题》(《清史研究集》第1辑，中国人民大学出版社)、《关于宣南诗社》(《文物》1979年第9期)、黄丽镛的《宣南诗社管见》(《上海师大学报》1980年第1期)、樊克政的《关于宣南诗社的命名时间及其他》(《华东师大学报》1980年第4期)等。这些论文在细节上对宣南诗社的创立、成员、活动及性质进行了更详尽的探讨，在基本方面则与杨国桢得出了一致的结论。

(原载1983年《中国历史学年鉴》)

太平天国与儒家思想

一　问题的提出

太平天国革命之所以不愧为历史上农民战争的最高峰，不但因为它在半殖民地半封建的中国，在军事、政治和经济上进行了空前伟大的革命斗争，而且它还破天荒地建立了一套思想体系，以旧时代农民所可能达到的最高形式，提出了反侵略的民族思想、反封建的平等思想，乃至于解除一切阶级剥削和压迫的小农乌托邦思想。在文化思想战线上，成为近代民主主义革命思潮的前驱。

作为中国封建主义意识形态代表的儒家思想，一方面，在2000年来一直被地主阶级当作奴役人民心灵的重要工具，所以当历史进入民主主义革命时期以后，政治战线上的反封建斗争就必然要求发展为思想战线上的反孔教斗争；而另一方面，儒家在长期发展中也遗留下了丰富的文化遗产和某些合理的思想成分，又由于它支配人心的广泛和悠久，所以，一种新思想在刚刚产生的时候，就不可能回避开这个前提。必须根据它作为"由以出发的一定思想资料"①。这样，太平天国的拜上帝教对于儒家思想就形成了

---

① 恩格斯：《致康·施米特》，1890年10月27日。见《马克思恩格斯文选》第2卷，第496页。

又反对又吸收,有时猛烈斗争,有时又力求适应的复杂矛盾关系。我们如果正确理解了这场斗争,就能够从中吸取许多现实的有益的教训。

关于太平天国和儒家思想的关系问题,最初人们的注意,是从太平天国《天条书》、《太平诏书》等书各有两种不同的版本而引起的。即:一种版本,引证了许多儒家的典训名言,另一种版本则缺少上述内容。究竟哪一种是初刻的原本呢?有人认为,凡不引据儒家经典而宗教意味特浓的为初刻本,凡引据儒家经典而富于中国传统思想的则为改正重刻本。从而断定:"太平诸人思想之变化颇有足征者:当其初起,惟以尊上帝拜基督为事,举中国一切之圣经贤传胥毁弃之。"到后来,由于社会上传统习俗的阻力太大,"不得不翻然变计",加入儒家典训名言,谋求调和。① 但是大多数人经过周密研究以后,否定了这种说法,而认为凡引据儒家经典的为初刻本,反之,凡缺少上述内容的,则为经过删削改定的重刻本。从而得出以下结论:

> 天王洪秀全本儒生,久受中国传统思想的熏陶,虽以耶稣教发动革命,而其初所认识的教义仅限于梁阿发的《劝世良言》,故当时所著述的多援用儒家思想与术语,不能出其范围。其后起义建国,急于宣传,而军事倥偬,未及删改,遽尔付刻。及定都天京,草创渐定,"万样更新",于是乃有删书之举,定一尊于上帝,以谋宗教上思想上的统一化,于是遂排斥儒教。②

上述的第二种结论是建立在坚实的史料考据基础上的,是正确的。但是,应该指出:它只是相对地说明了洪秀全一个人的思想变化,远远不能概括整个太平天国思想的情况,因而不够全面,并

① 《太平诏书跋》(萧一山),见《太平天国丛书》第1集,第1册。

② 罗尔纲:《太平天国现存经籍考》,见《太平天国史料考释集》第51页。

且把问题简单化了。唯其如此，太平天国的英雄们对于儒家思想的斗争和利用——进一步说，也就是对于一般文化遗产的批判和继承——所作的尝试及其在思想史上的意义，似乎还缺乏应有的探讨。

二　洪秀全早期的儒家色彩及其评价

洪秀全在拜上帝教的初创时期，朝气方盛，力图把西方基督教的一神论、中国农民战争中（尤其是天地会）传统的革命理想和儒家学说中的优良部分，吸收融汇，创为教义，使之适合于中国农民斗争的要求。他那个时候，对于“孔孟先儒”还是十分尊重的。他在《原道救世歌》、《原道醒世训》、《原道觉世训》、《百正歌》以及《天条书》等著作里，都表现出儒家思想的强烈影响，大量引据孔孟格言和儒家典籍，来建立上帝教的哲学基础和道德纪律的规范。《太平诏书》里面劈头第一句话就是董仲舒的名言——“道之大原出于天”，把封建地主阶级的神道设教加以内容的改造，使之为农民的教义服务，这不能不说是“化腐朽为神奇”吧。而儒家所标榜的“古圣先贤”尧、舜、禹、汤、文、武、周、孔，乃至颜回、孟轲等人，在洪秀全的初期著作里，都是可以尊敬的人物。“颜回好学不二过”、“禹稷忧溺饥”、“汤武伐暴除残”……①这都是学习的榜样。而且，这些人不但是世俗的圣贤，似乎也是天国的先知，他们的灵魂都到了天堂：

周文孔丘身能正，陟降灵魂在帝旁。②

按：洪秀全这两句话，乃来自于《诗经》：

---

① 《原道救世歌》及《原道醒世训》，见《太平天国印书》（下简称《印书》）第 1 册，《太平诏书》，第 2 页及第 9 页。

② 《原道救世歌》，见《印书》第 1 册，《太平诏书》，第 6 页。

文王在上，於昭于天。……文王陟降，在帝左右。①

这样，洪秀全根据古老的儒家经典，肯定了孔子文王这一类的“圣贤”，其灵魂都在上帝的身旁上下翱翔。对于他们的尊重，可想而知。

有些同志曾认为“洪秀全著述了《原道救世歌》、《原道醒世训》、《原道觉世训》等作品，他把地主阶级在精神上统治农民的一切神仙菩萨、妖魔鬼怪和孔孟先儒都总称之谓阎罗妖”，这是完全不符合历史事实的。又有同志说：“洪秀全首先把他书塾中的孔子牌位打碎……中国封建社会的‘至圣’孔子竟被看作邪神，这在中国思想史上是破天荒的大事。”②这也是一种臆测之辞。当然，洪秀全开始“向西方国家寻找真理”以后，不能说不对孔子神一般的权威崇拜发生一点动摇；但是在他的早期言行里，并没有厚非孔子。他打碎孔子牌位，虽然在客观上是对孔子威权的一个公开打击，但是完全可以肯定，他丝毫没有把孔子看作“邪神”（直到太平天国晚期，始终也没有把孔子看作邪神），而只是因为反对敬拜偶像。关于这个问题，我们可以举出几方面的证据来说明：

首先，洪秀全打碎书塾中的孔子牌位，是在1843年的事情，如果说这时他已把孔子当作“邪神”，那末，他在1845—1846年所写成的《太平诏书》，反而对孔孟先儒表示尊崇，这是无论如何都解释不通的。唯一合理的解释，就是反对偶像。

太平天国反对偶像最为彻底，连天主教堂的耶稣、玛利亚的“圣像”也在摧毁之列。这些事实外人颇有记载，亲身参加过太平天国革命的呤唎(Lin Le)也说：

太平军在扫除偶像方面是十分严厉的，他们在内地曾经

① 《诗·大雅·文王》。

② 罗尔纲：《太平天国史稿》，1957年增订本，第105页。

屡次与罗马天主教所设立的各种机构发生冲突。①

偶像不能代表神，只是一堆"木石泥团纸画"，这种道理，洪秀全在《原道觉世训》中有过明确的解释，此处无须转述。值得注意的是，他在该文中这样说：

尔凡人所立各偶像，其或有道德者，既升天堂久矣，何曾在人间受享？②

这里，他所谓的"有道德"、"既升天堂久矣"的人物，虽未指出名字，但根据洪仁玕的追记，洪秀全所指必为尧舜孔孟无疑。考洪仁玕在其《自述》里，曾追记洪秀全在两广宣传反对偶像的讲词是：

即古圣贤虽有功德于人，不独念伊功，且当实力效法，何世人一拜便了？竟不学尧舜孔孟之德，独冒为其徒，可乎？③

由此可见，洪秀全虽然打碎了孔子牌位，但他并没有否定孔孟作为人间的"古圣先贤"的地位，更没有以孔子为邪神的意思。

总之，洪秀全的早期思想，充满着儒家气味，例证甚多，无须一一列举。问题在于：洪秀全从儒家那里主要地吸取了哪些思想？并且这些儒家的思想资料对于上帝教义的创立和农民的革命斗争有着什么意义？起了什么作用呢？

首先，洪秀全借取了儒家经书中"天"的概念，来论证他的上帝的存在，认为古儒所说的"天"就是上帝。例如前面所引述过的"道之大原出于天"，这里的"天"字已被洪秀全用作独一真神上帝的别名了。又如他论证人的灵魂乃上帝所赋予：

若自人灵魂论，其各灵魂从何以生，从何以出？皆禀皇上

① 呤唎：《太平天国革命亲历记》（王维周译本）上册，第128页。又，C. L. Wolseley：Norrative of the War with China，Chap. XIV. 亦有同样记载。

② 《印书》，第1册，《太平诏书》，第18页。

③ 中国史学会编：《太平天国资料丛刊》（下简称《丛刊》）第2册，第849—850页，《洪仁玕自述》。

帝一元之气以生以出。所谓一本散为万殊，万殊总归一本。孔伋曰：天命之谓性。《诗》曰：天生蒸民。《书》曰：天降下民。——昭昭简编，洵不爽也。①

在儒家的古代经典中，“天”的涵义有许多就是指有人格有意志的最高神，洪秀全就利用这一点，把它和基督教的上帝等同起来，从而认为上帝造人，载在儒典。洪秀全不但利用儒家的经典论证上帝的存在，而且还利用儒家经典来论证“阎罗妖”只是一个魔鬼，而不是掌握人之生死的神：

独不思注生死一事.岂是等闲？既不是等闲，宜为中国番国各前圣所论及，且笔于书，以传后世。而于今历考中国番国各前圣所论及，且笔于书以传后世者，只说天生天降，皇上帝生养保佑人，未尝说及阎罗妖也；只说死生有命，亦是命于皇上帝已耳，毫无关于阎罗妖也……

在他看来，中国古代本来也是崇信上帝的。他根据《诗》、《书》、《易》上关于“昭事上帝”、“敢祗承上帝”等等词句，认为颛顼、商汤、周文、周武这些古代的君王及其臣民，都是崇信上帝的，所以说：“盘古以下至三代，君民一体敬皇天。”不过自从秦汉等朝专制帝王“魔鬼入心”、求仙拜佛以后，才中断了原来的信仰，使中国“差入鬼路，致被阎罗妖所捉”。②

从表面上看，洪秀全利用儒家古代典籍上，“天”、“帝”、“上帝”等字句以比附基督教的上帝，颇与明清间耶稣会士利玛窦等人的手法相同。③ 但是我们要知道：整个的《太平诏书》都是在1845—1846年写成的，这时洪秀全还没有跟从美国牧师罗孝全学习耶稣

① 《原道醒世训》，见《印书》第1册。

② 《天条书》及《原道救世歌》。

③ 参看利玛窦：《天主实义》；又参看侯外庐等：《中国思想通史》，第4卷，下册，第27章。

教义，连"圣经"也还不曾寓目，所以他不大可能读过明清之间耶稣会士们所写的《天主实义》一类的书。虽然在这一点上洪秀全和他们有某些无意的偶合，但两者却有着根本的区别。在利玛窦等人那里，比附儒经是为了便于宗教的欺骗，而洪秀全比附儒经，却是为了假托古人之名以便于革命的号召；从这种意义上说，我们不妨名之为"革命的托古改制"。

所以，洪秀全宣布：信仰上帝倒不是追随西方——"从番"，而毋宁说是复古。（石达开的白龙洞题壁诗也说："毁佛崇天帝，移民复古风。"）当然，"复古"也罢，"从番"也罢，这都不过是一种形式；事实上洪秀全的上帝，既不是殷周先民所崇敬的最高神，也不是欧美教士所传来的耶和华，而只是农民心目中"斩邪留正"的宝剑。这就是洪秀全所谓的："手握乾坤杀伐权，斩邪留正解民悬。"①

这把上帝的宝剑，在宗教意义上，就是要诛尽一切妖魔阎罗，也就是摧毁当前统治人民心灵的神佛威权，正如毛主席所指出的：

> 由阎罗天子、城隍庙王以至土地菩萨的阴间系统以及由玉皇上帝以至各种神怪的神仙系统——总称之为鬼神系统（神权）。②

宗教是被颠倒了的现实。如果透过宗教的帷幕来看它的社会政治意义，上帝的宝剑实际上是指向人间的皇帝。根据最古老的儒家经典，"帝"这个字只是殷周先民对于最高神的称呼，后世的专制君王为了表示自己的尊贵，便篡窃了这个称呼，也自称起"帝"来。因此洪秀全写道：

> 皇上帝乃是帝也。虽世间之主，称王足矣，岂容一毫僭越于其间哉！……耶稣尚不得称帝，他是何人，敢靦称帝者乎？

① 洪仁玕：《钦定军次实录》及《自述》均引有此诗。

② 《毛泽东选集》，第31页。

只见其妄自尊大,自干永远地狱之灾也!①

这样,在复古的名义下,历代的帝王,当然包括清朝皇帝在内,便被判决为罪魁祸首而抛到地狱里面。

这种思想的更深刻的意义,还在于它用“借古喻今”的形式尖锐地指控了现实社会的黑暗:“乖漓浇薄”、“陵夺斗杀”、“强犯弱、众暴寡”。那末,应该怎么办呢?洪秀全指出:

遐想唐虞三代之世,天下有无相恤,患难相救,门不闭户,道不拾遗,男女别涂,举选尚德。②

接着,他整段地抄引了“孔丘曰:大道之行也,天下为公……”的一篇话,并且慨叹今不如古:那种黄金般的三代治世,“而今尚可望哉!”。

“天下为公”的三代大同说,本来是古代个别儒家的一种朦胧理想。但由于儒家思想的传统方向总是代表统治阶级利益的,所以这种大同思想的微粒只能偶然地荧光一闪,随即被淹没在历代儒家体系的苍茫烟海里面。而洪秀全和太平天国的英雄们却利用了这一古代思想资料,表达了农民摆脱封建剥削和压迫的现实要求。在以后的几年间,随着革命形势的发展,农民的土地要求又进一步和大同思想结合起来,并且采用了《周官》上的编制方法,发展成为“有田同耕,有饭同食”的革命纲领——《天朝田亩制度》。太平天国正是运用这一纲领,动员了广大农民的积极性,组织了政权和军队,对封建制度进行了空前沉重的打击,把单纯农民战争提高到前所未有的水平。

当然,应该指出:《天朝田亩制度》的真正思想根源,是从农民斗争的土壤上生长起来的。农民要求土地,洪秀全和太平天国的革命领袖借用了儒家古圣先贤和“上帝”的语言,使农民的呼喊带

---

① 见《原道觉世训》。

② 见《原道醒世训》。

有了神圣的性质。因此就可以明白，洪秀全的手虽然指向过去，而脚跟却立于现在，步伐却跨向未来。

根据同样的方法，洪秀全在提出农民的人身平等的要求时，也借取了“四海之内皆兄弟”的儒家典训的支持，并且结合某些基督教义，形成太平天国的平等理论：“天下多男子，尽是兄弟之辈，天下多女子，尽是姊妹之群。”儒家典训本来是维护封建等级名分的武器，然而一旦被农民夺取过来，就转化为它的反面，破坏了封建统治秩序。所以刽子手曾国藩咬牙切齿地说：

> 自唐虞三代以来，历世圣人，扶持名教，敦叙人伦，君臣父子，上下尊卑，秩然如冠履之不可倒置。粤匪……自其伪君伪相，下逮兵卒贱役，皆以兄弟称之，谓惟天可称父，此外凡民之父，皆兄弟也，凡民之母，皆姊妹也。……举中国数千年礼义人伦，诗书典则，一旦扫地荡尽。①

曾国藩的号哭咒骂，正说明洪秀全为首的太平天国革命领袖打中了封建制度的要害之处。《天朝田亩制度》否定了地主阶级的土地私有制——这是封建制度的经济基础；而“四海之内皆兄弟”的原则又否定了上下尊卑的等级秩序——这是封建制度的政治基础，充分体现了我国农民伟大的革命勇气和创造精神。

但是，还应该指出，在接受、利用儒家思想的同时，太平天国的领导人物却缺乏认真的批判态度（儒家到底是封建主义的代言人呵），许多消极和阴暗的东西，也被同时因袭下来了。

例如，儒家维护封建等级制度的伦理思想，有许多也被移植到上帝教义里面。早在 1837 年，洪秀全就曾经“预诏”：“君不君、臣不臣、父不父、子不子、夫不夫、妇不妇；——总要君君、臣臣、父父、子子、夫夫、妇妇。”②在《太平诏书》里，他提倡颜回的“非礼四勿”，

---

① 曾国藩：《讨粤匪檄》，见《曾文正公全集·文集》卷 3。

② 《王长、次兄亲目亲耳共证福音书》。

主张“《孝经》当明”，等等。当然，洪秀全所谓的“君不君、臣不臣……”是对清朝统治体系的合法性的否定；而他所谓的“总要君君、臣臣……”则具有要求建立新政权、新秩序的革命意义。但是，必须承认，它终究还没有突破儒家封建伦理道德思想的局限。这种封建的伦理道德思想，在冯云山那里表现得更突出，他在《幼学诗》①里，不厌其详地划定人们所应遵守的伦理规范，特别强调男尊女卑，什么“夫道本于纲”、“妻道在三从”以及“牝鸡无晨”之类的说教。正是在这种思想基础上，洪、冯二人共同制定了等级森严、繁琐无聊的《太平礼制》。这显然和他们所曾经提出来的平等原则是一个尖锐的矛盾。

又如，儒家的“天命”思想，本来就是封建统治者束缚人民手脚的一条绳索，洪秀全却把它承袭过来，并屡加强调。《论语》上说：“死生有命，富贵在天”；《易传》上说：“乐天知命故不忧”；②洪秀全也说：“富贵在天生死命”、“小富由勤大富命”、“总之贫富天排定”、“安贫知命”、“乐夫天命”③，等等，甚至在人人必须严格遵守的十款天条里，也写上了“贫穷富贵皆皇上帝排定”的原则。这些提法不但会冲淡人民的革命热情，而且给贫富差别找到了天上的根据，给私有财产涂上了一道尊严的圣光，和《天朝田亩制度》的伟大革命精神直接对立。

所有这些矛盾现象应该如何理解呢？从阶级特点上看，这正反映了农民阶级在生产中所处的矛盾地位和由此产生的矛盾心理；从思想史的角度上看，正如马克思和恩格斯所指明的：

统治阶级的思想在每一时代都是占统治地位的思想。

---

① 汪士铎：《乙丙日记》说：“冯云山，死于永安；三字经、幼学诗、官制、礼制，多出其手。”（文芸阁版，卷3，第32页）当为可信。

② 《论语·颜渊》；《易·系辞上》。

③ 《原道救世歌》。

……支配着物质生产资料的阶级，同时也支配着精神生产的资料，因此，那些没有精神生产资料的人的思想，一般地是受统治阶级支配的。①

三 论“排儒”

作为封建统治阶级精神武器的儒家思想，无论如何，是和农民的要求在本质上格格不入的；尤其到了半殖民地半封建时代，这种思想就和农民的民主主义革命要求更加水火不容。再加上两汉以来的2000年间，儒家已经不仅是一个统治的学派，而且简直被弄成了一种宗教，“至圣先师”孔子的威权寖寖乎凌驾于众多仙神之上，这也和上帝教“独一真神”的威权势不并存。“不破不立”，随着洪秀全圣经知识的增加和太平天国革命形势的飞跃发展，特别是随着思想战线斗争的需要，对儒家的排斥，就在所必行了。

本来，早在1837年洪秀全读到《劝世良言》——就是开始“向西方国家寻找真理”以后，他就不可能不意识到儒家思想和耶稣教义的某些矛盾。据韩山文《太平天国起义记》说，洪秀全病中所见种种天堂异象，其中就有上帝斥责孔子的话：

> 秀全又闻衣皂袍之老人（按即上帝）斥责孔子，谓其于经书中不曾发挥真理。孔子似自愧而自认其罪。

虽然如此，这一段话只是一种密谈，从未公诸于世，②而从洪秀全以后的著作来看，正如前面所说过的，依然保持着浓厚的儒家色彩，并对孔子怀着温和的敬意。

---

① 马克思、恩格斯：《德意志意识形态》，见《马克思恩格斯全集》第3卷，第52页。

② 按：《太平天国起义记》乃是洪秀全的族弟、心腹洪仁玕对瑞典牧师韩山文(Theodore Hamburg)的密谈。

但是，到了定都天京前后就不同了。温和的敬意变成了大胆的藐视和嘲弄。上帝斥责孔子的故事便广泛流传开来。例如：

孔某向本在天堂，忽逃下凡间，变妖惑人。所以天父大怒，今已捉上高天，罚他种菜园了。①

这种藐视圣贤的心理，甚至在一部分知识分子中间也有所表现。一个扬州的地主分子恨恨地写道：

虽衣冠中人，并献媚（太平军）而戏侮圣经。……某孝廉因陷于贼，……尝戏改《论语》“殷有三仁”为“二仁”。有询之者，云：“微子变妖去矣。”侮圣人之言，莫此为甚。②

到1862年，太平天国的官修史书更以大大夸张了的形式将洪秀全的天堂异梦公布出来：

天父上主皇上帝……又推勘妖魔作怪之由，总追究孔丘教人之书多错。天父上主皇上帝……指主（即指洪秀全）看曰：“……这是孔丘所遗传之书，即是尔在凡间所读之书，此书甚多差谬，连尔读之，亦被其书教坏了。”天父上主皇上帝因责孔丘曰：“尔因何这样教人糊涂了事，致凡人不识朕，尔声名反大过于朕乎？”孔丘始则强辩，终则默想无辞。天兄基督亦责备孔丘曰：“尔造出这样书教人，连朕胞弟读尔书亦被尔书教坏了！”众天使亦尽归咎他，主亦斥孔丘日：“尔作出这样书教人，尔这样会作书乎？”孔丘见高天人人归咎他，他便私逃下天，欲与妖魔头偕走。天父上主皇上帝即差主同天使追孔丘，将孔丘捆绑解见天父上主皇上帝；天父上主皇上帝怒甚，命天使鞭挞他。孔丘跪在天兄基督前再三讨饶，鞭挞甚多，孔丘哀求不已。天父上主皇上帝乃念他功可补过，准他在天享福，永

① 张汝南：《金陵省难纪略·贼呓语》。按：这类故事当时流传很广，如鲁叔容《虎口日记》、樗园退叟《盾鼻随闻录》等，皆有记载。

② 臧穀：《扬州劫余小志》。

不准他下凡。①

所有这些奇异的故事，代表了太平天国对孔子威权的践踏和丑化，其意义是决不可轻估的。这与"五四"以后在"打倒孔家店"的口号下，曾经出现的《子见南子》之类的戏剧②，颇有异曲同工之妙，而前者比后者还要早好几十年。

在这种指导思想之下，太平军所到之处对于孔庙、孔像、孔子"木主"，自然更加毫不留情地予以摧廓。对于儒家典籍，则连同诸子百家等书一起，一概被宣布为"妖书邪说"，尽行焚除，不准买卖藏读。各地科举考试的题目，也只以有关上帝教义、经过"旨准颁行"的诏书为限，严禁用儒家经典为题，违者以变妖论处。例如天试状元武立勋，"东贼使往安庆为正掌试官，因出五经题，贼怒，目为妖，降为伍"③。

与厉行"排儒"的同时，洪秀全又将自己过去的著作《太平诏书》、《天条书》等大加删改，凡其中引据儒家经典或中国古代神话传说的文句，削除的削除，改变的改变，以求统一于上帝教义，"定一尊于上帝"。

这些措施和行动，像狂飙，像霹雳，对于几千年来束缚人心的陈腐教条，进行了有力的革命扫荡。刽子手曾国藩如丧考妣地号啕着说："此岂独我大清之变？乃开辟以来名教之奇变！"④正足以说明太平天国对于封建制度及其意识形态的斗争和打击，是自古以来农民战争中最为尖锐、最为深刻的。在一次又一次的农民战争中，赤眉黄巾也好，李自成、张献忠也好，都没有设想到对于孔子

---

① 《太平天日》，见《丛刊》第 2 册，第 636 页。

② 参看《鲁迅全集》第 7 卷，《关于子见南子》，1929 年。

③ 谢介鹤：《金陵癸甲纪事略·粤逆名目略》。见《丛刊》第 4 册，第 679 页。

④ 曾国藩：《讨粤匪檄》。

和“纲常名教”进行这样大胆的坚决的打击。

为什么太平天国革命和前此的农民战争有如此的不同呢？为什么它能够给自己提出在意识形态上反对儒家思想的任务呢？马克思曾经教导说：

任务本身，只有当它所能借以得到解决的那些物质条件已经存在或至少是已在形成过程中的时候，才会发生的。①

发生在19世纪50—60年代的太平天国革命，虽然还是一次单纯的农民战争，但是由于中国已进入半殖民地半封建社会的时代，从革命性质上来说，这个时代的任何革命，包括太平天国革命在内，“无一不是带了资产阶级民主革命的性质”②。再则，虽然在那时候中国的民族资本主义还没有产生，但是由于外国资本主义的侵略和自然经济的解体，民族资本主义产生的物质条件已经在形成过程之中，所以，太平天国革命的内容，就必然不能和以往的农民战争一样，它不但担负了反对外国资本主义侵略的任务，而且在反对国内封建主义的斗争中，除了能够提出《天朝田亩制度》那样的革命纲领和《资政新篇》那样的进步方案以外，还能够在意识形态的领域内进行这样空前深刻的排击儒家思想的斗争。

太平天国“排儒”、“排佛”对于人民的精神世界起了什么样的作用呢？下面是地主士人和湘军特务的记载：

无识愚氓，见彼所为，谓天壤间无复有鬼神。爰敢肆无忌惮，助之为虐。其死心为彼，甘蹈白刃者以此。③

贼虽无邪术，然虏人纯用换移心肠之法。……换“好人”为“坏人”，换“坏人”为“极坏人”。故凡从贼稍久逃出之难民，

---

① 马克思：《政治经济学批判·序言》，见《马克思恩格斯文选》第1卷，第341页。

② 《毛泽东选集》，第523页。

③ 陈徽言：《武昌纪事》，见《丛刊》第4册，第599页。

无不眼光闪烁不定，出言妄诞，视世事无可当意。于伦常义理及绳趋墨步之言行，询之皆如隔世。视我官吏若甚卑，不及贼目之尊贵，毫无畏敬之意。①

在太平天国灭亡以后，美国浸礼会的传教士晏玛太（Rev. M. T. Yates）还发表演讲说：

（中国）全国在政治上及宗教上均已颓坏了。人民陷于无神状态，再不能复有以前信心了。②

难道这还不明白吗？人民的精神面貌为之一变，敌人就沮丧害怕起来了。天地间不再有鬼神！神仙、圣贤的偶像和殿堂已经"颓坏"了。因此，什么伦常义理、绳趋墨步，许多人已经不大在乎！什么"大清官吏"，人民卑视他们，"毫无畏敬之意"！敌人所谓的"换好人为坏人"，正是人民的精神状态从奴隶到自由。这样的人民就不大好统治了。所以，太平天国的"排儒"，完全称得起是一次思想解放运动。太平天国革命虽然失败了，但它对封建主义"破"的作用，对人们的思想解放所起的作用，却不是随太平天国之亡而俱亡的，而是长久起作用的因素。

但是，如果我们仅仅理解到这里为止，那就未免太简单化了。儒家思想发展了几千年，绳绳相继，可以毫不夸张地说，它是世界上封建主义统治思想中一种最巧妙的体系。洪秀全一反过去之所为，宣布孔孟以及一切诸子百家之书尽为妖言邪说，严禁收藏教读。姑不论这样做是否应该（当然不该），如果能够快刀斩乱麻地"消灭"它，"一劳永逸"，也倒罢了，然而这可能吗？不，这是不可设想的。恩格斯在论到费尔巴哈"干脆抛弃"黑格尔哲学的时候说：

宣布这个哲学是错误的，还不等于制服了这一哲学。像这样对民族的精神发展有过巨大影响的……哲学，是决不能

---

① 《贼情汇纂》卷12，见《丛刊》第3册，第327页。

② 晏玛太：《太平军纪事》。见《丛刊》第6册，第942页。

靠简单地置之不理的办法就可以排除的。①

恩格斯指明的这一原则,是具有普遍意义的。如果要制服对我国民族的精神发展有过巨大影响的儒家哲学,是决不能仅仅依靠火与剑的力量所能够办得到的;而必须用批判的方法,“剔除其封建性的糟粕,吸收其民主性的精华”②,从而树立一种更高的体系来代替它。然而单纯的农民战争,显然不能完成这一历史任务。

洪秀全自从定都天京以后,不但厉行“排儒”,而且对于以往的一切文化传统都抱着轻率的态度。他越来越向“纯粹的”宗教方面发展,越来越褊狭,甚至写起文章来,也前后判若两人了。他早期的著作热情洋溢,明白晓畅;而晚期的文字却玄虚枯涩,不知所云,显示出一种可悲的败亡先兆。

“抛弃不等于制服”,单靠上帝的威灵是不能禁止孔孟和阎罗从阴间伸出手来缠捉人的。试看下面幼主洪天贵福的自述:

老天王叫我读天主教的书,不准看古书,把那古书都叫妖书,我也偷看过三十多本,所以古书名色也还记得几种。③

连近在身边的儿子都管束不住,广大的世界,就可想而知了。事实上,孔孟的幽灵不但会俘虏别人,它甚至还能继续俘虏洪秀全本人哩。在洪秀全晚期所写的《天父诗》里,那种“母鸡千祈不好啼,一啼斩头天所排”、“后宫各字莫出外,出外母鸡来学啼”④的诗句,不正是《周书》上“牝鸡无晨”的化身吗?那种“服事不虔诚,一该打。硬颈不听教,二该打。起眼看丈夫,三该打……”的“十该打

① 恩格斯:《费尔巴哈与德国古典哲学的终结》,人民出版社 1961 年版,第 12 页。

② 《毛泽东选集》,第 668 页。

③ 《洪福瑱自述》(按:此名实误),见《丛刊》第 2 册,第 855—856 页。

④ 《天父诗》第 457、第 458 首,见《印书》第 14 册,第 39 页。

律”①;还有那种“只有媳错无爷错,只有婶错无哥错,只有人错无天错,只有臣错无主错”②的信条,不正是儒家纲常名教的变形吗?在洪秀全为幼天王所写的《十救诗》里,一条又一条地规定着,母子严别:子大七岁睡不同床,儿子长成时母子不得相见。兄妹严别:妹大五岁手莫摸……妹长成时不相见。以及妹弟严别、嫂叔严别等等的不近人情的戒律。③ 洪天贵福自述说:

> 我九岁后想着母亲姊妹,都是乘老天王有事坐朝时偷去看他。④

这些戒律,不正是《孟子》“男女授受不亲”的恶性发展吗?

所以,尽管太平天国的英雄们曾经向封建制度及其意识形态进行了英勇的斗争,作出了伟大的贡献,然而他们毕竟不能摆脱时代的和阶级的限制。这不是他们的过错,而是他们的不幸!

四　论删书

在太平天国的历史上,“排儒”的狂飙只占一个短暂的时期,而且也没有推行得十分彻底。就拿洪秀全改正太平文献以求符合上帝教义来说,他只是改正了自己一个人的旧作,而其他各书,例如冯云山所写的《三字经》、《幼学诗》等,儒家色彩十分明显,却仍然原封未动,继续刊刻传布。在定都天京以后,洪秀全又诏令文臣撰写了 3 个文集:《建天京于金陵论》、《贬妖穴为罪隶论》和《诏书盖玺颁行论》,这些知识分子所表现的思想就更为不纯,甚至有许多还是后期儒家神秘的术数思想和阴阳家的观点。例如,他们说,为

---

① 《天父诗》第 17 及 18 首,见《印书》第 14 册,第 3 页。

② 《天父诗》第 378 首,见《印书》第 14 册,第 33 页。

③ 《幼主诏书》,见《印书》第 20 册。

④ 见《丛刊》第 2 册,第 855 页。

什么要定都在金陵呢？因为金陵是“地脉王气所钟”,“望气者曰：非真命之主不足以居此。”①他们声讨清朝，仍然用着“三七之妖运告终，九五之真主已出”②一类的套语。这些文集虽然只是太平天国知识分子所作的，但却是奉诏撰述，经过洪秀全“旨准颁行”的法定读本，而且一直没有得到纠正。

尤其值得我们注意的，是杨秀清的言行。他不像洪秀全，对于儒家，他始终没有过分排斥过。

大家知道，当太平军永安突围、进军湘鄂以后，沿途“焚郴州之学宫，毁宣圣之木主”。但是1853年1月攻克武昌以后，杨秀清却有“祀礼”之举。《鄂城纪事诗》第四十二首曾记此事说：

> 金身神像一时空，偏解衣冠谒圣宫；九叩阶前肃礼拜，可知天性本相同。（原注：“城内庙中神像尽烧毁，惟圣宫牌位，不敢毁伤，伪东王具衣冠谒圣，行三跪九叩礼。又将武昌府学，用红缎金书‘天朝圣宫’四大字作匾额。”③）

按：《鄂城纪事诗》的作者张汉，是一个秀才，当时他正在武昌城中，所纪多为亲见。这一篇诗虽然在细节方面如东王“行三跪九叩礼”等未必一定准确，然而杨秀清曾经往谒孔庙，当为可信。太平天国晚期，在浙江台州府太平县“尽毁神庙，惟存圣庙及朱子祠”④，以及在江苏常熟重修文庙⑤等措施，这与其说是排儒的放

---

① 按：《建天京于金陵论》有许多篇都持这样的论调。见《印书》第10册。

② 见《贬妖穴为罪隶论》，周际玱文。（《印书》第10册）按：这两句话在杨秀清、萧朝贵会衔发布的《奉天讨胡檄》和洪仁玕的《诛妖檄文》里都用了。“三七”，典出《汉书·路温舒传》，“九五”（周际玱文误为“五九”），出自《周易》。

③ 张汉：《鄂城纪事诗》，见《太平天国资料》（科学出版社），第39页。

④ 《辛壬寇略》卷1。

⑤ 见《月锄与胞弟子仁小崔书》，《近代史资料》1955年第3期。

松，无宁看作杨秀清影响的继续。

杨秀清这个人，《金陵癸甲纪事略》说他“目不识丁”，这显然是一种恶意的夸大。《贼情汇纂》说他“识字无多”，还比较接近事实。根据种种迹象推断，他大约是一个“半部论语”式的人物。太平天国所颁刻的《天情道理书》，后面还附有他的五十首诗，文从字顺，浅明可喜。当洪秀全雷厉风行地禁读儒书时，他却在许多言论中，引征《四书》，作为典训。兹为简明起见，列表于下。

杨秀清原语	次数	出处	附注
君使臣以礼，臣事君以忠	5	《论语・八佾》	见《天父下凡诏书》第二部
忠焉能勿诲乎	1	《论语・宪问》	同上
节用而爱民	2	《论语・学而》	同上
故明明德于天下者，必先治其国，而欲治其国者，必先齐其家	1	《大学》	洪秀全答：“清胞所言，真齐家治国平天下之药石要论也。”
天命之谓性，率性之谓道	1	《中庸》	癸丑(1853)四月天父附体诏语，见《贼情汇纂》卷 12
事父母能竭其力，事君能致其身	1	《论语・学而》	同上

表中所列，皆为杨秀清在“天父下凡附体”时的诏语，当时都经过慎重登录，必无伪误。除此以外，还有一部以杨秀清的名义颁布的《太平救世歌》(1853 年初刻，1854 年又有重刻)，其中第三篇歌，反复阐明“人伦有五，孝弟为先”的道理；从形式上看，引用了许多儒家经典故实，从内容上看，也无非是《论语》上“事父母能竭其力，事君能致其身”和《孝经》上“移孝作忠”①的古训。尽管我们可以

① 《孝经・广扬名章》：“君子之事亲孝，故忠可移于君。”

说它出自文臣的代笔,但它总是经过杨秀清授意,.并且是洪秀全"旨准颁行"的法定读本。又,今存的《天情道理书》,是1854年初刻,1859年修改的本子,那里面比附《诗》、《书》、《孟子》等书中有关"上帝"的字样,来论证耶稣教上帝的存在。① 值得注意的是:这正是洪秀全早期在《原道觉世训》里所用的同一方法;不过在改订的《原道觉世诏》里,洪秀全早已将那些内容完全砍掉,②而《天情道理书》却一仍旧贯,砍者自砍,写者自写。这部书也是杨秀清授意,洪秀全"旨准"的法定读本。我们研究太平天国思想,不能专看洪秀全而抛开上述事实。

杨秀清在太平天国里面是一个享有极大威信和握有极大实权的领袖,他对儒家的态度不能不产生政策性的影响。当太平天国宣布儒经为"妖书",并激烈地"排儒"不久,杨秀清出面说话了。据《贼情汇纂》的记载:

> 贼本欲尽废六经、四子书,故严禁不得诵读,教习者与之同罪。癸丑(一八五三年)四月,杨秀清忽称天父下凡附体,云"天命之谓性,率性之谓道"以及"事父母能竭其力,事君能致其身",此等尚非妖话,未便一概全废。故令何震川、曾钊扬、卢贤拔等设书局删书,遍出伪示,云俟删定颁行,方准诵习。③
>
> 贼改南京为天京……出示以读孔孟书及诸子百家者皆立斩。适八月初十日在南京开科取士,连出三示,用文用策。又

---

① 《天情道理书》有云:"《书》曰:肆类于上帝。又曰:惟上帝不常,作善降之百祥,作不善降之百殃。《诗》曰:昭事上帝。又曰:克配上帝。孟子曰:虽有恶人,斋戒沐浴,则可以事上帝。从可知上帝当敬,简篇犹存,彰彰可考。"(见《印书》第12册第5页)

② 《原道觉世诏》删去了"孔伋曰:天命之谓性。《诗》曰:天生蒸民。《书》曰:天降下民……"的一段话。(见《印书》第9册)

③ 《贼情汇纂》卷12,《杂载》。见《丛刊》第3册,第327页。

谓孔孟非妖书。①

在那个时候，太平天国的领导者们还保持着亲密的团结，洪秀全对杨秀清十分倚重，可谓言听计从。关于如何对待儒家经典的问题——这是一桩国策性的大事——在他们之间曾经引起怎样的讨论，我们虽不得而知，但是他们取得了大体一致的意见，则是有事实可以看得出来的。

大约就在 1853 年内，太平天国开始了对儒经的删改工作。《贼情汇纂》所收录的太平天国诏旨中，有这样一道：

> 天王诏曰：咨尔史臣，万样更新，诗韵一部，足启文明。今特诏左史右史，将朕发出诗韵一部，遵朕所改，将其中一切鬼话怪话妖话邪话一概删除净尽，只留真话正话，抄得好好缴进，候朕披阅刊刻颁行。钦此。②

按《诗韵》就是《诗经》，因为洪秀全不欲以"经"称儒书，故改"经"为"韵"，罗尔纲同志的意见是对的。不过罗尔纲同志又根据诏中"鬼话怪话妖话邪话"等语，说洪秀全"所删改诗经部分，乃鬼神一类的神怪话"③，这倒未必尽然。因为《诗经》里面有关"天"和"上帝"一类的话，凡可以和上帝教义比附的，大约不会删掉。张汝南"金陵省难纪略"、"洪贼改字删书"条，说太平天国删改过的儒书："孟子'则可以祀上帝'，上帝上加皇字。诗'荡荡上帝'、'上帝板板'，皆加皇字"④，可以为证。而《国风》里面一些放浪的情歌，诸如《桑中》、《狡童》之类，是和上帝教的禁欲主义水火不容的，虽然不涉鬼神，大约也会被当作"妖话邪话"而在所必删了。

太平天国对于删改儒经的工作是十分重视的。1854 年春（或

---

① 《金陵纪事》，见《太平天国史料丛编简辑》第 2 册，第 47 页

② 《贼情汇纂》卷 7，见《丛刊》第 3 册，第 190 页。

③ 罗尔纲：《太平天国佚书考》，载《（太平天国史料考释集》第 82 页。

④ 张汝南：《金陵省难纪略》，见《丛刊》第 4 册，第 719 页。

者更早一些),专门成立了删书衙,由曾钊扬、卢贤拔、何震川等人具体负责。到底删成了没有呢?由于直至今天还没有发现太平天国删定本的《五经》、《四书》,所以不敢肯定。如果有之,那对于太平天国思想史的研究将是极其珍贵的资料。如果依据当时地主士人的私家笔记,似乎不但已经删成,而且已经刊刻流传;因为他们甚至能举出被删动之处的具体例子。不过这些记载,有许多并非得之亲见,①所以决不能据以定论。尤其应该考虑的是:这些私家笔记的作者,大都是老早就逃离了天京(如汪士铎、张汝南),所记多系1853—1854年间的事;而晚至1861年颁行的太平天国官书《钦定士阶条例》,却向知识分子郑重宣布道:

> 真圣主御笔改正《四书》、《五经》各项,待镌颁后再行诵读。②

这个文件比较一千本地主阶级的笔记都要可靠,明白告诉我们:直到1861年,《四书》、《五经》还在由天王御笔改定之中,还没有颁布下来。

那末,一些地主阶级士人所记载的删定儒经的例子,是从哪里来的呢?我以为,删书衙内必然有一种试改的稿本或底册,经过一些士人抄传而流布出来。(这些士人专爱窥伺太平天国政府的动静,他们"神通广大",往往连秘密档册也能看到)

是否在1861年以后,改定的《四书》、《五经》钦定颁布下来了?

---

① 例如,汪士铎《乙丙日记》中有"贼改《四书》、《五经》,删鬼神、祭祀、吉礼等类"的记载。实际上汪氏此言不过得之传闻。许多同志以为汪氏得曾亲见,大误。考《乙丙日记》卷2批判儒家思想时说:"远人不服,修文德以来之,盖其时近古,犹尚德礼也。故国有君子,可不被兵。自汉以来,万不能行。所谓天生王材,谁能去兵也。贼匪删《论语》,去祭祀及大而无当不可行于后世语,未知此语删否?"显系未见删定本之辞。至于李圭《金陵兵事汇略》所记,更非亲见。

② 《钦定士阶条例·科场士阶条例》,见《印书》第18册。

不。始终没有经过钦定颁布，是完全可以肯定的。洪天贵福在被俘以后的《自述》里面说他父亲“不准看古书，把那古书都叫妖书，我也偷看过三十多本”，就是最有力的证据。因为，如果已经颁行天下，岂有不让幼主阅读的道理？有的同志认为太平天国曾经颁行过“改正《四书》或改正《四书》、《五经》的一部分”①，这是没有根据的。这是过于相信时人笔记的缘故。

然而为什么太平天国删改的儒经，拖了那么久还没有“钦定”下来呢？这难道是洪秀全特别慎重的缘故吗？还是始终不大愿意给予儒家一定的地位？也许两者都有吧。但是，无论如何，“删改”总不是一种正确的方法，它实质上还是一种“简单抛弃”的方法，不能代替正确的批判。

五　洪仁玕与儒家思想

太平天国晚期的大思想家洪仁玕，在中国近代思想史上占有重要的地位。他在思想史上的贡献是多方面的，这里只就他与儒家思想的关系方面略事论述。

洪仁玕尝自称“本军师生长儒门”②；他的思想具有浓厚的儒家色彩，力图把儒家思想的某些有用部分和革命的上帝教义谐调起来。

本来，作为一种宗教（尤其是一神教）来说，就具有褊狭的排他性。但洪仁玕却能把道教、佛教和所谓“儒教”区别开来，对前二者毫不调和，而对后者留有余地，予以尊重。不过他有别于当时的封建士大夫——他们把孔孟高标为不可企及的圣神，以便神道设教，统治人民。洪仁玕则认为，孔孟先儒对人类是确有贡献的，但是不

① 罗尔纲：《太平天国佚书考》，载《太平天国史料考释集》第 83 页。

② 洪仁玕：《钦定军次实录》，见《印书》第 20 册。

应该当作偶像崇拜他们。关于这一点，他在《英杰归真》一书里发挥得极为透彻，他说：

向龟蛇而叩首，对木石而鞠躬，此多是猾聃诡谲、妖佛妄为，卑卑不足道者也。即儒教之前贤后贤忠杰英豪，人与人相较确有功业可观。然究其德性善良，实由天赋，但能不自失耳。推其心之所得，发而为事功……在有志有为者，亦以为彼丈夫也，我丈夫也，特欲法彼之仁义忠信孝弟廉节而已，独何必效妇儿之行而拜彼哉？①

这段话如果从哲学渊源方面讲，显然来自于孟子的性善论。孟子认为：人性天赋皆有"善端"，"贤者能勿丧耳"②。人同此心，心同此理，所以如能将此心推及四海，发而为事功，就可以治平天下："古之人所以大过人者无他焉，善推其所为而已矣。"③另一方面，人性既然相同，圣贤就不是不可企及的，所以说："彼丈夫也，我丈夫也，吾何畏彼哉？""舜何人也，予何人也，有为者亦若是。"④

上述孟子的哲学到洪仁玕手里，却被赋予新的意义。洪仁玕一方面对孔孟先儒表示历史的尊重，一方面又运用他们的哲学驱散了后世儒家神道设教的迷雾，把孔孟还原为"人"。人与人是平等的，用不着自卑，用不着屈膝膜拜。所以，洪仁玕向洪秀全条陈立国大计的《资政新篇》里面，公然以古之傅说和周公自期："昔周武有弟名旦，作《周礼》以肇八百之畿；高宗梦帝赉弼，致殷商有中叶之盛。"⑤这在地主士大夫看来，不免是"狂妄"，而作为一个农民

---

① 洪仁玕：《钦定英杰归真》，见《印书》第 19 册，第 32—33 页。

② 《孟子·告子上》。

③ 《孟子·梁惠王上》。

④ 《孟子·滕文公上》。

⑤ 洪仁玕：《资政新篇》。按：《商书·说命上》有云："梦帝赉予良弼。"这是洪仁玕把《书经》里面的"帝"和上帝教的上帝视为一神。

领袖来说，这正是自豪和自信的表现。

洪仁玕又把儒家“夷夏之辨”的传统观念和农民的革命要求结合起来，作为推翻清朝、打击曾国藩之流的有力武器。孟子说：“吾闻用夏变夷者，未闻变于夷者也。”①这种思想不管在今天看起来是多么陈旧，但是在历史上，在民族存亡的关头，不知有多少英雄豪杰、爱国志士在这种思想支配下而英勇奋斗过。所以洪仁玕历举文天祥、谢枋得、瞿式耜、史可法的光辉榜样，号召人们“用夏变夷，斩邪留正，誓扫胡尘”②，号召人们“遵中国，攘北狄，以洗二百载之蒙羞”③。当他在1861年到皖、浙一带奉旨催兵的时候，曾作有一篇《谕民诗》：

> 庐居暂借作王居，寄谕我民别夏夷；中国纲常如未坠，军师安肯运军机？④

这篇诗表白了他参加革命战争的目的，就是要“别夏夷”，要扶起已坠的“中国纲常”。这里值得注意的是：千万不能把他所谓的“中国纲常”和刽子手曾国藩之流所标榜的“名教纲常”混淆起来。洪仁玕所谓的纲常，是“夷夏之辨”的大纲常。例如他在解释太平天国为什么定要反对剃发的时候，就说这是“大有关于纲常也”。他举出“古有孝子曾参，全受全归，发肤无有毁伤”的例证，说明“剃发从妖”就是对不起父母，对不起祖宗，就是“不孝逆天”。这样，他就为太平天国的“蓄发”——反清标帜——找到了儒家经典的根据。⑤

---

① 《孟子·滕文公上》。

② 洪仁玕：《诛妖檄文》，见《印书》第18册。

③ 洪仁玕：《天朝精忠军师干王洪宝制》，第1篇。见《印书》第16册。

④ 洪仁玕：《钦定军次实录·谕民》，见《印书》第20册。

⑤ 按：《孝经·开宗明义章》云：“身体发肤，受之父母，不敢毁伤，孝之始也。”

不但如此。洪仁玕还把这种“夷夏之辨”的观念贯彻下去，形成了一种独具体系的历史观，这种历史观，是洪仁玕思想中最光辉的部分之一。

首先，他举出“《纲鉴》重华”的历史原则，向忠于清朝反动统治的革命敌人进行诛心之战。他说，只有忠于“华”，才是真正的忠，才会为历史所肯定；如果忠于异族之君，就是“愚忠蠢忠，不忠之忠，而《纲鉴》重华之义断不载之也”。接着，他又举出历史的“证见”来：

> 元妖入寇中华，至明实有一百六十一年之久，《纲鉴》则削其前，至崖门失印，方准入元史；又削其后，至明初起义即入明代，实载八十九年之久。由此推之，御史重华之义严矣！而为鞑官之罪当何如乎？①

根据这种原则，他就用“重华”的大纲常驳倒了曾国藩之流效忠清室的“名教纲常”，认为这些人上对不起祖宗，“有惭列祖，实有枉为人之后裔矣”；下对不起儿孙，“即能免今人之议罪，断难免子孙后人之议罪也”；这些人必将受到历史的严峻裁判。

洪仁玕继续将这种观点贯彻下去，使之成为他评价历史人物历史事件的最重要的标准，在《论史》一文里发挥到了极致：

> 粤稽史册，秦汉以来，无有过于光武、洪武之创业者。何也？光武能恢复汉室，洪武能用夏变夷。二人皆起自布衣。虽汉高祖亦起自布衣，除秦之暴，太宗有除隋之乱，然以下伐长，陷亲不义，借戎兵，伤骨肉，而得不掩失也。宋起后周。虽属天定，究于长下兄弟间，难云释然无憾。其余卑卑不足道者，类皆以下伐长，以花乱花，始役之而终弃之者也。究之光武复汉，仍属当然，而洪武尊花，超乎三代，尤为春秋大义所必

① 洪仁玕：《钦定英杰归真》。

褒，今古人心所必予者也。①

这篇文章应该是洪仁玕的代表作之一。它把洪仁玕的重要思想，精彩的和暗淡的，大部分暴露出来了。② 他极力推尊刘秀和朱元璋，尤其推尊后者，认为他“超乎三代”，主要的就是因为“复汉、尊花(华)”。而李世民一类的君王虽然有许多作为，但被贬为“得不掩失”，就是因为他“借戎兵，伤骨肉”。至于其他历代君主，都是“卑卑不足道”，就因为他们是“以花乱花”。这里面显然贯穿着严格的民族观点。这种观点，已不带任何宗教色彩，而是直截了当地诉诸“春秋大义”。“春秋大义”在我们今天看起来当然又狭隘又片面，但在当时的具体条件下，它是有的放矢的，是从反清的尖锐斗争中产生出来的，具有重大的现实意义。关于这一点，他在《论鞑妖耗中国财》一文里，曾有很恳切的表白，在那篇文章里，他历数清朝统治者的种种罪恶，最后他说

> 本军师即毫无知识，岂肯历次苦征？诚以生长中邦，义有所不容辞者；故每多感激自奋之语也，贤者鉴之！③

在1864年天京失陷后，洪仁玕保护幼主转战浙江、江西，不幸在石城兵败被俘，就义前在《自述》中大书道：

> 人各有心，心各有志。故赵宋文天祥败放五坡岭，为张宏范所擒，传车送穷者，亦只知人臣之分当如此。……予每读其史传及《正气歌》，未尝不三叹流涕也，今予亦祗法文丞相已。④

由此，我们可以看出他崇高的革命气节；也可以看出，在他英

---

① 洪仁玕：《钦定军次实录·论史》。

② 按：洪仁玕在《资政新篇》里所表现的发展资本主义的思想，固极先进，但不属本文讨论范围。

③ 洪仁玕：《钦定军次实录·论鞑妖耗中国财》。

④ 《洪仁玕自述》，见《丛刊》第2册，第847页。

勇就义的时候，正是为这种崇高的革命理想所燃烧着的。

在洪仁玕牺牲以后几十年的辛亥革命时期，一部分资产阶级革命党人所持的观点，也不过是这种“夷夏之辨”的观点，而且有许多人在理论上，往往还达不到洪仁玕那样尖锐明确的高度；因此，就不能不承认它具有重大的历史意义。

然而在另一方面，洪仁玕的封建正统、封建等级的观念，也在上述《论史》一文里暴露出来了，这就模糊了他的阶级自觉。虽然他也指出刘秀和朱元璋“二人皆起自布衣”，予以赞扬，意识到自己所从事的革命是一次“布衣”革命；①但是他主要的着眼点是在于“用夏变夷”的“春秋大义”，把农民反封建斗争的意义置诸很次要的地位，从而认为刘邦的革命是“以下伐长”，“得不掩失”。根据这种逻辑前提，历史上许多次的农民起义诸如黄巾、黄巢、李自成等等，自然更是等而下之，“卑卑不足道”了。这种观点，反映了洪仁玕，在接受“夷夏之辨”的“春秋大义”的同时，也夹杂着把封建统治阶级的正统观念承袭下来了。这当然是错误的。不过，能不能说：在太平天国的领袖之中，只有洪仁玕一人的阶级意识如此模糊，只有他一人才是一个例外呢？不。洪秀全早就说过：

> 嗜杀人民为草寇，到底岂能免祸灾。白起项羽终自刎，黄巢李闯安在哉？②

把黄巢、李闯简单地看作嗜杀的草寇，这在历史观上来说，固然是阶级观点模糊的表现，就现实意义上说，也体现了太平天国的

---

① 沧浪钓徒：《劫余灰录》记载：“发逆云：列代帝非篡即禅，以臣弑君，悉贬公侯之爵。汉高祖居泗上作亭长，明太祖舍寺中作沙弥，而有天下，仍以王爵，不亦宜乎？盖贼亦编氓，借此自况。”（见《太平天国史料丛编简辑》第2册，第152页）虽然此一记载对太平天国革命多所污蔑，且亦传闻失实，不过他说太平天国的领袖“借此自况”，是多少符合洪仁玕的思想实际的。

② 洪秀全：《原道救世歌》。

革命领袖对于自己所从事的伟大斗争，还缺乏真正的阶级自觉，由此可见，农民单靠本身的力量，是不能获得真正的阶级自觉的，太平天国也不例外。这正是马克思所指出的真理：农民“不能以自己的名义来保护自己的阶级利益”①。

六 结 语

上面我们已将太平天国与儒家思想的关系，作了系统的阐述。概括起来就是：

1. 在太平天国革命的早期，即上帝教创立直至金田起义前后，太平天国的领导集团以洪秀全为代表，在思想上带有浓厚的儒家色彩。他们对“孔孟先儒”是十分尊重的，并且往往打着孔孟的旗号进行“革命的托古改制”。那些认为洪秀全把孔子当作“阎罗妖”、“邪神”的意见，是错误的。

2. 随着思想战线斗争的深化，在定都天京前后，太平天国开始严厉地排斥儒家，洪秀全也对自己过去的著作加以审查，删去了那些儒家色彩的部分。太平天国的“排儒”，是中国近代史上的初次思想解放运动。但是它没有，也不可能彻底执行，例如：带有浓厚儒家色彩的冯云山的著作，继续刊刻传布；在杨秀清的名义下又新刻了不少的带有儒家色彩的官书。洪秀全的晚期作品，仍有不少改头换面的儒家封建思想的因素。

3. 1853 年，太平天国开始了对《四书》、《五经》的删改工作，但是直到太平天国失败为止，《四书》、《五经》的任何一部改正本，也没有钦定颁布下来。有的同志推测它已经颁布过，这是过于相信时人笔记的缘故；时人笔记中所引述的删改例证，应当是从“删

---

① 马克思：《路易·波拿巴政变记》，见《马克思恩格斯文选》第 1 卷，第 311 页。

书衙”传抄出来的待审底册。

4. 太平天国后期的重要领袖洪仁玕，又对儒家表示尊重。他力图把儒家思想的有用部分和革命的上帝教义调和起来，并且建立了一种独具体系的历史观。他在某些地方虽然也曾对儒家有所非议，但在态度上是比较温和与软弱的，①他还没有摆脱儒家正统思想的影响。

太平天国对于儒家思想有时猛烈排除、有时又力求调和的关系，实际上就是农民对古代文化遗产的批判和继承的伟大尝试。他们在孔孟偶像的破除和封建名教的打击方面，作出了杰出的贡献。但是，如前所述，太平天国用这种“简单抛弃”的方法，并没有“制服”了儒家思想。对于中国封建文化的批判、总结的任务，不但农民阶级没有完成，而且以后的资产阶级也没有能力完成。毛主席说：

> 因为中国资产阶级的无力和世界已经进到帝国主义时代，这种资产阶级思想只能上阵打几个回合，就被外国帝国主义的奴化思想和中国封建主义的复古思想的反动同盟所打退了……②

中国有几千年悠久的历史，有无比丰富的文化遗产，对于这样丰富的文化遗产，只有用马克思列宁主义的锐利武器，才能正确地批判继承下来，成为新的无产阶级文化的有益养料。

（原载《中国哲学史论文集》第2集，中华书局1965年版）

---

① 例如《资政新篇》里说：“儒教贵执中，罔知人力之难。”不过这种批判，是较温和的，而且也不够明确。特此附注声明。

② 《毛泽东选集》，第657页。

太平天国与佛教

一 佛教是拜上帝会打击的主要对象

太平天国革命以前的中国，在意识形态领域占据统治地位的，主要是儒、佛、道“三教”。这三种思想体系在发展过程中互相矛盾又互相吸收，终至于并行不悖，成为封建统治阶级手中各尽其用的精神武器。太平天国借用上帝“独一真神”的无上权威以压倒孔孟，横扫佛、道，使革命农民摆脱传统的精神枷锁，大胆地将2000年来的神圣偶像打翻在地，造成了“开辟以来名教之奇变”①。无论这次运动采取了如何离奇怪诞的形式，但毕竟是一次意识形态领域内的革命尝试。

太平天国在反对“三教”的斗争中，并不是没有区别的。洪秀全、杨秀清、石达开和洪仁玕等主要领袖人物，对孔孟先儒都抱着比较容忍的态度，怀有不同程度的敬意。洪秀全是其中最为激进的人物，但众所公认，他的早期著作具有浓厚的儒家色彩，力图使上帝教义同文、武、周、孔调和起来。革命军兴的初期，太平军在永安州“仍准乡民设塾授徒，讲读四书、五经而不加禁止”②。突围北

---

① 曾国藩：《讨粤匪檄》。

② 钟文典：《太平军在永安》，1962年三联书店版，第102页。

上进入湖南以后，打击的对象主要是佛、道二教，对儒家仍放在次要地位。据时人记载，太平军在湖南“除孔圣不加毁灭外，其余诸神概目为邪，遇神则斩，遇庙则烧”①。这个记载是朴素的，却是真实的。

可是曾国藩为了煽动整个地主阶级起来反对太平天国，在《讨粤匪檄》里责骂太平军“焚郴州之学宫，毁宣圣之木主。……以至佛寺、道院、城隍、社坛，无庙不焚，无像不灭”。笼统读了这个“檄文”，好像太平军不分青红皂白，所过之处，真个是“三教俱灭”了。其实，这不过是一种宣传的把戏。曾国藩实际上是说：太平军不但对佛寺、道观等一律焚毁破坏，而且对儒家的学宫也焚毁了郴州一处。兹据光绪《湖南通志》的记载加以统计，湖南省有32个府、州、县的学宫，都是在明末被毁，顺治、康熙以后重建的。② 这也难怪，明末农民战争、清朝入主中原的战争，屯兵驻马，烽火连天，怎么能够不毁坏呢？而太平军从广西纵贯湖南，战况激烈，兵马所过，绝大部分府州县的学宫却完好无损，这不能不令人惊奇。至于郴州学宫，则自南宋乾道四年(1168)以后，中经元、明、清三朝，直到嘉庆二十二年(1817)，历次兴建、毁坏、重建，均有明确记录。1852年太平军打到这里，丝毫未见毁坏，截至光绪年间为止，也没有毁坏或重建的纪录，仍然屹立如故。③ 那么，曾国藩“焚郴州之学宫”。语从何说起呢？查永兴县学倒有“咸丰二年粤寇毁，同治五

---

① 佚名：《粤匪犯湖南纪略》，《太平天国史料丛编简辑》第1册，第67页。

② 据《湖南通志》卷62—66，此类学宫计有长沙(县学)、湘潭、衡阳、道州、宁远、永明、邵阳、新化、武冈、巴陵、临湘、华容、常德、武陵、桃源、龙阳、沅江、辰州、沅陵、黔阳、麻阳、凤凰厅、桂东、绥宁、澧州、安乡、石门、慈利、永定、临武、蓝山、嘉禾，共32处。

③ 见光绪《湖南通志》卷66。按：据该书第62卷记载，茶陵州学也是在1852年被“粤寇毁坏”的。

年闾邑增修”①的记载。永兴县属郴州管辖，原来，曾国藩为了加强宣传效果，就移花接木，把永兴县学栽到郴州州学上面了。这个半真半假的宣传，迄今130年，还使我们习而不察，误为太平天国“反孔”的证据哩。

当然，在那个时候，曾国藩是把“焚学宫”作为太平军的“罪行”来加以“声讨”的’。不过我们要指出，假使毁掉个把县学就算犯了十恶不赦的大罪，那么在同年，长沙府学倒是清朝守军为了抵抗太平军攻城而“屯兵毁坏”②的。此后数年，清军在作战中还毁坏了江华、邵阳等县学，这都是有志可查的③。可见太平军在湖南，对学宫的保护，客观上比清朝还要好。至于所谓“毁宣圣之木主”，不过是基于拜上帝教不拜偶像的要求而已。

打到武昌以后，太平军对僧寺道观仍是痛加剿洗，逢僧则杀，或迫令还俗；而对儒家学宫甚至有礼重的表示。当时武昌城中的一位秀才张汉记载道：太平军对“城内庙中神像尽烧毁，惟圣宫牌

① 见光绪《湖南通志》卷66。按：据该书第62卷记载，茶陵州学也是在1852年被“粤寇毁坏”的。

② 《湖南通志》第62卷记长沙府学云：“咸丰二年，粤寇犯长沙，因屯兵毁坏。”又，李瀚章《长沙府重修学记》云“咸丰二年，粤寇犯楚，长沙戒严，学为屯兵地，井灶之所发掘，牛马之所蹄啮，遂大坏。”按：是年太平军并未攻入长沙城内，“屯兵毁坏”府学的，自然只能是清军。当时方志记事的笔法是：凡太平军皆称“贼”称“寇”，清军才称“兵”，称“大兵”。

③ 《湖南通志》卷62：“江华县学……咸丰间，毁于兵。”同书第64卷：“邵阳县学……（咸丰）九年毁于兵。”凡记“毁于兵”者，均指清军。

位，不敢毁伤”。甚至说东王杨秀清曾经往谒孔庙①。张汉的记载在细节上未必准确：我在拙作《太平天国与儒家思想》②中已经指出过了；但他的记载是否毫无根由，全属虚构呢？否。当时另有一位名叫王文镕的秀才，原籍浙江嘉善，寄寓嘉兴，太平天国攻克南京后的十几天，他在日记中写道：“前日王德生药铺中有人从南京来云……‘贼’前在武昌离十里旱路要道之洪山寺中屯踞，僧以毒药置水中，饮之，死千余人，故极恨妖僧恶道，凡见寺庙必洗灭烧毁，惟文庙则敬礼云。”③和尚毒死1000多名太平军战士，才惹得武昌的太平军灭佛毁道而敬礼儒家的文庙，这显然是时人不理解太平天国的政策而生起的流传故事。但这个故事的核心部分——太平军敬礼文庙，总是事出有因的吧。故事辗转流传到南京、浙江，更能说明当时太平天国对佛、道与对儒家的态度，确乎是大不相同的。

非特如此，即在佛、道二者之间，太平军的态度也是稍有区别的。上述秀才王文镕在日记中写道：太平军在南京对“和尚尽杀”，“伪示有逢僧尽杀之说”④。而南京城外60里有一个焦村，“离焦村六七里之龙□村中有庙宇，高八九丈，远望可见。‘贼’首李宪领兵查问，二三老对曰：此庙系本村香火，且住持系道士，非和尚，幸勿毁。李视之确，村中又以酒及鸡鸭送与，彼受鸡鸭，将酒打碎，答以元宝两只，村中人亦不敢受。〔李〕因以蓝布顺字旗赠之曰：持

---

① 张汉：《鄂城纪事诗》，《太平天国资料》（科学出版社）第39页。按：民国十年《湖北通志》第55卷记载武昌府学宫云“咸丰二年毁于兵”，此“兵”字亦指清军。当系太平军退出武昌后，清军所毁者，时间应在咸丰三年初。因湖北自清朝嘉庆以迄民国十年，省志失修已及百年，上述记载来自“采访册”，故时间稍有差误。

② 见《中国哲学史论文集（二集）》，中华书1965年版，第40页。

③ 鹤湖意意生：《癸丑纪闻录》，《太平天国史料专辑》第489页。

④ 《癸丑纪闻录》，《太平天国史料专辑》第490、495页。

此，续有大兵来，亦可安堵矣。”①对佛寺毫不留情，对道观尚能通融，这说明佛教最为太平军所憎恶，至少在许多太平军的老兄弟中有这样的倾向。

为什么“老兄弟”对佛教有如此强烈的敌对意识呢？这是同洪秀全的理论宣传有密切关系的。在西方基督教的“圣经”里，同上帝为敌的是撒旦（魔鬼），诱使人类祖先犯了原始罪恶的那条蛇，正是撒旦的化身。19世纪30年代，梁发编写《劝世良言》时，把伊甸园里的那条蛇译作“蛇魔”，并说：“蛇魔常在世界之上，专以邪风诱惑人心作恶为能。”②洪秀全创立拜上帝会时，为了更有针对性地反对佛教（佛教比道教的势力远为强大），就把上帝与撒旦的对立，变成上帝与“阎罗妖”的对立。“阎罗”乃是随同佛教传入中国的名词，它是掌管地狱的神，如果人生在世犯了严重的“十恶业”，就要沦入“六道轮回”③的最悲惨的地狱受苦。洪秀全则把批判的矛头紧紧对准“阎罗妖”，他把西方的撒旦，东方的龙王，《劝世良言》的“蛇魔”，乃至一切木石偶像等，一股脑儿当成一个东西——阎罗妖。总之，万般邪恶，都由“蛇魔阎罗妖”来代表。他写道：

> 阎罗妖乃是老蛇、妖鬼也，最作怪多变，迷惑缠捉凡间人灵魂。天下凡间我们兄弟姊妹所当共击灭之，惟恐不速者也。而世人偏伸颈于他，何其自失天堂之乐，而自求地狱之苦哉！
>
> 近代有怪人，诳言东海龙妖发雨。东海龙妖即是阎罗妖变身。
>
> 其一切无名肿毒者类皆四方头红眼睛蛇魔阎罗妖之妖徒鬼卒，自秦、汉至今一二千年，几多凡人灵魂被这阎罗妖缠捉

---

① 《癸丑纪闻录》，《太平天国史料专辑》第489页。

② 《劝世良言》第1卷，见《近代史资料》1979年第2期第3页。

③ “十恶业”即身三业（杀、盗、淫），口四业（妄言、两舌、恶口、绮语），意三业（贪、嗔、痴）。“六道”即天道、人道、修罗道、畜牲道、饿鬼道、地狱道。

磨害。……尔等还不醒哉！及今不醒，恐怕迟矣！①

洪秀全选择了阎罗妖这一凶恶可憎的形象，作为佛教的代表，作为现实世界封建政权的代表，与之划清营垒，对之大张挞伐。这样，在狂飙般的反对“三教”的斗争中，佛教是最主要的打击对象，也就不足为奇了。

二 佛教的潜流在太平天国

洪秀全的教义作为一种崭新的思想体系和精神力量，对革命的发动起了巨大的作用。尤其在革命初期，全军将士信仰坚定，斗志旺盛，一鼓作气打下了南京，又分兵四出，也所向克捷。战士们鼓舞兴奋。认为那奇迹般的胜利“不是人做事，乃天做事”②，是上帝诛妖的明效大验。当时地主、官僚咬牙切齿，大骂太平军老战士“心多入魔”，是“愚迷”③，从反面说明了老战士们信仰笃诚的精神状态。

随着革命形势的迅猛发展，洪秀全的思想也发生了显著变化。为了使“独一真神”上帝的权威亿万斯年地保持下去，他进一步推行了“罢黜百家，独尊上帝”的政策，对儒家的态度也从温和而转趋严厉。包括自己的旧作，他也重新检查一次，对带有儒家气味的文字痛加删除，改版颁行。对于佛教，自然更是不在话下。儒、佛、道三教同清朝统治一起，受到了史无前例的沉重打击。

然而旧的传统是巨大的阻力，是历史的惰力。从太平军本身说，由于革命队伍的膨胀，江南的新战士所占的比重越来越大，情

① 《原道觉世训》。

② 佚名：《金陵纪事》，《太平天国史料丛编简辑》，第2册，第45、46页。

③ 佚名：《金陵纪事》，《太平天国史料丛编简辑》，第2册，第45、46页。

况就发生了变化。这些新战士对拜上帝的说教"皆不信其言"①。背诵《天条》、祈祷、礼拜等种种仪式，后来渐成为一种具文，那些礼拜的人，往往觉得讨厌，暗暗咒骂。但因为法令森严，无法规避。②军队中的信仰热情，随着时间的推移也逐渐被冲淡了。

至于在一般居民中推广拜上帝教的信仰，又比军中更为困难。在南京和少数几个大城，太平军用说服("讲道理")和强制(鞭笞、杖责、斩首)相结合的手段，使全体居民一律"拜上"，总算维持了拜上帝教的统一局面；但在广大农村却远非如此。作为农民战争，太平天国却一味地重视城市，对农村则在政治上军事上颇为忽略。这倒使许多地主感到庆幸，他们说："所幸'贼'据一城，而城外之人即不归附。"③例如在安徽，太平军长期占领的桐城，地主认为城内的日子虽不好过，但"数年间，乡间尚有安土"④。在江南苏、松一带，甚至出现太平军占领城市，而地主武装退居农村；城市中蓄发、易服、改元，而某些乡村继续剃发，通行清朝衣冠、年号的现象。因此，乡间祭祖、敬神、拜佛的旧俗大量存在，佛教的潜流最初有如涓涓之水，不绝如缕，到后来竟至公然泛滥城乡，冲破了拜上帝教的堤防，波及太平天国的领导阶层了。

据方宗诚《释常泰传》所记，在太平军占领区的安徽舒城，许多佛教的庙宇、和尚被保留下来，有些和尚态度倨傲，居然公开对抗太平天国地方政权，拒绝"归顺"。舒城大宁禅院的方丈常泰就是这样的一个和尚：

> 初，"贼"之据城也，尽收僧田租税。他僧有跪求于"贼酋"

---

① 佚名：《金陵纪事》，《太平天国史料丛编简辑》，第2册，第47页。

② 王治心：《中国基督教史纲》(青年协会书局1940年版)第170—171页。按：该书作者云"这些情形，是我的父亲当时所亲眼目睹的"。

③ 汪士铎：《乙丙日记》卷3，第5页。

④ 萧穆：《敬孚类稿》卷12，《文斗垣先生事略》。

者，得半留。“伪职”某素知常泰，使人示意。答曰：吾宁饿死耳，肯屈膝于“贼”耶？有僧以树木被戕害，讼于“贼酋”。常泰曰：吾辈虽为僧，然服皇上水土，亦当知皇上之恩，奈何以树木故而弃大义？①

这条资料所记载的是太平天国初期的情况。② 那时至少在安徽的一些县份，不但允许寺庙、僧侣继续存在，而且还允许寺庙保有地产，向农民收取一半地租。对佛教如此宽让，竟然仍有某些和尚拒绝“屈膝”，民事纠纷也不屑于找太平天国地方政府裁断，表示效忠清朝“皇上”，不承认太平天国的统治，也可谓气焰甚高了。不过，那时佛教总还算只在民间半合法地存在，还没有一个太平天国的官员去参加佛教的宗教活动。

到了太平天国后期，随着儒教的抬头，佛、道二教的活动也日益公开化、合法化了。以苏、常为例：1860 年太平军刚刚攻克这一带地方的时候，“每见庙宇寺观必拆毁焚烧，神佛塑像刀砍足践，灭迹不留，呼为死妖”③。地主分子还扼腕叹息“三教俱废”④。但是不到一年，太平天国“各乡坐卡‘贼’目，日久在乡，与土人熟悉，转受良民之化，有愿作‘正道’者”。什么是“正道”呢？这就是背弃拜上帝教，皈依佛、道。常熟的太平天国将领同乡官一起，居然在阴历七月十五日，按照佛教的惯例，大兴“盂兰盆会”。常熟守将康天安、钱桂仁也借口“闻夜中鬼哭”，命 30 多个和尚在庙中大作佛事，拜忏，放焰口（盂兰盆会、拜忏、放焰口都是佛教追荐亡魂的盛大仪式）。钱桂仁还不顾太平军老战士的反对，把一大批“缁流”（和

① 方宗诚：《柏堂集·次编》卷 6《释常泰传》。

② 按：《柏堂集·次编》所收的文章，都是咸丰三年（1853）至七年（1857）所写。

③ 《鳅闻日记》，见《近代史资料》1963 年第 1 期，第 83 页。

④ 《鳅闻日记》，见《近代史资料》1963 年第 1 期，第 83 页。

尚)、"羽士"(道士)从乡间召到城内,甚至弄到自己的官署内"入馆祈修"①。苏州守将熊万荃害了病,便到山塘度凡庵去求药方,病好以后向佛还愿,"酬佛檀香一担,鞭爆二千,施红绫等件",以至于上行下效,他手下的太平天国官员都"信从"了佛教,"香烟极盛"。原来被禁止的纸人纸马一类的祭奠用品,又兴盛起来。当时地主文士记载说:佛道等教"至此禁弛,与鸦片之愈禁愈盛,同一具文"②。在杭州,原已焚毁的上天竺大佛殿,又被某些太平军将领修复成一个较小的佛殿,他们的女眷们到佛殿中"争相祈祷","死妖"又变成顶礼膜拜的对象。所以地主文士作诗恶意地嘲讽道:"土木无知唤作妖,神祠非撤即焚烧;灵山咸应称天竺,殿宇重新五彩描。"③

太平天国的将领尚且如此,那么城乡居民之中求仙拜佛的活动便可想而知了。据吴江县大地主柳兆薰的日记所载,该县地主的生活几乎一切照旧,向农民收租之余,还要念经、诵咒、扶乩、求签,向神佛、祖祠拈香叩头,保佑他们"租赋有着","祈早灭贼"哩!④ 难怪在1861年春天,干王洪仁玕奉旨催兵,经过安徽、浙江的广大地区,沿途所见"郡县乡镇,多有妖习未除,妖形未化",竟使干王"不禁触目惊心"⑤了。

其实,不仅在一般居民中,在太平军将士中没有断除佛教的影响,甚至连太平天国的核心人物,例如忠王李秀成,也对拜上帝教十分冷淡,而受到佛、道的深刻影响。据曾经多次与李秀成会见的

---

① 《鳅闻日记》,《近代史资料》1963年第1期,第123页。

② 龚又村:《自怡日记》,《太平天国史料丛编简辑》第4册,第450页。

③ 丁葆和:《归里杂诗》,《太平天国史料丛编简辑》第6册,第461页。

④ 《柳兆薰日记》,《太平天国史料专辑》第158—159页。

⑤ 《钦定军次实录序》。按:此处所谓"妖习"、"妖形",自然包括儒佛道三教;而根据洪仁玕对儒家始终一贯的温和态度,他所谴责的主要应是佛道二教。

外国传教士何默斯(J. L. Holmes)的报道，关于拜上帝教与西方“圣经”所讲的道理，李秀成“对这问题并不感兴趣”，“不愿把它作为一种抽象的东西来考虑”①。他对宗教抱着某种实用主义的态度，因而思想驳杂，不泥一说。兵败被俘以后，他在《自述》中写道：“来在天朝，蒙师教训？可悉‘天文’。我悉‘天文’者，是在杭州西湖山后有一老师，年有九十余岁，教我七日七夜而知。后此人不知〔告〕而去，寻踪无由。今已被拿，天数难辞，故而明说。”②这里，李秀成所谓的“天文”，就是陈旧的星象之术。赵烈文《能静居士日记》中记载他与被俘后的李秀成谈话：“李(秀成)又言：‘天上有数星，主夷务不靖，十余年必见。’余征其星名度数，则皆鄙俚俗说而已。”③李秀成特意投师学习并夸示于人的星象之术，虽然并不就是佛教，但也正是太平天国本身所反对的“妖习”。尤其值得注意的，是他在《自述》中对太平天国革命、对洪秀全反对“三教”的斗争所持的看法。他写道：

> 此亦世人之劫数，亦是英雄应受折磨之当，五百年之大数转限数难逃。自周至今，数千年之大换……今除神像，是天王之意，亦是神圣久受烟香之劫数。周朝斩将封神，此是先机之定数，而今除许多神像，实斩神封将还回之故也。……今我天朝封万千之将，天王斩去万千宇宙，业已数尽国崩，观之可是也。④

这一段话所包含的思想，可能直接来源于《封神演义》，如果进一步追溯它的思想渊源，则与佛教有着密切的关系。“劫”，是佛教

---

① 贺翼柯：《戈登在中国》(黎世清译)，《太平天国史料译丛》第 157 页。

② 《李秀成自述》，《太平天国文书汇编》第 488 页。

③ 《能静居士日记》同治三年六月二十日，《太平天国史料丛编简辑》第 3 册，第 375 页。

④ 《太平天国文书汇编》第 496 页。

的名词，是极长的时间单位。宇宙的发展，要经历“成”、“住”、“坏”、“空”四个阶段，叫做“成劫”、“住劫”、“坏劫”、“空劫”，在无量无边的灾难中循环不已。尤其每当坏劫来临，特大的灾难出现，从阿鼻地狱起，经过人间，直到诸天，无论是人、是鬼、是神，都不能逃免，毁灭得干干净净（佛自然除外），于是空劫来临。这样的设想是佛教所特有的。再与儒、道二家的天命、术数思想相结合，便构成封建中国流行的历史观。李秀成认为太平天国革命是“世人之劫数”、“五百年之大数”；焚庙宇、毁偶像的斗争是“神圣久受烟香之劫数”；天朝的失败是“数尽国崩”……这种种的说法都是上述思想的典型表现。在当时，许多地主、士大夫的看法也都是这样。例如在太平军占领苏州时期，一位封建塾师在笔记中写道：“南库城隍庙、绿稼桥永兴庵以及园通庵、杨山太尉堂，‘贼’俱指为妖庙，悉拆毁，将神像或抛于河，或投诸火。呜呼，神亦有劫数耶？”①“神亦有劫数”，这种想法带着佛教的鲜明烙印，与李秀成不约而同。可见佛教的幽灵在太平天国到处出现。

三　洪秀全思想中的佛教因素

洪秀全是太平天国的领袖，也是反对儒、佛、道三教的斗争中最为激进、最为坚决的人物。为了维护拜上帝教新天新地的纯洁性，他要用上帝的宝剑，斩断万根烦恼丝，同一切旧传统、旧思想、旧文化一刀两断。

但是，如所周知，洪秀全同儒家思想始终没有割断联系，直到后期，仍同儒家思想难解难分。不错，他最痛恨以阎罗妖为标志的佛教，并以佛教为最主要的打击对象。然而他凭着对阎罗妖深恶痛绝的感情，就能够同佛教思想一刀两断吗？否。诗人李白有一

① 蓼村遁客：《虎窟纪略》，《太平天国史料专辑》第37页。

个名句——“抽刀断水水更流”，洪秀全同佛教思想的关系也正是这样。下面我们将从他的世界观和他所借取的思想资料上进行一些考察。

《原道觉世训》是阐明拜上帝会教义的根本文献，也是讨伐佛教的激昂的檄文。这里面有一段最富哲学意趣的文字，值得注意：

> 若自人灵魂论，其各灵魂从何以生？从何以出？皆禀皇上帝一元之气以生以出，所谓一本散为万殊，万殊总归一本。孔伋曰：“天命之谓性。”《诗》曰：“天生蒸民。”《书》曰：“天降下民。”昭昭简编，洵不爽也。①

这是洪秀全的人类起源论（也可以看作世界起源论）；而其中所包含的思想成分，有基督教的，有儒教的，也有佛教的哲学。“上帝”是基督教的观念，但“一元之气”从何而来？“气”这一范畴既不见于《圣经》②，也不见于《劝世良言》，而是古代中国哲学所固有的，从先秦即已出现，至宋朝讨论尤多。洪秀全年轻时读诗书，应科举，程、朱的哲学不能不对他发生深刻的影响。程、朱连篇累牍讲“理”讲“气”，什么“天下未有无理之气，亦未有无气之理”③，在当时的士子中是尽人皆知的。朱熹讲到“天”，曾明确说过：“天只是一元之气。”④儒书上的“天”，洪秀全以为就是“皇上帝”；“天只

---

① 《太平天国印书》上册，第17页。

② 据《劝世良言》第3卷《论元始造生之人初性本善》写上帝造人云：“神爷火华乃照自像之仿佛，以地土红尘而造成一人，将灵命之气，吹进其鼻孔之中。”（《近代史资料》1979年第2期，第47页）又，太平天国癸好三年刻《旧遗诏圣书·创世传》云：“上主皇上帝则将土尘甄陶人也，亦以生气喷入鼻孔，其人即成活灵也。”按：此“灵命之气”或“生气”即英文《圣经》“the breath of life”的译文（“breathed into his nostrils the breath of life”），与“一元之气”毫不相干。

③ 《朱子语类》（同治应元书院刊本）卷1，第1页。

④ 《朱子语类》（同治应元书院刊本）卷6，第8页。

是一元之气”，也正是《原道觉世训》所谓有“皇上帝一元之气”的哲学背景了。这样的哲学离儒家太近，离基督教太远，洪秀全自已在几年以后显然也觉察到了，所以在 1852 年的重刻本中作了修改，“皆禀皇上帝一元之气以生以出”，改成“皆由皇上帝大能大德以生以出”，以期靠近基督教义。

但是紧接着下面还有两句话：“所谓一本散为万殊，万殊总归一本。”这两句话是继续论证上述“一元之气”创造宇宙万物的原理的。但“一本万殊，万殊一本”的命题，无论从语言形式或思想实质来说，都不是基督教，而只能是程、朱理学，进一步说，是十足的佛教哲学。

“一本万殊”，或曰“理一分殊”，是程、朱理学的核心。按程、朱的说法，“理”是精神性的实体，“气”是物质材料。“理”是“气”的主宰，在宇宙万物没有产生以前，先有一个“天下公共之理”存在着。这个“公共之理”流行化育，才产生世上万殊的事物。因而，每一具体的事物，都被赋有那个公共的、统一的理。从事物的特殊性上看，每一事物所具有的“理”，是“各各满足，不待求假于外”的；从事物联系性上看，它们的理又是“可推而无不通”①的。所以，统一的理分散成万殊的理，并没有因此而被割裂：“不是割成片去，只如月映万川相似。”②什么叫“月映万川”呢？“如月在天，只一而已；及散在江湖，则随处而见，不可谓月已分也。”③以上就是程、朱关于“一本万殊”或“理一分殊”的说明。

由于万事万物都具有“可推而无不通”的统一的理，所以他们说：“一人之心，即天地之心；一物之理，即万物之理；一日之运，即

① 《朱子语类》卷 18，第 9 页。

② 《朱子语类》卷 94，第 41 页。

③ 《朱子语类》卷 94，第 42 页。

一岁之运。”[①]又说：“万个是一个，一个是万个。”[②]在这里，主观和客观、一般和特殊的界限全都消失了，只剩下一个“月映万川”的圆通世界。“月映万川”是佛经上常用的比喻，朱熹并不太避讳他这种思想来自佛教，他说：“……能贯通者，只为是一理。释氏云：‘一月普现一切水，一切水月一月摄。’这是那释氏也窥见得这些道理。”[③]朱熹所引证的释氏的话，正是来源于禅宗玄觉和尚的《永嘉证道歌》[④]。禅宗的另一和尚契嵩也说过：“心乎若明，若冥，若空，若灵，若寂，若惺。有物乎，无物乎？谓之一物，固弥于万物，谓之万物，固统于一物。一物犹万物也，万物犹一物也。”[⑤]契嵩所说的“心”，不正是程、朱的那个流行化育的“理”么？“一物犹万物，万物犹一物”，“一物之理，即万物之理”，“万物是一物，一物是万物”——这些命题不正是一个来源么？

其实，程、朱“理一分殊”的理论不仅仅是承袭佛教禅宗一派，而且还承袭了华严宗一派的哲学。华严宗早就提出了“理”和“事”这一对范畴，“理”(即真如)是宇宙间精神实体，世界的本源；“事”是宇宙间森罗万象的事物。华严宗的根本理论是“法界缘起”，就是讲那个“理”流行化育、派生宇宙万有的过程。正因为宇宙万有都是那个完整的“理”所派生出来的，所以每事每物中都包摄了完整的真理，一粒尘土就“全同”于整个世界。华严宗的创始者法藏和尚说：“一一事中，理皆全遍，非是分遍。何以故？以彼真理，不可分故。是故一一纤尘皆摄无边真理，无不圆足。”[⑥]因此，一中具

① 《二程先生全书》(康熙程氏刻本)卷2上，第1页。

② 《朱子语类》卷94，第41页。

③ 《朱子语类》卷18，第9页。

④ 见《大正藏》卷48(诸宗部五)，第396页。

⑤ 《六祖大师法宝坛经赞》，《大正藏》卷48，第346页。

⑥ 《华严发菩提心章》，《大正藏》卷45(诸宗部二)，第653页。

多，多中具一，“一即一切，一切即一”①，万殊一本，圆融无碍。程、朱理学，就从这里面脱胎而出了。程颐的弟子刘安节读了《华严经》以后，去请教老师，程颐回答：“只为释氏要周遮（佛教只是要绕弯子罢了），一言以蔽之，不过曰‘万理归于一理’也。”②这就直截了当地承认了自己的哲学是不绕弯子的华严宗哲学。

上面，我们不得不用最必要的篇幅，简述了《原道觉世训》同程、朱理学的关系，以及程、朱理学同佛教的关系。此外，在《原道救世歌》中，洪秀全说的“天人一气理无二”③，同样与基督教无关，而与程朱理学、佛教哲学息息相通。洪秀全可能根本没有读过佛经，但他通过程、朱理学的影响，而间接沾染了佛教的思想因素，这却是不依他自己的意志为转移的。

然而这毕竟是间接的、曲折的佛教因素。在洪秀全的拜上帝教中，有没有直接从佛教移植的东西呢？

如所周知，拜上帝会创立的缘起，是洪秀全在“丁酉年”(1837)的异梦。据《太平天日》记载：洪秀全被上帝接上高天，上帝诏告他：妖魔正在凡间危害世人，“不但凡间有妖魔，即高天三十三天亦闯有妖魔矣”。洪秀全怒极而与妖魔战斗，将妖魔从三十三天上一层一层地向下驱逐，等到“逐下凡间这重天时”，洪秀全砍死了无数妖魔，其余的妖魔也大部分被降服，“其遵命落十八重地狱不敢作

---

① 《华严一乘教义分齐章》卷4，见上书，第503页。

② 《二程先生全书》卷18，第18页。按：刘安节问的问题是：“某尝读华严经，第一真空绝相观，第二事理无碍观，第三事事无碍观（庸按：这就是华严宗所提出的‘三观’、‘四法界’思想）。譬如镜灯之类，包含万象，无有穷尽（庸按：法藏和尚用十面镜子安排于上下八方，面面相对，中置一佛像，燃灯以照之，十面镜子的佛像便交相反映，无有穷尽，以说明一相多摄的哲理）。此理如何？”这些佛教概念颇费周折，非数语可尽，故引文从略。

③ 《太平天国印书》上册，第10页。

怪者三分居二焉”①。这里值得注意的是，“十八重地狱”、“三十三天”和“凡间这重天”等概念。“十八重地狱”不是基督教的地狱，佛教有《十八泥犁经》，专讲十八重地狱，至为明显，毋庸讨论②。至于天上的层次，在太平天国文献里面，屡见不鲜。除《太平天日》以外，还有：

当前三十三天上，几多磨过雪云中。……天王又预诏：头打三十三天，脚下十八重地狱。③

爷哥朕幼坐天国，三十三天爷排先。④

天父上帝海底量，三十三天妖闯上。……九重天上一东王，辅佐江山耐久长。⑤

今览辅叔本奏：东王舍命顶天，代世赎病，天大功劳，恳造正九重天廷，以备幼东王莅任袭爵之所。朕旨准。⑥

按照洪秀全的安排，上帝住在最高一层的三十三天，东王的灵魂住在第九重天，⑦“凡间这重天”的下面则是十八重地狱。这样多的等级层次，在基督教里是根本没有的。1854 年英国船“拉特勒”(Rattler)号船长麦勒西(Mellersh)等人到天京，向东王杨秀清书面提出一些包括教义在内的质疑问题，东王在复函中又反过来

---

① 《太平天国印书》上册，第 37—39 页。

② 按：陈恭禄先生在其《中国近代史》中曾指出：太平天国的“十八重地狱，来自佛教，与基督教无关”(商务印书馆 1935 年 5 月第 3 版，第 169 页)。不过除此一句话外，没有再论证太平天国与佛教的关系。

③ 《王长次兄亲目亲耳共证福音书》。

④ 《朝天朝主图》。

⑤ 《赐英国全权特使额尔金诏》。

⑥ 《建造正九重天廷并封李容发为忠二殿下诏》。

⑦ 《太平天日》记载，1847 年冬洪秀全题赠一诗给拜上帝会早期信徒曾玉璟，勉励他“尽把凡情丢却去，方能直上九重天”(见《太平天国印书》上册，第 50 页)，则是一般功勋人员死后皆可上九重天。

质问他们:“尔各国拜上帝、拜耶稣咁久,有人识得天上有几多重天否?”①这样的盘问,当然会使西方基督徒们目瞪口呆的。

“天有九重”,这种观念是中国古代原有的,至于三十三天,则只见于佛经。根据佛教教义,大地之上的诸天也是等级森严的,从低级到高级共有二十八层,即欲界六层天,色界十八层天,无色界四层天②;超出于诸天之上的是佛、菩萨。在欲界六层天中,第二层是忉利天,也叫三十三天。这一层天在须弥山顶上,中央为“帝释”(释提桓因)居住,东西南北四方各有八大天王,共三十二天王拱卫。三十二天王连同帝释天一起,称三十三天,这就是人间抬头所见的青天,它在佛书里是等级很低的天。佛教是虽善于吹牛的,按佛徒的吹嘘,中国儒经上的“上帝”或道教的“玉皇大帝”,就是三十三天的那位“帝释”。佛经上描写释迦牟尼说法时,帝释只能远远地站在无数菩萨、阿罗汉及诸天神后面洗耳恭听,连佛的弟子资格都不够。洪秀全未读佛书,不晓得他们的这一套牛皮,只是耳食了“三十三天”一词,遂将其移植到拜上帝会里面,作为“爷火华”上帝的住所。

洪秀全在反儒、反佛战场上,前路勇猛冲杀,所向披靡,而后路却遭敌迂回渗透,堕敌陷阱,这不能不是英雄憾事了。

---

① 《东王答复英国人三十一条并责问五十条诰谕》,见《文史》第1辑(《新建设》编辑部编)。

② 欲界六天即:四天王天、忉利天、夜摩天、兜率天、化乐天、他化自在天。色界十八天分初禅三天(梵众天、梵辅天、大梵天)、二禅三天(少光天、无量光天、光音天)、三禅三天(少净天、无量净天、遍净天),四禅九天(福生天、福爱天、广果天、无想天、无烦天、无热天、善见天、善现天、色究竟天)。无色界四天即:空无边处天、识无边处天、无所有处天、非想非非想处天。

四 小 结

（一）太平天国反对儒、佛、道三教的斗争，是被压迫的农民对封建精神牢笼的勇猛冲刺，是旧民主主义革命时期思想战线上的伟大创举。在这次革命运动中，佛教所受的打击最为沉重。不管这次运动采取了如何离奇怪诞的形式，不管它是如何不彻底，并且最后归于失败，但它的进步意义应予以充分肯定。

（二）在反对“三教”的斗争中，洪秀全是最为激进的领袖人物。但由于佛教与儒家互相结合，长期统治，对中国的思想和文化造成了深远的影响。这个前提是无法回避的，所以洪秀全在世界观上，在思想资料的借取上，都存在着来自佛教的因素。这些佛教的思想因素，有些是通过耳濡目染，有些是通过儒家哲学的渠道，不自觉地带进了拜上帝会。思想文化的连续性、渗透性和继承性是割不断的，不依人们的意志为转移的。

（三）但这并不是说，旧传统旧思想的反动影响永远不会消除，永远不会制服；只是说，对那种在社会历史上具有强大影响力的思想文化体系，不能指望在一朝一夕用简单的方法去制服它。恩格斯说：“仅仅宣布一种哲学是错误的，还制服不了这种哲学。”①武器的批判不能代替批判的武器。只能靠科学的威力，靠说理的威力，才能彻底清除一切错误的、反动的思想影响，使社会文化大踏步地前进。

（原载《太平天国史论文集》广东、
广西人民出版社 1983 年出版）

---

① 《费尔巴哈和德国古典哲学的终结》，《马克思恩格斯选集》第 4 卷，第 219 页。

太平天国的知识分子问题

一　前　言

在中国农民战争史上，有一个值得注意的问题：知识分子问题。

各个阶级都需要自己的知识分子，农民革命也需要革命知识分子的参加。毛主席说："革命力量的组织和革命事业的建设，离开革命的知识分子的参加，是不能成功的。"①这个指示是具有普遍意义的。当农民起义从零星小股发展成为巨大队伍的时候，当斗争形势发展到夺取政权的时候，随着斗争的客观需要，便产生了知识分子问题。刘邦在起义初期，溲溺儒冠，而到后来对张良、陈平、郦食其，乃至叔孙通这一班人，却能够虚己下心，知人善任。朱元璋一贯注意知识分子问题，当他平定浙东以后，又罗致刘基、宋濂等一班人，"命有司即所居之西创礼贤馆处之"②。特别对刘基，"常呼为老先生而不名"③，可谓宠优备至。李自成在崇祯十三年进入河南以后，得到了李岩、牛金星、宋献策一班人，也能够采纳群

① 《毛泽东选集》，第 604 页。

② 《国初礼贤录》，见《金声玉振集》。

③ 《明史》，卷 128，《刘基传》。

言，“相得甚欢”①。这都是加速他们胜利或发展的因素之一。

但是，在另一方面，由于残酷的封建剥削和压迫，农民只能过着极端贫穷困苦的奴隶式的生活，很少有受教育的机会。文化教育的一切机构都被地主阶级所垄断。正如马克思和恩格斯所说：“支配着物质生产资料的阶级，同时也支配着精神生产的资料。”②因此，农民自己的知识分子是十分缺乏的。所谓知识分子，绝大部分是出身于地主阶级的士子，受着地主阶级的文化教养，具有地主意识。

这些封建士子，按其阶级本性，是仇视农民起义的。但是随着起义力量的壮大，其中一部分人也可能从统治阶级中分化出来，主动投身革命，忠实于革命事业；不过他们总是少数。此外，还有一大部分地主士人，或慑于起义的威力被迫向农民投降；或看风转舵，钻入起义队伍，以便保持既得利益，谋取个人的富贵。这些人一旦成批地进入起义内部，就力图改变战争的性质，力图缩小反封建斗争的范围，使农民战争转向改朝换代的争夺。像刘基、宋濂这一批浙东地主集团，投靠朱元璋以后就设法用所谓“帝王之学”来代替农民的明教教义，并公然咒骂起义领袖韩林儿是“牧竖”，诱使朱元璋背叛农民，向着相反的方面转化了去。这是一个典型事例，不少农民起义都是这样失败的。

当然，这并不是说，农民革命失败的决定性原因是知识分子问题引起的。决定性的原因要到农民所联系的落后生产方式里面去找，要到当时的阶级配备情况里面去找，质言之，没有无产阶级的领导，农民就不会得到解放。但是知识分子问题总不失为农民革命的一个具体问题：如果不能争取知识分子的参加，就不能适应革命事业的客观需要；而地主知识分子一旦成批地进入革命队伍，又

---

① 《明季北略》，卷23，《李岩归自成》。

② 《德意志意识形态》，见《马克思恩格斯全集》，第3卷，第52页。

常常会侵蚀革命的原则，甚至会带来许多破坏活动。这的确是一个矛盾，单纯农民战争无法解决这个矛盾。

发生在半殖民地半封建时代的太平天国革命，也同样存在着知识分子问题。不过由于当时阶级关系和斗争形势更加复杂，表现在知识分子问题上也就更加复杂。本文试图对有关的现象加以初步综合和分析，浅薄谬误之处，希望得到同志们的匡正和教益。

二　太平天国领袖人物与知识分子

鸦片战争以后，英国的大炮和清朝的屈膝激起了人民的普遍愤恨，阶级矛盾激化起来。随着阶级矛盾的展开，中国知识界就开始了明显的分化：在地主士大夫中，有一部分人自然仍旧是浑浑噩噩，麻木不仁；但是另外一部分人，则激起了强烈的爱国情感和某种不满现实的情绪。这些人有的参加了某种爱国斗争，例如“升平社学”的斗争；有的开始探索西方的克敌制胜之道，成为维新思潮的先驱人物。不过他们基于统治阶级的立场，对人民革命还都是非常仇视的，魏源、钱江等人以后对太平天国的敌对行为可以说明这一点。但是也有一小部分出身于地主阶级的知识分子，在鸦片战争后期和战后却直接参加了或领导了人民的武装起义，例如1842年湖北崇阳的钟人杰、1844年湖南耒阳的阳大鹏，都是从聚众抗粮发展而为武装的反清起义。1846年正在贵州做官的胡林翼，曾经狠狠地指出：“崇阳之罪魁为廪生钟人杰……乃有名行善富户；耒阳之罪魁阳大鹏……系富户秀才”；而贵州天柱的武装抗粮事件，也有“滋事劣生”①参加。不过这些知识分子为数很少，而且斗争方式陈旧，不可能再起到重要的历史作用。

而太平天国的领袖洪秀全就不同了。洪秀全不但比当时一般

① 《胡文忠公遗集》，卷53，《宦黔书牍·致天柱令》。

的知识分子多了一层关于西方的知识，是“向西方寻找真理的一派人物”①，而且更重要的是，他出身于农民，处于被压迫的阶级地位，亲身体验到劳动人民的痛苦，受着劳动人民的精神滋养，感受到劳动人民的伟大呼吸，所以他能够利用自己的知识——中国旧有的知识和西方基督教的知识——组成为革命的理论，领导了伟大的太平天国革命。

西方的传教士本来希望用基督教来驯化中国人民，并且想首先争取中国的“智识阶级的青年”，他们指使梁发在广州贡院前把传教小册子大量散发给赴考的童生，认为：“如要将福音传播于中国各处，那末，必须先影响其士子。”②但是事实和他们的主观愿望相反，洪秀全得到了传教小册，却把它加以根本改造，赋予“上帝”以革命的灵魂，创立了拜上帝教，号召人民起来革命。

拜上帝教是农民的福音，当洪秀全和冯云山在广西传教时，“亦有读书明白之士子不从，从者俱是农夫之家，寒苦之家”③。农民的革命热情一旦被唤醒，他们的伟大智慧也就苏醒起来，涌现出了成批杰出的领袖人物和革命骨干，杨秀清和太平天国后期的将领陈玉成等人，就是其中的代表者。杨秀清“在家种山烧炭为业，并不知机，自拜上帝之后，件件可悉。不知天意如何化作此人？天王顶而信用，一国之事，概交于他，军令严整，赏罚分明”④——这是李秀成评论杨秀清的话。这是一个典型，说明革命的烈火能够把一个贫苦农民陶铸成为出类拔萃的英雄人物。这些人不是知识分子，可是他们所表现的卓越才能和识见，却是多数知识分子所望

① 《毛泽东选集》，第1358页。

② 麦沾恩：《中华最早的布道者梁发》，上海广学会译本，第4版，第50页及第74页。

③ 《李秀成自述》。

④ 《李秀成自述》。

尘莫及的。

地主阶级知识分子，一般地说，本来是反对革命的，他们尤其憎恶上帝教义。这不单是因为实际的革命运动空前严重地损害了他们的阶级利益，而且也因为上帝教义空前大胆地背叛了几千年来的正统思想，是一种异端中的异端，是封建儒教士大夫很难接受的东西。但是，阶级斗争的规律常常表现为：当斗争接近于决战的时期，统治阶级内部总会有一小都分人分化出来，归附予革命的阶级。所以，在鸦片战争后的历史条件下，一小部分失意的、不满现实的地主知识分子，就有可能参加太平天国革命。韦昌辉、石达开就是这样的入。前者在革命的过程中暴露了地主阶级的恶劣本性，对革命造成重大损失；后者当然也有许多过错，但终不失为太平天国的杰出人物，并在革命战争中牺牲了生命。还有冯云山，我们虽然不能肯定他是地主阶级出身的知识分子，但太平天国官书里面说他“家道殷实”①，不像是农民出身。重要的是，他能够在革命的实践中和劳动人民打成一片，把自己锻炼成为一个坚定的革命家，帮助洪秀全做了许多重要的理论工作和组织发动工作，鞠躬尽瘁，死而后已。他是太平天国知识分子中的一个光辉典范。

农民队伍中本来是缺乏知识分子的，而随着革命形势的发展，又需要更多的知识分子为之服务，所以太平天国一贯注意争取知识分子。早在 1852 年，太平天国从广西北上的路途中所发布的檄文，就曾昭布天下：“今各省有志者，万殊之众，名儒学士不少，英雄豪杰亦多，惟愿各各起义，大振旌旗，报不共戴天之仇，共立勤王之勋。”②号召知识分子认清民族大义，投奔到革命的旗帜下来。

在定都南京以后，政权的组织建设工作，特别是宣传、教育和

---

① 《天情道理书》，见《太平天国印书》（下简称《印书》）第 12 期，第 16 页。

② 《颁行诏书》第 1 篇。

文牍工作等等，越来越需要知识分子的参加，太平天国的领袖们也就更加注意对知识分子的争取和使用。连仇视革命的清朝士人也不得不说，太平天国“重读书人。而各魁帅于读书人尤为敬礼。凡‘被掳’即收入‘贼巢’司笔墨，或尊为上宾，参预帏幄”①。

首先，东王杨秀清的官署内就吸收了大批新的知识干部。据《金陵省难纪略》所载：“丞相皆广西人，不识字，必携书手入读奏章。‘东贼’自言：‘五岁丧父母，养于伯，失学不识字，兄弟莫笑；但缓读给我听，我自懂得。’故书手往往得见‘贼’与其居。”②还有一些女知识分子，也破天荒地从深闺中解放出来，被吸收到革命工作里面。有名的傅善祥，就是东王的女簿书——机要秘书：“有傅善祥者，金陵人，二十余岁，自恃其才。东王闻之，选入‘伪’府，凡‘贼’文书，皆归批判，颇当‘贼’意。由是‘贼伪’官均尚文，有不合善祥式者，辄批骂。”③晚清著名学者汪士铎的长女淑芹也曾经作过东王的书手。④ 这些知识分子虽然参加革命较晚，但在东王周围，参与机要，不能不说是受到高度信任。

翼王石达开，“通文墨，重文人”⑤。他在安徽、江西极力笼络士子。刘文藻《诗舫存钞》中有一篇诗，记有一个湖口籍的洪秀才，被太平天国征召入馆，令其参加工作，而该秀才却极端顽固，拒绝为革命效劳，后来，太平军把他送到安庆，石达开亲自开导他。诗中写道：

---

① 李圭：《思痛记》，见《太平天国资料丛刊》（下简称《丛刊》）第 4 册，第 472 页。

② 见《丛刊》第 4 册第 105 页。按：此书所记东王不识字云云，当系夸大，应以《贼情汇纂》所纪“认字无多”为近。说见拙作《太平天国与儒家思想》。

③ 谢介鹤：《金陵癸甲纪事略》，见《丛刊》第 4 册，第 663 页。

④ 汪士铎：《乙丙日记》，明斋业刻本，卷 3，第 6 页。

⑤ 汪士铎：《乙丙日记》，明斋业刻本，卷 3，第 32 页。

翼"贼"坐堂皇，大义《春秋》勉：谓尔缪庠生，夷夏胡不辨！秀才日噫嘻，《春秋》吾所善，用夷则夷之，用夏夷人选。圣人大义明，尔"贼"岂能晒？群众请杀之，"贼"笑曰勿翦，彼固愿死耳，出禁久或转，吾方收士心，否则礼以遣。①

石达开用"夷夏之辨"的"春秋大义"，争取地主士子参加反清斗争，在当时可谓顺情顺理，苦口婆心。但是革命与反革命之间，是没有共同语言的。你用"春秋大义"开导他，他却有另外一种"春秋大义"——"中国而之夷狄则夷狄之，夷狄而之中国则中国之"，认贼作父，至死不悟。虽然如此，石达开对于该秀才并没有动用刑戮，仍然以礼送回，等待着他的转变("出禁久或转")。表现了太平天国对知识分子的仁至义尽的争取态度。

英王陈玉成也非常重视知识分子。河南商城人赵雨村在1861—1862年被俘参加安徽太平军，他记载说，英王"生平有三样好处：第一爱读书的人，第二爱百姓，第三不好色"②。忠王李秀成及其部将在苏、浙一带征用知识分子，不拘一格。据清朝官员向清廷奏报说，忠王攻克杭州后，"改抚署为招贤馆"，对投效者"相待甚优"③。秀才王韬1861年从上海回到苏州，也很快受到忠王部将的赏识接纳。至于王韬不久就潜逃而去，那是另外一个问题，而忠王及其部将的努力求才，却于此可见。

综上所述，可见太平天国的领袖们部非常注意对于知识分子的争取和使用，这对于革命工作是必要的和有利的。不过，由此也可以看出，他们对于知识分子——要知道，大多数都是地主阶级知

---

① 刘文藻：《诗舫存钞》，卷4。

② 刀口余生：《被掳纪略》。

③ 《剿平粤匪方略》，卷298，薛焕奏。按：此所谓"招贤馆"不限于招纳一般的知识分子，同时也招降清方的官员。清方投降官员是另一个问题，和一般知识分子有别，不在本文讨论之列。特此注明。

识分子——是过分地迁就和宽纵了，缺乏应有的原则性。同时，他们对于知识分子的地位和作用，也有一些糊涂看法，特别是干王洪仁玕，在以他的名义所制订的《钦定士阶条例》中，强调提出“士居四民之首”①的原则，并引用孟子“无恒产而有恒心者，惟士为能”的话，把所谓“士”当成了站在人群之上的特殊的、优越的、高贵的分子，形成一种“知识贵族”的观念——这正是中国封建社会的传统观念。《钦定士阶条例》是经过天王批准的国家法令，所以这可以说是太平天国的一种指导思想；在这种错误思想指导下，无论太平天国的领袖们怎样重视和努力，也不可能很好地解决知识分子问题。

三　有关知识分子的一些政策

太平天国既然一贯地重视知识子的争取和使用，就必然反映到有关的政策上来。当然，这里所谓的“政策”是就相对的涵义说的，严格说来，作为农民政权的太平天国，在知识分子问题上并没有什么自觉的政治准则或统一的行动根据；不过它确实也规定了一些制度和措施，从这些制度和措施里面，体现了争取知识分子的政策精神。

首先，从科举制度来看太平天国的知识分子政策。

科举制度是太平天国选拔知识分子的重要方式之一，从定都天京起一直到太平天国晚期，行之不衰。为了广泛地组织和吸引

---

① 《钦定士阶条例·劝戒士子文》。按：太平天国早就有“四民”的提法；例如《颁行诏书》有“四民人等”的提法；《贼情汇纂》所收韦俊、石凤魁的“海谕”，也有“士农工商”的提法（见《丛刊》，第3册，第225页），但这还可以说是一种习惯用语，而《劝戒士子文》却强调提出“士居四民之首”，不能以习惯用语看待。

知识分子参加考试，常令各地乡官或军中各馆举报读书人应试，并且发给路费伙食。例如在浙江吴兴，“就试者给旅费银币四，备舟膳”①。在桐乡，除赠以路费外，还在“考后每名给洋六元”②，颇有古“公车蒲轮”之意。如果有些地区乡官举报不力，还要受到处分：“凡军帅名下无人应考，职须黜革。”③对于那些拒绝应考的士子，也有处罚，例如“罚修塘充役”④或“加以鞭扑”⑤等。这种利诱和强迫的办法，诚然不是好办法，但在革命急需用人之际，毋宁说是农民的一种朴素的、并不含有恶意的争取手段。

太平天国的科举考试虽然沿袭了明清以来的旧制，但也作了一些有利于人民的革新。例如清朝规定，必须“身家清白”，“非优倡皂隶之子孙”方准应考；而太平天国却是不论任何门第出身的，“无虑布衣、绅士、倡优、隶卒，取中者即状元翰林诸科”⑥。又如，太平天国的科考，录取名额极宽，“稍知文理，皆抡首选”⑦。1854年湖北乡试，“入场未及千人，取中者至八百余名”⑧。1861年在浙江仁和开考，“一榜尽取无遗”⑨。综合上面两点加以分析，就会很容易地看出：太平天国的科举制度在很大程度上打破了地主阶级对仕进之途的垄断，有利于农民的或其他较贫寒的知识分子的

---

① 蔡蓉升：《兵燹记》，见《双林镇志》，卷32。

② 沈梓：《避寇日记》，见《太平天国史料丛编简辑》，第4册，第148页。

③ 张尔嘉：《难中记》，见《丛刊》，第6册，第541页。

④ 知非：《吴江庚辛纪事》。

⑤ 佚名：《粤逆纪略》，见《简辑》，第2册，第39页。按：《贼情汇纂》卷3，《伪科目》条记有“鸣钲传令，不应试者斩”；考之其他各书所记，均未有如是残酷，故知其必系夸大诬蔑，不取其说。

⑥ 《贼情汇纂》，卷3，《伪科目》。

⑦ 沧浪钓徒：《劫余灰录》，见《简辑》，第2册，第144页。

⑧ 《贼情汇纂》，卷3，《伪科目》。

⑨ 张尔嘉：《难中记》。

拔选。一个苏州的地主分子记载着说：1860 年太平天国在苏州开考，“是科太仓陆殿，农民也，中解元归，余适于牌楼寺镇见之”①。还有一个清军的幕客方玉润曾经写道：“‘贼’亦设科取士以牢笼文人，取中者奖励甚厚，故寒士多赴之。首科状元为兴国张某，以此兴国人民甘心从‘贼’，较他属尤甚。”②方玉润当时正在湖北干镇压革命的勾当，所记得之亲身见闻，可见太平天国争取了“寒士”，从而也更有利于争取人民。

1861 年《钦定士阶条例》的颁布，标志着太平天国科举制度的完备化。在这个文告里面，除了详细规定了科举制度的章则以外，还提出了对于士子的期望和要求：要求士子“才德兼备”，做到“富贵不能淫，贫贱不能移，威武不能屈，百折不回，至死不变”，“坚心耐草，以气节自重”③。由此可见，太平天国也注意了对知识分子的革命品德、革命决心和革命气节的教育。

太平天国的科举制度虽然具有不少的革新精神和积极因素，但归根究底，它还没有打破传统的束缚。从形式上看，它因袭了明清以来的八股文和试贴诗的考试方法，这久已被证明是脱离实际的方法。从内容上看，考试题目废除了《四书》，而代以《旧约》、《前约》（即《新约》）和拜上帝教的经典。废除封建儒学，当然是一桩好事，不过，用宗教八股代替儒学八股，用“代上帝立言”代替“代圣人立言”，岂不是同样难以培养真才实学、通达实际的知识分子？前面提到的方玉润，1857 年曾在湖北黄梅买到一本太平天国的时文抄本，内有八股文、试帖诗、论、赋等十数篇，他说这些文章“古雅绝伦”，“皆能入妙”，显系出自八股老手；并且详加批点，专供士子们

---

① 沧浪钓徒：《劫余灰录》。

② 方玉润：《星烈日记汇要》（鸿濛室丛书本），卷 32，《贼情》18。

③ 《印书》，第 18 册，《钦定士阶条例》，第 12 页。按：“耐草”即耐心。

“揣摹”[①]。这样，时尚所趋，知识分子仍会不务实学，专门揣摹八股，作为荣身之具，又怎么能够达到太平天国对知识分子的“才德兼备”的要求呢？

不错，太平天国在别的场合曾大力提倡“朴实明晓”的文风，反对“浮文巧言”。特别是洪仁玕，还专门为此发布过一道“喧谕”[②]，他还明确指出过：“迄今专以八股六韵，徒事清谈……究何补于道德才智乎？”[③]这个见解岂不很好？但他本人却又曾专门为“己未九年会试题”拟作了一篇八股文，以资提倡。其声调句法、陈词滥调，都极合八股文的要求。这种矛盾的做法，表明了太平天国的领袖们囿于旧的习惯势力，在革新的道路上，还缺乏彻底精神。

与科举制度相辅而行的，还有一种“出榜招贤”的制度，更广泛地收纳贤才。从定都天京的初期直至晚期，太平天国曾在许多地区贴出榜文，征求人才。其范围极为广泛，包括木、瓦、铜、铁各种匠人，吹鼓手，拳技，书手，医生，兵法，历史，地理，天文星象，算学.直至“绿林好汉能弃邪归正者”等等人才，无不搜罗录用。它的对象显然不限于书生士子，但它却是一种革命创举，比较科举制度更具有民主性和生命力。首先，它的眼光超出了知识分子领域，而扩大到劳动人民和其他下层群众中去发掘贤才；超出了只有读诗书、写文章才算有才学的传统偏见，而提高了实用技术知识的地位，这样，就能够把各方面文武技术人才吸引到革命队伍中来，对“人尽其才”的理想是一个大规模的革命尝试。当时一个地主分子看到太平天国的招贤榜后，认为清朝方面没有一个人想到这种办法，以致人才缺乏，“军中求一医而不可得，其无人物可知”。于是他悲叹

---

① 方玉润，前揭书。

② 《喧谕合朝内外书士人等》，见《军次实录》。

③ 《论道德才智》，见《军次实录》。

道:“而今乃见之‘反贼’文告中,天下事亦大可喟也!”①敌人的悲哀和恐惧,正说明了此种制度对革命的有利。其次,这种制度更灵活,更便于选拔下层知识分子。《贼情汇纂》记载着说“医卜星相,稍知字义,及乡俗浅学,市井猥才,江湖落魄,生计无资者”,纷纷赴招。② 如果除去其污蔑性的字眼,正可看出广大群众和下层知识分子投效革命的盛况。

如果仅靠科举和招贤制度,是仍然不能满足需要的,所以太平天国还普遍使用征派的方法,有时也用礼聘的方法,争取知识干部。我们姑名之为“征聘制度”。所谓“聘”,例如天京的军师周某,曾聘请学者汪士铎为幕,不过由于汪仇视革命,拒绝应聘。③ 所谓“征”,则带有一定的强迫性,即当太平军攻克一地之后,在“新兄弟”中“询有何技能?如能写字,则派充先生”④。

作为农民战争的太平天国革命,尽管不可能具有明确的科学的阶级观点,但他们对于官僚、豪绅和大地主是痛恨的,坚决打击的。尤其在太平天国前期,态度上十分明确。然而在打击官绅地主的同时,却能够争取和使用他们的知识分子。湖北沔阳的一个举人记道:“‘贼’尤恶绅士,悉目为妖。其家被祸尤烈,遇之者横加搒掠,逼为记室。”⑤按所谓“逼为记室”,就是“派充先生”。太平天国北伐军中的一个书理陈思伯,就是在1853年春太平军攻克武昌后参加革命的。根据他在《复生录》中的回忆,那时其父已死,他住在其堂伯家中,太平军在其堂伯家中搜出“清道飞虎旗”,认为其堂

---

① 沈梓:《避寇日记》,卷2,咸丰十一年七月十三日。见《简辑》,第4册,第74页。

② 见《丛刊》,第3期,第114页。

③ 汪士铎:《乙丙日记》,卷1,第10页。

④ 《汇纂》,卷11,《掳人》。

⑤ 方玉润:《星烈日记汇要》,卷33,《贼踪》8,第22页。

伯是一个清朝官员，将要加以镇压。当时陈思伯就表示："伯为贸易中人，并未作官，惟予父曾仕湖南，旗为父物，可释伯，予愿以身代死。"太平军看他是一个书生，就劝他投效革命，"令充书理，掌管笔墨事件"①。在这里，太平军能够把官绅地主本人和官绅地主家庭的知识分子区别开来，从政策的意义看来，这是一个十分值得注意的现象。

知识分子被征聘到太平天国里去，大部分都是当"先生"（书手、掌书、书理）②，也有一部分升任政治军事的领导。"先生"的工作，是掌管文案册籍，宣讲教义，礼拜时缮写祈祷奏章等。他们的地位颇高，一般只比其主管首长稍低一二级，例如总制和监军的书理，职同军帅，军帅的书理职同师帅，师帅的书理职同旅帅等。③他们的待遇优厚："各衙内有书先生最尊，较他众起居不同"④，"供给丰厚，与'伪'职埒"⑤。尤其在军队中，由于识字能书的人更为缺乏，而下级军官和战士们都是一些纯朴的农民，他们渴慕文化，对读书人十分珍视。一个极反动的地主知识分子李圭，追述他被太平军征发后的经历说：最初，他为了便于逃跑，便改名换姓，隐瞒自己的知识分子身份。在军队中做杂役、烧火，为前线战士送饭等，后因太平军转战各地，越走越远，他觉得"我辈出门即不辨方向，逃亦必死"，才暴露自己识字能书，于是立刻被提拔为"先生"，受到优遇。主管人员为防止他逃跑，做了许多工作，并且派人到他家中联系，让家中写信动员他安心从军，甚至要给他说媒成亲，"解

---

① 陈思伯：《复生录》抄本。

② 李圭：《思痛记》云："老贼司笔札者通称掌书大人，发短者曰先生。"

③ 详见《汇纂》卷3，《伪同职官总表》及《伪同职官分表》。

④ 《咸同广陵史稿》外编，《咸丰三年镇江城内朱允吉日记》。

⑤ 《汇纂》，卷11，《新贼》。

衣推食，延纳惟恐不周”①。另据一个秀才顾深的自记，他在1861年被征发到太平军某馆，当他表明自己是一个塾师以后，便被派充“先生”。他到馆中一个多月，“黄昏时讲说演义，如封神、西游、三国、水浒之类……馆中环而听者如堵，各出食物置余前，曰：先生劳苦，食此再讲。自此以后，众皆悦之，亲如一家人”。他又记述说，上级来了文书，别人看不懂，“令余阅之。……余一一为具言之，众皆鼓掌大笑，咸曰：难得这位通品先生在此，不然，将若之何？自此愈见亲热，有事不明，辄曰：呼这通品先生来！”。这样，他越来越受到尊重，甚至在除夕聚餐时，“命余坐首位，余谢不敢，咸曰：你是先生，不妨上坐”②。

总观上述的科举制度、招贤制度和征聘制度中所体现出来的太平天国知识分子政策，是争取知识分子，团结知识分子。这对革命工作当然是必要的和有利的。

但是，作为一种政策来说，它有一个严重的缺陷：在争取和团结知识分子（尤其是地主阶级知识分子）的同时，忽略了必要的政治教育和使用原则。他们对于某些地主阶级知识分子过于迁就，过于轻信，单纯地“敬重文人”，而到头来，那些文人还是背弃他们，骂他们为“贼”。上面谈到的那个李圭，太平军对他不可谓不厚，然而他却始终怀着异心，玩弄种种阴谋，挑拨老兄弟间的不和，暗中勾结一大群反革命分子，进行煽动破坏；最后，他钻营到了一个粮食收发的职位，便借机贪污银元100元，和两个反革命分子结伴席卷而逃，到上海清朝官僚那里做幕客去了。还有一个清朝官僚的纨袴子弟范植，他是汪士铎的女婿，此人并没有什么才学，汪士铎就说他“不才而浮”，后悔“婿家择误”③；太平天国攻克金陵后，他

---

① 李圭：《思痛记》，见《丛刊》，第4册，第484页。

② 顾深：《虎穴生还记》，见《丛刊》，第6册。

③ 汪士铎：《乙丙日记》，卷1。

极端仇视革命，在城内到处东窜西藏，后来因为得不到配给口粮，才出来应聘做一名书使，便马上被“尊之上客”。混了几天，又被提拔为将军，“头衔顿换，衣冠秀发，旌旆飞扬”；可是在太平军北伐时，让这位将军带兵出征，正当“兵马临门，急如星火”之际，他却可耻地潜逃无踪了。① 这些事例说明，在使用地主阶级知识分子方面，迁就和轻信并没有达到争取团结的目的，反而给革命造成许多损失。

这种迁就姑息的倾向，到了太平天国后期尤其严重。据商城人赵雨村的自记，他在 1861 年被征编入英王陈玉成的军队，不久便被推荐到英殿工部尚书汪文炳馆内做“先生”。当他第一次谒见汪文炳时，“正谈间，忽来一老先生，贸然问曰：‘尔系商城人么？……你怎么着这些妻孙龟种裹来了？’汪大人云：‘老先生请进去！’他也不听，总是说他的”②。这个“老先生”名叫葛能达，原是清朝钦差大臣署安徽巡抚李孟群的幕客，1859 年在六安和李孟群同时被太平军活捉，李孟群被镇压，而念他是个文人，仍然让他做“先生”，掌管各营册籍文案。可是他时时不忘旧主子，“每回提起李钦差，潸然泪下”。他敢于当着主管上级的面大骂太平军是“妻孙龟种”，分明是一个肆无忌惮的反革命分子，太平天国领导方面竟然软弱姑息到如此程度，实在是令人吃惊。

四　几类知识分子对革命的态度

随着形势的发展和整个社会的动荡，各种类型的知识分子被革命的浪潮卷进来了。他们对革命持着不同的态度：自愿的和被迫的，拥护的和反对的，坚定的和动摇的。而这些态度的不同，则

① 范植：《金陵避难记》，民国戊午(1918)年印本，第 15 页。

② 刀口余生：《被掳纪略》。

是和他们的阶级地位社会地位密切关联的。

太平天国革命比较以往的农民战争要深刻得多，它不同于改朝换代的斗争，而具有对封建制度进行致命打击的性质，所以在这次战争中，阶级分野的界线比较以往任何一次农民战争期间都要明显得多。这种明显的分野，不能不在当时人的意识中有所体验，例如汪士铎就从反革命的角度分析道：

天下最愚、最不听教诲、不讲理者：乡人自守其所谓理而不改；教以正，则哗然动怒，导以为非为乱，则挺然称首。……四民之中，最易作乱者农，工次之，武生次之，山中之士次之，商贾又次之，城市之士，则硁硁然可以决其不为乱。

汪士铎已经恨恨地看出来：农民和手工工人的革命要求最强烈。而所谓"士"——地主阶级知识分子，一般是反革命的，不过，其中"山中之士"虽知识分子的下层，比较"城市之士"即有钱有势的知识分子上层，态度上不那么坚决。汪士铎是尝过革命的苦头的，1853 年太平军攻克南京，他充满怨恨，不久就辗转逃到安徽绩溪，他在绩溪观察的结果是：由于该地比较贫瘠，居民比较困苦，所以对于太平天国，"则城中之士、乡人之富者恶之，他人则几有奚为我后之谈矣"①。这就是说，在革命要求最普遍的地区，除了地主阶级及其上层知识分子反对革命以外，其他各阶层，包括下层知识分子在内，都欢迎革命。汪士铎当然还不懂得阶级分析的方法，他只是出于简单的直观，不过却有着现实的根据。他已经觉察到了不同阶层的知识分子有着不同的政治立场。

当然，知识分子政治立场、政治倾向的不同，和其出身的阶级或阶层有一定关系，不过也和其所受的思想影响和社会实践有更密切的关系。所以在我们考察太平天国中的各种知识分子的动态时，也不能"唯成份论"。

---

① 俱见《乙丙日记》，卷 2。

（一）拥护革命的知识分子

毛主席在论到近代民主革命时期的知识分子时曾经指出："广大的比较贫苦的知识分子，能够和工农一道，参加和拥护革命。"①这个科学论断在原则上也适用于太平天国革命时期。

在太平天国革命时期，有一批农民的或其他阶层比较贫寒的知识分子或半知识分子，构成了知识分子的最下层。他们贫困潦倒，没有机会受到较高的封建文化教养，根本没有希望到清政府那里找到出路；他们和劳动人民比较接近，很容易受革命的发动，革命的态度也比较明朗坚决。太平天国的首义人物及老兄弟中就有一批这样的知识分子或半知识分子。清朝官书和地主士人的私家记载中，常有所谓某某"老贼""粗通文墨"、"识字无多"的说法，透过其诬蔑性的言辞，正可以说明老兄弟中有不少这样的人物。还有一些人和洪秀全、冯云山的情况类似，出身于贫寒的乡村塾师，例如曾水源、曾钊扬；有些虽取得过微末的"功名"，但最多不过是一名秀才，例如何震川；这些人在天朝中多任重要文职，但也往往兼办军务，带兵出战，经得起各种考验。遵王赖文光最初也是一个文职人员，后来由于革命工作需要，弃文就武，锻炼成为太平军的杰出将领。天王对他是非常信任的，他在《自述》中写道："主恩广大，赏罚由余所出，遇事先行后奏，其任不为不重矣。"②他后日的英雄业绩和高尚气节是可歌可泣的，没有辜负革命对他的信任。

在新兄弟的知识分子中也是这样，下层知识分子或半知识分子最多，也最积极。太平天国举行科考或出榜招贤的时候，最能够热烈响应号召的都是所谓"医卜星相、稍知字义及乡俗浅学、市井猥才、江湖落魄、生计无资者"③。在太平军征聘"先生"的时候，那

---

① 《毛泽东选集》，第 604 页。

② 《赖文光自述》，见《丛刊》，第 2 册，第 862—863 页。

③ 《汇纂》，卷 3，《伪科目》。

些乡村塾师、店伙、账房等人的顾虑最少，最安于其位。《镇江闻见录》说："李元章缎庄伙周姓为'贼'所掳，令司人口册，涂改甚忙，贼称为好兄弟。"①《贼情汇纂》说："江湖星卜者流，则甘为先生，虽纵不逃。"②这里所谓"虽纵不逃"，就是坚决跟着太平天国走，誓同生死，义无反顾。

但是，随着革命形势的发展，地主士大夫被革命浪潮卷入的也相对地越来越多，其中有一小部分人，也能够转变原来的政治立场，忠实地为革命工作："'贼'之初起，数十辈愚妄人耳(?)，胁从既多，遂出枭桀。又有缙绅科目无耻者(?)闲厕其间，指使引导。"③尤其在太平天国中心地区的江、浙、皖、鄂、赣等地，革命的声势曾经非常强大，清朝的反动统治看来已没有能力卷土重来，于是"东南人士.翩翩衣冠科目中人，至有以五色布裹头，署军、师、旅帅伪衔，偷活草间，受'昏制谬封'而不惜者"④。在这一帮地主士大夫中间，固然有一大部分是慑于革命声势之大，不得不暂时伪装起来，以图保持其既得利益；但也总有一部分人，就此真正走上革命的道路。《贼情汇纂》上说："若剧'贼'渠帅之先生，与知军事，不难祸福人(即握有相当权柄——引者)。造作悖逆文告，撰拟机密禀奏，且有欲逞才华。忘义干进，为之设策献谋，形我之短，赞彼之长。"⑤他们"竟不知'贼'不可恃，大有此间乐之意"⑥。他们甘愿"为'贼'效死"⑦。对于这些知识分子，敌人当然格外痛恨，咬牙切

---

① 苕山逸史：《镇江闻见录》，见《简辑》，第5册，第74页。

② 《汇纂》，卷12，《杂载》。

③ 鲁一同：《通甫类稿》(光绪酉腴仙馆印本)，卷2，《乙卯六月复戴孝廉第二书》。

④ 陈康祺：《郎潜纪闻》，卷9。

⑤ 《汇纂》，卷11，《新贼》。

⑥ 《镇江闻见录》，见《简辑》，第5册，第74页。

⑦ 臧谷：《劫余小记》，见科学出版社《太平天国资料》，第89页。

齿地骂他们是“斯文败类”(封建名教的光荣叛逆者),“罪在不赦”。潜伏在天京城内的一个清朝特务张继庚,还特别向江南大营开出黑名单,列出拥护革命的秀才、举人、医生等等,说什么“寸磔不足蔽其辜”①。还有一些清朝官僚,上奏清廷,策划将来对这些知识分子进行反革命报复。②

以上所述的知识分子,都是拥护革命的,是革命工作不可或缺的力量。他们平时竭尽心力才智为革命奔走效劳,设策献谋,关键的时刻也能英勇献身,死而无悔。例如天试进士胡万智,曾任天朝的育才官,后来调赴湖北兴国州与敌作战,“身受数刃犹呼天父东王洪恩,当以死报”③。当革命失败后,他们便受到清朝残酷的反革命报复,甚至那些仅仅参加过太平天国科考的人,也受到迫害和屠杀。④

千百个太平天国革命知识分子的鲜血,和农民的鲜血流在一起,写下了中国革命史上的壮丽篇章。

(二)投革命之机的知识分子

当阶级斗争处于如火如荼的决战状态而胜负未分之际,总有一些人首鼠两端,在革命与反革命之间进行政治投机。太平天国革命时期,也有一些这样的知识分子,或久或暂地在革命浪潮里打过旋。

苏州秀才王韬,乡试失败后,在上海为外国教士教授汉文。他

---

① 《张继庚遗稿》,《上向帅书四》。

② 方宗诚:《柏堂集·续编》,卷21,《应诏陈言疏》(按为代豫抚严树森拟稿)云:“应请明降谕旨,饬令各督抚,凡收复之后,其地举、贡、生、监曾受伪职应伪试者,尽行斥革。”

③ 《汇纂》,卷2,《剧贼事略》及卷3,《伪朝内官》。

④ 如储枝芙:《皖樵纪实》云:咸丰十年闰三月,清朝潜山知县“获伪军帅三名、伪师帅一名、伪旅帅二名、伪翰林一名、伪举人一名,伏诛”。(《简辑》,第2册,第105页)

在这个“冒险家的乐园”里面，没有学会资产阶级改良主义以前，先染上了投机躁进的心理。他不甘久伏，急欲出人头地，然而“欲为禄仕，苦无汲引之人”①。太平天国革命以后，他屡次向清朝官员出谋划策，对付革命，但是据他说，“屡以二三策献之当事，而当事绝不一问”②。这使他感到抑郁不耐。

1861年冬天，太平军在江浙战场上取得重大胜利，攻克了宁波、杭州等地，开始向上海展开第二次进攻，革命的形势一时看来大有可为。这时王韬便从上海回到太平军占领区的苏州，很想试探一下，从革命里面找到个人出路。

他到苏州后，受到太平天国的重视和接纳，他也向总理苏福省民务刘肇钧上书，要求对自己“栽培而嘘噢之”③，并暗示想晋见忠王。此外，他还提出了一些战略和策略上的建议。

但在王韬上书不久，太平军军事失利，中外反革命的势力嚣张起来，清政府指名索拿他。他不但没有因此坚定其投效革命的决心，反而鉴于革命的失势，潜离苏州，到上海依靠英国的保护，逃往香港。在那里他又反过来咒骂革命，企图取得清朝的宽宥。

王韬的投机行径是一个突出的事例，但绝不是一种孤立的、偶然的现象，而是代表了当时知识分子中的一种类型。《贼情汇纂》上说，在太平天国里面有这样的一些人：他们“略涉经史，好谈古今，心高志大，自恃才具非常，目空一切，视世间事无可当意者”；这些人卷入革命队伍以后，并没有转变自己的政治立场，并不愿意革命，“然又有所希冀，不能舍去，所谓明知不是伴，暂时且相随”。他们抱着这样的态度，别有用心地混在革命队伍里面，有时也做一些工作，骗取革命对自己的信任，扩大自己的权势，“一朝羽毛丰满，

---

① 王韬：《与杨墨林太守》，见《弢园尺牍》，中华版，第12页。

② 《答友人书》，见《弢园尺牍》，中华版，第115页。

③ 《黄畹上刘肇钧禀》，见《丛刊》，第2册，第766页。

则思别树一帜，不齐不楚，中立自雄”①。这些人比起上述的王韬，是一些更加阴险恶毒的政治野心家，一朝时机到来，他们就会翻手为云，覆手为雨，搞一个反动政变，实现个人的卑鄙阴谋。《贼情汇纂》向清朝建议说，对于这种人，“当求善间者多方以误之，使其自相鱼肉，而我可乘之以收渔人之利”。

《贼情汇纂》是清朝特务的情报总结，它是有根据的。如果说，在太平天国领袖人物之中还会出现韦昌辉那样的野心家，那末，怎么能够不相信，在鱼龙混杂的太平天国知识分子中间，会有这样的投机分子呢？不过由于太平天国始终处在紧张的决死战斗里面，以后又中途败亡，这些投机分子和阴谋家没有来得及大批暴露出来罢了。事实上，安徽凤台的秀才苗霈霖，正是这样的人。他虽以地主团练起家，没有直接参加太平军，但他伪与太平军联系反清，并接受了太平天国“扫北王”的封号，又伪与清朝联合反对太平军，时叛时降，在二者之间进行反复的政治投机，正是企图“不齐不楚，割据自雄”。不幸的是，太平天国对这样的人没有足够的警惕，1862 年，英王陈玉成终于被他叛卖牺牲，革命遭到无可补偿的损失。这是一个多么沉痛的教训！

（三）坚决反革命的地主知识分子

如果说确有一部分地主知识分子受到革命的感召，转变政治立场，拥护革命的话，那也大多是一些在旧制度下面不得志的、从统治阶级中被排挤出去的人物，即地主士大夫的下层，亦即汪士铎所谓的“山中之士”。至于那些“城市之士”的士大夫上层，田连阡陌，科名得意，革命的利益就是他们的损失，所以这些人是坚决反革命的。当然，这并不排除在地主士大夫的下层中，也有许多坚决的反革命分子。前面已经说过，地主士大夫本来就是一个反革命的阶层。

---

① 《贼情汇纂》，卷 11，《新贼》。

在反革命的地主知识分子中，也有各种不同的类型。一种是当太平天国克复其地以后，便起来拼命，为清朝“殉节”；清朝官私双方所编纂的各种“忠义录”之类，连篇累牍加以刊载的，差不多都是这种人；还有一种人，则潜伏在革命内部，猖狂地进行特务活动。例如江宁监生吴蔚堂，在太平军攻克南京后，伪装积极，向太平天国官员上书，骗取信任，被授为机匠衙的总制，于是便以机匠衙为掩护，窝藏大批反革命分子，“士及他业者皆潜身其中”。以后又与江南大营密通消息，“阴与‘同志’秘谋内应，请师于外，潜结守城‘贼’，约期开城，内外响应”①。同时又有一个廪生张继庚，改名换姓，隐藏自己的士大夫身份，打入北王的典舆衙中，串通许多秀才，进行反革命活动。他们密写反革命诗文，在太平军中挑拨离间，制造老兄弟和新兄弟的纠纷，也和江南大营密谋里应外合。以后张、吴两支反革命集团又进而联合起来，发展组织，收买太平军中的动摇分子，包括丞相、检点、将军乃至东王的牌刀手等等，数次阴谋开城接应清军。在这中间，张继庚凡7次、吴蔚堂凡5次，共12次向江南大营上书，供给情报，策划里应外合事宜。这个罪恶的阴谋幸而被告发了，张继庚伏诛，吴蔚堂逃窜。在张继庚给向荣的秘密上书中可以看到，他竟然能够每月查看太平天国的“月册”、“家册”、“户口清册”以及圣库账册等秘密档册文件，搜集详细情报。由此可以断定，在天京各衙门的“先生”中，必然有一些人参加了这项反革命活动，而这些人，却没有被清查出来。

让我们看一看文化教育领域内的情况。如前所述，太平天国为了广泛地争取和选拔知识分子，实行了科举制度，并对应试的士子有种种奖励。可是大部分地主士子却拒绝应试。他们认为如果参加了农民政权的考试，就会“一行偶玷，终身莫赎”②。这就是

① 胡恩燮：《患难一家言》卷上，见《简辑》第2册，第342—343页。

② 张尔嘉：《难中记》，见《丛刊》第6册，第641页。

说，他们要留着自己的身体，专为清朝主子效犬马之劳。有些人不但自己不赴考，并且"遍戒诸友勿赴"①，煽诱同类，结成集团，破坏考试。还有一些人在考卷上咒骂太平天国，咒骂东王②，甚至还有某些阅卷官，也拒不工作，"昏夜逃脱"③。

上述种种人，都是坚决的反革命，属于地主阶级的"死硬派"，这些人总算比较容易识别。此外还有另一种类型的人：他们是地主阶级的"现实派"。这种人重视的是现实的阶级利益，当太平军到来以后，他们绝不死硬地对抗革命，而是摇身一变，做了太平天国的官：

> 唯有举、贡、生、监，往往始欲保全身家，受其"伪"职；继或从中取利，藉"贼"凌人；又或应"贼"试，充"贼"官。④

事情很明白，这些人的手法就是：保全现实利益，篡夺革命政权，进而假革命之势欺凌人民，这样的三部曲。这些人是一些政治上的不倒翁，清朝也好，天朝也好，都可以作为他们利用的工具。他们有如毒菌一般，一经钻入革命机体，就力图腐蚀革命，吸革命的血，使革命变质。

根据许多史料记载，在湖北、安徽、江苏、浙江等地，当太平军快要到来的时候，广大的人民自然欢欣鼓舞，而那些地主豪绅及举人、秀才之类，也立刻伪装起来，主动地敛钱"进贡"，表示投顺。进

---

① 陈澹然：《江表忠略》，卷 16，光绪长沙刊本，第 9 页。

② 陈澹然：《江表忠略》，卷 13，《江苏绅民・江中府列传》。《汇纂》卷 3《伪科目》皆收有某秀才在考卷上谩咒革命的诗。

③ 《盛川稗乘》，见《简辑》，第 2 册，第 204 页。

④ 方宗诚：《柏堂集・续编》，卷 21，第 18 页。

贡之前，还首先取得清朝官员的默许甚至赞助。① 这里并没有什么奇怪的，他们不过是想借此讨好和麻痹太平军，以便维持其阶级利益于不坠，进而乘机打入革命政权，继续鱼肉人民。例如苏州人吴清祥和吴少溪，当1860年太平军攻克苏州后，他们就投入听王陈炳文馆子内，用种种卑鄙谄媚的手段取得听王信任，吴清祥被封为“听殿刑部尚书耕天福”，吴少溪被封为“溪天燕”。这两人狼狈为奸，在吴江县的盛泽镇设立“筹饷总局”，包办各种捐税，“每月包解军饷，议定银数，陆续解赴嘉兴，余下者悉饱私囊”。仅吴清祥一人，“两年有余，获银数十万”。可是后来又看到外国侵略者帮助清朝军队打了胜仗，这两个人便携带金银妇女，席卷而逃，用巨款贿赂清朝官员，潜往上海。吴少溪并且在“保举顶戴后，忽又想入学”②，还没有忘记在清朝那里黄榜求名哩！

又如浙江嘉善县的举人顾午花，1860年钻营到太平天国的监军之职，于是“包漕米，主词诉，豪横乡里。其收漕也，仍用故衙门吏胥，仍贪酷旧规，以零尖插替浮收三石、四石不等。百姓大怨”。又有该县陶庄举人袁某，也同样借收漕鱼肉人民，人民恨之入骨，“翌年春间，皆为乡人所杀，而顾死尤酷，裂其尸为四五块”③。

地方政权中有这些地主知识分子，文化教育领域内自然更不

---

① 例如扬州、仪征、镇江一带的绅商士大夫都有如此“进贡”之举。见倪在田《扬州御寇录》及《咸同广陵史稿》等书。《咸同广陵史稿》还说：“犒贼之举，自（湖北）黄州以下皆然。”又，沈梓：《避寇日记》咸丰十年四月二十九日云：“闻国界桥保长魏老琪率秀才曹聘三等，于长毛处进贡，暂为款贼计。吾镇（浙江秀水濮院镇）因亦建进贡之议。”又，海虞学钓翁《粤氛纪事诗》云，安徽等地“绅士胁其令长，预造烟户册，欲俟贼至，郊迎三十里，跪而投册纳印者，有门首贴一黄纸顺字者，有箕敛银钱粮米食物馈送者”。

② 上引俱见鹤樵居士《盛川稗乘》，载《简辑》第2册。

③ 沈梓：《避寇日记》，卷1，咸丰十年十二月初一日，见《简辑》，第4册，第58页。

乏其人。他们打着太平天国的招牌，实行封建地主阶级的教育制度。例如 1861 年太平天国在常熟科考，考官竟然“出四书题，为‘足食足兵’；赋得‘偃武修文’得‘修’字”。在昭文的科考，考题是“‘先之劳之’，赋得‘礼门义路’得□字”。并且把已经平毁的孔孟“圣像”重新塑立起来。① 我们知道，太平天国的科举制度早有严格规定，考题必须来自上帝教的经典，严禁《四书》、《五经》，否则以“变妖”论处；孔孟庙堂必须打毁，不许拜偶像；而常熟、昭文的考官竟然明目张胆出四书题，重塑孔像，这分明是在文化教育领域内进行反革命复辟。

以上聊举数例，说明地主阶级及其知识分子是如何狡猾顽固，他们如同狡兔之有三窟，在农民革命的堡垒里面也营造了封建主义的巢穴，这些人虽没有拿着刀枪反抗农民革命，但他们却打着农民的旗帜进行地主阶级的复辟和统治，实质上是更危险的反革命派。

阶级斗争是复杂的，战场上的胜利远不是最后的胜利。当太平军在战场上席卷江南的时候，地主阶级及其知识分子却钻到革命的内部，在政治上、经济上和文化上侵蚀革命的健康机体。

(四) 具有资本主义思想的知识分子

在和太平天国发生关系的知识分子之中，还有个别具有资本主义思想的知识分子。

太平天国革命时期的中国，近代民族工业还没有产生。但由于西方思想的直接影响，由于国内民族资本主义的产生条件正在形成，所以就出现了个别的具有资本主义思想的知识分子，例如容闳。

---

① 龚又村：《自怡日记》，咸丰十一年三月八日，见《简辑》，第 4 册，第 393 页。又据《月锄与胞弟子仁小崔书》：“寺庙无不全毁，……惟文庙火而复新。”（按：所记为同治元年常熟之事）

容闳从美国留学回来的时候，曾经有过很高的抱负，想在中国进行资本主义的移植。但是回家以后，看到了清政府的反动腐朽，非常愤懑。他说："乃深恶满人之无状，而许太平天国之举动为正当。予既表同情于太平军，乃几欲起而为之响应。"但是他没有起来"响应"，因为他想走上层路线，照他自己的说法就是："欲借派克(Parker，美国公使——引者)力，识中国达官，庶几得行予志。"①他先后在香港、上海的外国人手下作事，直到他受尽了外国人的欺凌污辱，痛感前途无望时，才决心到太平天国的天京去试探一下。

1860年冬，他到了天京。干王洪仁玕接见了他。他提出了七项建议：按照西方军事制度编练军队，设立武备学校，设立海军学校，设立实业学校，颁定各级学校教育制度，建设"善良"政府，创立银行制度等。这七项建议的重心是教育改革，作为一种政治方案来说，它还赶不上《资政新篇》的水平，而且较后者更空虚、更不切合现实的当务之急。在你死我活的斗争中如何战胜清朝，他不懂得。农民的要求，他没有考虑。

虽然如此，太平天国仍然对他十分欢迎，封他为"义"爵，这是太平天国相当高的爵位。但他却用老爷式的态度看待农民革命，认为"其所招抚，皆无业游民，为社会中最无知识之人"，"太平军之行为，殆无有造新中国之能力"②，这样，他只在天京逗留了一个多月，就匆匆离开，不久，就投靠了曾国藩，对曾国藩崇拜得五体投地，为之奔走"洋务"去了。

但是他为清政府奔走几十年的结果，到处碰壁，理想得不到实现，"毕生志愿，既横被摧残，……顿觉心灰，无复生趣"③。

容闳的事例，说明具有资本主义思想的知识分子，尽管对中国

---

① 容闳：《西学东渐记》，第37—38页。

② 容闳：《西学东渐记》，第73—74页。

③ 容闳：《西学东渐记》，第134页。

的半殖民地半封建社会有所不满，而要求所谓改良，但他们又轻视人民群众的力量，用资产阶级老爷的态度看待农民革命，这就注定了他们必然一事无成，找不到任何出路。

五 结 语

太平天国的领袖人物对知识分子的重视态度，太平天国在政策上对知识分子的争取精神，比起历史上的某些农民战争来，有过之而无不及。但是太平天国仍然没有能够解决知识分子问题。根据上述各类知识分子动态来看，当时不但愿意参加革命的知识分子非常之少，而且，留在革命队伍里面的知识分子，也有大量的投机分子和反革命分子，真正拥护革命而又有才干、有识见的知识分子是太少了。这不能不说是革命的一个不利因素。忠王李秀成在被俘以后，清朝官员曾经问他："官兵某事好？某事不好？'贼中'某事好？某事办得不好？"他回答说："官兵多用读书人，而太平军中无读书人。"①姑无论这个答词是否完全中肯全面，但由此可见这位农民军的领袖人物，对于知识分子问题始终念兹在兹。可以说太平天国的知识分子问题比较历史上某些农民战争还要严重，还要突出，这是由于历史条件和阶级斗争形势的不同所造成的。

历史上的农民战争尽管总是失败，但它们还可能以改朝换代的形式而告终，使阶级矛盾暂时缓和下来。所以地主阶级知识分子投效于农民战争，并不会影响其根本的阶级利益；"吊民伐罪"，推翻旧王朝之后，他们就会变成新朝的功臣，上升为新的官僚地主集团。所以在那里，他们的"修齐治平"的儒家之学和阴狠权变的"帝王之学"，一句话，封建统治的历史经验，显得很有用处，很受欢迎。《明史·李善长传》说，朱元璋问李善长：群雄并据，怎么样才

① 《李秀成自述别录·李鸿裔手录问词及李秀成答语》。

可以平定天下？李善长劝他学习汉高祖，以成帝王之业，说是“法其所为，天下不足定也”①。朱元璋听了以后，十分同意。因为这时他所追求的，正是汉高祖式的帝王之业。所以朱元璋还没有削平群雄以前，拼命地学习儒书，让宋濂给他讲《春秋·左传》，讲《尚书》。又问宋濂：“帝王之学，何书为要？”宋濂推荐真德秀《大学衍义》一书，朱元璋读了以后很高兴，命令左右用大字写在墙壁上，朝夕揣摩背诵。②

而洪秀全等人就不同了，他们反对封建的儒家思想，并且不把历史上的一切帝王看在眼里，一律贬之为“侯”、“狂”（“文狂”“武狂”）。《贼情汇纂》上记载，一个安徽望江县的秀才龙凤[illegible]自认为有安邦定国之才，“至江宁上书洪‘逆’，不下数万言，内引周武、汉高为比。……洪‘逆’批数字曰：‘周武、刘邦是朕前步先锋，卿知否？’龙凤[illegible]不解所谓。旋送入诏书衙学习。”③洪秀全不以周武、汉高的事业为满足，不以改朝换代为满足，他的理想更远大：要创立一个地上的天国。所以他只把周武、汉高看作自己的“前步先锋”，而不是学习的榜样。这一点就使那些封建知识分子“不解所谓”了。他们的儒家之学和帝王之学也没有用场了。如果再加上《天朝田亩制度》的空前反封建的革命纲领和上帝教的奇异教义，那些地主阶级的儒生们怎么能够不把太平天国看作是异端中之异端，而为之退避三舍呢？一个地主阶级知识分子如果真正走上拥护太平天国革命的道路，至少需要通过三层难关：第一关是阶级关，他必须背叛自己的阶级；第二关是思想方法关，他必须背弃自己所熟悉和嗜爱的儒家思想和封建文化；第三关是宗教关，他必须

---

① 《明史》，卷127。

② 《国初礼贤录》，见《金声玉振集》。

③ 《汇纂》，卷2，《杂载》。按：佚名《粤逆纪略》亦有此事的记载，见《简辑》，第2册，第39页。

信仰那个奇异怪诞的上帝教义。而能够走完这条道路的知识分子(甚至包括最下层的、非地主阶级出身的知识分子),是太少太少了。这就是为什么太平天国始终感到知识分子(特别是忠实于革命的知识分子)严重缺乏的缘故。

其次,从太平天国的知识分子政策来说,它只知道简单的争取和团结,而完全不懂得,也没有能力对那些封建知识分子进行思想教育或思想斗争。对单纯的农民战争提出上述的要求,诚然是过高了。但这里不是提出要求的问题,而是从原则上考察历史教训的问题。

如果还是封建时代的农民战争,那末,只要能够争取和团结愿意参加的知识分子,也许就算够了,因为那时的农民战争还没有达到在思想战线上反对儒家理论体系,提出自己的理论体系那样的高度。农民争取那些不满现状的封建儒生拥护自己的斗争,就比较容易。而太平天国则公开反对那统治了中国 2000 年之久的儒家思想,这是一个空前的思想革命;太平天国又提出了自己成体系的理论和纲领,以及很特殊的宗教教义,等等;"不破不立",如果不通过复杂的思想或思想斗争工作,从而战胜儒家思想,就不可能使人们接受自己的理论体系,从而也就不可能达到真正的团结。是的,太平天国宣布儒书是"妖书",严禁收藏教读,但是"宣布这个哲学是错误的,还不等于制服了这一哲学"①。太平天国的英雄们没有能力制服儒家思想,因为他们缺乏科学的理论武器。他们的理论武器是拜上帝教义,而宗教是一种坏武器,不足以使人心悦诚服,不足以战胜高度发展的儒家理论。② 相反地,由于宗教的限制,使许多可能争取的知识分子也掉头而去。

---

① 恩格斯:《费尔巴哈与德国古典哲学的终结》。人民出版社 1961 年版,第 12 页。

② 请参看拙作《太平天国与儒家思想》。

根据许多迹象判断，当时有不少的知识分子是不满清朝统治的，并且发动了武装起义。本文“太平天国领袖人物与知识分子”一节举出一些太平天国革命前夕的事例。到了太平天国革命发动以后，仍然出现了这样的知识分子。著名的回民起义领袖杜文秀姑且不论，1855 年贵州“红号”起义的发动者徐廷杰、梅济鼎二人，都是举人。① 又如 1853 年在太平天国发祥地的省份——广西，也有过一次知识分子发动的武装起义：“兴安之变，通县举、贡、生、监拜台结会为逆，于五月攻陷兴安，分众袭攻会城。”清朝官绅认为这是一个“奇变”②。同年，在云南姚州，“贡、廪、增、附”等中下层的知识分子发动了一次抗粮请愿斗争，“联名具牍，沥陈积弊……不料牍甫入于公门，祸遽生于顷刻，. 积怨之民，男妇数千人，纷纷入署，凌辱书役而不犯官，继又四出拆毁书差及官银匠房屋，破其器物，焚其衣被”。清朝政府加以镇压，逮捕贡生、廪生等数十人，以致该年科试保考的人只剩下三个人。③ 同年，贵州黎平府黄平人民武装抗粮，胡林翼带兵镇压，“内有顿姓文生一名，持械围官，被黎练杀毙”④。又，瓮安的武装抗粮斗争，其中“文武生监之未革者，颇有渠魁”⑤。1854 年浙江乐清起义的发动者，瞿振汉是监生，瞿振山是秀才，傅应熙是廪生，刘以成是秀才。傅应熙和刘以成曾在起义以前，“剧谈时事，酒酣拍案曰，今者官民交困，最乐而易为者其惟谋叛乎！”⑥可以代表一小部分不满现实的知识分子跃

---

① 罗文彬、王秉恩：《平黔纪略》卷 2：“‘贼’首徐廷杰、梅济鼎皆（铜仁）府属举人。”

② 严正基：《论粤西贼情兵事始末》，见《皇朝经世文续编》卷 81，兵政 20，剿匪上。

③ 甘雨：《上杨提学书》，见《滇文丛录》，第 17 册。

④ 《胡文忠公遗集》，卷 56，《陈明黄平事竣并厘定粮章启》。

⑤ 《胡文忠公遗集》，卷 56，《请孔廉访亲临瓮安启》。

⑥ 林大椿：《红寇记》，见《简辑》，第 2 册，第 242 页。

跃欲试的心理。1855 年，河南新乡、杞县、获嘉等处组织联庄会武装抗粮，并和辉县、温县、原武、阳武等县联系起来，抗击清兵，聚众围攻新乡县城，①咸丰上谕说“河南杞县教谕左鹏程、署获嘉县教谕段承宣，原武县训导王骧衢，于该管士子联庄结会，聚众抗粮，不能约束禁止，以致酿成抗官巨案”，将该教谕等分别革职拿问或撤任，②可见其中知识分子参加之多。

当然，上述的所谓知识分子，绝大多数都是地主士子，他们所发动的斗争还谈不上什么革命。但由此总可以相信，在太平天国革命时期，知识分子中间确实有不算太少的一部分人极端不满清朝的统治，他们都是反清斗争可以争取的力量。太平天国革命从根本上损害了地主阶级的利益，这当然会使绝大部分地主知识分子反对革命，但是前面已经说过，在阶级斗争接近于决战的那些时期，统治阶级中总会有一小部分人脱离出去而归附于革命阶级。③何况在反清、反侵略的旗帜下，还会吸引更多的知识分子直接投奔太平天国革命？然而，由于太平天国领袖人物坚持狭隘的宗教教义，就把许多可能的同路人排除出去了。

此外，还应该考虑到，当时敌人方面——清朝方面也正有意识地同革命方面争夺知识分子。方宗诚《俟命录》说：“今日急务莫急于求贤才，用重典。”④所谓求贤才，就是争夺知识分子，所谓用重典，就是严刑峻法以镇压人民，这两者被看作是他们的最当务之急。又说：“凡失守之省会府州县，停试多年，士子无所用其才，则学业荒堕，而士习人心愈坏；兼恐奇才入‘贼’中，为‘贼’所用，其害

---

① 韩邦孚：《新乡县续志》，（民国十二年刊）卷 2，《兵防志》；《清文宗实录》卷 171，咸丰五年七月辛未。

② 《文宗实录》，卷 182，咸丰五年十一月丙寅。

③ 详见马克思、恩格斯：《共产党宣言》。

④ 方宗诚：《俟命录》，卷 4，第 6 页。

不细。”[①]十分害怕地主知识分子离心离德，十分害怕他们投奔到革命方面去，所以必须用各种办法争夺他们，这可以说代表了清朝统治者的一致心理。

清朝统治者争夺知识分子手法很多，什么保卫名教，什么表彰“节烈”，这些欺骗宣传姑置不论，仅在科举考试方面，敌人就采取了和太平天国针锋相对的措施：扩大录取面，以吸引知识分子。李扬华《纸上谈》说：“自军兴以来，被兵省分，士子播迁流离，备尝艰苦，是以考试时每宽其科条，广其登进，借以培养士气。”[②]例如安徽潜山县原来录取秀才的学额是 20 名，太平天国革命以后，清政府就屡次增加学额，至同治七年便增到 32 名，[③]其他各县均有增加。湖南全省各县从 1852—1864 年，共增加学额 312 名，[④]江南各省可以类推。除了增加学额以外，在他们攻陷了太平天国的占领区之后，总是把太平军占领期间该地所因之停办的清朝历届科考，统统予以补齐，从而在实际上也大幅度地增加了录取名额。再加上曾、左、胡、李等反动头子竭力延揽士人，豢养食客，地主知识分子本来就是反革命阶层，清朝统治者又竭力拉拢，太平天国是无法和他们争夺的。

所有上述的因素，就使得太平天国时期，地主阶级知识分子的反革命积极性特别高涨，使得太平天国的知识分子问题特别严重和突出，给革命增加了困难。

太平天国革命失败了。军事斗争的失败是由政治斗争的失败所决定的；政治斗争的失败则具体体现在其革命纲领、各项政策（包括知识分子政策）的缺陷上，而这一切又都是由历史条件和阶

---

① 方宗诚：《俟命录》，卷 7，第 10 页。

② 李扬华：《纸上谈》，卷 4，第 17 页。

③ 储枝芙：《皖樵纪实》，见《简辑》，第 2 册，第 111—112 页。

④ 《湖南近百年大事记述》，第 68—70 页。

级的局限决定的。作为一个单纯的农民战争，太平天国不可能解决自己的知识分子问题，正像它不可能解决自己的土地问题一样。

虽然如此，那些在反革命狂澜中能够突破重重难关，背叛封建的纲常名教，摒弃传统的偏见，而坚决走上革命道路的知识分子；那些为太平天国革命贡献了心力才智直至生命的知识分子，也就特别难能可贵，值得尊重他们。

1963 年 3 月初稿

1963 年 8 月修改

（原载《开封师院学报》1963 年第 2 期）

太平天国革命时期贵州的苗教大起义

太平天国革命的熊熊大火照亮了19世纪的中国，对于200年血腥统治的清朝——照马克思的说法："这块活的顽石"——它给予了一个最有分量的、最致命的打击"，从而，在全国范围内各阶层、各民族人民的革命之火都延烧起来了。

和全国人民一样，贵州各族人民也挺身而起，掀起了轰轰烈烈的反清大起义。居住在贵州的所有兄弟民族——汉、苗、仲①、回等，都一致动员起来，前仆后继地向敌人坚持了长达20年的残酷斗争，有力地支援了太平天国革命，并和光焰万丈的太平天国革命在历史上同垂不朽。

参加这次斗争的主力军，就是苗族和汉族人民。

一　死亡线上的贵州苗、汉人民

以台江、雷山一带的苗岭山脉与清水江流域为中心，直至贵州

① 仲家，一名水仲家，多居于低湿之处，为苗族之一种。

全境，居住着百余万的苗民。① 苗民在千余年来反动统治者的统治下，受尽了诉说不完的阶级压迫与民族压迫。尤其是清王朝，利用最恶毒的民族分化政策，故意制造苗汉民族的纠纷，苗民所受的灾难和痛苦更加难以想象。雍正年间，清朝为了加强对苗民的直接统治，便进一步侵入苗疆，实行所谓“改土归流”政策，剥夺了苗民的最后一点政治权利，大量没收了苗民的土地田园，因而激起了苗民的激烈反抗。清朝任用杀人魔王鄂尔泰、哈元生进行血的洗劫，“开拓苗疆约三千里”，把苗民进一步赶到最荒僻的深山穷谷之中。但是苗民并没有从此终止反抗，在雍正—乾隆年间，乾隆—嘉庆年间，他们曾不断掀起了武装起义，清朝政府先后任命张广泗、福康安、傅鼐等刽子手调动数省兵力进行血腥镇压。为了时刻监视苗族人民的反抗，清朝政府在贵州东南部苗民聚居的地区添设古州、台拱、清江、都江、丹江、八寨六厅城，碉堡密布，屯兵遍扎，专门进行烧杀淫掠的勾当。

清朝官吏的贪暴是人所共知的，而对于远处“边荒”的苗民区，当然更加肆无忌惮，放手抢劫。譬如作为镇压苗民之用的军米，本来规定由官给钱，向苗民“采买”②，但实际上是“官没其银，而苗输其米，名曰‘上白粮’……纳米之日，吏胥既多方需索，又必三四斗

---

① 此为估计之数字，至于咸同年间确实的苗民人口，无有统计。据同治十一年王文韶奏云：“雍正年间，始辟苗疆……谓之‘新疆’。……新疆地界跨镇远、黎平、都匀三府之间，奥衍蟠曲，苗民孳息其中，丁口约六十万，屯寨星罗，几无隙地。”（见《平定贵州苗匪纪略》卷 36）按：这个人口数目是不确实的，再者，它仅专指所谓“新疆六厅”的苗民，并未将贵州全境苗民计算在内。又据同治八年曾璧光奏：“合计三省（广西、湖南、四川）援师与本省（贵州）征兵仅四万余人，不及苗贼二十分之一。”（见《咸同贵州军事史》）是苗民有八十万人以上。这当然也是缩小了的数字。所以估计当时苗民应在百万人以上。

② 旧例贵州绿营兵食，大部赖外省挽运，挽运不足，则于苗疆采买。每年由藩粮两库给价银 19330 余两分交地方官采买之。

始敷一斗之数。”①其他各种勒折、报效、柴草、夫役……闹得暗无天日。尤其是夫役，害民更甚：平常时苗民以十家为单位，每天出一家轮流值日，替官署洒水、扫地、抬轿、抬“滑竿”、打柴、汲水——这叫做“日行夫”。如果遇有“委员过境”或地方官下乡，或修盖衙门公馆等等，则苗民不再分日轮流，全部都得应役，如果不能应役，就得折价纳钱——这叫做“大水夫”。如果不纳钱，就派差役绑押严刑拷打，索取贿赂，“故一遇徭役，苗民辄于数日前裹粮守候，酷暑严寒不敢息，鞭扑冻饿不敢怨。男丁患病，则妇女应役，土差下乡，舆马供应，比于上官”②。

至于土司、通事，在“改土归流”以后名义上是大部分取消了，实际上清朝为了利用这些人共同镇压和剥削苗民，所以收粮册仍然留在他们手里③，“倚为爪牙，藉以苛敛”。“土司通事挟其诈力，朘剥无已，一切食米烟火丧葬嫁娶夫马供应之费，无不取之于苗民，此外，又复千百其术，藉事勒索，不倾其家不止，而苗民之生机绝矣。”④

这样，在清官吏、苗族土司通事等的联合压迫下，苗民的生活简直牛马不如。就连他们在深山峻岭中披荆斩棘所开垦的土地——用血汗和眼泪喂养的土地，仍然不断流入官吏、土司、地主高利贷者之手。为了掠夺苗民的土地，这些统治者用尽了各种卑劣无耻的方法。举两个例子：

> 汉人之客苗寨者，百计诒之。岁酿酒数十缸罂，或磨菽为乳，恣其饮啜，贳不取直；日久书券为质，苗性愚蠢(?)不知其

---

① 《平定贵州苗匪纪略》卷40，罗应旒奏。

② 《平定贵州苗匪纪略》卷40，罗应旒奏。

③ 罗应旒奏云：“伏查雍正乾隆之间，土官已多褫革，而府厅州县收粮名册犹在土官之手，官遂不能不任之，以期集事。……名为革而实未革。”

④ 《平定贵州苗匪纪略》卷40，罗应旒奏。

为剥削也。子母相权，不三四年田宅妻孥悉为汉有矣。由是生计日蹙，其后稍稍悟，乃相为敌仇，寻报复不已。①

诸蛮性虽犷悍，然不敢亲见官府。其田粮辄请汉民之猾者代之输，而赔偿其数。谓代输者为田主，而代输者反谓有田者为佃丁。传及子孙，忘其原始，汉民辄索租于诸蛮，诸蛮曰：我田也，尔安得租？代输者即执州县粮单为据，曰：我田也，尔安得抗租？于是讼不解。官亦不能辨为谁氏之田，大都左袒民（汉地主）而抑诸蛮獠人。②

土地就这样越来越集中于地主高利贷者之手。据道光六年清朝在贵州调查的结果：

（一）各属买当苗人田土客民共 31437 户；

（二）佃种苗人田土客民共 13190 户；

（三）贸易、手艺、佣三项客民共 20444 户；

（四）住居城市乡场及隔属买当苗人田土客民共 1973 户；

（五）住居城市乡场买当苗民全庄客民及佃户共 4455 户。③

这个统计可以断定，是只有缩小绝无扩大的，而且它只是说明了土地流入汉族地主手中的情况，如果再加上苗族土司通事的土地垄断，则苗族农民的悲惨境地可以想见。

这样的情形发展到道光末年和咸丰初年，大的革命危机实在又已经成熟了。咸丰三年，当胡林翼还在贵州黎平府做知府时，就已指出了贵州局面“殆哉岌岌”，临近了革命风暴的边缘。他举出了十五条“可虑”的事情，其中每一条都是骇人听闻的。现在节录几条于下：

---

① 刘书年：《黔乱纪实》，见《刘贵阳遗稿》卷 1。

② 《金壶七墨·浪墨》卷 5。

③ 凌惕安：《咸同贵州军事史》。

各府各厅之寨苗，大者一二百家，小者三五十家，连年盗劫，积蓄一空。为良则畏盗而又畏官、畏差；为盗则一无所畏，是将迫之使为盗。可虑二也。

良苗终日采芒为食，四时不能得一粟入口，耕种所入，遇青黄不接之际，借谷一石，一月之内，还至二石三石不等，名为"断头谷"，借钱米亦然。甚至一酒一肉，积至多时，变抵田产数十百金者。心怨之而口不敢言。其黠者则怨恨所积，引群盗以仇之耳。……可虑三也。

苗产尽入汉奸，而差徭采买仍出于原户，当秋冬催比之际，有自掘祖坟银饰者矣。蒿目痛心，莫此为甚。……可虑四也。

官取于苗者十之三，土司通事差役之取于苗者十之七。取良民之精血以供其宴安酖毒之资，台拱、丹江、古州、八寨、清平，其弊尤深。可虑五也。①

这就是大汉奸刽子手的自供，它说明苗族人民在如此残酷的剥削压迫下，已被推到生与死的边缘了。

民族压迫实质上乃是另一种形式的阶级压迫，何况在清代，汉族也是被压迫的民族之一。汉族人民自满清侵入中国起，从来也没有停止过反抗运动。当公开的反抗失败以后，就用秘密结社的方式转入地下反抗，其中有一支最普遍的秘密结社之一就是白莲教。在乾隆—嘉庆年间白莲教曾不断掀起大规模的起义。嘉庆十七年，白莲教的一个支派——天理教，以林清、李文成为首又掀起了一次大的暴动，这次暴动虽然又告失败，但清廷也更加惊慌，大肆搜捕白莲教徒，加以最残酷的屠杀，造成了极端恐怖的状态。但白莲教的根基始终没有绝灭，在四川、湖南等广大地区仍然潜伏着反清的革命种子，以后又渐渐蔓延到贵州，到了咸丰年间，终于和

① 胡林翼：《胡文忠公遗集》卷58，《论东路事宜启》。

苗族兄弟一起，发动了这次伟大的起义。

至于贵州汉族人民的生活情况，并不比苗族人民更好些。官吏、地主、高利贷者对于汉族农民与手工业者的剥削压迫是同样残酷的。农民纳钱粮时官吏多方敲诈，有所谓“踩戥钱”、“火票钱”诸名目。（农民完银子时，无论一钱二钱至一两二两，均加踩戥钱二钱至五钱；火票亦加至一二钱不等）其他各种苛捐杂派，不一而足。贵州当时地瘠民贫，本省赋税不够本省官僚机构和军事机构的消耗①，全仗着外省拨款“贴协”。太平天国革命以后，清各省地方政府自顾不暇，停止贴协，于是贵州官吏更想尽法子搞钱。首先，他们从湘军那里学来了抽厘金，而且“青出于蓝”，干得格外野蛮。尤其等到苗教起义爆发以后，他们便藉口筹饷镇压起义，想出一切办法来搜刮，竭泽而渔。当时一位贵州诗人郑珍，曾描写这种情况说：

> ……官格高悬字如掌，物物抽厘助军饷，不论儳次十取一，大贾盛商断来往。一叟担菜茹，一叟负樵苏，一妪提鸡子，一儿携鲤鱼。东行西行总抽取，未及卖时已空手！主者烹鱼还瀹鸡，坐看老弱街心啼……②

其次，是开捐输。捐输分二种，一种是直接取之于民；有所谓义谷、军粮谷、厘谷、田捐、户捐等名目。另一种是设捐局。捐局除设于贵州本省以外，并在广东、湖北、湖南、山东、河南、四川等省设立，专门拍卖贵州官职。明定价格，自由买卖。有钱人可以捐买“实官”，如果再加些钱，还可以报捐“花样”。实官可以任意捐买知县、知府、道员等官。而花样则有所谓捐花翎，捐升衔，捐俧元补

① 黔省赋税岁入不过十余万两，而岁出之数约需百余万两。藩库存银仅八十金，以其太少，未经动用，历任皆就此为交代。参见凌惕安：《咸同贵州军事史》。

② 《巢经巢诗后集》卷4，《抽厘哀》。

用，捐单双月，捐免验看，捐封典等等。当然，官职当成生意做，投资的人必然抱定一本万利的决心，向人民敲骨吸髓。

苗、汉人民就这样被剥削压迫着，不得不抛弃田园，辗转沟壑，造成生产破坏，土地荒芜的现象。就连大魔王胡林翼也不能不承认："为盗而死，忍饥而死，等死耳！犯法可以赊死，忍饥则将立毙。"①所以从道光末年以后，零星的暴动就已经连绵不断，封建秩序渐趋瓦解了：

> 道光之季，寇乱渐萌，岭峤以南，骆越滇黔诸山中，奸宄亡命，狐嗥枭啸，四出劫掠，勾结营兵胥吏为党羽，无敢捕治。……台拱、清江、黄平皆盗薮，势尤横。②

一个伟大的起义正在酝酿，大有弦满欲发之势。

二　在太平革命影响下苗教大起义的爆发

贵州苗、汉人民起义本来已经不可避免，这时又加上太平天国革命的影响，便加速了起义的爆发，并且也使得这次起义更深刻、更持久、更富于意义。

前面曾提到，由于太平革命，使得贵州的清朝统治者愈益疯狂地加紧掠夺，从而愈益激起人民的愤怒和仇恨。但是事情还不仅如此：

（一）太平天国革命强大而迅速的发展，鼓舞了全国人民的反清运动，对于久久喘息在清王朝最黑暗的压迫统治下的贵州苗、汉、回各族人民，也做了一个良好的启示和榜样，特别是到了咸丰八年（1858）石达开的军队打到了贵州以后，贵州各族人民便风起云涌地响应起来，益发壮大了起义的声势。

---

① 胡林翼：《胡文忠公遗集》卷58，《论东路事宜启》。

② 李元度：《胡文忠公别传》。见《续碑传集》卷25。

（二）太平天国革命以后，由于战争的影响，特别是由于清绿营团练到处抢劫的结果，使贵州和外省的商道阻塞，因而造成了大批小商贩、运输工人等的破产或失业，这种情况甚至在苗民里面也存在，譬如：

台（拱）之南界，号为高坡，山高气寒，谷收寥落。赖将木植运售楚吴诸省，得银自赡，并以供加重之征收。"粤匪"倡乱以来，江湖道阻，木积如山，朽烂无用。苗人穷乏，至有挖出亲尸，取殉葬银器以输官府者。①

（三）清王朝为了应付太平天国革命，曾驱使贵州苗民编成"苗练"到江苏一带替他们作战。这一部分青年苗民在清王朝的营伍中看透了清王朝的虚实，学会了作战的技术，兼又身受太平军的感染，早已具备了革命思想，这就是韩超所谓："游手之苗充勇于粤湖三江，散遣而归者，约数百人，习见兵弱'贼'强，兼驯战伐。"②以后清政府把他们遣散回黔，于是革命的火种便随着带回自己的故土了。在遣散的归途上，他们不啻一支宣传队，到处"鼓噪官军之无能"，散播革命种子，这里面有些人以后便成为苗民起义军的杰出领袖。例如苗民义军领袖之一的高禾就是这样：

高禾者，本革夷种。胡林翼在黔，破灭革夷，高禾与九松等三十余人逸出为盗。旋就抚充苗练，从征湖北，以骚扰遣归，潜居清（江）台（拱）煽群苗为乱。苗之祸，自高禾发也。③

起义的大纛是首先由汉族的白莲教徒杨元保、杨龙喜打起来的。杨元保是贵州独山人，他是当地"斋教"的首领，斋教持斋奉佛，无疑是白莲教的流派。他的父亲曾因为领导群众抗捐被捕，在狱中囚死，于是他便承继父志，把群众组织在自己周围。"是时'粤

① 韩超：《苗变记事》。

② 韩超：《苗变记事》。

③ 王定安：《湘军记》卷14。

匪'蔓延数省,(清官吏)奉旨劝捐助饷,百姓心寒。而素谋不轨之杨元保等借以煽动。"①1854 年 3 月 25 日(咸丰四年二月二十七日)杨元保团结斋众抗捐起事,"煽惑裹胁,愈聚愈多",4 月 8 日(三月十一日)进围独山州城,并且迅速发展到广西南丹一带。但是这一次起义为时甚短,到了 5 月 18 日(四月二十日)杨元保即被擒杀了。

杨元保的起义不过是一个尝试,一个大风暴的信号。清廷刚刚压平杨元保的起义,在这一年的 9 月间,便又爆发了杨龙喜的起义。杨龙喜是桐梓的斋教首领,宣称自己奉湖北太平军的命令起义反满,为民除暴,废除苛捐杂税。9 月 27 日(八月初六)攻克了桐梓县城,改元江汉元年,改县名为兴州,表示革命从此兴起的意思。郑珍有一首诗记载此事:

闻八月初六日桐梓九坝贼入据其城

贼期闻远近,邑宰坐睢盱。乃以一中县,取之三百徒。残明何足假?(原注:贼假宏光后为名)幺麽尔真愚。垂老惊奇变,哀时祇痛呼!②

从诗中"残明何足假"及其自注看来,可证杨龙喜自托为南明福王之后,仍然保存着白莲教"反清复明"的革命传统。

这次起义规模比较大,参加群众比较多。占领桐梓后,义军迅速南下攻克娄山关、板桥。板桥一仗,打得官军焦头烂额。前后不过 7 天的光景,到了 10 月 4 日(八月十三)便包围了遵义府城,在城外数里的雷台山扎营。这时义军的势力已远及于仁怀、安南、普安、绥阳、正安等广大地区,"分兵驻守,煽胁日众"③,宣称义军不伤百姓,有能助军米一石者,免粮三年。人民纷起响应,声势浩大,

---

① 空六居士:《独山平匪记序》。

② 《巢经巢诗后集》卷 1。

③ 空六居士:《遵义平匪日记》。

吓得清王朝驻守遵义的官员屁滚尿流。郑珍描写这种情况说：

……八月探丸起，大呼据桐梓。扬旂楼山关，饮马板桥水。

他又描写围攻遵义的情况：

……城外笑拊掌，城中战摇腿。徐徐雷台山，（即义军扎营处——笔者）突兀布重垒。游惰日景从，纷如肉附蚁。遣徒劝四乡，谓我不汝伤，助我一石米，免汝三年粮。愚民顾身首，何惜竭盖藏。担负日麇至，露积高于冈。冈头娶子妇，歌舞陈优倡。朝杀千头豚，暮杀千头羊。官军在西岸，坐甲遥相望。……①

虽然作者站在反动立场，但由于具有一定程度的现实主义性，使这首诗仍然能够反映出一些清朝官兵腐败无能，义军的浩大声势及其乐观主义，乃至人民热烈拥护义军的情况来。

遵义一天一天围困着。当贵州巡抚蒋霨远派布政使炳纲前往遵义指挥防守时，还没有走到地方，骤见义军呐喊，直吓得“魂飞魄散，伏地不能起，众扶掖之，始呻吟曰：遵义我不要了！遂折回省城”②。

这一次起义坚持了8个月之久，起义队伍大约有万人以上，遵义城几乎克复。但是由于革命队伍的成分多半是破产农民和一部分流氓无产者，所以在起义过程中就表现出下列主要缺点：

（一）缺乏强固统一的领导，所以各部分不能统一调动。譬如在围攻遵义时，重要部将李七不听从调动，杨龙喜对这个问题并没有给以合理的处理，结果徒然增大裂痕，李七终于带领人马单独行

---

① 《巢经巢诗后集》卷1，十一月二十五日挈家之荔波学舍避乱纪事八十韵。

② 空六居士：《遵义平匪日记》。

动，不久即被敌人歼灭，给革命造成严重损害。① 在遵义以外的各处义军也缺乏密切的配合和统一指挥。

（二）在军事指挥上犯了两个错误：战争的前一阶段，义军屯兵坚城——遵义，吸引了自己大部分力量，企图打下遵义后再一鼓南下，攻占贵阳，结果为了一个城市消耗了自己的有生力量，放弃了自己真正发展的机会，于是进入战争的后一阶段。在这一阶段，清廷调来四川军队增援，从义军的后背——仁怀、桐梓进犯。结果义军遭受前后夹击，从此战局急转直下，于是又表现为流寇主义的错误，被清军一路追击，始终不能立定脚跟。从遵义向西，经过黔西、大定、毕节，再转向南，到达罗斛附近；又转向东北，经过都匀、麻哈、石阡。兜了这样大的一个圈子，几乎绕了贵州全境的一周，革命队伍是越来越少了。最后，杨龙喜计划从石阡再向西折回自己首义的地方——桐梓，再由桐梓一带打出贵州，到四川边境发展。但是就在石阡的西边，便被清军追上了，1855 年（咸丰五年）4 月，葛彰司一战，义军大溃，杨龙喜拔刀自杀。

杨元保、杨龙喜的起义都先后失败了。但是它却打破了清朝统治的冰层，苗、汉人民的革命洪流从此奔流起来了。

当杨龙喜的起义刚刚失败，清统治者还没有来得及庆幸“武功”、粉饰“太平”时，苗民起义的沉重铁拳便打到了他们头上。

起义首先发生在台拱②。台拱是苗族的聚居中心，自从满清“改土归流”以来，这里便成了苗民革命的中心；在盘亘数百里的深山密林中，到处洒遍了苗族人民的鲜血。

1855 年（咸丰五年）春天，正是青黄不接的时候，饥饿的台拱

---

① 围攻遵义时，“杨龙喜深尤李七之不先占要地（指城外红花冈——引者），李七不服，遂与杨分军。李七带千三百人向城南裹胁，颇恣淫虐……”（空六居士：《遵义平匪日记》）

② 台拱是镇远府黄平州所辖的一个厅。

苗民联合要求减轻赋役。黄平州知州杨承照奉命到台拱“查办”。他一到台拱，便和土司石某勾结起来，把3个苗民请愿的首领叫来大骂一顿，并且拔刀威逼他们写照旧纳税服役的甘结，说：“如不具结，先诛汝三人，随调得胜之韩军(按：即指镇压杨元保、杨龙喜“得胜”的韩超军队)剿灭尔类！”①3个苗民在刀口威逼下具结以后，杨承照不敢久留，当夜五更便溜回镇远。次日，几千名愤怒的苗民果然冲入台拱城内寻杀杨承照，不遇而退。过了几天成群结队的苗民再一次集合起来，屯于城外，“声言须永免征收，并将汉人田宅概与苗人，方肯退去”②。早在乾隆年间，清廷曾允许永免苗人租税，而事实上却是：苗民被逼得家破人亡，以致于如前所述，挖掘祖坟去偿付高利贷和租税。现在苗民要求土地，反对征收，是完全合理的。但是清王朝却用残杀来回答这种要求，全副武装的兵士突然冲杀出来，大肆杀戮，血流尸横，苗民大惊溃散。

此后，清朝官府更进一步支持汉族地主豪绅出面组织团练，提出“灭苗清产、安屯设堡”的口号，准备杀尽苗人，瓜分苗产：

> (地主豪绅)扬言十万大团，择日举事。且遍贴告示，上书灭苗清产、安屯设堡八字。一日聚而巡行，号曰“亮团”，盖观兵之义。约有四五千人，声言十万。巡至距苗寨不远一河边，鸣炮吹角。苗出四五百人登山瞭视，见其纷嚣不整，一片声喊。数百人由山压下以试之，团众惊惶奔溃。贼(统治者对苗民的污蔑)拊掌大笑，亦未渡河穷追。
>
> 苗乃相谓曰……今乃欲歼灭我苗，岂能束手以待？况自来甲寅、乙卯乃苗变之定期，天时人事势不容已。遂聚马蚁寨议话，以刻木加鸡毛火炭遍告诸寨，约以齐起。……千里苗

① 韩超：《苗变记事》。

② 韩超：《苗变记事》。

疆，莫不响应。①

于是在高禾等人的领导下，轰轰烈烈的苗民大起义爆发了！

三　轰轰烈烈的"咸同十八年反正"

"咸同十八年反正"——贵州苗族人民这样称呼自己这一次历时 18 年之久，持续了咸丰、同治两代王朝的革命。由于这一次苗民大起义规模巨大，内容丰富，并且和汉族人民的白莲教大起义有着极密切的、不可分割的联系，所以我们尽可以用"咸同十八年反正"来概括这一次整个苗、教大起义的内容。

起义爆发后，立刻得到苗民普遍的响应，所有的青壮年苗民都投入了残酷的战斗——为了土地，为了生存！在青壮年苗民当中，渐渐流传开来一首悲壮的歌曲，歌唱着青年男子向自己的爱人告别：

姑娘，我走了，走去和官兵厮杀！不管是成鬼成名，姑娘呵，我已不能是你的丈夫。

1855 年(咸丰五年)10 月 24 日，苗民攻克丹江厅城，一时荔波、古州、定番、镇远、下江……各处苗民纷起响应。

从 1855 年(咸丰五年)到 1862 年(同治元年)，这是革命的上升时期，在这一时期，革命以迅雷疾雨般的声势蔓延到了整个苗疆，凡是有苗民聚居的地方都掀起了攻城夺地的斗争，像摧枯拉朽一样到处打垮清朝的统治。极短期间攻克的重要城市有：1856 年 8 月 9 日(咸丰六年七月九日)攻克凯里，8 月 23 日攻克古州，8 月 28 日攻克施秉，8 月 30 日攻克都匀，9 月 11 日攻克清江，9 月 24 日攻克台拱，10 月 9 日攻克黄平，11 月 7 日攻克清平。这仅是指的重要城市，而为数更多的村寨山头尚未计算在内。以后，在贵州

① 韩超：《苗变记事》。

西部边境的苗民，也于1860年8月（咸丰十年七月）起义。围攻毕节，并攻克猪拱箐，据以为苗民起义军的西部根据地，并和云南的回民起义军遥相呼应，有力地支援了云南的回民起义。

在起义的过程中形成一批优秀的领导人物，高禾、张秀眉（大元帅）、金大五（英明王）便是最高领导：

> 张臭迷（秀眉）为台拱、清江一带巨酋——潘老冒、江老拉即姜老拉分据要地为之犄角。九大白为施洞口一带逆酋。包大肚为施秉、黄平一带逆酋。金干干、蒙阿保等为都匀、麻哈一带逆酋。杨大六为丹江一带逆酋，自号平阳王。金大五为凯里一带逆酋。历年抗楚师者张臭迷为最，抗川黔军者金大五为最。①
>
> 惟高禾乃群贼渠魁，……诸酋事无大小，必关白而后行。②

起义的根本要求是土地，一旦苗民从层层的封建压迫下解放出来，就立刻表现出巨大的生产热情，军民一体，一面耕作，一面战斗：

> 台拱、清江、都江、下江、丹江五厅……今皆尽为苗据。其都（匀）镇（远）府卫城及附近之八寨、平越、麻哈、黄平、清平、施秉等厅州县七八城，苗概拆毁，耕成田地。重山复岭中，纵横盘踞七八百里，安居乐业，以抗官兵。③
>
> 粮饷虽取之于民，因有一定限度，民亦安居乐业。遇有战，轮流摊派民兵，民亦乐为之用，有古寓兵于农之意。④

因此，在战争初期，生产不但没有荒废，甚至呈现出一片繁盛

① 《平定贵州苗匪纪略》卷36，王文韶奏。

② 《平定贵州苗匪纪略》卷36，曾壁光周达武奏。

③ 莫友芝：《上李鸿章书》，转引自《咸同贵州军事史》。

④ 彭光泽：《陷苗闻见录》。

的气象。

和反动统治者所诬蔑的“愚昧”“蠢陋”相反，苗族人民是具有高度的英勇和智慧的。他们在革命战争中，正确地运用了朴素游击战术和运动战术的原则，有效地打击敌人，所向克捷，无往不胜。《湘军志》说：

彼各自为战。官军大至则皆走，少则不敢进。精兵无所施勇，疲卒则为所乘。……时乘雨夜盗掠，军卒或方寝而失其头。及行陈（阵）林箐中暗伤毙者，往往而有。①

又据亲睹苗民和清军作战情形的彭先泽所追述：

两军相遇，官兵则正正堂堂，数十人一排，数排并进；苗兵则零零落落，四面散开。枪炮轰击，官兵多有伤亡者。②

又据贵州莫友芝《上李鸿章书》的记载：

特苗性狡诈，每官兵初至，常示弱以诱其深入，前后皆伏悍苗，以迎敌而断归路。……其长技在劫营，其利器在鸟枪；盖其聚落多依岩旁穴，不履不冠，脚板如铁，走嵚崎若坦途。其鸟枪挟于腋下，四面俛仰，随所指发以击飞走，无不中。③

苗族人民就这样用刀矛和鸟枪，凭着自己的勇敢和智慧与清统治者进行搏斗，取得了辉煌的胜利。

在这一时期，汉族人民也和苗族兄弟一样，到处发动起义，构成了贵州革命高潮中的重要力量。汉族人民的起义80%以上是组织在白莲教的旗帜之下的。它的派别繁多，最著名的有红号、白

---

① 王闿运：《湘军志》援贵州篇第十二。

② 彭光泽：《陷苗闻见录》。

③ 莫友芝原注：“凡夷（苗）俗生子，群以精铁为贺，积二三百斤，炼至二三十斤以成一枪，幼弄长习，行立坐卧无辄离，故能专精如此。”

号、黄号等。①

1. 红号　1855 年 11 月，铜仁府红号起义。起义的情形是这样：

石阡有毛大仙者，山居学道，讲吐纳之术。举人梅济鼎、徐廷杰，贡生夏昶等师事之。扶乩惑众，云大劫将至，持斋讽经始得免。以箕敛为事，门徒日益众。②

由于府吏的苛敛，在这一年的 4 月间，徐廷杰、梅济鼎就开始组织人民聚众抗粮，到了 11 月 11 日，便率领数千人突入府城，砸毁文武各衙门，打死知府葛景莱，占据了铜仁府城。一时释迦佛（毛位元）、白鹤仙（毛士福）、赵子龙（田瑞龙）等纷纷来应，以红巾蒙首，是为红号。

红号起义后立刻和当地苗民（统治阶级所谓“熟苗”）团结起来，12 月 10 日，攻克松桃厅，12 月 21 日攻克思南府，12 月 23 日攻克印江县，12 月 24 日攻克石阡府，1856 年 1 月 4 日（咸丰五年十一月二十七日）攻克玉屏县，1 月 8 日攻克青溪县、思州府等广大地区。

2. 白号　咸丰七年十二月（1858 年 1 月）思南府白号起义。起义的情形是这样：

刘宜顺者，四川涪州人，倡为灯花教，徒党遍川、黔、秦、陇、两湖，为绅团捕获。知涪州某牧得其贿纵之，遂逃于黔，诸贼奉为老教主，称以刘祖祖。③

---

① 王闿运《湘军志》把“教民”当作天主教民：“思南教民倡乱，分三部：思南为白号，铜仁为红号，思州为黄号，皆持天主教以惑众。”这种说法显然是错误的。今据较可靠的材料如刘书年《黔乱纪实》、唐炯《援黔录》及其自撰年谱，并参及凌惕安《咸同贵州军事史》、王安定《湘军记》等，可以断言所谓“苗教”的“教”乃是白莲教的支派，而非天主教。

② 刘书年：《黔乱纪实》，见《刘贵阳遗稿》卷 1。

③ 唐炯：《成山老人自撰年谱》。

同样是因为反对清朝的苛捐暴政，教民在刘宜顺（刘仪顺）的领导下发动起义，奉朱明月为秦王，宣称朱明月是崇祯十二世孙，改元“嗣统”。灯花教“食斋拜灯”（不吃肉，崇拜光明），无疑是白莲教的支派。他们以白布裹头为标志，故称白号。

1858 年 1 月 19 日，白号攻克思南府，2 月 2 日攻克印江县，于是分兵乌江两岸，一路向南围攻乌江右岸的石阡府，另一路向西南围攻乌江左岸的偏刀水，1859 年 11 月初旬，攻克偏刀水，遂据以为中心根据地。11 月 16 日攻克湄潭县，遵义已在掌握之中。到了 1864 年（同治三年）又攻克桐梓、仁怀、黔西、大定、正安等广大地区。

3. 黄号　1858 年 3 月（咸丰八年二月）思州灯花教徒受白号的影响，在胡黑二领导下发动起义，仍奉刘宜顺为教主，朱明月为王。不过以黄巾裹头为标志，以战死为得道飞升，声势很大。5 月 25 日，黄号攻克婺川，和白号并肩活动在乌江两岸，以荆竹园为中心根据地。到了 1859 年 10 月（咸丰九年九月），平越的灯花教徒在何得胜领导下发动起义，仍以黄巾裹头，攻占平越尚大坪，据以为根据地，黄号声势更大。

更重要的是，这时太平军石达开的军队也打到了贵州，益发给贵州人民带来了很大鼓舞，益发充实了贵州的革命力量。1858 年 8 月（咸丰八年七月），石达开派部将李文茂率军自广西入黔，苗教纷起响应，活动在黎平、独山一带。1860 年（咸丰十年）和 1862 年（同治元年），部将曾广依两次入黔①，和贵州各族人民一起，活动在贵州西部广大地区，“苗教号匪闻粤贼至，乘机肆出，……附省数十里，寇氛殆遍……省城戒严”②。1861 年，部将余诚义入黔，

---

① 1865 年 5 月，曾广依从广西新州入黔，经过兴义、贞丰、定番、黔西、大定、毕节进入四川。1862 年 9 月，复从四川綦江入黔。

② 王安定：《湘军记》。

1861年5月，石达开亲自入黔，同年10月，部将李文彩又入黔，都得到贵州人民的拥护，使得清统治者惊惶万状。

除此以外，还必须指出的是：贵州的其他少数民族，如仲家、回回等也发动了很多次的起义；而在汉民族中，除了红号、白号、黄号和入黔的太平军以外，其他较小规模的起义，还不下数十起。

大体上说，教民义军的主要活动地区是贵州东北部乌江流域一带，苗民义军的主要活动地区是东部和南部的台拱、凯里、清水江流域一带，其声势则远及于贵州全境以及湖南、广西、云南、四川的边境。① 仲家、回回的起义军则在贵州西南一带活动。太平军石达开部则纵深而入，往来于入川要道。各族人民在革命战争中互相声援，互相支持，甚至互相混合起来，结成一体：

> 每出掠，教七苗三。战则倚苗铳为助，得上腴地，则苗徙家耕焉。食匮，则苗输之粮，有小挫，则苗教大出，钲声势满山谷。②

这说明了存在于各族人民间的从来没有任何“仇恨”，从来只有亲密的团结和友谊。正是由于各族人民的大团结，才使得革命以惊人的速度向前发展，才使得清王朝陷入四面楚歌、顾此失彼的倒霉境地。正如当时人莫友芝所说：

> 黔省自咸丰甲寅（1854年），杨元保倡乱于省南，杨漋喜肆逆于省北，虽不久即就歼除，而苗匪、教匪、土匪所在蜂起。数年间，通十二府一直隶州，其城守未失，仅贵阳、遵义、安顺、黎平、思州五府，其厅州县亦称是。其民则逃亡转徙，百里无

---

① 唐炯《援黔录》卷8《援黔议》云：“黔之下游，自龙（里）贵（定）以达玉屏、清溪，旁及涛江、古州、黎平，皆为苗匪窟宅，而时往来定（番）黄（平）麻哈、独山诸州。自开州、平越以达思州、思南，旁及石阡、铜仁，皆为号匪盘踞，而时往来贵阳、安顺，既复渡乌江而北，游弈黔（西）大（定）遵义诸府州。”

② 王安定：《湘军记》。

烟，其官则遥领虚署，十无一实。兵饷两空，寸筹莫展，待毙而已。①

尽管他对人民有许多污蔑之辞，但是“寸筹莫展，待毙而已”却是封建统治的真实自供。清王朝虽然调湘军赴援贵州，但被人民打得躲在城堡内不敢露头。“苗以此并轻湘军，当入寇，辄叩垒门呼曰：吾当往攻汝湖南矣！既掠归，复谢曰：多扰汝！”②

1862 年前后，革命形势发展到空前的高度，贵州全省绝大部分已经掌握在义军手里，省城贵阳有几次处于义军包围之中，眼看指日可下，清官兵坐困孤城，“巡抚号令不能出城外”③，已经成了瓮中之鳖。多么宝贵的时机呵！但是——

1864 年（同治三年），太平天国的京都——南京陷落，1866 年，太平军残部也被清军消灭，到 1868 年时，捻军的重要力量——赖文光的东捻军也被击溃.全国革命的低潮已经来临了。

本来，从 1854 年（咸丰四年）贵州革命刚刚爆发起，清政府就不断派四川、湖南、云南的援军镇压贵州的苗教起义。当它攻陷南京以后，便集中精力，从邻近各省抽调兵力大规模地进行镇压。1866 年，派李元度等率湘军开往贵州，又令岑毓英从云南进攻苗民的西部根据地——猪拱箐。1867 年，又令冯子材从广西向贵州南部进犯。5 月冯子材军攻陷荔波县城，7 月，岑毓英军攻陷猪拱箐。12 月，又派湘军席宝田、川军唐炯带兵大举援黔。唐炯的父亲唐树义即为镇压太平天国革命战死，他便继承乃父的衣钵，与人民为敌到底。席宝田是湘军悍将，以血腥镇压太平军起家，极端野蛮残酷。他采用张广泗镇压苗民的老办法——雕剿法。选精兵入深山奇袭，专门对付苗民的游击战。他说：“言苗事者。必曰雕剿，

---

① 莫友芝：《上李鸿章书》，转引自《咸同贵州军事史》。

② 王闿运：《湘军志》。

③ 王安定：《湘军记》。

此勇夫名将之事也。夫雕剿者，悬军深入，饥因敌粮，夜宿敌垒，行不持营帐，居不依城砦，军不时出，出不时反，乃可以入穴得虎，而申其威力。"①川湘军都有雄厚的接济和洋枪洋炮，苗教义军遭遇到空前的大敌了。

1868 年 2 月，湘军攻陷黄号的根据地荆竹园，"黄号、白号及石党俘斩略尽"②。教首刘仪顺退往偏刀水。5 月，秦王朱明月被俘牺牲，胡黑二亦被叛徒捆献给湘军杀害。于是川、湘两军，会攻白号根据地偏刀水，掘长坟，挖地道，重重围困，并用开花炮向内轰击。黄号首领之一忠明王王超凡联合苗民数千来援亦被击溃，5 月 26 日（闰四月初五日），偏刀水沦陷，川湘两军在北路会师。8 月，王超凡被擒杀。于是川军便围攻教民的最后根据地——尚大坪，8 月 16 日（六月二十八）石达开部将、叛徒李文彩可耻地开门乞降，并且立刻替清效犬马之劳，追赶已经逃脱的教主刘仪顺"生擒以献"③。从此，教民起义已被基本消灭，清控制了乌江两岸。

于是清集中兵力，"楚师进镇（远）施（秉）为左路，川师进清（平）黄（平）为中路，黔师进都匀为右路"④，向苗疆三路进犯。

从 1868 年 8 月起到 1869 年 4 月止，川湘两军东西夹击，先后攻陷平越、黄平、麻哈、天柱、镇远、清平等府州县城，于是川军自黄平方面，湘军自镇远方面，两路夹攻施秉，施秉攻陷后，川湘两军在南路会师。

这时清王朝可以说是趾高气扬，得意忘形。为了打通到贵阳的驿道，湘军黄润昌（按察使）、荣维善（提督）、邓子垣（道员）率兵

---

① 王闿运：《湘军志》。

② 王安定：《湘军记》。

③ 唐炯：《援黔录》卷 3，《禀为六月二十八日攻克尚大坪生擒刘仪顺黔省号匪剿抚净尽由》。

④ 唐炯：《援黔录》卷 8，会议。

万余人向施秉以西的瓮谷陇进犯。但是在这里，苗民给予猖狂的敌人以毁灭性的打击，他们发挥了高度的智慧。5 月 3 日（三月二十二日）当湘军进至黄飘（距黄平 60 里的一个寨）时，苗民在包大肚指挥下"设伏山中，诱敌深入，出其不意地横截而出，打得万余悍敌全军覆没，黄润昌、荣维善、邓子垣恶贯满盈，一一毙命。在都匀方面，也打得黔军 30 余个营土崩瓦解，只剩残兵 20 多人退回贵阳。战局是无疑问地好转了。

但是苗民义军"方幸休息"，并没有及时展开大的攻势。同时由于敌人残酷烧杀淫掠的结果，发生了严重的饥饿，据《咸同贵州军事史》载："沿江至旋秉数百里苗寨尽焚，苗众集施洞口革东汛一带，不能耕，众多饥。宝田获苗尸，剖其腹，往往皆糠粃云。"而敌人则依靠优厚的接济补充，终于死灰复燃，卷土重来。1870 年 4 月，川军陷黄飘，6 月 9 日（五，月十一日），川湘两军会攻瓮谷陇，沿途烧杀。苗民男女老幼 5000 人被迫逃亡于叫鸟（村寨名）的山洞里面。10 日，敌人包围了这个山洞猛攻不下，于是便拿出残无人性的办法，用柴草硫磺向洞口熏烧了 17 个昼夜，等到 27 日破门而入，5000 名苗民男女全部窒息而死。

残酷的斗争持续着，义军境况一天比一天困难，饥惫不能盘存。1871 年 4 月，湘军陷丹江，张秀盾、姜老拉退往雷公山。5 月，湘军陷凯里，又陷雷公山，张秀眉等沿途冲杀。至 1872 年 4 月 13 日（三月初六）张秀眉被俘于乌东山，5 月 28 日（四月二十五），高禾被俘于雷公山，5 月 31 日（四月二十五日），金大五被俘于香炉山。这三位杰出的革命领袖、不朽的英雄、苗民起义的优秀组织者和领导者，先后壮烈地牺牲了。

魔群一样吃人的清军开来了，星罗棋布的碉堡建立起来了，成千上万的苗民被屠杀了，鲜血灌溉的土地又被夺走了！为了窥见当时的悲惨情况于万一，这里转引一段到苗区访问的记者的叙述吧：

十月里的一天，我们走出黄平这破败的城墙，走到两里路外的杀人洞去，这是"十八年反正"的遗迹之一。许多苗家老人曾向我谈起杀人洞的故事。当时官兵以发赦济米为名，将苗民骗到今杀人洞的高坡上去，在那儿，见一个苗家杀一个，见两个苗家杀一双，尸首就扔在大洞里，统杀了有近万人。到最后，洞口流出的水已染成红色，后来的苗民看见混着血的水从洞口流出，知道正在进行的是一个大规模的屠杀，才纷纷逃亡。苗族老人在诉述这个故事时，总是说，当初杀人时，天空中三天三夜昏暗不明，连天地鬼神都为之伤心。①

对于当时的革命领袖，清政府表现了极卑鄙的、兽性的报复。传说他们曾将张秀眉的脑壳挖空，灌油点灯。为悼念自己英雄的领袖，苗民这样歌唱着：

英雄呵，脑壳挖空当灯点，你痛不痛？为苗家求翻身，痛也甘心！

四　结　论

规模宏大、气魄惊人的苗教大起义终于被扼杀了，可悲地失败了。回顾这一段慷慨壮烈的历史，不由使我们又愤慨又惋惜地追溯到它的失败原因。它失败的原因在什么地方呢？

首先从当时全国的革命形势来看，就是说，把全国革命作为一个统一整体来看，当苗教起义方在如日中升的极盛时期，而全国革命已经处于强弩之末的形势了。作为革命领导力量的太平天国本身，已日趋于衰败没落。因此，清政府就有可能从湖南、四川等省抽出大量的兵力财力来对付贵州的革命。

---

① 范荣康：《贵州苗民区访问记》，见 1950 年 12 月 21 日重庆《新华日报》。

其次，从石达开入黔一事来看，对贵州的革命无疑是有利的。如果石达开能善于领导和教育贵州各族人民，善于利用贵州革命形势高涨的时机，把各种义军彻底团结和统一起来(或至少加以大批地吸收整顿，这应该是完全可能的)，那末，这将是一支如何强大的革命力量！然后在贵州站定脚跟——建立一个坚强的革命根据地，立刻和广西的三合会、云南的回军密切联合起来，回归北征，直捣湘军的后背，则太平天国的颓势一定可以挽回，革命一定可以重新兴盛起来。然而石达开不此之图，急于入川，这样好的机会便轻轻丧失了。

第三，从贵州苗教起义军的本身来看，最基本的缺点就是农民的狭隘性、保守性，缺乏远大的目标。表现在军事上：革命战争始终在贵州一省兜圈子，未能打出省去进一步扩大革命声势。虽然有时也打到湖南、四川、广西的边境，但仅为流寇主义的性质，一去即返，未能建立省外的根据地。这就给清王朝留下了一个“聚而歼旃”的空隙。表现在政治上：只有一个原始的土地要求。打仗和种地，成了革命的全部内容，缺乏系统的政治组织和建设。因此就不能保证政权的巩固和生产的进行。这样，由于战争长期持续和清朝军队疯狂劫掠的结果，便造成生产荒废、补给困难的现象，寖至革命军队四出就食，不得不走向流寇主义的道路。表现在领导上：虽然苗教义军始终保持着相当亲密的合作，但是各自为政，没有一个统一领导。这首先大大减小了苗、教双方革命的威力，甚至限制了双方力量的发展。对这一点，镇压苗教的刽子手、川军头子唐炯看得很清楚，他说：“……号匪跨据乌江南北两岸，虽属乱民，然苗匪不能过乌江占据思南、遵郡(遵义)两府地者，号匪亦隐有功力。”①仇之所快正是亲之所痛，苗教义军缺乏统一领导应该是一个致命的错误。不仅如此，就连苗、教各自的内部，也缺乏真正的

① 唐炯：《援黔录》卷5，《禀为楚黔道通请撤川军归黔自办由》。

统一领导。苗民义军虽然有着最高领导——张秀眉、金大五，但并没有绝对的指挥权，只做到“苗酋就地各为雄长，相倚为援”①的程度。几十个王、侯、元帅领导着几十个小的单位，分别占据若干城镇山寨，这就是苗民义军中的实际情况。至于教民义军，分散现象更为严重，此起彼伏，兴灭无常。所有这些情况，当然给予敌人——清军以可乘之机。

第四，对于苗教起义也有着严重影响的，是中外反动势力的结合——英、法资本主义强盗是清政府镇压苗教的积极帮凶。我们知道，苗教人民几乎完全凭着自己的满腔热血和高度智慧去和敌人作战，至于所用的武器不过是刀矛鸟枪之类的原始武器，相反的，清朝的川、湘反革命军队却使用着洋枪洋炮，而这完全是从资本主义强盗们那里来的。大量的史料向我们显示，镇压苗教起义的川湘军曾不断从上海、汉口一带在“洋商”那里采办所谓“大洋火”（洋炮炮弹）及火药枪炮之类，这被他们看作战争“胜利”的唯一保证。资本主义强盗不但把武器“接济”川、湘军队，而且帮助他们训练军队、修理武器，甚至直接参加作战。下面摘引一段川军头子唐炯的自供吧：

再，英商麦士尼自去秋到营，于今一年，教练安定、果毅（兵营番号）亲兵洋炮。每遇接仗，亲兵洋炮队一进，贼无不望风披靡。各营洋炮多有损坏，该商收拾日不暇食，备极勤劳。又我军克复黄平州新旧两城及重安司城，该商皆随刘提督身在前敌。计自去冬至今年三月，该商自用洋炮毙贼前后共计二百五十余人，实属勇敢可嘉，似未便久没其劳。该商尝向职道言及李协揆左伯营内英法国人出力，多蒙奏赏顶戴，意甚欣慕。合无仰恳宪台俯念该商屡著功绩，而收拾洋炮等件又为营中必不可少之人，准予附片奏请赏给三品顶戴花翎，以示怀

① 《平定贵州苗匪纪略》卷36，王文韶奏。

柔鼓舞之意。无任叩祷!①

帝国主义侵略者永远是中国人民的死敌,事实证明,每一次中国人民的革命他们无不伸出扼杀的血手。

总之,由于缺乏先进阶级领导而表现出来的农民的狭隘保守,由于客观形势的限制和中外反革命势力的强大,轰轰烈烈的苗教大起义最终是失败了。但它在历史上却具有辉煌的、不可磨灭的重大意义。

(一)它是一个人民的民族解放运动——反清封建专制的民族革命和阶级革命。我们知道,不是任何民族运动都是进步的与民族解放的运动,每一个运动需要根据当时的具体情况,给以具体的分析。斯大林教导说:"民族问题在各个不同时期服务于各种不同的利益,并具有各种不同的色彩,这要看它是由哪一个阶级提出和在什么时候提出而定。"②而苗教起义却是一个由人民发动的,反清朝民族压迫和封建统治的人民的自发运动。尽管在运动中曾经表现了不少的缺点,但革命队伍自始至终都保持了高度的纯洁性,从没有被民族中的上层封建贵族所篡夺、所染污。在运动过程中,营垒是始终分明的:满清统治者、封建地主、土司通事、资本主义强盗构成了反革命的营垒;各族人民——农民、手工业者——构成了革命的营垒。运动的方向是要求土地、反对苛捐杂税、反对民族压迫和封建统治。正因为如此,它才可能具有伟大的号召力量,得到了各族人民的衷心拥护与支持。正因为如此,它才可能表现出如此强大雄伟的形象,和强敌周旋了近20年之久。

(二)它体现了各族人民的亲密团结和战斗友谊。在长久的经济互助和文化交流中,中国各族人民早就形成了亲如手足的不

---

① 唐炯:《援黔录》卷4,《禀为将川师克复麻哈州城、黄平新旧两城,剿抚数百寨在事文武员弁勇丁开单汇请奖叙由》。

② 《斯大林全集》第1卷,第27页。

可分离的紧密联系。而在反对帝国主义、封建主义压迫上,各族人民更具有共同的利益要求,这表现在近代人民的各次起义上,也表现在苗教起义上。汉、苗、回、仲等族人民在此次革命中的伟大团结,彻底粉碎了反动统治者民族挑拨的阴谋,给历史留下了一个民族团结的光辉范例。

(三)它是太平天国革命高潮的伟大构成部分,也是中国人民百年以来反帝反封建斗争的伟大构成部分。毛主席说:"中国历史上的农民起义和农民战争的规模之大,是世界历史上所仅见的。"①伟大的太平天国革命雄辩地证明了毛主席的英明论断。但是太平天国革命不是一个孤立的革命,它应该被看作当时全国各族人民革命的统一整体,在这个伟大的统一整体内,贵州苗教大起义就是其中的伟大构成部分。以苗族为主力的贵州各族人民,不但要求解放自己,而且在客观上有力地支援了太平天国和各地方各民族的起义。和全国人民一道,严重打击了清王朝的封建统治,在百年来人民革命史上留下了光辉的一页。

(原载《新史学通讯》1954年8月号)

---

① 毛泽东:《中国革命和中国共产党》。

汪士铎思想剖析

一

“革命是历史的火车头。”在中国近代史上.太平天国革命不但对于中国政治和经济的发展起了伟大的推动作用，而且在思想界也激起了空前的波澜，留下了深远的影响。就像人们无法摆脱万有引力一样，当时思想界的人物，不管来自哪个阶级，农民也好，封建士大夫也好，都不能超然于这次伟大阶级斗争的旋涡之外。封建统治者当时面临着两大问题：农民战争，外国资本主义的侵略。当时思想界所提出的和所争论的问题，无论怎样千奇百怪、“离题万里”，其实还是围绕着上述两个中心问题旋转。尤其是前一个问题——农民战争，更是一个生死攸关的急迫问题，所以在思想界的反应也最为强烈。研究太平天国革命在近代思想史上的作用，推而大之，研究历代农民战争在整个思想史上的作用，将是一个很大的课题。

本文试就太平天国革命时期思想界的一个“怪物”——汪士铎加以剖析。当然，在太平天国革命的浩荡洪流中，汪士铎不过是一个“泡沫”。但正如列宁所指出的：“河水的流动就是泡沫在上面，深流在下面。然而就连泡沫也是本质的表现!”①通过对汪士铎的研究,也可以窥见当时整个思想界的一般趋势和斗争实质。

太平天国的英雄们在武装起义的同时,就发动了反对封建思想文化的斗争,其中主要是大规模的排儒反孔的斗争。这在农民战争史上和中国思想史上,都是空前的壮举。这一革命壮举确实吓坏了中外反动派,他们如丧考妣,一片哀鸣。然而就在这个当口,汪士铎却与众不同,为太平天国排儒反孔叫好。他认为儒家思想同佛、道教义一样,都是惑世诬民的“邪说”,太平天国打击儒家,“此功德不在禹下”②。他在此后的著作里,尤其在其秘不示人的《乙丙日记》里,从时儒骂起,一直骂到程朱陆王、孔孟颜曾,真可谓狗血喷头、淋漓尽致了。这确实是一种异乎寻常的现象,值得认真研究。

30 多年以前,曾经有人对汪士铎的反孔言论大为激怒,为了“正人心”起见,专门著了一本书——《〈乙丙日记〉纠缪》,对汪氏逐条反驳,替孔孟狺狺申辩。这位作者竟把汪氏和五四时期的吴虞相提并论,认为他们部是名教罪人③。还有人学着桐城派道学家姚鼐的腔调说:清朝乾嘉前后凡是诋毁程朱的人,如毛奇龄、李塨、程廷祚、戴震诸人,无不“身灭嗣绝”,断子绝孙;而汪士铎竟骂到孔孟头上,难怪他“身未灭而嗣先绝”④,当了“绝户头”,没有好下场了。像这样的昏话只能出自热心卫道的封建余孽,时代进步到今天,已经成了笑料,不值一辩了。而王张江姚“四人帮”在掀起“批儒评法”的恶浪时,曾抛出了一条据说是贯穿古今的“历史规律”:凡是革命、进步的就必然尊法反儒,凡是反动、倒退的就一定尊儒

---

① 《黑格尔〈逻辑学〉一书摘要》,《列宁全集》第 38 卷,第 134 页。

② 《乙丙日记》卷 2,第 10 页。

③ 张尔田:《〈乙丙日记〉纠缪》,1941 年刊本,第 6 页。

④ 同上书吴庠跋语。

反法。几千年的阶级斗争史，似乎一下子就装进他们这个儒法斗争的套子里面了。这倒挺省力。太平天国反孔，五四运动反孔，汪士铎也反孔，岂不都一样是革命的、进步的吗？这和上述那位卫道士相比，犹如两相对称的剪纸图案，虽然看来方向相反，其实完全可以重叠起来，例如，都可以把汪士铎当作吴虞式的人物，等等。他们重叠在唯心主义和形而上学里面了。

马克思说："如果事物的表现形式和事物的本质会直接合而为一，一切科学就都成为多余的了。"①阶级斗争的复杂性，决定了对于儒家的批判，可能来自左边，来自革命派，也可能来自右边，来自地主买办阶级的极端反革命派。这里需要的是科学的具体分析，形而上学的套子是一点也用不上的。

汪的家世原为南京的大商人，"以资雄于时"，到祖父时因为和人争财产，打了17年官司，最后大概是输了，赔累不堪，从此家道中落，然而姻戚之中仍多富商②。其父酷好理学，汪从小所受的家教就是"除程朱经注之外，禁勿观"。后来他多次习商未成，又转而读书，曾从程恩泽、胡培翚等人受教。③ 程、胡都是当时有名的汉学家，汪本人亦渐以"三礼"及舆地之学知名。1840年中举，主考官是胡林翼，这便确定了他日后同胡林翼的密切关系。

1853年初，太平军从武汉顺流东进，兵锋指向南京，南京官绅纷纷逃散，他偏偏没有走，这是因为他把形势估计错了。他认为清朝还强大得很，有皇上的威福，有向荣、陆建瀛、琦善的各路大军，太平军只有"腹背受敌"的份儿，决然打不下安庆。南京城墙高厚，又有各路大军拱卫，更是万无一失。再加上他对自己在南京的房

---

① 《资本论》第3卷，《马克思恩格斯全集》第25卷，第923页。

② 见《汪梅村先生集》（下简称《汪集》）卷12，《先考妣述》及《自述》。

③ 《汪集》卷4，《感知己赞》列有"程春海侍郎师"、"胡竹邨农部师"，并附赞语。

产、财物、藏书等“一物不肯割爱”①,所以滞留城中。在此期间,他曾向官府献策,例如:招募江淮一带“诸剧盗”,以加强清军的战斗力;对狱中的囚犯,不论轻重曲直,一律杀光,以防止他们暴动;用兵力将城外附近的房屋、船只、木料、粮食,一律烧光抢光,以断绝太平军的凭借。这些建议未被采纳,使他恨恨不已。

完全出乎汪士铎的意外,太平军以排山倒海之势,连克安庆、芜湖,占领了南京。他极端仇视革命,曾经“悬帛欲自经”,但又舍不得死,便混入“老民馆”,以图苟活,每天东躲西藏,逃避差役。太平军一向礼重知识分子,聘请他参加工作,他拒而不就。1853年底,他冒充书吏混出城外,辗转逃亡到安徽绩溪。他总共在天京困了9个月,这期间,他的70多种手稿毁失了,独生子夭折了,其次女由于顽固,绝食自尽,长女本已参加了太平天国的工作,并曾任东王杨秀清的书手,但汪士铎天天逼她死。他的次女也对长女的参加革命“以为大耻”,在绝食临死前还爬到长女那里,逼她同死。终于,其长女于1855年背叛革命,逃亡到清朝江南大营统治下的句容;就这样,汪还要向她进逼,写信命她“再遇‘贼’必死,否则非吾女”。1856年,太平军荡平了江南大营,他的长女就投水自尽了。

1859年,汪氏到湖北做了胡林翼的入幕之宾,并结识了曾国藩,为他们出谋划策,镇压人民。曾、胡对他言听计从,敬礼有加。胡林翼死后,他又做了湖北巡抚严树森的幕客。1864年太平天国革命失败,他回到南京老巢,在农民的血泊中舞文弄墨,以反革命的帮闲者结束了他的一生。

汪士铎的思想色彩鲜明,毫不掩饰,一切出发点都是为了镇压农民革命。他之所以痛骂孔孟,尊崇申韩,也是为了同一目的。这里面涉及的问题很多,最主要的有以下几个方面:

---

① 《乙丙日记》卷1,第7页。

（一）对社会各阶级、阶层的态度

这是汪士铎思想的核心。从阶级斗争的发展上看，太平天国革命比历代农民战争都要深刻得多，因而在革命高涨时期，阶级阵线也最为明朗。汪当然不懂阶级分析，但从其反动的阶级本能出发，对当时的各个阶级有敏锐的观察。他说：

> 天下最愚、最不听教诲、不讲理者：乡人。自守其所谓理而不改，教以"正"则哗然动怒，导以为非为乱，则挺然称首。其间妇人又愚于男子，山民又愚于通涂之民。惟商贾则巧猾而不为乱，山民之读书者不及也。在外经商之人又文弱于当地之商贾。知"四民"之中，最易作乱者农，工次之，武生次之，山中之士次之，商贾又次之。城市之士，则硁硁然可以决其不为乱。①

这一观察，反映了倒立着的现实。农民、手工工人是当时最受压迫，革命要求最强烈的阶级，被说成是"最愚"、最"不讲理"、"最易作乱"的人。地主、商人是剥削农工的阶级，尤其是大地主豪绅（即所谓"城市之士"）和大商人（即所谓"在外经商之人"），反革命态度最坚决，则被看作是稳定的依靠力量。汪搜集了许多地区的事例，说明热烈欢迎和踊跃参加太平军的人，都是农民和手工工人，这使他恨入骨髓，狂叫："呜呼！安得一始皇在上，而使白起、王翦、章邯等效力于下，而为苍苍者一洗之！"然而，如果杀光了农工，地主商人也无法存活，于是，他提出一种"重士商轻农工"的政治原则来："古人重农轻逐末，于今较其利害何如？盖农不少，而真不可重也。""士商机巧，无能为，重之；农工愚很，能为乱而心齐，轻之。"

古代儒、法两家都主张"重本抑末"，这是由自给自足的自然经济所决定的。明清之际，黄宗羲曾提出"工商皆本"的思想，代表了

---

① 《乙丙日记》卷2，第18页。（因取材于此书较多，以下凡引自此书的，一般不再注明）

资本主义萌芽时期的市民要求。欧洲封建社会晚期曾出现过“重商主义”，反映了新兴资产阶级加速积累货币资本的需要。以上都是不同时代、不同社会的经济思想。而汪士铎的“重士商轻农工”，则和上述各说风马牛不相及，切莫以为它是某种“经济思想”，不，它既非经济领域的考察研究，也没有提出任何经济主张，而主要是地主商人加强镇压农工的一种政治措施。请看他在一篇公开的文章中是怎么说的：

士商习于弱……其害不大。……而农工则习于强，巫师则习于诬惑，皆乱之辈也……若辈则洪秀全、杨秀清、林清、刘之遴也。

在他看来，农工是大乱之源，农工多而士商少的地方，都可以爆发太平天国那样的革命。所以他在该文中提出，凡是偏僻的山区，

去县〔城〕三十里以外村寨，居民无士商者，皆须细察地形，于冲要多立巡司，以讥察其动静，旦夕以闻。

根据“重士商轻农工”的原则，在刑法上，同是一样的罪，“农工巫师有犯……加倍惩治，宁重毋轻”①。

这种毒辣残忍的主张，代表了地主豪商对农民革命的仇视、恐惧和疯狂的阶级报复心理。关于这一点，我们在下面将会越来越看得清楚。

(二) 历史观

汪士铎基于他的反动立场，对历史现象作了一些肤浅的、直观的考察，并加以粗暴的歪曲，形成了自己的历史观。《孟子》上有一

① 俱见《跋杨忠武行状》，《汪集》卷9，第16页。

句话："孔子成《春秋》而乱臣贼子惧。"①孟轲的话我们姑且置而不论②，现在只看汪氏是如何驳斥孟轲的。他写道：

"孔子成《春秋》而乱臣贼子惧"，此孟轲荒唐之大言也。《春秋》既成，乱贼十倍于前，果何说也？盖既为乱贼，何惧《春秋》？此犹后儒正统之辩，孤愤之词尔。成则为汉、明，不成则为胜、广、闯、献；成则为唐、宋，不成则为安、史，成则为曹(丕)、马(司马炎)以来之禅让，不成则为新莽。皆乱臣贼子也。成事之后，史臣议之，谓之"正统"，惮其强盛而无如何，谓之"闰统"，皆可笑也。彼岂知有《春秋》？又焉惧之？溺其冠而已！

这种"成则王侯败则贼"的论调，表面看来，是反对儒家正统观念的，把历代君王都骂倒了。但这同进步思想家批判君主专制制度却没有丝毫共同之处。黄宗羲痛斥历代君主"屠毒天下之肝脑，离散天下之子女……敲剥天下之骨髓"③；唐甄揭露历代君主"自秦以来，凡为帝王者皆贼也"④。他们所批判的是封建君主专制制度，思想里具有民主性的积极因素。而汪氏同他们恰巧相反，倒是一个地地道道的君权至上论者，其绝对尊君的程度超过了先秦的儒家。谓予不信，请看下面的例子：

孟轲曾说过："君有大过则谏，反复之而不听，则易位。"⑤又说："君之视臣如草芥，则臣视君如寇仇。"⑥孟轲这里仅仅讲了统

---

① 《孟子·滕文公下》。

② 汪氏常常针对孔孟的某句话加以非议，然后阐述他自己的论点。本文的目的只在分析、揭露汪氏的反动实质，故对孔孟的话置而不论，否则就会拉长篇幅，喧宾夺主。置而不论绝非赞同，特此注明。

③ 《明夷待访录·原君》。

④ 《潜书·室语》。

⑤ 《孟子·万章下》。

⑥ 《孟子·离娄下》。

治阶级内部的君臣关系，并没有让庶民去和君主“易位”。尽管如此，汪士铎也认为这是大逆不道，他嘲讽孟轲道：“君可易位，故后世伊、霍之多，君如寇仇，又后世莽、操所薄（连王莽、曹操也不赞成）。”他还骂孔门弟子子贡、冉有、子路等“皆知有臣，不知有君”，是“倾乱之尤（颠覆作乱的头头）”。君主都是神圣的，孟轲万万不该轻藐君主。清朝的君主尤其好得无以复加，应该歌功颂德。他不但在公开的文章中歌颂，而且在秘不示人的日记里也连篇累牍地歌颂，说什么：“今日之法度规画，虽使尧舜周孔为之，未必有过；今日之治平，虽唐虞三代之盛，未必愈此。”这一类的话随在多是。本文前面曾提到那个写了《〈乙丙日记〉纠缪》的人，对汪处处不满，唯独对其效忠清廷的思想表示欣赏：“汪氏思想实不甚纯正……惟其对于清廷尚有尊君之一念，是其根本未坏处。”①

这样一个满脑子君权至上而又效忠清朝的人，为什么会发出“成则王侯败则贼”的浩叹呢？是对于君主专制还有点牢骚吗？

否。汪的历史观，纯粹是消极阴暗的、没落阶级的东西。在他看来，君主本来应该是万世一系的，既然天下有了君主，就不应有人造反，造反就是“乱贼”（其矛头是指向农民起义的）。既然造反成功了，当了帝王，以后最好别再有人造反。而历史上改朝换代，纷纷攘攘，全是弱肉强食，没有什么是非可谈。所以历代农民起义是失败了的“盗贼”，历代君主是成功了的帝王；而越是烧杀抢劫，越是能够成功。他分析过去的开国帝王起兵成功的原因有四：“行师抢掠，因粮于人，不筹饷也。以威挟制，胁从遂众，不忧寡也。盗贼逋逃，视为渊薮，不肖人众，欣所托足，借其名为奸盗之资，纠众肆恩仇之报，此其三也。焚掠抢劫，迫胁良民，幸而成功，史臣讳之，为之粉饰……此其四也。”烧杀抢掠，就不愁粮源兵源，就可以胜利，一句话，强暴有力就可得国，而同历史的潮流、民心的向背全

---

① 《〈乙丙日记〉纠缪》第 9 页。

然无关。那末，开国君主的后代子孙又为什么失国了呢？在他看来，这不是因为统治者的腐朽，也不是因为压榨人民太狠。他说：“历来开国初，兵皆强健，而后嗣皆弱……守文之主，一味循旧章，谈慈爱，守节制。爱克不及威克。”“谈慈爱”就会失国，这种说法显然是从《韩非子》那里来的，因为《韩非子》上有这么一段故事：

> 魏惠王谓卜皮曰：“子闻寡人之声闻亦何如焉？”对曰：“臣闻王之慈惠也。”王欣然喜曰：“然则功且安至？”对曰：“王之功至于亡。”王曰：“慈惠，行善也，行之而亡何也？”卜皮对曰：“夫慈者不忍，而惠者好与也，不忍则不诛有过，好予则不待有功而赏。有过不罪，无功受赏，虽亡，不亦可乎？”①

在阶级社会里，所谓“慈爱”、“慈惠”等概念，是有阶级性的。韩非所以反对慈惠是为了严明赏罚，去个人的私爱，行新兴地主阶级的公法，从而使新兴地主的国家强大有力。因而，是进步的。《商君书·更法》篇上所说：“法者，所以爱民也。”这里所谓“爱民”，实质上是爱护新兴地主阶级。而汪士铎就不同了。他之所以反对谈慈惠，所谓的“谈慈爱”失国，是警告没落地主阶级，要对农民无情镇压。他一再说清朝“国法太宽”，以致酿成“大乱”，就是这个意思。他的立场是为了维护腐朽地主阶级统治的极端反革命立场。他承袭了法家“严刑峻法”的主张，但历史条件不同，性质也就截然相反了。

毛主席教导：对古代文化遗产要“剔除其封建性的糟粕，吸收其民主性的精华”②。而汪士铎对法家学说，则是剔除其民主性的精华，吸收其封建性的糟粕。他所讲的强暴者得国，充分暴露了没落地主阶级的凶残面貌；他所谓的谈慈爱失国，则纯属向壁虚构。地主阶级决不会对农民谈慈爱，他们的失国只能是由于腐朽残暴。

---

① 《韩非子·内储说上》。

② 《新民主主义论》，《毛泽东选集》第 2 卷，第 701 页。

"四人帮"以当代法家自居,刚好同汪士铎一样,专门吸收封建的糟粕。冶封、资、修于一炉,祸国殃民,人心丧尽,这是"四人帮"终于被推上了历史审判台的原因。

(三)人口论

《论语》上记载:孔丘到了卫国,看见人烟繁盛,赞叹道:"庶矣哉!"并且发了两句议论,说要对卫人"富之","教之"。① 汪士铎对这段文字多次加以非难,写道:"天下之祸,庶哉一叹启之也!"为什么竟认为孔丘一叹就会造成天下大祸呢?原来,汪氏是一个人口论者。他还责问孔丘:"既庶何以富之乎?……不知此等空话,无关事实!"那末,事实是什么呢?他答:"皆人多之害也!"

汪的人口论倒不是从马尔萨斯那里贩来的,而是来自韩非。韩非认为人口成倍地增加,结果人多物少,天下纷争。② 韩非还赞成父母杀害女婴③。汪氏承袭了韩非这一思想,并加以恶性发展。他用这种观点解释太平天国革命发生的原因道:

> 今天下之患,在人满而吏惰,人满故贫,吏惰故玩,水火灾疫,天概满也(按:概满,即物满凸出,去之使平——笔者),天不概而人不能自概……民安其乡不足自存活,是故强者肆桀骜,弱者习狡诈,盗贼滋蔓,讼狱如荼……故祸变酿为此极,而非法令之不善也。④

这就是说,太平天国革命的原因,不是封建制度不好,不是地主阶级和清政府的残暴统治,不是外国资本主义的侵略,甚至也不

---

① 《论语·子路》。

② 《韩非子·五蠹》:"今人有五子不为多,子又有五子,大父未死而有二十五孙。是以人民众而货财寡,事力劳而供养薄,故民争,虽倍赏累罚而不免于乱。"

③ 《韩非子·六反》:"且父母之于子也,产男则相贺,产女则杀之。此俱出父母之怀衽,然男子受贺,女子杀之者,虑其后便,计之长利也。"

④ 《汪集》卷8,《刍论叙(代胡宫保)》,又见《畚塘刍论》卷首。

是人谋不臧的灾疫(灾疫可以“概满”)。这就完全掩盖了阶级和阶级斗争的客观事实,而一概归之于两个原因:一是人满,二是吏惰。什么是“吏惰”呢?你以为是指官吏骄奢淫逸么?不是。汪觉得清朝的官吏清廉得很。《论语》上说:“季康子患盗,问于孔子。孔子对曰:苟子之不欲,虽赏之不窃。”①汪针对此骂道:“子不欲虽赏不窃,更荒唐!今日岂少廉吏?而盗窃日不绝书。”他认为老百姓好吃懒做就要为盗,“尔官之廉不廉,彼不问也”。可见,骄奢淫逸的是老百姓,而吏惰的意思,就是官吏镇压人民不积极。

汪氏还把这种观点推到几千年前的往史,成为其历史观的重要补充。他说:“不必有权相藩封之跋扈,不必有宦官宫妾之擅权,不必有敌国外患之侵凌,不必有饥馑流亡之驱迫;休养久而生齿繁,文物盛而风俗敝,盗贼众而有司不能捕……虽上无昏政,下无凶年,而事遂有不可为者矣。”这就把封建制度的任何弊政都推得一干二净,等于说农民自身是贫困的原因,也是几千年来社会动乱的原因。那末,鸦片战争后外国资本主义强盗的侵略又该如何解释呢?他有一首诗,答复这个问题:

> 地球鸡子黄,万古无消长。生齿日亿兆,山泽力难养。远夷航梯来,弊固在利网。闻亦因人满,幸遂非非想。度其果饱温,未忍去乡党。②

这篇诗当是汪氏在 19 世纪 60 年代以后的作品,那时他才可能从曾国藩、李鸿章等人那里耳食到一些马尔萨斯的说法(曾、李当是从外国传教士处听到的)。土造人口论一旦和西方的舶来品相结合,就产生了这种殖民地的货色。外国资本主义侵略的一切罪责都被他轻轻开脱了。发动侵略的原因只是由于不得温饱,迫不得已,岂不应加以谅解?就是有责任,也应该让那些占人口多数

---

① 《论语·颜渊》。

② 《梅村剩稿》上卷,第 38 页《杂言》。

的外国穷人来承担，而外国资本家和中国地主商人则是同病相怜的难兄难弟。这是彻头彻尾的汉奸买办思想。

现在，还回到中国。既然中国贫困动乱的原因是人口，那就消灭人口。汪说："使减其民十之七八，则家给人足；驱之为乱，亦顾恋而不愿矣。有他道哉？"消灭人口的办法是什么？当然是向农民、手工工人和妇女开刀。现将汪士铎的方案整理概括如下：

1. 加倍抽妇女的丁税，并推广溺女婴的风习。这样一来，贫者就不养女而溺女，只有富者才能养女、嫁女和娶妻，而天下的穷人势必不能婚娶，断子绝孙。

2. 男子有子而续娶，妇女有子而再嫁，犯皆斩立决。

3. 欢迎瘟疫的广泛流行，君主应"以多疫为瑞"。

4. 广建女尼寺，立"童贞女院"、"清节堂"。

5. 提倡女子早死。他说："女子之年，十岁以内死曰夭，二十以内死曰正，过三十曰甚，过四十曰变，过五十曰殃，过六十曰魅，过七十曰妖，过八十曰怪。男子五十内曰夭，六十曰正，七十曰福，八十曰寿，九十曰祥，百年曰大庆。"

6. 严立妇女儿童之刑。刑法以十三岁为成人。十三岁以上犯罪，罪止其身。不足十三岁犯罪，罪坐其亲，如犯斩罪者，其母及此子斩决，其父绞决。绞罪以下依此类推，皆为母子同罪，父减一等，"皆决，而无监候"。凡妇女犯"七出"①之律，有敢包庇者，斩决。②

---

① 七出，古代封建家庭休妻的七个标准，即：无子、淫佚、不事舅姑、口舌、盗窃、妒忌、恶疾。

② 汪氏对劳动人民如此狠毒，或谓其持人口论不免过偏，其实不然。汪氏凡两娶，生五子四女，仅存一女，而常于诗文中伤叹无子。又有诗云："五十悲无子，娇女亦为宝。"（《悔翁诗钞》第2卷，《哀吴氏长女》）剥削阶级利己害人，多类此。

这种灭绝人性的方案，说明汪士铎仇视劳动人民，达到了何等疯狂的程度。马克思曾愤怒地斥责马尔萨斯，说他对土地贵族百般献媚，“相反，对于被压迫阶级，他的结论却是毫无顾忌的，残酷无情的。他不单单是残酷无情的，而且宣扬他的残酷无情，厚颜无耻地以此自夸”①。这个结论完全适用于汪士铎。汪的思想提供了一个典型，它使人们惊醒起来，认识到阶级斗争的残酷性。

(四) 王霸之辨

这本来是先秦儒法斗争的一个老问题。

在太平天国高潮中，汪士铎又把这个问题翻出来。他“尊法反儒”的色彩在这个问题上表现得最为鲜明，他痛骂孔孟也以这个问题为最多。韩非说：“上古竞于道德，中世逐于智谋，当今争于气力。”②汪士铎学着韩非的口吻，也说：“孔子所谓道德齐礼，五帝之世也；道政齐刑③，三王之世也。……道德之不行于三代之季，犹富强之必当行于今。”他终身声嘶力竭地提倡霸术，反对“王道”、“仁政”、“文德”这一类的字眼。

他骂得很多很多，例如骂孔丘“过仁酿乱，过文无用”、“迂腐”，“浮夸”、“空谈”，等等。而且常常针对孔丘某句话，联系现实的太平天国革命，加以反驳。这里略举数端，以见一般：

> 《论语》载：“季康子问政于孔子曰：如杀无道，以就有道，何如？孔子对曰：子为政，焉用杀？子欲善而民善矣。”④

汪驳道：“杀无道语，康子不误。孔子谓‘欲善民善’，则妄诞

---

① 《剩余价值理论》，《马克思恩格斯全集》第26卷，第2册，第127页。

② 《韩非子·五蠹》。

③ 按：《论语·为政》所载孔丘的话：“道之以政，齐之以刑，民免而无耻；道之以德，齐之以礼，有耻且格。”其中并无历史顺序之分。汪氏根据韩非的意思把孔丘的话重新加以解释。

④ 《论语·颜渊》。

矣。此时皇上及二三大员岂不好善？何以有长毛也？”又说：“杀无道以就有道，季康子先得我心矣。‘欲善民善’儒者好空言虚理以欺人，此言其尤也。”

> 《论语》：“卫灵公问阵于孔子。孔子对曰：俎豆之事，则尝闻之矣；军旅之事，未之学也。明日遂行。”①

汪骂：“盖仲尼不知兵，故不言兵，以自藏其短。后儒效之，真荒唐哉！”又说：“诡言无用之道德仁义，而讳所不能之兵刑富强，终不能有益于人也。”

> 《论语》：“子路曰：子行三军，则谁与？子曰：暴虎冯河，死而无悔者，吾不与也。必也临事而惧，好谋而成者也。”②

对这段话，汪不但在日记中骂，而且公开在官场里骂。他在给胡林翼的一封信中极言孔丘此语之非，说：“帅兵者将也，非书生也。说礼乐，敦诗书，今非其时矣，……重‘临事而惧’之人，而不募‘暴虎冯河’之勇，彼豪杰之士，焉肯低首下心于词章儒雅之前哉？‘好谋而成’者，美言之可市尔！今营务处之所谋若何？”他又写道：“战国时秦俗尚首功，始立武功爵。故士奋于外，犯锋镝而不顾。今兵弁力而战于阵，文士坐而享其福……是启不肖徼幸之心，隳武夫杀敌之志也。……是以爱憎为赏罚，而非循乎大公也。”③这番议论，如果拿来同《韩非子·五蠹》和《显学》两篇文章的某些段落对比，几乎可以乱真。韩非批判山东诸侯，重儒家文学之士，轻披甲杀敌的武夫，“所利非所用，所用非所利”，“所养者非所用，所用者非所养”，造成国家的弱乱。两者的论点何其相似！可是韩非讲的是进步的统一战争，汪氏讲的是镇压农民革命的战争。时代和条件不同，性质也迥异了。正如马克思所指出的：“极为相似的事

---

① 《论语·卫灵公》。

② 《论语·述而》。

③ 《汪集》卷10，第314页。

情，但在不同的历史环境中出现就引起了完全不同的结果。”①

汪氏骂孟轲就更加恣肆无忌了。诸如“无理取闹”、“大言不惭”、“惑世诬民”、“害人精”，等等，不一而足。试举一例：

孟轲说：“苟行王政，四海之内皆举首而望之，欲以为君。齐、楚虽大，何畏焉？”②孟轲又向梁惠王吹过：“王如施仁政于民……可使制梃以挞秦楚之坚甲利兵。”③孟轲还引孔丘的话说：“仁不可为众也（即：仁的力量不在于人多势众——笔者）。夫国君好仁，天下无敌。”④

汪驳道：“今国家（指清政府）可谓至仁，行王政，行仁政矣。……‘贼匪’（对太平军的诬称）可谓至不仁，徒负其众尔（就仗人多势众），何以不能‘制挺’挞其‘坚甲利兵’也？何以不能‘齐楚虽大何畏’之说也？何以不能‘不可为众’也？何以不能‘仁者无敌’也？”

“仁政”云云，本来是有阶级性的。毛主席说：“我们仅仅施仁政于人民内部，而不施于人民外部的反动派和反动阶级的反动行为。”⑤在汪看来，太平天国的革命措施，那是“至不仁”的；清政府的剥削压迫倒是“至仁”的。这些颠倒是非的话，我们姑置不论，反正他已经看出孔孟仁义道德的说教，挡不住革命的汹涌怒潮。官僚、地主、豪商死的死了，逃的逃了，汪士铎认为这都怪平时清政府“国法太宽”，不舍得多杀造成的，“时时欲以王道行，而卑论霸术也；然而百万生灵死于王道矣，哀哉！”。

---

① 《给〈祖国纪事〉杂志编辑部的信》，《马克思恩格斯全集》第 19 卷，第 131 页。

② 《孟子·滕文公下》。

③ 《孟子·梁惠王上》。

④ 《孟子·离娄上》。

⑤ 《论人民民主专政》，《毛泽东选集》第 4 卷，第 1481 页。

这个反革命死硬派总结了经验,即“民之畏威也,甚于归仁”。(这多么像《韩非子·显学》上的话:“夫严家无悍虏,而慈母有败子。吾以此知威势之可以禁暴,而德厚之不足以止乱也。”)既然王道已经不中用,那有什么办法?他的结论是“威之而已矣,霸功而已矣!”。于是,他就到古代法家那里寻找救命的灵丹妙药,主张“法韩非之综核名实,商鞅之令行禁止,白起、王翦、韩信之伦,草芟而兽狝之。”赤裸裸地求助于血腥的屠杀。

现将他的设想归纳如下:

1. 各级官员均以威断多杀为贵,有言仁慈不嗜杀者立斩。

2. 起用“豪杰之士”办团练。团练头子要有坚强的“党羽”,以便“胁制乡人,贫富听命”。团练的骨干要多用惯匪,或张国梁那样的农民起义的叛徒。团练的作用,就是要杀人放火,照他的话说,就是“与贼匪异名而同实,一致而殊用者也”。汪氏这一设想,是1853—1854年间写在日记上的,那个时候他还没有遇到曾国藩,以后的事实证明,曾国藩正是他所理想的人物。

3. 恢复古代的族诛之法,推广商鞅的连坐之条。

4. 废除烦琐的律例,只有绞、斩、凌迟、车裂、族五种刑罚。总之“杀之外无他刑”,“如此行之三十年,再议宽典可也”。

5. 对于光棍游荡少年(这里面大多是破产失业的农民及手工工人),身体强壮者编入军队,其余一概立斩,不问罪名。

6. 严格等级制度,“僭逾”者斩决。

7. 定额杀人。各州县以岁杀光棍30个、盗5人为称职,割取左耳送刑部验收。如果杀的是“贼”不是“盗”,则两个“贼”抵一个“盗”的数。各总督以岁杀万人为定额。

8. 对于侈谈孔孟的道学家,“必草薙而禽狝之”。

这种疯狂的设想,汪士铎还常常加以公开的鼓吹。1859年,当他应聘赴湖北做胡林翼的幕客而离开安徽时,他在为其饯行的宴会上即席赋诗道:

剧贼威克岂德化？世无韩(非)白(起)徒忧天！长平、新安两快事，腐儒咋舌称“舍旃”！呜呼！责备贤者赦寇盗，浮生何日安青氈？①

全诗杀气腾腾，想见其酒后纵谈杀人，踌躇满志的狂态了。好心人会奇怪，天地间怎么会产生这样的思想家？且莫奇怪，这不是一个人的思想，而是一个阶级的思想。马克思说得好：“过了时的社会力量，虽然它存在的基础早已腐朽，可是……它继续苟延残喘……为历史所证明的古老真理告诉我们：正是这种社会力量在咽气以前还要作最后的挣扎，由防御转为进攻，不但不避开斗争，反而挑起斗争，并且企图从那种不但令人怀疑而且早已被历史所谴责的前提中作出最极端的结论来。”②汪士铎的思想，与其说表现了封建地主豪商的凶暴，毋宁说表现了他们的虚弱和垂死挣扎。

(五)“藩镇论”

中国的政治制度从春秋战国分裂的、世袭的分封制，发展到秦朝统一的、中央集权的郡县制，是一个很大的进步。古代法家是主张统一的，但战国以后的儒家，也主张统一。

郡县制在一定的历史条件下是一种进步，但作为一种上层建筑，它是从属于经济基础的。随着封建社会的衰落，封建的郡县制也就暴露出百孔千疮来。在明末清初，顾炎武就看到“方今郡县之敝已极”，他批评郡县制的缺点是“官无定守，民无定奉，是以常有盗贼戎翟之祸，至一州则一州破，至一县则一县残”，所以他提出一种“寓封建之意于郡县之中”的方案来，主张县令可以世袭。这种思想的产生，显然是经过明末农民起义的狂风骇浪以后，地主阶级

① 《梅村剩稿》上卷，第29页。按：长平之战，白起坑赵兵40万，新安之战，项羽坑秦兵20万。氈，典出《世说新语》，意为先人留下的家产。

② 《反教会运动——海德公园的示威》，《马克思恩格斯全集》第11卷，第363页。

想要找出某种对付农民起义，巩固封建统治的新办法来①。顾炎武是一位进步思想家，但这种思想却是倒退的，反动的。

鸦片战争以后，中国开始沦为半殖民地半封建社会，资本主义的侵略和封建主义的压迫激化了阶级矛盾，各地农民起义越来越多。早在那个时候，汪士铎就提出郡县制不如分封制的论调来。他认为在战国以前诸侯割据的情况下，有一个很大的优点，就是"农即为兵，兵寓于农"，也就是兵农合一，历史上讲兵农合一的人很多，但汪氏的讲法不同，是和分封制联系起来的，他认为分封制的"兵农之合，其利无穷"。各地封建的大夫，平时割据一方，行政组织和军事编制合而为一，朝廷不用花钱养兵；一旦有事，各地大夫就率兵作战，出死力保卫自己的地盘，这也就保卫了朝廷。而且将士"非其子弟，即其父兄"，有宗法纽带联系，利害相关，地形又熟，所以战斗力强，"有利无害，岂不懿与"。汪认为，到战国七雄以后，才破坏了这种美好的"兵农不分"的制度，"降自秦汉，古意荡然"。分封制的破坏、郡县制的推行已经2000年了，要完全复辟是不可能了，汪认为，退而求其次，唐朝的藩镇制还差强人意，这就叫做"欲求富强之术，必重将帅之权"②。这种论调，完全是为了对付农民战争的流动作战而发的。"四人帮"说什么"法家主张统一，儒家主张分裂"，他们根本不懂历史，纯粹是闭着眼睛瞎说一气。

太平天国革命爆发以后，各地各族人民纷起响应，革命的浪潮迅速席卷全国。清朝的军队顾此失彼，土崩瓦解。这个时候，汪士铎再一次提出他的"藩镇论"来。他针对农民军的流动战术，主张在太平军占领区的四周，设置13个藩镇，划疆而守，围剿太平军。朝廷对各镇"予以生、杀、予、夺、黜、陟、刑、漕便宜"，军队由藩镇自

---

① 见《亭林文集》卷1，《郡县论》之一、之四、之五。（按：此文系顾氏的早期作品）

② 《汪集》卷2，《古者农即为兵、兵寓于农解》。

己招募，州县官以及各级文武官吏由藩镇自己任命，拥有军事、行政、司法、人事一切大权，攻占的地方即由该镇管辖，“不拘旧章，不循成例，不从中制，事后奏闻”，放手让藩镇去干。据说这样清军就可以“转弱为强”，农民军就可以被限制在藩镇的包围圈中，而逐渐消灭。

无独有偶，与汪大体同时，许多地主文人都不约而同地唱起这个调子来。桐城派文人梅曾亮提出“而今为州县者苦无权”①，不足对付农民起义。鲁一同说：“流贼之祸，其起于郡县之世乎！”要求回到汉唐割据之世，使县令加官至四品，郡守加官至二品，终身任职，掌握军政全权，化郡县为其私人地盘，“使天下之守令各私其郡县，郡县亦各私其守令，则‘贼’无所乘而入”②。方玉润说：“今郡县之轻甚矣，则夫立为方镇之法……真今日第一义也。”③可见，从鸦片战后至太平天国革命时期，在思想界，确实存在着一种恢复藩镇的“思潮”，其目的在于镇压农民革命。

这种“思潮”的出现，对以后的历史发展意味着什么？明眼人一看便知，这就是日后封建买办军阀割据的先声。汪士铎之流呼唤于前，曾国藩、李鸿章之流就应声而至了，其流毒一直继续到辛亥革命以后很久。

三

在中国封建社会里，孔孟之道长期定于一尊，处于神圣不可侵

---

① 《清史列传》卷73，第29页。

② 《通甫类稿》卷2，《癸丑十一月与吴中翰论时势书》，按：此文作于1853年。

③ 《滇文丛录》，卷58，方玉润《上曾涤生枢帅论天下大局书》，按：此文作于1860年。

犯的地位。然而到了太平天国革命时期，不但农民敢于藐视它，而且连汪士铎这样一个反革命顽固派也痛骂它。这雄辩地说明了太平天国革命对儒家思想打击的沉重，使孔孟头上的神圣光圈黯然失色了。

儒家思想不是一成不变的，2000 多年来，它随着社会阶级斗争的发展而不断改变其面貌。先秦的儒学变成两汉的经学，今文经学变成古文经学，古文经学变成程朱理学，程朱理学变成陆王心学，无不同农民战争密切相关。旧学派的消亡与农民战争的打击有关系；新学派的产生，有些是为了更好地对付农民战争，有些则是受到农民战争的启示，增加了新的因素。

明中叶以后，中国封建社会进入了末期，明末农民起义规模之大，对封建制度打击之沉重，都是空前的。随着明朝的灭亡，曾经笼罩思想界的陆王心学也一蹶不振，破产了。这迫使一些地主思想家不能不总结历史教训，考虑儒学的出路问题。顾炎武说："刘(渊)石(勒)乱华，本于清谈之祸，人人知之。孰知今日之清谈，有甚于前代者。昔之清谈谈老庄，今之清谈谈孔孟。……股肱惰而万事荒，爪牙亡而四国乱，神州荡复，宗社丘墟。"①所谓"股肱惰"，就是四体不勤；所谓"爪牙亡"，就是文弱无用。不懂生产，不懂打仗，只会半日静坐，半日读书；陆王心学到后来连书也不读了，只会清谈孔孟，以致造成明朝的灭亡。把明朝灭亡的原因归之于"清谈孔孟"，这当然是十分肤浅的。明朝的灭亡首先应到社会经济基础里面找原因，到阶级斗争里面找原因，顾炎武当然不懂这个。不过，他总算提出了一个尖锐的问题：儒学已经走进死胡同。还有一些人，则认为儒家已经灭亡了。李颙说：儒学的发展"愈趋愈下，而儒之所以为儒，名存实亡矣。"②颜元认为"儒道之亡，亡在误认一

---

① 《日知录》卷 7，《夫子之言性与天道》

② 《二曲全集》卷 14，《周至答问》。

‘文’字”①。另有一些人，例如黄宗羲、唐甄、王夫之等，都对儒学提出大胆的批判，提倡经世致用，很想振作一番。一时思想界呈现出一派生机。这应归功于明末农民战争的推动力。

但是，上述诸人本身还都是儒者，阶级和认识条件的限制，决定了他们不能走得过远；何况清朝统治者和整个地主阶级决不允许他们走得过远。于是，这些思想只能像夜间的几点渔火，驱不尽广漠的昏暗。

儒学的出路在哪里呢？既然陆王心学已不中用，就有人重新回到程朱理学的老路上去，这便是所谓“宋学”，另一些人则标榜用“实事求是”的精神研究儒经，从事文字训诂、典章制度的考证，这便是乾、嘉年间兴起的“汉学”。汉学和宋学都要争取正统地位，造成“汉宋之争”。宋学固然早已缺乏生命力，而汉学到后来变成故纸堆上的烦琐考据，也走上了绝路。

鸦片战争前夕，社会阶级矛盾的激化，眼看一场更大的革命风暴就要到来。敏锐的思想家龚自珍又提出了儒学灭亡的问题：“兰台序九流，儒家但居一。……不知古九流，存亡今孰多？或言儒先亡，此语又如何？”②当然，龚自珍不是什么“尊法反儒”，他仍然是一个崇尚今文经学的儒生。不过，明末清初以来，儒家阵营内部一而再、再而三地提出儒学灭亡问题，表明儒学及其所依存的中国封建社会，确已“日薄西山，气息奄奄”了

接着，就是鸦片战争的爆发，中国社会发生了激烈的动荡，乃至引起根本的转变。太平天国革命的冲天大火，把诗书礼乐付之一炬，儒家典训被宣布为“妖书邪说”，孔孟偶像被农民踩在脚下。

---

① 《习斋先生言行录·学须第十三》。习斋认为后儒只以文学、文墨为文，不懂六艺的实践也是“文”。

② 《龚自珍全集》第9辑，《自春徂秋，偶有所触，拉杂书之，漫不诠次，得十五首》。

劳动人民“换移心肠”，精神面貌起了很大变化，对于儒家那一套“伦常义理及绳趋墨步之言行，询之皆如隔世”①。影响所及，就是在清朝统治区，孔孟之道的权威也一落千丈，人们“见有讲学者，群哗笑之”②。这确实是中国近代史上第一次思想解放的潮流，我们决不能低估。

经过太平天国革命的打击，曾经盛极一时的汉学，也就此消沉了。对于汉学衰亡的原因，当时有些封建文人归之于天命。黎庶昌说：“今天下似亦考据将衰之时也。……斯文废兴，盖有天命。”③倒是买办学者胡适，将其原因归之于太平天国。他悻悻然地说，清政府镇压了太平天国以后，“残破穷困的基础之上已建不起学术文化的盛业了。故咸丰以后汉学之焰确然渐熄；但此中的功和罪……不如归到洪秀全和杨秀清的长发军了”④。由于立场的反动，胡适把事情看颠倒了。他认为这是太平天国的“罪”，我们则认为这是功。腐朽了的东西没有存在的权利，这就是历史的辩证法。太平天国的功劳就在于促进了这一历史辩证法的实现。至于说什么“残破穷困”，那是清政府的罪过。“不破不立”，正是在这一“基础上”，产生了早期的资产阶级改良主义思想，开始“向西方国家寻找真理”；后来又兴起了中国资产阶级民主主义新文化。这和太平天国革命的影响都有密切关系，都有太平天国的一份功劳。

话说回来。太平天国革命爆发以后，整个儒学又面临灭亡的危险了，儒生们当然又要总结教训。于是那些死而不僵的宋学小丑们，就大骂汉学。宋学受了汉学一百多年的气，要乘机发泄一番。他们把太平天国革命的发生，儒家的受难，一切的不幸，统统

---

① 《贼情汇纂》卷12。

② 吴大廷：《小西腴山馆文钞》卷3.《致经堂记》。

③ 《拙尊园丛稿》卷2，《答赵仲莹书》。

④ 《戴东原的哲学》，商务印书馆1932年版，第175页。

归咎于汉学，一片骂声。其中骂得最凶的有两个人，一个是方宗诚，一个是孙鼎臣。方宗诚说："流及近世，汉学之徒出，益肆猖獗"，"一世之名士（指汉学家），专与程朱为难"。因此，程朱之学暗而不彰，衰微下来；宋学衰微，人欲横流，自然就招致大乱了。他说："正道衰而后邪教（指太平天国）入，举世以道学为迂阔，所以忠孝不知，经济不讲，以致酿成大乱而不能治"，"吾儒中异说喧争（指汉学），此异端中之邪说（指太平天国）所以日炽也。吾儒中乱道者蜂起，此奸民中肆乱者所以日横也"①。孙鼎臣说："天下之祸，始于士大夫学术之变。杨墨炽而诸侯横，老庄兴而氐戎入。今之言汉学者，战国之杨墨也，晋宋之老庄也。"②人所共知，太平天国革命是地主阶级的压迫和外国资本主义的侵略所造成的。宋学家们却绝口不谈这些，更不谈孔孟之道的罪过，而把汉学推出来当替罪羊。这种论调，我们姑名之曰"汉学招乱论"。"汉学招乱论"的反面，自然是"宋学（理学）平乱论"了。他们说："方今时虽危迫，学者苟能由程朱而溯孔孟……治平之效，有不难计日而决者。"③照他们的说法好像是，只要昌明了理学，太平天国就会自然消灭。曾国藩若偶尔打了一场胜仗，他们就说是理学的功劳。一时之间，什么"明正学"、"尊正道"的呼声喊得哇哇响，理学大有死灰复燃之势，宛如一只瘟鸡，临死时扑棱几下翅膀。

汪士铎不像他们那么天真。他原本是一个汉学家，历来蔑视宋学。在他看来，那些论调都是迂腐之至。他毕竟在南京城里亲眼看到太平天国力量之强大和得到人民的真诚拥护，看到清政府的惊惶失措，无能为力。什么孔孟程朱，什么纲常名教，一点用处

---

① 上引分别见《柏堂集续编》卷3，《大学臆说叙》，及《柏堂集外编》卷4，《与黄子寿太史》。

② 《畚塘刍论》卷1，《论治一》。

③ 吴大廷：《小西腴山馆文钞》卷3，《致经堂记》。

也没有。他悲观极了，绝望极了，惊呼这是“卢扁不救之症”，人类仿佛已经进入“末世”①。如果说，西周末年的人可以愤极骂天——“不吊昊天”，“昊天不佣”，“昊天不惠”——为什么汪士铎不能穷极骂孔呢？

汪士铎骂孔同革命人民反孔恰成鲜明对比：人民反孔是要挣断身上的绳索；而汪则是嫌这条绳索已经朽烂，捆不住人民的手脚。他代表了一部分地主和士大夫的绝望心理。为了垂死挣扎，同革命人民作困兽之斗，就露出最狰狞的面目，不惜丢掉一切仁义道德的遮羞布，而用老庄申韩思想中最阴暗最凶残的一面，来代替儒学；至少，也作为儒学的重要补充。他说：“道德之不行于三代之季，犹富强之必当行于今。故败孔子之道者，宋儒也；辅孔子之道者，申韩孙吴也。崇宋儒之言以为儒，而申韩孙吴之论皆从略，致不仁者乘间窃发（注意：“不仁者乘间窃发”，指太平天国。这是把太平天国革命的发生归咎于宋学。汉宋两派至死犹斗）。追愤其说，遂并孔子而摈斥之，则宋儒阶之厉也。”这一段文字十分重要，是汪氏的自白，透露了他自己所以骂孔的消息：第一，是受了太平天国“乘间窃发”的刺激，要对付农民革命；其二，是愤于宋学空谈孔孟的误事，连带着他“并孔子而摈斥之”。他一方面骂孔，一方面心疼，又是诅咒，又是挽歌，他的臀部还留着儒家的烙印哩。

唯其如此，他才受到曾国藩、胡林翼的同情和重用。曾国藩说他是“血性男子”②，又说他“境遇可悯，侠烈可敬，学问可畏”③。胡林翼甚至称赞他是“旷代醇儒”④。这说明他和曾、胡之间，不仅

---

① 语见汪士铎致胡林翼书，转自《乙丙日记》邓之诚序。该书信《汪集》未收。

② 《曾文正公书札》卷11，《复胡宫保》（东方书局本）。

③ 《曾文正公书札》卷11，《复胡宫保》（东方书局本）。

④ 《胡文忠公遗集》卷75，《复严方伯》。

政治上有共同语言，还有学术思想上的共同语言。

曾、胡都是以孔孟之道和程朱理学相标榜的。但正如汪士铎不是什么“法家”一样，曾、胡也不是纯粹的儒家，更不是纯粹的宋学。只要能把农民革命镇压下去，他们什么手段都用，什么思想武器都用。他们不但“汉宋兼采”．而且“儒法并用”。例如关于汉宋之争的问题，曾国藩在鸦片战争时期本来是这样说的：“曰义理之学（宋学），曰考据之学（汉学），曰词章之学，各执一途，互相诋毁……私意以为义理之学最大。义理明，则躬行有要，而经济有本；词章之学，亦所以发挥义理者也；考据之学，吾无取焉矣。”①可见那时他是反对汉学的。但是到了太平天国革命以后，他的说法变了，对于“汉宋之争”抱着调和态度。他说：“曩者良知之说，诚非无蔽；必谓其酿晚明之祸，则少过矣。近者汉学之说，诚非无蔽；必谓其致‘粤贼’之乱，则少过矣。”②这是在号召地主士人，不要对汉学骂得这么苦，不要做得太过分了，要以“大局”为重。汉学、宋学、心学、理学，都要联合起来，一致对付农民革命。他又高唱“国藩——宗宋儒，不废汉学”，其实还应该替他加上一句“国藩——宗孔孟，不废申韩”才是。不过他很狡猾，在官样文章里从不那么讲就是了。

总之，太平天国革命以后，中国的封建文化遭受了极其沉重的打击，地主买办阶级再也拿不出什么新货色，而只有把汉学、宋学、孔孟、申韩全都拼凑起来。但是所有这些，都无法阻挡人民革命的怒潮。所以，为了对抗人民的革命新文化，中国封建文化同帝国主义文化相结合，变成半殖民地半封建的文化就成为必然的了。毛主席指出：“帝国主义文化和半封建文化是非常亲热的两兄弟，它们结成文化上的反动同盟，反对中国的新文化。这类反动文化是

---

① 《曾文正公家书·致诸弟》，道光二十三年正月十七日。

② 《孙芝房侍讲（刍论）序》，《曾文正公文集》卷3。

替帝国主义和封建阶级服务的，是应该被打倒的东西。”①“四人帮”捏造“近代的儒法斗争”，以“当代法家”自居，不以为耻，反以为荣，说明他们同汪士铎、曾国藩一类的反革命顽固派是一丘之貉。他们之所以被打倒，是历史的必然。

（原载《历史研究》1978 年第 2 期）

① 《新民主主义论》，《毛泽东选集》第 2 卷，第 688 页。

关于康有为"通三统"、"张三世"的浅释

——答西安余培英、长沙史政同志问

康有为在其名著《孔子改制考》里，提出了"通三统""张三世"的主张，以后在其他著作(如《礼运注》,《春秋笔削大义微言考》等)里面也屡次发挥这种主张。不少同志来信询问它的意义，但这个问题牵连甚广，兹尽量简单地说明如下：

究竟什么是"三统""三世"呢？康有为的学生梁启超在阐述师说时有一个很简明的解释，说："三统者，谓夏商周三代不同，当随时因革也……三世者，谓据乱世、升平世、太平世，愈改而愈进也。有为政治上变法维新之主张，实本于此。"①

如所周知，康有为是晚清今文经学之集大成者。今文经学派是最长于牵强附会的。譬如作为六经之一的"春秋"，本来不过是鲁国的史书，简单地记载一些史实，若照王安石的说法，不过是一部"断烂朝报"而已。但是经过公羊高、公羊寿、胡毋生等人加以注解，(即所谓《公羊传》)就弄出了许多"非常异义可怪之论"②。而董仲舒、何休等人，更认为春秋一书言辞虽然简略，道理却深奥玄

① 《清代学术概论》。

② 何休：《〈公羊解诂〉序》。

妙得很，这是孔子“微言大义”的苦心所在，于是便大加铺张演绎，构成了一个庞大的哲学体系。而三统三世之说，便是这一派人的历史哲学。

所谓三统（又称“三正”），按照今文经学公羊家的说法，每一王朝都有一个“统”，这个“统”是受之于天的。当某个旧的王朝违背了天命人心，便由另一个新的王朝“承顺天命”来代替它。这个新的王朝就要对旧制度加以某些改变．所谓“改正朔、易服色”，等等。何休说：“王者受命，必徙居处、改正朔、易服色、殊徽号、变牺牲、异器械：明受之于天，不受之于人。”①这其中尤以改正朔是首要的一环，而服色、徽号等是随着正朔的改变而改变的。“正朔”就是正月初一，简单说，就是历法。正朔有三种，这就是所谓三正或三统。以夏商周三代而论：夏以建寅之月为正月（和现在的阴历正月一样），色尚黑（即以黑色为贵），故服色、徽号、牺牲等都尚黑。所以夏为黑统。黑统又叫人统。商以建丑之月为正月（相当于现在阴历的十二月），色尚白，所以商为白统。白统又叫地统。周以建子之月为正月（相当于现在阴历的十一月），色尚赤，所以周为赤统，赤统又叫天统。至于为什么建寅就尚黑，建丑就尚白，建子就尚赤呢？并且为什么要叫做人统、地统、天统呢？《白虎通义》（后汉时今文经学家的集体著作）有一个解释：“十一月之时，阳气始养根株，黄泉之下，万物皆赤。赤者，盛阳之气也。故周为天正，色尚赤也。十二月之时，万物始芽而白，白者阴气。故殷为地正，色尚白也。十三月之时，万物始达孚甲而出，皆黑，人得加功。故夏为人正，色尚黑也。”

黑统——白统——赤统——黑统——白统——赤统……历史就是这样的改朝换代，循环不息。这就是公羊家的历史循环论。

人们会说：这尽是胡说八道！但是康有为就能够从这种腐朽

---

① 何休：《公羊解诂》“隐公元年春王正月”条。

学说里“借尸还魂”，改头换面，构成了他维新变法的理论根据。孔子说：“殷因于夏礼，所损益可知也；周因于殷礼，所损益可知也；其或继周者，虽百世可知也。”康有为就根据夏商周三代各有因革损益，并非一成不变，大声疾呼不要墨守成规，而要因时制宜，要变法！

以上是“通三统”。然而什么叫“张三世”呢？

原来，“春秋”隐公元年记载了一件事情：“公子益师卒。”意思很简单：公子益师死了。但是公羊传的作者偏要在里面作文章，说：“何以不日？远也。所见异辞，所闻异辞，所传闻异辞。”

人的死在春秋上有记载日期的，有不记载日期的。为什么公子益师死不记日期呢？因为孔子作春秋，由于时代的有远有近，而记载便有详有略。孔子所见的就是孔子当代的事情，所闻的就是距孔子年代较远的事情，所传闻的就是年代最远的事情，记载的笔法因而各不相同。这个解释倒也简单。

但是董仲舒的说法就比较复杂了，他说：“春秋分十二世以为三等：有见，有闻，有传闻。有见三世，有闻四世，有传闻五世。故哀、定、昭，君子之所见也。襄、成、宣、文，君子之所闻也。僖、闵、庄、桓、隐，君子之所传闻也。所见六十一年，所闻八十五年，所传闻九十六年。……屈伸之志，详略之文，皆应之。吾以知其近近而远远，亲亲而疏疏也。亦知其贵贵而贱贱，重重而轻轻也。有知其厚厚而薄薄，善善而恶恶也。有知其阳阳而阴阴，白白而黑黑也。”①

到了何休出来，就把这“所见、所闻、所传闻”发展为“据乱世、升平世、太平世”的学说，何休说：“所见者，谓昭、定、哀——己与父时事也。所闻者谓文、宣、成、襄——王父时事也。所传闻者，谓隐、桓、庄、闵、僖——高祖曾祖时事也。异辞者：见恩有厚薄，义有

① 《春秋繁露·楚庄王篇》。

深浅。时恩衰义缺，将以理人伦、序人类，因制治乱之法。……”①

这一段的意思是说，所见世就是孔子及其父辈的时代，包括从鲁昭公到鲁哀公这一时期。所闻世是孔子祖父的时代，包括从鲁文公到鲁襄公这一时期。所传闻世是孔子高祖曾祖的时代，包括从鲁隐公到鲁僖公这一时期，孔子作春秋，便根据时代的远近，而定出恩之厚薄、义之深浅的标准，而有所“异辞”——有所不同的记载方法。孔子的意思，是因为当时“恩衰义缺”——子弑父、父杀子；臣弑君、君杀臣——便用春秋微言大义的笔法来教育大家整理君臣之伦，安排父子之序，因之制定“治”“乱”的法则榜样。

接着，何休便进一步根据种种理由断定所传闻世是“见治起于衰乱之中”，所闻世是“见治升平”，所见世是“著治太平”。这就是所谓“据乱世”、“升平世”、“太平世”。在据乱世的时代，春秋笔法是“内其国而外诸夏”。“其国”指鲁国，“诸夏”就是华夏诸国，如晋国、齐国等。就是说，以鲁国为中心，而对华夏诸国加以歧视。到了升平世，便进而“内诸夏而外夷狄”，就是说，中心扩大到华夏诸国，而对于蛮夷之邦加以歧视。再到了太平世，便不分内外，四海为一了。这便构成了公羊派的历史进化论。

这种三世说到了康有为手里，便进一步把它和礼记礼运之大同小康说结合起来，再糅合他所接触到的资产阶级民主思想，和他所耳食的一点社会主义思想，便构成了他自己的社会发展三阶段的学说。他认为春秋公羊之升平世即礼运之“小康”。(《礼运》：“今大道既隐，天下为家，各亲其亲，各子其子，货力为己；大人世及以为礼，城郭沟池以为固，礼义以为纪。以正君臣，以笃父子，以睦兄弟，以和夫妇，以设制度，以立田里，以贤勇知，以功为己。故谋用是作，而兵由此起，禹汤文武成王周公由此其选也……是谓小康。”)他认为春秋公羊之太平世即《礼运》之“大同”。(《礼运》：“大

---

① 何休：《公羊解诂》“隐公元年公子益师卒”条。

道之行也，天下为公，选贤与能，讲信修睦，故人不独亲其亲，不独子其子，使老有所终，壮有所用，幼有所长，矜寡孤独废疾者皆有所养。男有分，女有归。货，恶其弃于地也，不必藏于己；力，恶其不出于身也，不必为己。是故谋闭而不兴，盗窃乱贼而不作，故外户而不闭。是谓大同。"）

康有为认为中国2000年的封建专制社会，是一个"小康"之世，也就是升平世，现在应该向大同世也就是太平世进化。他说："吾中国二千年来，凡汉唐宋明，不别其治乱兴衰，总总皆小康之世也；凡中国二千年，先儒所言，自荀卿、刘歆、朱子之说，所言不别其真伪精粗美恶，总总皆小康之道也。……今者中国已小康矣，而不求进化，泥守旧方，是失孔子之意，而大悖其道也。其非所以安天下，乐群生也，其非所以崇孔子，同大地也……"①那么，什么是太平世呢？如果照他的逻辑推下去，当然太平世就是君主立宪。

但是我们知道，康有为还有一套更远大的理想，那就是他所秘不以示人"的《大同书》。在这部书里，他主张消灭私有财产消灭家族，消灭国家的界限："于是无邦国，无帝王，人人相亲，人人平等，天下为公，是谓'大同'，此联合之太平世也。"②那么，如果君主立宪已经是太平世了，如何再向"大同书"的理想社会进化呢？到那时应该叫什么世呢？他觉得不能自圆其说，到了戊戌政变以后，便改说中国2000年的历史不过是据乱世而已，并非小康："三世之说，不诵于人间，太平之种，永绝于中国。公理不明，仁术不昌，文明不进，昧昧二千年，瞀焉惟笃守据乱世之法，以治天下。"③准此而言，他的历史阶段论就是：一、据乱世——封建专制。二、升平世——君主立宪。三、太平世——大同世界（空想社会主义）。

---

① 康有为：《礼运注序》。

② 康有为：《大同书》。

③ 《春秋笔削微言大义考自序》。

康有为在戊戌变法时代，曾经是一个向西方找寻真理的先进人物，他的通三统张三世学说，照他的学生梁启超的说法，也曾经像飓风一样，像火山喷口一样震动了当时中国的思想界。但由于阶级出身和历史条件的限制，他自己并没有能够摆脱封建思想的统治，因而当他提出资产阶级微弱的改良要求时，仍不得不假借许多封建哲学的形式和内容，当他阐述自己的世界观时，便显示出他思想中的主导成分仍是中古式的、封建式的。毛主席说："在五四以前，中国文化战线上的斗争，是资产阶级的新文化和封建阶级的旧文化的斗争。在五四以前，学校与科举之争，新学与旧学之争，西学与中学之争，都带着这种性质。"①但同时毛主席又指示我们，那些所谓新学、西学，等等，"中间还夹杂了许多中国的封建余毒在内"。而作为中国资产阶级思想启蒙人物的康有为，当然就更甚了。

事实上，今文经学派的基本根据就是一部《公羊传》，《公羊传》的基本主张就是通三统张三世，而通三统张三世的基本出发点就是"君权神授"（所谓"受命改制"、"受之于天不受之于人"），就是"王权至上"（所谓"春秋大一统"、"天无二日民无二王"）。总之一句话，它是为封建专制主义服务的。虽然经过了龚自珍、魏源、康有为，把今文经学变成了开明士大夫要求改革、要求向西方学习的立论根据，但它的基本观点——君权神授和王权至上——并没有变。这也可以帮助我们了解为什么康有为在戊戌变法中只看见一个皇帝而看不见人民群众和为什么他只要求改良而害怕革命的理由。

康有为所领导的事业——戊戌变法是失败了，不但如此，甚至连他自己思想上的两种势力——新学和旧学的斗争，他也是一个失败者。谁都知道，戊戌政变以后的康有为是越来越堕落，越来越

① 毛泽东：《新民主主义论》。

保守了，最后，他终于陷进了最深沉、最黑暗的封建泥淖里去。

一切都证明了毛主席所教导的真理："旧的资产阶级民主主义文化，在帝国主义时代，已经腐化，已经无力了，它的失败是必然的。"

（原载《新史学通讯》1954 年 6 月号）

义和团运动时期 河南人民的反帝斗争

60年前，中国人民为了反抗帝国主义的侵略，保卫民族的独立和自由，掀起了震撼世界的义和团运动。河南人民在全国革命高潮的影响下，也发动了波澜壮阔的反帝爱国斗争。

为了发扬河南人民的革命传统，也为了给深入研究义和团的同志提供可靠的材料，今年4月间，开封师范学院历史系党支部领导组织了一批人力，到60多年以前帝国主义在河南侵略的老巢——南阳的靳岗，作了重点调查；另外又分遣同志去泌阳、桐柏、确山、西平、遂平、周口、林县等地进行广泛的调查，收集了许多可贵的材料。今以各地调查材料为主，结合历史文献，加以综合整理，写成此稿，以纪念伟大的义和团反帝爱国主义运动60周年。

帝国主义在河南的侵略罪行

鸦片战争以后，资本主义强盗打开了中国的大门，疯狂地向中国进行侵略。他们通过河南邻近省份的通商口岸，向河南倾销商品，掠夺原料，给河南人民带来了无穷的灾难。特别是中日甲午战争以后，帝国主义侵略势力进一步深入河南。在它们争夺铁路、矿权和分割“势力范围”的斗争中，河南被划入英帝国主义的势力范围。1896 年,英国福公司在夺得山西采矿权以后,又进而勾通河南的反动官府,在同年 3 月与之签订合同,夺得河南省内黄河以北的矿权,而由福公司出资 1000 万两,开采怀庆附近诸山的矿藏。6 月间,清朝总理衙门批准了这个合同。随后就不断有外国工程师入境勘测。与此同时,清政府又与比利时(实际上是俄、法),签订京汉铁路借款合同。俄、法帝国主义的侵略势力也进一步深入河南。自此以后,“各国教士洋商之持照来豫游历者,络绎于道”①。大量的帝国主义商品像潮水一样流入河南。单是永城一县,1898 年一年内,就输入洋纱值银 23 万两。② 到 1899 年间,京汉铁路已凿通武胜关孔道,并在信阳购地、测量。第二年,福公司又派一批路矿工程师进入河南。所有这一切,都给河南人民带来了很大的震动。

帝国主义国家除了对河南人民进行经济掠夺外,还利用宗教进行政治、文化的侵略。

远在 17 世纪中叶,就有天主教士到开封“传教”。到了 18 世纪,随着西方资本主义强盗对中国侵略活动的加紧和鸦片输入的扩大,外国传教士在河南的活动也愈来愈频繁,杀人越货,无恶不作。雍正—乾隆年间清政府下令在全国查禁天主教,但是这些洋教士根本蔑视中国的主权和法令,仍然继续潜入河南。他们像鸦片一样,愈禁愈多。到嘉庆年间,他们已深入到许多县份,并且开始选定南阳城西北 12 华里的靳岗地方,作为他们非法活动的重要基地。③

鸦片战争以后,随着资本主义侵略的扩大,天主教的势力在河南也迅速扩张起来,1843 年,河南的教民已有 2000 多人。前此河

---

① 《光绪朝东华录》,中华书局 1958 年版,总第 4315 页。

② 韩国钧:《永城土产表》,第 4 页。

③ 据南阳教堂编印的《河南南阳教区百年纪念册》(1946 年油印本)。

南的教务附属于江南教区，到了1844年，乃单独成立了河南教区，即以南阳靳岗为总教堂。从此，靳岗教堂便成为全河南天主教的总巢穴。1882年，由于天主教势力的进一步扩张，又以黄河为界，划出卫辉教区，专管黄河以北25州县教务，与靳岗教堂分别成为黄河南北的两个侵略堡垒。

耶稣教传入河南较晚，1884年内地会才在周口设立了河南的第一个耶稣教堂。① 但它依仗英、美帝国主义大炮的支持，势力扩张很快，1891年他们在南阳设置了福音堂，其他许多城镇也都跟着先后有了福音堂。

帝国主义侵略者在河南所设的教堂，占有大量土地房产，直接剥削劳动人民。教堂掠夺土地的手段主要有以下三种：一是依仗势力，硬性强占，例如南阳靳岗寨墙以内的土地，大部分都是教堂不费分文代价圈占去的；二是以宗教欺骗手段，说什么"捐助财产，以兴教业，将来能升天堂"之类的鬼话；三是强买土地。通过上述种种手段，靳岗教堂在1900年前后，即占有土地达3000亩以上，确山县韩庄的天主教堂在同一时期，也侵占土地千亩以上，其他各地教堂，也都占有百亩、数百亩不等。教堂周围许多村庄的农民，往往全部沦为它的佃户。如南阳的靳庄、高庄、曹庄、前天洼、后天洼、孙庄、韩庄、小林庄、张庄、李庄、坡桥、赵庄等10余个村庄的农民，差不多全部佃种靳岗教堂的土地。除此之外，各地教堂还霸占很多房产。如靳岗教堂，在南阳城内就占有300多间房产，另在城东30里地之新店，城北50里地之安皋等地，甚至在湖北汉口，也都占有大量房产。这些房产，绝大部分都是用欺骗或强占的手段夺取的。除其中的一部分由教会自用外，另一部分则租给别人居住，教堂坐收房租。

教堂对农民剥削极为残酷。例如确山韩庄教堂的土地出佃，

① 《遂平县志补充材料》，第1册。

牲畜、农具、肥料皆由佃户自备，种子则由教堂发给，收获后先将种子加倍扣还(例如一斗麦种，收获后教堂即扣回二斗)，所余粮食对半平分，麦秸、秫秸等柴草之类，也须对半平分。南阳靳岗的情况也大致相同。显然，这种地租剥削是很苛重的，因为除种子剥削之外，牲畜草料、农具修理等负担也完全加在佃农身上，地租率实际达到70%左右。此外，还有许多超经济剥削。如韩庄教堂的佃农，须给教堂拉柴、赶车、修盖房屋等，逢年过节，还须给教堂送礼，如鸡子，苹果、核桃、枣子，等等。靳岗教堂更巧立名目，勒逼农民交纳蜡烛费、瞻礼费等，每年需四斗左右的粮食。据在确山县的调查，教堂和教民还兼营高利贷，月息三分，借贷时立下字据，如不能按期还，须以劳动役补偿，或用土地作为抵押。总之，一切残酷野蛮的剥削，无不悉备。因此，这些教堂不但是帝国主义进行宗教侵略的巢穴，而且也是中世纪式的大地主大恶霸。

帝国主义传教士，除在精神上奴役人民，经济上剥削人民以外，还和封建官厅密切勾结起来，干涉地方行政，侵犯我国主权，残酷地压迫人民。

前面提到的靳岗总堂主教安西满，就是当时南阳官府的“太上皇”，他不时坐着绿呢官轿，前呼后拥，在镇、府衙门闯进闯出，一切军民人等，必须远远闪道。不但如此，安西满还在实际上握有对官吏的任免权，对于那些他认为不够恭顺的地方官，可以通过河南巡抚予以参免；而对他的心腹狗腿，可以保举提拔。例如在修筑靳岗寨垣时期，南阳知县黄源，尽管一天数趟跑到靳岗为洋人打杂，但安西满仍嫌他办事不力，于1896年通过巡抚把他撤换，而代以奴性十足的潘守廉。自此以后，潘守廉赖靳岗教堂之力，3次(1897—1899年，1901—1902年，1903—1905年)任南阳知县，共历8年，人民恨之入骨。据水献之、庄芳斋几位老人谈，南阳人民为了表示对认贼作父的潘守廉的愤怒，曾在城内张贴许多匿名揭帖，上面画着安西满撒尿，潘守廉在底下接着喝的漫画，这些漫画充分揭露了清朝官府和帝国主义之间的主仆关系。

靳岗教堂为了与官府勾结方便，还特别盖了大官厅、二官厅，专为接待各级官员之用；另外，还专门豢养一批狗腿子替他们“走衙门”。这些狗腿子，都因安西满保举，猎取官衔，什么四品花翎都司、五品军功，等等，到处招摇撞骗，横行不法。

其他各地情形也大致如此。根据我们在确山、西平、遂平等县调查，七八十岁的人一致反映：凡是新官上任，必先到教堂拜谒，以取得教堂的支持；凡是教堂所反对的地方官，不久必被撤换。当时的豫北林县县官俞纪瑞，对主教司德望（意大利人）奉命唯谨，经常到小庄教堂勾勾搭搭。百姓与教民发生诉讼，不问青红皂白，必判百姓为“刁顽”、“无理”。人民痛恨至极，都说：“俞官是中国官，替意国人办事。俞官‘认’给意国人了”（“认”即当干儿子的意思）。俞纪瑞每到小庄教堂去一次，人们便怒骂：“俞官又到他干娘家带锁子去了！”

教堂不但干涉地方政事，而且根本没有把中国法律放在眼里。例如：它可以不交钱粮，不交一切捐税；它可以私设刑堂，经常将佃农绳捆锁绑，殴打拘押。靳岗教堂的后院还有一间小黑屋，专门禁闭或拷打违犯条规的修女，用茶杯一般粗的竹棍拷打，或禁闭数日、数星期不等。至于教士强奸妇女，更是屡见不鲜。所谓教堂，实际上就是暗无天日的匪穴。

为了镇压人民的反抗，他们拼命把自己武装起来。例如豫北教区的总堂，最初设于林县小庄（1899 年正式迁至卫辉），他们在小庄周围霸占大量土地，修筑城墙，并建炮楼五座。义和团运动前夕，又用棺材装运来大批毛瑟枪。南阳靳岗教堂在 1895 年开始修筑寨墙，前后经过三次：第一次修成了一个土寨，洋教士认为不够牢固，于是第二次又在土墙两面灌以混凝土，但仍然不放心，最后第三次又再灌一层厚厚的混凝土。直至 1897 年，修寨工程方告完成。寨垣周长 400 余丈，高 2 丈余。寨外环以护寨河，寨上建筑炮楼枪垛。5个寨门经常闭住4个，只留东门以供出入。设有岗哨，出入时盘查甚严，如临大敌。实际上成为所谓“自专自主之敌国”，严重地破坏了我国的主权。

除了洋教士横行霸道以外，一些教民也十分凶横。教堂最初传教的时候，往往首先勾引地主恶霸信教，以便狼狈为奸，张大声势。据南阳靳岗敬老院80岁老人李长清等人提供的材料：最初靳岗附近只有三家教徒，一家是坡桥(村)张姓，是一个占有六顷多土地的大地主；一家是靳庄靳姓，占有土地三顷左右；另一家是靳庄刘姓，家产不明。又据周口镇及其周围村庄的老人谈：“入教的都是大财主，至少也是鳖户①。穷人极少，都是因有病或其他原因方上当入教的。”②又据确山县的调查，有些绅董或族长，往往领他所统治的一村一族的成员“投教”，以便依仗外力横行地方。这说明洋教士是首先和地主阶级勾结起来，然后逐步深入，向各阶层发展。洋教士发展教民的再一种办法，便是用金钱收买一批流氓恶棍，作为他们的爪牙。所以在南阳就流传着这样的谚语：“进教，进教，钢洋十吊。”还有一些匪类，平日为非作歹，犯案以后，一宣布入教，马上就可以得到洋教士的保护。这便是南阳谚语所说：“以十字，圣架号，不打官司不进教。”洋教士发展教民的第三种办法，就是强迫佃户信教，否则就不租给土地。

教民在洋教士的庇护下，都变成了特权人物。他们与一般群众发生诉讼，只要在状子上写明“教民×××”字样，官府就把无理判为有理；一般群众即使有天大的冤屈，也无处申诉。如确山郑庄农民郑英俊说：“不管你咋样为非作歹，一入天主教就没事，哪怕在这边杀了人，跑到那边说‘我入教了’，就没事。”因此，一般恶棍所

① 鳖户系指不当权的小地主。

② 李杕：《拳祸记》下集。第449页，也说周口一带“教民多殷富，席履素优”。

不敢干的事,教民都敢干。例如南阳城内的“押当铺”①,因为非常残酷地进行高利掠夺,最为人民群众所痛恨,一般不敢公开开设,而当时明目张胆地开设“押当铺”的,只有三家,即温德禄家(教民)、张良甫家(教民)和魏永禄家(皂隶),这三家都是有恃无恐的恶棍,其中两家是教民。

更令人发指的是,某些教徒依仗洋人势力,杀人行凶,视人命如鸡犬。以下两例都是光绪年间在南阳发生的:

例一:教徒熊之道,在总兵衙门马队里当兵。某日,熊的小孩和东关钱铺里的管账(其人外号许仙)②的小孩打了一架,熊的小孩回家哭诉。许仙不敢得罪熊之道,立即到熊家赔礼作揖。熊之道不但不还礼,而且大骂:“非打死你不可!”随即用三节鞭打中许仙的下体,登时致命。这样一个凶杀案件,熊之道只在狱内关押了几天,就由靳岗教堂保释了。南阳父老至今提起此事,还是人人切齿。

例二:教徒李吉祥(李老七),是一个“卯首”(衙役头目),依仗着洋人和官府暴富,买地十余顷,养着十几个大骡子,平日作威作福。某次,他领着几辆车,前呼后拥,经过王府街,与农民的牛车相撞,李老七立即喝令手下将那个赶车的活活打死。由于靳岗教堂撑腰,当时的知县潘守廉,对李老七不闻不问,任其逍遥法外。

以上的例子.都是我们访问许多老人,无不众口一辞(据姚子召、陈辑五、杨逊堂、李钦绍、商新甫等人提供)的材料。教士和教

---

① 押当铺,在江南各省通称“小押”,取利最重而押期最短。南阳在清朝时,一般当铺利息三分,值三当一(值三两银子的东西,只能当一两),两年半死当(即两年半无力赎还时,所有权就转归当铺)。而“押当铺”的剥削更要严重得多,值十当一,而且日利三分,三月死当,因此人民恨之切齿。一般“押当铺”都是秘密开设的。

② 南阳市许多老人都知道他的绰号,真名待查。

民这样地横行不法，当然要激起人民群众极大的仇恨。

除了帝国主义的疯狂侵略和残酷压迫外，清朝封建统治者敲骨吸髓的勒索，也给河南人民带来了深重的苦难。中日甲午战争后，清朝政府为了解决财政困难，对人民大肆搜刮。河南当时摊到的洋款达39万两，地方官吏更借机敲剥。地丁银一两征至一两五六甚或三两，买卖田宅契税.原来每银一两征税三分，此时也增至六七分甚或十一二分不等。邓州在加征烟叶税以外，还擅加亩捐。鲁山产丝，向不负税，自1897年起，每百斤抽税一两。盐斤加价，名义上每斤增收二文，实际上远不止此数。所有这些新添的负担，更加深了人民生活的痛苦和农村经济的破产。

自甲午到庚子(1894—1900)，河南无年不灾。治理黄河的费用因被官吏中饱，以此几于无岁不决，沿河各县，因而连年受灾。1896年，全省内受灾达50州县。1898年大水，1899年大旱，秋禾或被淹没，或不能下种，灾民四出逃荒。1900年，旱情尤重。据南阳张永城、李长清、杨进堂等老人的回忆，当时的粮价小麦由每斗三四百文上涨至七百文，劳动人民只得以草根树叶充饥。

残酷的封建剥削和严重的自然灾害，使社会矛盾日趋尖锐。1896年，邓州、太康等地人民因官府横征暴敛，就曾掀起反抗斗争；林县也发生攻打砀山的人民起义，参加者达数千人。同年年底，夏邑、路集一带人民也纷纷起义。1900年，安阳小晁寺等地人"聚众抗粮"。这就是伟大的义和团反帝爱国运动爆发时河南的社会形势。

义和团在河南的传播及其特点

(一) 义和团在河南的传播

当义和团在山东和直隶一带举起反帝爱国斗争的伟大旗帜以后，河南人民的反帝运动也迅速走向高潮。

根据文献记载和实地调查得到的材料来看，河南人民在此期间的反帝组织，除义和团外，还有大刀会、江湖会、仁义会、红缨会等名目。① 据山东方面的调查，早在 1894—1895 年左右，大刀会就已在河南的考城开展活动。② 1898 年至 1899 年间，义和团在山东兴起时，更有大量的反帝揭贴由山东传入河南。河南巡抚裕长当时报告清廷说，本省最早传习拳会的地区就是接近山东的永城、夏邑等县，并立即为所镇压。1899 年 5 月，山东人高志忠来至开封，传授义和拳，被河南官吏"押解回籍"。同年秋，"有蜀人李某、罗某入信阳传习大刀会，散放票布，传习符咒，云能御风雪，避枪炮。会中以助清灭洋为宗旨。举事之日，凡一切习洋务者必火其家，惟持会票者得免。由是爱国守旧及挟排外迷信种种误解者争趋焉"③。到山东、直隶两省义和团运动的蓬勃发展以后，满怀义愤的河南各地民众也终于冲破清朝反动官吏的禁阻，纷纷加入义和团。《拳祸记》记载河南中部襄城县的反洋教斗争说："庚子三月，教士前往〔襄城〕传教，安谧如常，突于五六月间谣言四起，谓汴中久不雨，须杀尽洋人，天方下雨，遂有'杀了洋鬼头，猛雨往下流'之谚"。④

河南汲县人王锡彤记载当时汲县一带义和团传习情况说："光绪二十六年三、四月间，义和拳渐有传习者。盖卫河水通天津，舶载以来，一般'愚民'翕然向之，小儿跳跃者尤多。所降之神名大抵见于《封神演义》、《西游记》、《三国演义》、《施公案》者。"⑤

从上述情况看来，河南省的义和团是从山东、直隶两省传入

---

① 据新店一带的老农谈，当时还有红枪会、绿枪会、黄枪会等组织。

② 山东大学历史系：《山东义和团调查报告》（初稿，未出版）。

③ 《重修信阳县志》，卷 31。

④ 李杕：《拳祸记》，下集，第 447 页。

⑤ 王锡彤：《河朔前尘》，第 37 页。

的。“杀了洋鬼头，猛雨往下流”，正是直、鲁一带义和团广泛传布的口号。它从山东、直隶传到开封，再由开封流传到其他县份。而各府州县广泛传习，则是在1900年夏间义和团的反帝斗争在直隶已进入高潮之时。

（二）河南义和团反帝斗争的特点

根据我们的调查，河南义和团的传习方式（咒语、降神等），无论在河南北部或南部，大体皆与直、鲁等省相同，参加的人大部都是15—20多岁的男女青少年农民，所提口号为“扶清灭洋”、“保清灭洋”，斗争的锋芒主要也是指向帝国主义。但河南义和团的反帝斗争也有如下两个值得注意的特点：

第一个特点表现在组织成分上。河南义和团的成员比较单纯，不像直、鲁等省那么复杂。各地加入义和团和投入反帝斗争的人几乎全部是贫苦的劳动人民，地主阶级一般拒绝参加，地方官府也一般地始终坚持镇压，拒绝与之联合。这是因为与河南邻接的山东、江苏、湖北等省，都受买办官僚袁世凯、刘坤一、张之洞等严密控制，并且是实行“东南互保”的省份。这些人秉承帝国主义的意旨，不断给河南反动势力以鼓励和支持，尤其是湖广总督张之洞，他接二连三地致电河南巡抚裕长，要求“严饬各属认真保护教堂，勿稍疏虞”①；并多次派兵迎接由豫入鄂的外国工程师和教士。这样就大大地助长了河南官府和各地封建势力的反动气焰（关于这一点，下面详述）。因此，河南义和团虽然也用了“扶清灭洋”的口号，而地主阶级和清朝官厅对之仍一贯采取镇压手段。这使河南义和团的队伍比较纯洁。

第二个特点表现在河南义和团的组织形式上。由于河南不是义和团的中心地区，所以在组织上比较松懈，自发性比较明显。一般地说，没有专人传授，谁会谁就教，传播也很迅速，但没有一个能

---

① 《张之洞电稿》，卷36，光绪二十六年六月十八日致裕长电。

够统带较多群众的首领。正因为如此,每次斗争的时候,往往是义和团和一般群众彼此不分,潮涌而上。

(三)河南反动官吏镇压义和团的恶毒手法

如前所述,河南一方面因为和直隶、山东等省毗邻,义和团得到了广泛传播和发展;另一方面,又因邻近湖北、江苏等所谓“东南互保”的省份,当地官吏受张之洞等人的强烈影响和控制,自始至终对义和团采取残酷的镇压手段。分析起来,他们的手法有下列三种类型:

其一是以河南巡抚裕长为代表的一些顽固派官僚的手法。裕长本人是直隶总督裕禄的兄弟,那拉氏的忠实奴才,他的态度随那拉氏的指使而转移,反复无常,阴狠毒辣。1899 年前后,当义和团运动初兴时期,他便严令各地“妥为弹压”;到 1900 年 6 月,那拉氏被迫承认义和团的地位,对团民改取欺骗利用的手法以后,裕长也便将一些义和团编入团练,同时则严格限制和镇压义和团的活动,凡是“假名拳会,焚毁教堂者仍照常拿办”①。这是阴谋借此捆住义和团的手脚,将它变成普通的“团练”,从而取消义和团。

其二是以河北道道员岑春荣、汲县劣绅王锡彤为代表的豫北官僚地主,他们自始至终采取镇压手段,在清廷改取欺骗利用手法而以义和团为义民的时候,则狡猾地诬蔑豫北的义和团为“假义和团”,须“就地正法”。关于这种鬼蜮伎俩,据王锡彤的亲笔自供说:“余(王锡彤自称)因建议曰:惟今日有一致命伤,决须先办,稍一迟迴,即万事瓦裂者,义和拳是也。左道邪术,只能引乱,萌蘖方生,斩除尚易。……观察(指岑春荣)愕然动容。或曰:义和拳是义民,奉朝旨嘉许者,倘加查禁,不违旨乎?余曰:此何时耶?旨之真伪不可知,纵使有之,文字上固可躲闪也。观察曰:请公拟一稿来。

---

① 《张之洞电稿》,卷 36,光绪二十六年六月致开封裕抚台电中所引裕长语。

余就园案上挥毫如下：为严拿假义和团民以靖地方事：照得前因中外失和，民教仇杀，近畿一带，有义和团民练拳勇，不取民间一草一木，曾经奉旨嘉奖。……乃近来风闻河北三府竟有无知愚民，烧香聚众，名曰学习义和拳，而良莠不齐，……种种不法，殊堪痛恨……自示之后，如有匪徒借义和拳之名，烧香聚众，设立坛场，希图敛费肥己者，即系假义和拳，即当照章就地正法。……此稿既成，岑观察阅之，顿现满意之色，曰：此如我心。立饬印行五百张，发三府二十四县到处张贴。"①

这里他把当时豫北官僚地主狡猾阴狠的手法供认得清清楚楚。

其三是直接受张之洞控制的豫南一带的地方官吏，他们根本不顾清廷对义和团的"嘉许"，公开地对义和团实行严厉镇压。1900 年 7 月 22 日豫南的确山知县施廷弼（人民称他为"撕不烂"），就公然发贴告示，保护外国教堂，禁止人民"闹教"，并胡说什么"教士劝人为善，施药育婴，与我百姓相安无事已数十年之久。乃近来无知棍徒，造言生事，动辄以扒教堂，挞洋人为口实。殊不知教堂亦是房屋，洋人各有性命。毁人房屋，伤人性命，照例当得何罪？"而以"犯法受刑，悔恨莫及"②等话来恫吓人民。至人民奋起围攻教堂时，他公然领兵下乡镇压。豫南其他各县的情形，也大致如此。信阳反动官吏对义和团进行疯狂捕杀的时候，"平昔迷信神权之团体，如持斋诵经各佛堂，均遭波及"③。

以上三种手法虽然表面上不尽相同，但实际上完全一样，都是秉承帝国主义的意旨，保护帝国主义侵略者，镇压人民群众的反帝斗争。

---

① 王锡彤：《河朔前尘》，第 41—42 页。

② 李杕：《拳祸记》，下集，第 457 页。

③ 《重修信阳县志》，卷 31。

但是，不管中外反动势力如何千方百计地破坏和镇压，人民郁积已久的反帝怒火是压制不住的。

义和团运动时期河南人民的反帝斗争

义和团、大刀会、江湖会、仁义会等革命组织在河南各地广泛建立起来以后，群众性的反帝怒火便在广大城乡遍地燃起。据我们初步调查并参考有关文献材料，1899—1900年两年间，大河南北的南阳、汝阳、桐柏、确山、襄城、唐县、林县、武安、涉县、滑县、郑州、河内、卫辉、荥泽、淅川、西华、临漳、汤阴、内黄、商水、汲县、获嘉、安阳、新乡、辉县、方城、鄢陵等数十州县，都曾发生过大小规模的反帝斗争。其中规模最大的是南阳靳岗和确山韩庄两地人民的反教会斗争。兹分述其大概情况如下：

（一）南阳人民的反帝斗争

1900年南阳大旱，从阴历四月下旬到六月滴雨未落，早秋作物大部焦枯，农民无地可耕，到处流传着“杀了洋鬼头，猛雨往下流”的谚语，酝酿着反帝斗争。

规模最大的是围攻靳岗教堂的斗争。这一斗争是在7月6日（阴历六月初十日）开始的。首先从白河以东聚集了大批农民队伍，扛着木锨、铁钯、刀矛、棍棒，有的还打着红底黑边（也有黄边）的三角形大旗，潮水般向着靳岗教堂涌来，沿途高喊“扒洋楼，报冤仇！”，各村农民无不为之欢欣鼓舞，争先恐后地参加到战斗行列，总数约有7000多人，包围了靳岗寨墙，南阳城中许多士兵，也不顾官厅的禁令，自动加入群众队伍。

如前所述，靳岗教堂早在中日甲午战争前后就已被帝国主义传教士修建成了一个军事堡垒，原来就盘踞着许多武装洋教士和大批武装教民，这时候又从河南各属县逃来了1500多个教士和教民。这些匪徒拥有抬炮和洋枪100多支，凭借着深沟高垒的掩护，向群众开枪轰击，并由教士率领小股马队向外冲锋，打死打伤群众多人。

与围攻靳岗的同时，又有许多农民，成群结队，涌入县城，与市民一起，将城内的天主堂（在县十字街东边）拆毁，凡是平日欺压人民的无赖教徒，群众都扒了他们的房子，以示惩罚。南阳镇左营游击双奎，妄自带兵出来"弹压"，更遭到坚决反击，群众站在房上用砖瓦向下砸他，痛骂他通洋卖国。双奎及其亲兵，慑于人民的愤怒，抱头狼狈而逃。

在这声势浩大的反帝斗争中，南阳城内的商人也罢市声援。官府一再派人"劝阻"无效。知府傅凤飏和知县袁福龄虽亲自出马，沿街挨户将商店的门打开，将招牌挂出；但他们刚一离开，商人们便再行摘掉招牌，继续罢市。

7 月 9 日（阴历六月十三日），南阳各乡人民聚集了数万人，妇孺齐上，喊声震天，从东、南、北三面再次围攻靳岗教堂，并烧毁寨外孙庄的教堂房产 10 余间。主教安西满下令开枪，洋教士及教徒恶霸地主崔背锅等人又率马队出寨冲击，杀伤幼童多人，俘虏受伤群众 8 人带回寨内，吊在东寨门上让烈日曝晒。被俘的有些还被割去脚筋，拴住锁骨，酷刑吊打。帝国主义传教士对人民的残酷狠毒，再一次暴露了他们是一群披着人皮的豺狼，南阳人民并没有被这些豺狼吓倒，各乡的"联庄社"①进一步联合了起来，鸣炮聚众，传布揭贴，准备更大规模的围攻，吓得洋教匪徒终日行"告解礼"，等待死亡。

南阳人民围攻靳岗教堂的消息很快传入"东南互保"的中心省份——湖北，以张之洞为首的湖北反动官府和汉口外国领事、商人等，大为恐慌。法国驻汉口领事赶忙照会张之洞，请求援救。张几

---

① 联庄社的首领原来多为地主士绅，但此时随着斗争的高涨，已被农民控制。

次致电河南巡抚裕长，要求认真保护教堂，8 月 31 日又电令驻防襄阳的官兵，命其派人致函南阳镇府，并刊印了 7 月 17 日、24 日清廷颁发的保护外人的上谕各数十张，随同散发，要他们“切劝南阳镇府，务须将教堂实力保护”①。这时候，汉口商人纷纷传述南阳人民已杀官据城，这更引起反动官府的惊恐。张之洞急命襄阳、枣阳、老河口、光化等处守令添募守勇，“如有匪徒闹教，无论土匪外匪，即行相机剿捕，勿稍迟论”②；并携带刊印出来的 7 月 24 日的上谕，去河南沿边各县张贴，要求地方绅民保护外人，严禁闹教，企图阻挡住河南人民反帝斗争对湖北人民的影响。从湖北中外反动势力的惊惶失措中，可以看出，南阳人民围攻靳岗教堂的英勇斗争对于邻近各省的影响是十分巨大的。

南阳反动官府无耻地和靳岗教堂勾结起来，与人民为敌。知府傅凤飏秘密致书靳岗，甚至有“贵堂尽力守寨为上策”③之语，鼓励他们武装顽抗；一面又出示严禁人民习拳，派兵到靳岗、白龙庙等地实行镇压，叫嚣严惩扒洋楼的人。由于他的千方百计的保护，用安西满的话来说，就是“明暗迁就，委曲顾全”，使“教堂西人，得以无恙”④。不久，清廷保护洋人严厉镇压“各处土匪乱民”的上谕到达南阳，这个反动卖国的知府更穷凶极恶地破坏人民的反帝斗争，禁止联庄活动，而使靳岗匪徒得以幸存下来。安西满在惊魂初定之后，即致函傅凤飏称“近蒙实惠恩庇，业已化险为安”。耶稣堂的英国教士礼好义也致函傅凤飏，说傅在人民“闹教”时，“预有明示保护”，对他的卖国媚外行为表示嘉奖。⑤ 有些帝国主义分子曾

---

① 《张之洞电稿》，卷 37，光绪二十六年七月初六日致襄阳邓、朱电。

② 《张之洞电稿》，卷 37，七月初二日致襄阳老河口枣阳等处电。

③ 李杕：《拳祸记》，下集，第 444 页。

④ 《李鸿章电稿》，卷 36，三月十五日所收于荫霖来电。

⑤ 《李鸿章电稿》，卷 35，三月初三日所收于荫霖来电。

提出惩办傅凤飏的要求。安西满闻讯之后，赶忙亲自致函河南巡抚于荫霖，力言傅某保护教堂“有功”，说“远人天良俱在，筹报不遑，不得不痛予剖白”。还特地致函驻京法使，要求取消对傅的惩处。① 从这些帝国主义分子的供状中，我们可以清楚地看出清朝反动官吏是如何甘心做帝国主义的走狗而镇压人民的。

在围攻靳岗教堂的斗争期间，南阳各乡镇人民还发动了许多次反帝斗争，例如7月7日，一批被彰德、内黄等处人民驱逐出境的外国教士、矿师20余人，带着40车的赃物，在清政府兵丁的保卫下逃往老河口。途经南阳新店，在新店寨主大恶霸李承瀛（李十二）家歇宿。新店附近的义和团和广大农民得知后，无不咬牙切齿，纷纷议论说：“外国人欺负咱中国，真是到了头，清家不敢惹他，咱老百姓要教训教训他！”当天夜晚，数千群众就把新店团团围住。次日清早，这帮帝国主义分子在寨门口被群众拦住的时候，竟无法无天地开枪打死了小南庄的一个老汉，这更引起群众的激愤，运载赃物的车辆全部被砸毁。② 这批强盗不得已只好丢下了赃物，鼠窜而去。这次斗争，新店人民称为“砸洋车”。

除了靳岗、新店等地人民的反帝斗争外，在县城西北50里外的安皋以及安皋以北15里外的李湾、张楼等地，也都发生了拆毁教堂或惩办帝国主义爪牙的事件。站在斗争最前列的都是四乡最苦的农民和佃户。他们专门打击那些仗着洋人势力发财害民的恶霸地主，而对那些贫苦的、安分的、同样遭受帝国主义压迫的教徒，则不予惊扰。

（二）确山人民围攻韩庄教堂的斗争

韩庄教堂是靳岗总堂的一个重要分支，天主教在这里盘踞已

---

① 《李鸿章电稿》，卷36，三月十五日所收于荫霖来电。

② 此处材料除得自调查外，还参看了《张之洞电稿》，卷37，七月初三致于荫霖电及《拳祸记》。

有 200 年以上的历史。教士教民平时无恶不作，广大人民对之痛恨已极。1900 年的春天，为了表示对帝国主义强盗的刻骨仇恨，各村老年妇女和幼童到各家各市收面收水收油收柴，用面捏成洋人形状，在十字路口安起锅来，敲锣打鼓，将洋面人投入沸腾的油或水中，并高唱："七家面，八家水，十字路口烧洋鬼。烧得洋鬼伸着腿，再也起不来，再也站不起。"然后将洋面人从锅中取出，或用刀剁，或用砖砸，或用针刺，或喂狗吃。这支"烧洋鬼"的歌儿很快就在确山全境和临近县份传布开来，家喻户晓。在广大人民中还流传着这样一种说法："天主教院里边有一棵琼花，六十年开一次，一开花就该打韩庄了。""天主教伤天害理，必得三十年一小打，六十年一大打。今天正是打韩庄的年头。"所有这些，都说明确山人民对万恶的帝国主义侵略者的仇恨，即将像火山一样迸发出来，反帝斗争的猛烈风暴就要到来了。

但是韩庄的教士教民作恶成性，欺压人民，仍然不改故态。下凹村老人张景善追述当时的情况说：有一天，教民王化龙在河滩与农民袁景龙（李楼村人）相遇，仍像往常一样嘲骂袁景龙。袁愤怒已极，说："时到今日你还欺侮人，我们不出十天非剿了你的天主教老窝不可！"王化龙回言："袁景龙，你要敢剿天主教，三天以内，我不剿你袁景龙全家就不姓王！"口角之间，发生斗殴。王回到韩庄向意籍神父纪天觉报告。纪天觉咆哮说："剿他！"果然，不到三天，王化龙就纠集一批无赖教民打到袁景龙的家里，将锅碗瓢勺全部捣碎，并将袁的黄牛劫走。帝国主义教士和无赖教民的欺凌，激怒了广大群众。周围各村的农民忍无可忍，当即鸣锣集众，推何治斌为首，拿起刀矛火枪，于 9 月 15 日①向韩庄教堂发动第一次围攻。

---

① 李杕：《拳祸记》，说韩庄围堂的斗争发生在 8 月 16—19 日；但据民国《确山县志》及《张之洞电稿》所记，此事发生在 9 月（农历八月）间。李杕书误。

教堂遣人去县城求救，知县施廷弼急忙派兵前往，帮教堂助守。由于围堂人数少（只几百人），而敌人凭借新式武器，戒备森严，所以没有攻开。

16日，本地义和团联络远近各村镇，准备大规模进攻，并派农民陈明德伪装成南阳靳岗派来联络的教民，进入韩庄，侦察火药的存放处。第二天，3000余群众列阵于香山，从西、北两面围剿教堂。教堂负隅顽抗，并强迫教民向外猛冲，双方肉搏，各有伤亡。当天夜间，陈明德只身潜入韩庄，点着了教堂的火药库，顿时响声震地，烟焰烛天，人心大振。

18日，大规模的激战开始了。韩庄周围数十里的村镇，全部动员起来，从十六七岁的青年到五六十岁的老年人，无不奋勇争先，参加战斗。至今老人们回忆当时情景还说："真是连小孩掉到井里边也顾不上捞，都忙着去打韩庄。"老弱妇孺从十几里以外来送水送饭，络绎不绝。何治斌、袁景龙等首领头裹黄巾，身披红带，在尹公庙聚集各村群众，约有四五千人，喊声震天，冲向教堂，最后终将这个匪窟一举荡平。教士教民狼奔豕突，逃向南阳靳岗。留下的教民除万恶不赦者外，只要表示痛改前非，宣布脱离洋教，不再仗势欺人，群众就宽大处理，不予伤害。

当群众从香山向下猛冲韩庄寨时，确山县令施廷弼为了表示对洋主子的忠心，竟率军前来救援。但是，他的军队一见人民潮水般的涌来，放了几声空枪，撇下施廷弼，争先逃回县城。施廷弼吓得魂不附体，也踉跄而逃。群众愤怒地说："为官不能为民除害，私通外国，砸他的轿！"顿时将官轿砸得粉碎。

确山人民的反帝斗争，也曾在"东南互保"下的湖北引起巨大的震动。当时，张之洞曾以护守京汉路路工为名，派兵入驻信阳北新店等地，镇压这一带人民的反帝斗争。确山人民反帝斗争的消息传入湖北后，他急忙电令驻豫的鄂军准备镇压，并打算从湖北继续派兵,“免致燎原,扰及鄂境”①,显得十分恐慌。

确山人民围攻韩庄教堂的斗争,给帝国主义分子及其走狗以应得的惩罚,使积冤莫伸的被压迫人民为之扬眉吐气。直到今天,确山人民还到处传诵当年反帝斗争的英勇事迹,一提起来,就眉飞色舞,笑逐颜开。

(三) 其他各县的反帝斗争

在 1900 年义和团运动高潮期间,除了南阳、确山两处大规模的反帝斗争以外,只要是有洋教堂和帝国主义压迫的地方,都有人民英勇的反帝斗争。例如在周口,人民首先拆毁了英美帝国主义的耶稣教堂,将英美帝国主义分子驱逐出境。继而又捣毁了天主教堂及教民开办的洋货店。在豫北的林县,由于这一年的严重旱灾,农民只能吃草根树皮,而小庄教堂却囤积着大量掠夺来的粮食。桂林村贫农郭祖滨便率领群众打开了教堂的仓库。洋教士和主教司德望先后逃往南乡山区的田家井,和豫北各地及山西潞安一带逃去的教民,共有 1000 多人,在那里盘踞起来。林县知县俞纪瑞与司德望暗通消息,以“封闭教堂”为名,派兵严密防守,替帝国主义分子看守赃物。他还亲至田家井山中慰问洋教士。事后俞纪瑞便因保护有“功”受到帝国主义的特别赏识,并被袁世凯收为心腹(1912 年袁世凯窃国后,升俞纪瑞为河南省提法司)。但是人民群众一提及此人,无不切齿痛骂。武安的洋教和教民这时候也造谣言:“洋兵要打来了,要杀尽义和团。”其中一个被激怒了的人民杀掉。其他如襄城、方城、泌阳、桐柏、唐河、涉县、临漳、汤阴、内黄、滑县、辉县等数十州县,也都发生过不同规模、不同形式的反帝斗争。

1900 年河南各县人民风起云涌的反帝斗争,是当时全国性的

---

① 《张之洞电稿》,卷 40,八月二十二日致信阳朱、谢二员。

反帝爱国运动的一个组成部分。一年之内，河南“全境教堂毁四之三”①。黄河以南，除靳岗和新野两地的教堂以外，其余各州县教堂均被群众捣毁。那些认贼作父的无赖教民，其时“奔赴族人，族人不纳，投附戚串，戚串不收”②，成为过街老鼠，人人喊打，反动气焰，一落千丈。以后由于中外反革命的联合镇压，河南人民的反帝斗争虽然也和其他地区一样暂趋低落，但是义和团反帝爱国的革命传统并没有因此在河南断绝；恰恰相反，人民从这次革命斗争中得到经验教训，对中外反革命势力有了进一步的认识。义和团运动失败后，在“扫清灭洋”的旗帜下，河南人民又掀起更大规模的反洋教、抗洋款和反加税的英勇斗争。

（这篇文章是与王天奖同志合撰，以开封师范学院历史系与中国科学院河南分院历史研究所名义发表。原载《义和团六十周年论文集》中华书局出版）

---

① 李杕：《拳祸记》，下集，第439页。

② 李杕：《拳祸记》，下集，第450页。

西方传教士与晚清的格致学

一

在封建社会里，中国的学术文化长期被儒家经学所笼罩。实用的科学技术被视为“形而下”的末艺，不受重视。明清以来的八股取士制度，进一步强化了这种趋势。至于在学术思想上，到了乾嘉以后，“汉学”和“宋学”并立，又互争正统，势同水火，断断不休，却不过是儒家经学内部的争论。乾嘉末流的学术弊病，可以说是“义理考据之言盈天下，天下之言不归宋，则归汉”。虽然当时有人尝试“调和汉宋”，还有人在汉、宋二学之外另辟蹊径，复兴《公羊》；然而封建中国的学术，始终跳不出经学的圈子。宋学的始祖程伊川说：“古之学者一，今之学者三，异端不与焉。一曰文章之学，二曰训诂之学，三曰儒者之学。欲趋道，舍儒者之学不可。”①至清，桐城派文人姚鼐说：“余尝论学问之事有三端焉：曰义理也，考据也，词章也。”②汉学家戴震也把做学问的路子分为义理、制数、文章三种，并说：“圣人之道在六经，汉儒得其制数，失其义理；宋儒得

---

① 《河南程氏遗书》卷 18。

② 《述庵文钞序》，《惜抱轩文集》卷 4。

其义理，失其制数。”①这些，是鸦片战争前具有代表性的观点。

鸦片战争以后的1843年，曾国藩还在家书中写道：盖自西汉以至于今，识字之儒约有三途：曰义理之学，曰考据之学，曰词章之学。各执一途，互相诋毁。……义理之学最大，义理明，则躬行有要，而经济有本；词章之学，亦所以发挥义理者也；考据之学，吾无取焉矣。② 总之，义理、词章、考据，这就是近千年来士人心目中的几乎全部的学问。

到了19世纪50年代，曾国藩的看法稍有改进，增加了一种“经济之学”。他说：“义理之学，即宋史所谓道学也，在孔门为德行之科；词章之学，在孔门为言语之科；经济之学，在孔门为政事之科；考据之学，即今世所谓汉学也，在孔门为文学之科。此四者缺一不可。”③与曾国藩同时的汉学家汪士铎，也有类似的见解：“学问之途四：曰经济，曰汉学，曰宋学，曰词章。”④曾与汪的学派倾向不同，但他们这时都承认“经济之学”也是一门大学问，反映时代的变化、阶级矛盾和民族矛盾的刺激，迫使士大夫日益重视经世致用的实际问题。不过，在这些人的心目中，“经济之学”不外乎是古今典章制度之类的东西，照曾国藩的说法，“经济之学”就是儒经中的《礼》：“古无所谓经世之学也，学礼而已”⑤，“圣人经世宰物，纲维万世，无他，礼而已矣”⑥。又说：“舍礼无所谓道德”，“舍礼无所谓

---

① 戴震：《与方希原书》，《戴东原集》。

② 《曾文正公全集·家书·致诸弟》，道光二十三年正月十七日，东方书局版，第4册，第26页。

③ 《曾文正公全集·求阙斋日记类钞》，辛亥七月，传忠书局刻本，卷上，第8页。按：孔门四科：德行、言语、政事、文学，见《论语·先进》。

④ 汪士铎：《答罗雨书》，《汪梅村先生文集》卷10，第15页。

⑤ 李鸿章：《曾文正公神道碑》。

⑥ 郭嵩焘：《曾文正公墓志铭》。

政事。"①可见，经济之学即经世之学，仍不过是孔门四科中的一科（政事），儒家六经中的一经（礼）；总之，是经学的附庸。似乎世间一切学问，永远被经学囊括无遗。19 世纪 80 年代，日本学者冈千仞在中国南北各地游览考察将寻近一年，他的结论是："非一洗烟毒与六经毒，中土之事，不可下手。"②把六经与鸦片烟相提并论，虽然不无过甚其辞，但六经遮蔽了人们的眼界，束缚了人们的思想，确是当时的实际情况。偏激之言，其来有自。

时代迫使经学的卫道士不得不谋求适应之方。他们以后通过办洋务，开始接触到一点同儒家经学大异其趣的西方科学技术。他们对这些东西本来是一窍不通的，但他们中间一部分讲究实际的分子（即经世派）却懂得，"船坚炮利"对于维护本阶级的统治是多么必要，而科学技术又是"船坚炮利"的前提。于是魏源的"师夷之长技以制夷"的呼声响彻了东亚，这对洋务运动也起了推动作用（洋务派从右的方面接过了魏源的口号）。从 60 年代起，在曾国藩、李鸿章、奕䜣等人的提倡赞助之下，中国学者通过西方传教士，把西方的科学和工艺比较系统地介绍到中国来。这样，自从康熙末年中断了 100 多年的西方科技的输入，又在新的历史条件下，以更大的规模重新开始了。

二

科学技术是独立于经学之外的广阔学问，但在晚清，它却被人们用经学的语言称作"格致之学"。"格致"一词出自《礼记·大学》："致知在格物，物格而后知至。"无论从《大学》本身的思想体系上讲，还是从郑注或朱注的精神实质讲，"格物致知"的本义只是

---

① 《曾文正公杂著·笔记》，传忠书局刻本，卷上，第 1 页。

② 冈千仞：《观光纪游》，明治十七年八月一日。

"修、齐、治、平"的起点，是一种道德和政治范畴。但由于朱注有"即物穷理"的说法，包含了探求客观事物规律的意义。

第一个借用此词以指科学技术的，是明末来华的传教士利玛窦。他在《几何原本序》中说："夫儒者①之学，亟致其知，致其知当由明达物理耳。……吾西陬国虽褊小，而其庠校所业，格物穷理之法，视诸列邦为独备焉。……其所致之知且深且固，则无有若几何一家者矣。"②这里他把格物、致知、穷理作为科学方法来看待，而且认为几何学是最高深坚实的格致之学。

时隔200余年，近代来华的欧美人士，最初还不知道使用这一名词。例如19世纪50年代，英国传教医师合信(B. Hobson)所编的普及性科技读物《博物新编》，以及墨海书馆(英国传教士麦都思所创办)出版的科学普及刊物《六合丛谈》，都没有使用"格致"一词。在近代，最早使用"格致"一词以指科学技术的人，是冯桂芬和李鸿章。60年代初(或更早一些)，冯桂芬在《采西学议》一文中就论到明末清初以来经传教士翻译过来的西方书籍，"如算学、重学、视学、光学、化学等，皆得格物至理"③。他主张在广东、上海成立翻译公所，专译西方科技书以教授文童，"由是而历算之术，而格致之理，而制器尚象之法，兼综条贯"④。京师同文馆成立后，冯桂芬又主张推广同文馆之法，在上海、广州各设一馆，教习西学。他写道："西人之擅长者，历算之学，格物之理，制器尚象之法，皆有成书。"⑤这些西书翻译过来的只是极少数，因此必须培养西学人才，"尽见其未译之书"，才能对西方格致之学由粗浅而入精深，"青出

---

① 利玛窦常泛指东西学者俱为"儒者"。

② 《几何原本》卷首，同治四年金陵刻本。

③ 《校邠庐抗议》，光绪二十四年重印本，下卷，第37页。

④ 《校邠庐抗议》，光绪二十四年重印本，下卷，第38页。

⑤ 《上海设立同文馆议》，《校邠庐抗议》，下卷，第50页。

于蓝"。李鸿章接受了冯桂芬的建议，于同治二年(1863)奏请设立上海广方言馆，并在该馆章程中规定："西人制器尚象之法，皆从算学出。……凡肄业者算学与西文并须逐日讲习。"①寓有西文与科技并重之意。为了强调重视西方科技，李鸿章为该馆正厅所题匾额即为"格致堂"②三字。此后，1866 年，美国传教士、京师同文馆教习丁韪良自称要对清廷"仰酬知遇"，编纂刊行了一部介绍西方科技的书——《格物入门》，该书分力学、水学、气学、火学、电学、化学、测算举隅等 7 卷，内容当然是粗浅的。

到了 19 世纪 70 年代，英国传教士傅兰雅等人与中国科学家徐寿、徐建寅父子等人一起，在上海创力了格致书院，后来宁波、广州也相继效法，建立了各自的格致书院。1876 年，傅兰雅在上海创办了《格致汇编》杂志，它对国外的英文名称是"The Chinese Scientific and Industrial Magazine"(《中国科学与工艺杂志》)，内容涉及数、理、化、生、天文、地理、医药卫生、冶金、采矿、纺织、磨面、机器制造、土木工程、印刷制版、摄影、电镀、水利治河、陆军海军，甚至历史、语言及绘画透视法等，有关自然科学和人文科学的，几乎无所不包，而以自然科学和工业技术为主。它还设有"互相问答"专栏，解答各地读者所提出的问题。该刊办了 2 年(1876—1877)后，因傅兰雅回英而停刊，至 1880 年复刊，又办年(1880—1881)，均为月刊。1882 年再次停刊，8 年后，1890 年再次复刊，又办了 3 年(1890—1892)。在这断断续续的 7 年中，撰稿人不多，经费困难，傅兰雅编撰译述，筹划奔走，惨淡经营，颇历艰辛。他说："灯下苦功，半生心血，……惟望中国多兴西法，推广格致，自富自

---

① 《上海议立学习外国语言文字同文馆试办章程清单》，见《京师同文馆学友会报告书》(京华书局 1916 年印)。

② 见《万国公报》，台湾华文书局影印本第 4 册，第 2139 页。

强，寖昌寖炽，以成百世之福。”[①]在1882年至1898年，傅兰雅还陆续出版了一套《格致须知》的普及性小书，全套3集，每集8册，文字简要，内容浅显，而且附有必要的插图，对科学知识的普及有相当作用。此外，70—80年代，美国传教士林乐知与中国学者郑昌棪还陆续从英文翻译了《格致启蒙》4卷[②]；丁韪良与同文馆学生胡玉麟等合编《格物测算》8卷[③]；还有莫安仁（E. Morgan）的《格致举隅》，等等，都是多科性综合性的科技读物。

总之，“格致”的涵义和旨趣，在近代已与经学无关，而约定俗成地成为“科学、技术、工艺”的特定概念了。[④] 中国近代著名科学家徐寿指出：“惟是设教之法，古今各异，中外不同，而格致之学则一。然中国之所谓格致，所以诚、正、治、平也；外国之所谓格致，所以变化制造也。中国之格致，功近于虚，虚则常伪；外国之格致，功征诸实，实则皆真也。”[⑤]徐寿道破了作为科学的格致与经学格致的本质区别，深刻批评了旧学、经学脱离实际的学风，赞扬了新学、科学务实求真的精神。

---

① 《格致汇编》第7年（光绪十八年，1892）冬季卷“特白”。

② 《格致启蒙》分化学、地理、天文、格物（即物理）4卷，江南制造局刊本。

③ 《格物测算》卷1至卷3为力学；卷4水学，卷5气学，卷6火学，卷7光学，卷8电学。同文馆刊本。

④ 作为科技涵义的“格致”一词，一直沿用到19世纪90年代，戊戌变法后，康有为、严复受到日本的影响，才开始使用“科学”一词。但“科学”一词不属于本文讨论范围。

⑤ 徐寿：《拟创建格致书院论》，《申报》，第574号，同治甲戌正月二十八日，上海书店影印本。

三

虽然中国封建专制主义的统治极不利于科学的发展，但我们的民族毕竟具有深厚的文化传统，而且富于天才智慧。对于传教士所带来的那么一点格致之学，中国学者不但很快地吸收融汇，而且远比那些传教士理解得要深刻明彻。李善兰就是一个例证。

李善兰本是浙江海宁的一个秀才，在接触西学之前，他靠研究中国的传统算学方法，业已独立地跨进了高等数学微积分和素数判定的门槛。他 15 岁时读了利玛窦、徐光启所译的欧几里德《几何原本》6 卷，尽通其义。可惜利、徐二人没有译出后面更艰深的几卷，他深以为憾，常幻想有“好事者或航海译归”，使自己得窥全貌。1852 年他在上海结识了英国传教士伟烈亚力（Alexander Wylie）、艾约瑟（Joseph Edkins）等人。他们对他的才华感到惊奇，便邀请他到墨海书馆共同翻译西方格致之书。他同伟烈亚力决定首先翻译《几何原本》后 9 卷；但此书在西方各国多未全译，完善的本子很少。英国有一部从希腊文译为英文的本子，由于翻译和校勘的粗疏，伪误层见叠出。伟烈亚力自己也承认：“余愧翦陋，虽生长泰西，而此术未深，不敢妄为勘定”①，只能就英译本照本宣科，口译为汉语，余则无能为力，英译本谬误之处全凭李善兰深广的数学知识加以匡正审定，“删芜正讹，反复详审，使其无有疵病，则李君之力居多，余得以借手告成而已”②。全书译完后，伟烈亚力说：“异日西土欲求善本，当反访诸中国矣。”③《几何原本》的翻

① 伟烈亚力：《续译几何原本书》，见同治四年金陵刻本《几何原本》(15 卷）。

② 伟烈亚力：《续译几何原本序》。

③ 李善兰：《续译几何原本序》，同治四年金陵刻本。

译，在中国文化交流史上是一件大事，而李善兰的科学造诣和工作难度，实远过徐光启等人。

在《几何原本》的翻译过程中，艾约瑟又邀请李善兰同译英国胡威立（Whewell）所著的《重学》（Mechanics，即力学）。于是李善兰“朝译几何，暮译重学”①，同步进行，同时译竣。此后，他又同英国传教士韦廉臣（A. Williamson）合译《植物》，同伟烈亚力合译《代数学》、《代微积拾级》、《谈天》等书，第一次把西方近代的植物学、代数、解析几何、微积分及近代天文学较系统地介绍到中国。

那时在江南一带，开始出现了一批热心探求西方格致之学的士大夫。诸如松江的韩应陛、上元的管嗣复、慈溪的张斯桂，乃至徐有壬、王韬、吴子登等，与西方传教士都有不同程度的交往，管嗣复的父亲管同，是有名的闭关绝市的倡言者，而管嗣复却宁愿以每月 15 两银的微薄束脩，受雇于传教医师合信。有人责备他“贬价屈节以求合西人”，他的答复是：“来此欲求西学。”②父子两代竟如此不同。吴子登与艾约瑟等交游，学习格致及摄影原理，他平时“案头多陈工匠椎凿，能以新意造器，其巧思不减泰西”③。可见其治学方法已与旧式儒生咿唔案头者大异其趣。江苏巡抚徐有壬精于历算，曾通过王韬的介绍，结识墨海书馆的西方教士，“得与纵谈”，又“与壬叔（李善兰）为算学交，最密”④，著有《务民义斋算学》行世。

江南一带尤其突出的是江苏无锡。据傅兰雅说，在无锡“士人

---

① 李善兰：《重学序》，同治五年九月。

② 王韬：《蘅华馆日记》（稿本，上海图书馆藏），咸丰九年二月六日戊午。

③ 王韬：《蘅华馆日记》（稿本，上海图书馆藏），咸丰十年三月二十三日丁亥。

④ 同上，咸丰九年正月十二日甲申。按：徐有壬，顺天宛平人，原籍浙江乌程。咸丰八年升任苏抚，咸丰十年被太平军击毙于苏州。

多以为《诗》、《书》经史几若难果其腹，必将究察物理，推考格致，始觉惬心。如是者凡数人，而徐、华二君好之尤甚”①。徐寿、华蘅芳少时本都是学作八股文，准备考功名的，后来读到了《博物新编》和墨海书馆所译出的几种西书，决心抛弃举业，“专究乎致知格物之学”，“凡与格致涉者，如数学、律吕、几何、重学、化学、矿产、医学，靡不穷源竟委焉”②。徐、华两家相距只几十里地，又志同道合，经常互访，各道所学，切磋讨论，“日夜不休”。他们很重视实验，实验光的色散现象时，弄不到三棱镜，“乃用水晶章磨成三角以验之”；学到了枪弹的轨迹呈抛物线的知识时，为了验证仰攻和俯击是否一致，“乃设立远近多鹄，射击以测视之”③。

1862 年，曾国藩驻师安庆，设法罗致人才，特意奏请将徐、华等人征赴湘军大营。在曾国藩的幕府中，他们在几乎没有任何技术资料的情况下，开始自行设计制造一艘 25 吨的轮船，于 1865 年“初行大江中，七时内可逆水行二百五十里，及回而顺水，不过四时已到”④。这就是第一艘中国自制的轮船“黄鹄”号。1867 年，他们到上海江南制造局。第二年，制造局专门成立了翻译馆，聘请伟烈亚力、傅兰雅和玛高温(Daniel Mac gowan，美国传教士)3 人为翻译，以后又陆续增加金楷理(Carl T. Kreyer，美国传教士)、林乐知等人，与中国学者徐寿、徐建寅父子；华蘅芳、华世芳兄弟，以及赵元益、蔡锡龄、郑昌棪、李凤苞等，共同翻译西书。李善兰也在翻译馆工作过一个短时期(后至京师同文馆任算学教习)。据傅兰雅

① 傅兰雅：《江南制造总局翻译西书事略》，见《格致汇编》第三年夏，第 11 页。

② 程培芳：《徐雪村先生传》，见《碑传集补》卷 43，第 14 页。

③ 钱基博：《华蘅芳传》，《碑传集补》43 卷，第 20 页。

④ 傅兰雅：《江南制造总局翻译西书事略》，《格致汇编》第三年夏，第 10 页。

说:馆中的西人遇到“西国最深算题,请教李君,亦无不冰解”①。1877年,《格致汇编》夏季卷特别印出李善兰的大幅照片,并附刊《李壬叔先生像序》一文。丁韪良在该文中写道:他对李善兰“知之深而慕之切”,表示由衷的折服。同年秋季卷.又刊出徐寿的大幅照片及《徐雪村先生像序》一文,表彰他在格致之学方面的卓越识见和成就。

翻译馆成立后,译书事业比较有组织有计划地开展,当时洋务运动正加紧进行,曾国藩、李鸿章很重视译书工作,认为“翻译一事,系制造之根本”,为了配合军事工业,要求翻译馆“专择有裨制造之书,详细翻出”②。根据这种指导思想,馆内优先翻译出版工业与军事用书,如《汽机发轫》、《开煤要法》、《金石识别》、《航海简法》、《防海新论》、《制火药法》等,都是在江南制造局开始刊行书籍的第一年(1871)就刊成的。《汽机必以》、《水师操练》、《克虏伯炮说》、《克虏伯炮操法》、《克虏伯炮弹》、《克虏伯炮表》等书,次年刊成。《汽机新制》、《冶金录》、《海塘辑要》、《行军测绘》、《轮船布阵》等书,第三年(1873)刊成。举此三年,可见一斑。由于这些是“紧用之书”,“虽不甚关格致,然于水陆兵勇武备等事有关,故较他书先为讲求”③。

除此之外,他们也译出了不少基础性、理论性的格致之书。如傅兰雅与华蘅芳合译的《代数术》(1872年刊)、《微积溯源》(1875年刊)、《三角数理》(1878年刊)、《代数难题解法》(1879年刊)、《决

① 傅兰雅:《江南制造总局翻译西书事略》,《格致汇编》第三年夏,第11页。

② 《曾文正公全集·奏稿》卷27,第9页(传忠书局刻本),同治七年九月。

③ 傅兰雅:《江南制造总局翻译西书事略》,《格致汇编》第三年夏,第12页。

疑数术》Probabilities 概率论,1880 年刊);又如傅兰雅与徐寿合译的《化学鉴原》(1871 年刊)及《续编》(专讲有机化学,1875 年刊)《补编》(专讲无机化学,1891 年刊)①;玛高温与华蘅芳合译的《地学浅释》(地质学,1871 年刊)等,都是当时影响较大的书,有些则被同文馆或一些书院用作教材。

据《江南制造局翻译西书事略》的资料统计,从翻译馆成立到 1880 年的 12 年间,该馆共译在成书籍 143 种,其中刊印者 98 种 235 本。另有 45 种 142 本译成尚未刊印;销售 31111 部,共 83454 本。再查《江南制造局译书提要》,截至光绪三十四年(1908)为止的 40 年间,共著录书目 156 种。② 两者相较,1880 年以后该馆译印书籍的速度,由于某种原因而明显下降。虽然如此,考虑到学习西学格致的人越来越多,以及各书重版的因素,则 40 年间,仅该馆印书销售的总额,估计至少在 6 万部 16 万本以上。

除了江南制造局外,同文馆、广学会等机构都从事西学书籍的译著和出版。梁启超在 1896 年所著的《西学书目表》中,共著录西学书 352 种。据笔者分类加以统计,其中属于科技范围即格致学者,共 259 种,占总数的 73.6%;属于人文范围者共 93 种,占总数的 26.4%。而徐维则在 1899 年所著的《东西学书录》③,则著录书目 537 种,其中虽有少量日本人所著的书,但也都是有关西学的。若据《东西学书录》著录书目加以分类统计.则属于格致类的书目 387 种,人文类的 126 种,报章 21 种。就格致类书目与人文类书

---

① 《化学鉴原》6 卷,《续编》24 卷、《补编》6 卷又附录 1 卷,以上三书有合订本,1896 年上海巩衡堂版。

② 《江南制造局译书提要》,翻译馆编,宣统元年(1909)刊本。著录书目绝大部分为翻译的科技书,但亦有少量的人文书及国人所著书。

③ 《东西学书录》,光绪二十五年石印,未著撰写人,但书前有蔡元培所写的叙文,两次提到该书为其友“徐子”所著。

目比较，前者占75.2%，后者占24.8%。两者的比重与从《西学书目表》统计所得的很接近。所以梁启超说：在西学书中，“格致诸书，虽非大备，而崖略可见；惟西政各籍，译者寥寥”①。

诚然，三五百种的格致学译著，为数太少了，何况有些是小册子，内容浮泛，只是常识的介绍。但它们在当时的中国是新鲜东西，有启蒙作用。中国近代最早的几位科学家就是通过与传教士共同翻译书而成长起来的。

格致之学越来越受到人们的重视后，学术思想界的价值观念也发生了变化。过去，封建统治者为了文化专制的需要，把程朱理学当作唯一的“正学”，“宗朱子为正学，不宗朱子即非正学”②。在这种观念影响下，教育制度和八股取士制度都要以程朱之学为准绳。鸦片战争前夕，一批有识之士不满意这种现状，发出了“经世致用”的呼声。但如何才能经世致用，并没有找到根本的途径。今文经学家也高唱经世致用，宣扬今文经“其学极精而有用。以《禹贡》治河，以《洪范》察变，以《春秋》决狱，以三百五篇当谏书，治一经得一经之益也”③。不言自明，靠这种方法来“经世致用”是无济于事的。只有科学——格致之学才是一种实实在在的经世致用之学。鸦片战，从魏源开其端，到了19世纪50年代以后，李善兰、徐寿、华蘅芳等人继续沿这条路子走下去，甘愿放弃功名举业，而孜孜矻矻于格致之学，乐此不疲。他们认为“精而通之，神而明之，可以探天地造化之秘，是最大学问”④。90年代初，在上海颇负文名的沈毓桂为韦廉臣作传，说这位英国传教士“凡于天文格致一切正

① 梁启超：《西学书目表·序例》（时务报馆印本）。

② 唐鉴：《国朝学案小识》卷1，《传道学案·平湖陆先生》。

③ 皮锡瑞：《经学历史》，中华书局1959年版，第90页。

④ 李善兰语，见王韬《蘅华馆日记》，咸丰八年十月二十日甲子。

学无不罄其精微”①，虽然不无溢美之词，但沈氏的这种提法至堪注意：他已经把格致之学看作“正学”了。格致之学是“最大学问”，是“正学”，说明了人们的观念开始了多么不寻常的变化！

“该夷人除炮火之外，一无长技”②——这是中国士大夫对西方文化的早期认识。后来才认识到“炮火精良”的背后，有格致之学；在格致之学的背后，还有一整套社会政治和经济文化，这就是康有为所谓“因思其所以致此者，必有道德学问以为之本原”③。这样，由格致之学一步步地向社会政治领域深入渗透，终于汇成了社会制度变革的新思潮。

四

列宁说过：“历史喜欢作弄人，喜欢同人们开玩笑。本来要到这个房间，结果却走进了另一个房间。”④在中西文化交流史上，由基督教传教士来扮演最早传播西方科学的角色，就酷似这种情形。

耶稣会士来华，带来了西方的科学技术知识，即所谓格致之学，但他们来华的本意并非为了科学，而是为了科学的对立物——宗教。利玛窦对这一点曾经反复说明，直言不讳。他甚至说，他只是把科学作为对中国人的诱饵：“垂钓人类的渔人以自己特殊的方

---

① 沈毓桂：《韦廉臣先生传》，《匏隐庐文稿》第 42 页（该文写于 1890 年）。

② 道光十四年（1843）八月卢坤等奏片，见《鸦片战争》（中国近代史资料丛刊）第 1 册，第 122 页。

③ 梁启超：《康有为传》，《戊戌变法》（中国近代史资料丛刊）第 4 册，第 9 页。

④ 《资产阶级知识分子反对工人的方法》，《列宁全集》第 20 卷，第 459 页。

法吸引人们的灵魂落入他的网中。”①明末传教士如此，时隔200多年，近代来华的传教士也是如此。

随着鸦片和大炮一起进来的“圣经”，相当长时期在中国找不到信徒。第一个来华的耶稣教牧师马礼逊，在中国传道25年，费了九牛二虎之力，一直到死去为止，找他接受洗礼的中国人只有10个。后来英国在华的总税务司赫德，把马礼逊当做英雄来吹嘘，说什么“马礼逊先生恒在失败与绝望中，挣扎奋斗”②。这不过是用苦笑来解嘲罢了。终于，他们沿袭了利玛窦的办法：把基督教掺在格致学里（也可以说把格致学掺在基督教里）来兜售。英国传教医生合信是最早著书传播西方格致的人之一，他的《博物新编》引起了东南沿海一些青年士人的浓厚兴趣，后来又流传到日本。但正是在这里面，掺杂了基督教义，乃至西方粗糙的迷信传说。例如在介绍天文学常识时，他写道：“人生覆载之间，当知覆载之所以造。彼苍浩荡，日月何以光悬？星宿何以躔伏？地球何以圜运不停？静言思之，必知有一造化真宰，默主于冥冥之中。所谓天无耳而听者，真宰听之；天无目而视者，真宰视之。举凡在天垂象、在地成形者，莫非真宰之所形象之。……”③在讲到海水时，他写道：“西方有太湖，曰死海，其水为最咸，大小水族皆不能生……相传古为蛮国，民类甚恶，激犯天怒，上帝以硫火灭之，夜间似闻鬼哭。”④在介绍科学知识的时候，趁机加上基督教的“神迹”，真中搀假，假中有真，竟同前此200年艾儒略的《职方外纪》如出一辙。

传教士的格致知识，本来是有限的。他们漂洋过海到中国来从事若干年的宗教活动，那些知识有许多已过时了，他们从其本国

---

① 《利玛窦中国札记》下册，第347页。

② 刘粤声：《香港基督教会史》，1941年香港版，第239页。

③ 《增补博物新编》，明治八年日本刊本，卷3《天文略论》。

④ 《增补博物新编》，明治八年日本刊本，卷2《论海水》。

弄来的科技书，有许多也已陈旧。梁启超指出传教士所译的“电学诸书，皆旧法，西人半废不用”①。其实不仅电学，其他学科也有类似情况。例如1877年《格致汇编》所载《论苍蝇》一文，作者甚至说：“蝇之用处，亦间有之，以其能吸臭腐之质，免人致病。”“蚊啮人之毒，足治恶气所生之病. 诚妙药也。故常被蚊啮者，可免疟疾等症。……其毒于人无害。”②这样的文章，今天的小学生也会为之喷饭。当时在欧洲，微生物学早已奠定基础，巴斯德已经证实，传染病乃由病原微生物所引起。而传教士们对此却一无所闻，实在令人吃惊。直到1892年，《格致汇编》才发表了《人与微生物争战论》③，算是比较系统地介绍了微生物的学说，时间比欧洲晚了几十年。

中国的有志之士在国家备受欺凌的刺激下，抱着虔诚的心情研究西方的格致。数学家李善兰说过：“呜呼！今欧罗巴各国日益强盛，为中国边患，推原其故，制器精也。推原制器之精，算学明也。”他希望中国“异日人人习算，制器日精”④，庶能富国强兵，抵抗外来侵略。而伟烈亚力却表现了迥乎不同的立场。他在《几何原本》序言里公开声明：“所重有感者：我西人之来中国，有疑其借历算为名，阴以行其耶稣主教者。夫耶稣主教，本也；历算诸学，末也。……本何在？则帝子降生，捐身救世是也。故余之来，实以首明圣教为事。”⑤这种科学是神学的奴婢的观点，与中世纪的罗马教皇并无不同，对发展科学是极大的障碍。

在《旧约·创世纪》里，上帝所造的世界，本是基于地心思想的

① 梁启超：《西学书目表》上卷，“电学”类的按语。

② 《格致汇编》第二年，卷7，第11页。

③ 见《格致汇编》第七年春季卷。

④ 李善兰：《重学序》，1866年。

⑤ 伟烈亚力：《几何原本续译原序》第4页，1857年。

狭小的世界。近代天文学的发展,彻底否定了地心说,并揭示了太阳系之外还有亿万个恒星体系,比《创世纪》里的世界远为伟大广阔。这对上帝创世的教义无疑是一个致命打击。但"道高一尺,魔高一丈",近代神学就把"圣经"重新解释一通:反正无论宇宙在空间上如何辽阔,时间上如何悠久(不是六天造成的),都是上帝所造就是了。伟烈亚力在《谈天》(The Outlines of Astronomy)的译序中写道:"伟哉造物!其力之神,能之巨,真不可思议矣。……试观地球上万物莫不备具,人生其间,渴饮饥食,夏葛冬裘,何者非造物主之所赐?窃意一切行星,亦必万物备具,生其间者,休养乐利,如我地上。造物主大仁大慈,必当如是了。设他行星人类,淳朴未雕,与天合一,见我地球天性尽失,欺伪争乱,厥罪甚大,而造物主犹不弃绝,令爱子降生,舍身代赎,当必赞叹造物之深仁厚泽,有加无已。"这篇序言诚然是美妙的宗教宣传。不过伟烈亚力没有告诉人们,如果其他天体上的人类"淳朴未雕,与天合一",那么他们是上帝另外造的呢(可是"圣经"里没有写),还是有罪的亚当、夏娃所生的呢?如果是前者,为什么上帝不让那些无罪的人类住在他身旁的伊甸园?如果是后者,他们岂不也犯了"原罪",怎么可能"淳朴未雕,与天合一"?伟烈亚力似乎不觉得,他的言论已同"圣经"大相背谬了。真是弄巧成拙。

在来华的传教士中,傅兰雅是一个诚实的人,也是译著最多的人。他没有担任神职,也最少宣传宗教。不过,有时候在他的译著中也存在用神学目的论解释自然现象的情况①。

---

① 例如,1887 年,傅兰雅在《天文须知》中介绍了行星、恒星诸天体的情况以后,写道:"可见日月星辰安排得所,非有主宰经营,何能若是?"他又写道:上帝不但是人类的主宰,而且"尚有小于人者,如浊水一滴内有无数微虫,小至极精显微镜难于分辨,尚有绝不能辨者,其亦各有肢体口腹,能饮食生活,皆有上帝之意存于其间,而况甚大于各微虫之人乎?"(第 22—23 页)

还有一个德国教士花之安(Ernst Faber),于1884年出版了他的《自西徂东》一书,利用中国知识分子追求西学的心理,大肆宣传。他说:中国也有一些明白有为的人,谨慎勤勉地学习西国之学,但为什么总是不能有益于国呢?这是因为中国人"学问失其要,徒得西学之皮毛,而不得西学精深之理,虽学亦无甚益耳!"他宣称:光学西方的"各项技艺"不行,因为技艺只是"无根本之学";而"无本之学,必害其国也"。那么什么是西学的根本呢?花之安的答案是:"中国欲求西国之美好者,须知其从根本而出。其理于何而得乎?非从耶稣道理,何以致此乎?"照他的说法,科学的道理是从耶稣道理生长出来的,不信从耶稣教,就不可能发展科学,富国强兵;"试观不从耶稣之国,如回回、太阳等教,绝无精妙之技艺。细而思之,便可明其故矣。"①在他看来,阿拉伯、波斯的"技艺"不精,中国的"技艺"不精,都因为不是基督教国家;而要想技艺精妙,只有信仰基督。这是一种强词夺理的拙劣论证。可惜他没有说明:当中世纪欧洲教会统治最严厉的时候,当"异端裁判"的火堆烧死布鲁诺的时候,为什么不能产生精妙的技艺?为什么那时欧洲的技艺落后于东方的非基督教国家?科学是在与宗教迷信的斗争中发展起来的。科学胜利了,科学成了金字招牌,基督教会又反过来利用这块招牌。近代来华的传教士,许多人就是采用这种手法,鱼目混珠地传教,以广招徕。

1887年,在华的外国传教士成立了专门的出版机构——广学会,加强了十字军式的宣传攻势。甲午战争以后,帝国主义掀起了瓜分中国的狂潮;中国的志士仁人奔走呼号,救亡图存的维新运动日趋高涨。在矛盾十分错综复杂的时刻,广学会的活动更加积极。1896年12月,《万国公报》发表了《上海广学会第九次年会论略》,

---

① 以上俱见花之安《自西徂东》的序及"书例"。1893年上海广学会重刊本。

特别说明了基督教道与格致之学的关系："今夫道（即基督之道——引者）也者，国所与立也。中国之人，向于真道一层，未之或讲，惟格致之学，时犹稍稍乐道之。"他们认为，中国人光学格致，不信基督教，这是舍本图末，兴盛不了的。该文又说："良以书以载道，道以新民，举凡古今图史，以及富国养民诸要事，莫不于道乎是立。况道也者，又格致诸学之所从出也。道在，则格致日见其兴；道亡，格致亦空存其具。"①这就是说，科学（格致诸学）是从基督教产生出来的，信从基督教，格致就自然日见兴盛；否则，格致将只剩一副空壳，注定死亡。

接着，广学会的急先锋林乐知，连续发表《广学兴国说》、《论格致为教化之源》、《续论格致为教化之源》等文章，把上述的谬论进一步加以发挥，并公然宣称："若以西国与东国两两比较，欲知其分别之处，无他，仁不仁智不智之间耳。东方诸国，不仁不智，积久不变，宛如搁浅之舟，生气绝无。……乃知教道足以兴格致，格致足以兴教化，教道与格致并行不悖。世人不察，谬欲背弃真道而不受，反欲得受道中所发之智学（此句意为：中国人不接受基督教，反而想得到从基督教产生出来的科学——引者），是犹遗其母以求其子，安望其能如愿以偿乎？……上帝岂望天下有如是之人哉？将必使之早灭于有道之国！"②与林乐知的文章同时，丁韪良也发表了《格物以造物为宗论》，说什么"新学，末也；道学，本也"。要求中国赶快信奉"圣教"，"以振兴格致诸学"③。

甲午战争后，外国传教士上述之类言论比比皆是，不胜枚举。

---

① 《万自公报》卷 98，1897 年 3 月。

② 《广学兴国说》，载《万国公报》卷 101，1897 年 6 月，《论格致为教化之源》，载《万国公报》卷 105，1897 年 10 月，《续论格致为教化之源》，载《万国公报》卷 107，1897 年 12 月。上面所引文字见于《续论》。

③ 《万国公报》卷 107，1897 年 12 月。

关于基督教与格致学是本末、母子关系之类的论调，实在不值一驳。毛泽东说得好："世界上只有唯心论和形而上学最省力，因为它可以由人们瞎说一气。不要根据客观实际，也不受客观实际检查的。"①值得注意的是林乐知的观点：他将西方国家与东方国家"两两比较"，认为二者的根本区别是，前者（侵略者）"既仁且智"②，后者（被侵略者）"不仁不智"，这也算是一种"东西文化比较观"吧。他破口大骂中国人不仁不智，断言他的上帝不希望天下有这样的民族存在，"将必使之早灭于有道之国"——即灭于西方帝国主义列强。这篇言论彻底暴露了林乐知之流配合帝国主义瓜分中国的无耻嘴脸。

在近代中国，由传教士为主，担负了最早介绍西方科学的使命，这是当时特殊的历史条件，以及清朝统治者的昏聩所造成的。鸦片战争结束不久，涌入中国的除了传教士之外，只有商人、鸦片贩子、军人和政客之类的人物，科学家实在太少。担任同文馆教习和江南制造局的翻译人员的这些为数不多的传教士，同中国学者一起，确实作了一些开创性的工作，起了媒介作用和启蒙作用。至于夹杂在其中的牧师说教，乃至某些人的殖民主义言论，当时绝大部分士人是表示憎恶的。我们今天回顾这段历史，则要严肃地加以区别。

（原载《近代史研究》1985 年第 6 期）

---

① 《毛泽东选集》第 5 卷，第 159 页。

② 按："既仁且智"是儒家最高的道德学问境界。子贡赞颂孔子说："仁且智，夫子既对矣。"（《孟子·公孙丑上》）

古代经学的发展
与清代今文经学的兴起

康有为这个人，中学历史课本上讲，大学的中国近代史也讲。在中学和大学课本里，主要讲他的变法思想。他的世界观是变易进化的世界观，他说："夫物新则壮，旧则老，新则鲜，旧则腐，新则活，旧则板，新则通，旧则滞，物之理也。"①运用在政治上，就是要变法救亡，要改变封建专制制度。他说："能变则全，不变则亡，全变则强，小变仍亡。"②他要求的"全变"，说到底就是要把封建专制变为资产阶级的君主立宪。像康有为诸如此类的思想言论，大家已经反复学过了。我们这里不再讲了。我们只想讲一讲康有为的学术思想。他的学术思想，是他变法思想的理论基础。讲一下康有为的学术思想，对大家将来教书或进一步搞研究都是有好处的。不过，要说清楚康有为的学术思想先要对清代以前的经学的发展，作一历史的回顾。

---

① 《上清帝第六书》。

② 《上清帝第六书》。

一　古代经学发展的回顾

大家在中学里学历史，可能就知道康有为"通三统、张三世"的学说。到大学，学中国近代史，又学了康有为的经今文学，还有汉学、宋学这一套。但是我曾经问过个别同学，到底什么是汉宋之争？汉宋之争为什么又出来个经今文学？经今文学经古文学的区别是什么？他们说不上来。我们的一般教材上也写经今文学这一套，但同学们看了还是模模糊糊，讲思想史，光就事论事是不行的。总得有一个历史的观念。一个学说、一个学派是怎么发生发展的？怎么提出来的？把它当作一个历史过程来讲，才能有一个清楚的概念。所以我不得不在这里大致讲一下，时间的关系，不能讲得很细，划个粗线条吧。

中国的旧学问，占绝对主导地位的是"经学"。经学是怎么来的呢？春秋战国时期，诸子百家，互相争鸣，地位是平等的，谁也不是什么"经"。如果说有经，各家有各家的经。比如墨家学派有人家墨家学派的经，《墨子》一书，到现在还有《经上》、《经下》、《经说上》、《经说下》几篇，道家学派有《道德经》。这一派的经，那一派不承认。各学派是平等的。那时候无所谓经学。

秦始皇焚书坑儒，一概打倒，实行愚民政策，也无所谓经学。秦亡汉兴，汉惠帝废挟书令，汉武帝罢黜百家独尊儒术，立了五经博士，把孔子整理过的古代文献《诗》、《书》、《礼》、《乐》、《易》、《春秋》(这时《乐经》已亡)尊奉为《经》，共五经，能通一经的给官做，对其他各家的书，研究得再好，也不给官做，其他各家的书叫"子"，只有儒家那五种典籍，才叫经。从此以后，读书人只读儒经，通经才叫有学问，其他的知识都从属于经学，中国的学问，就基本上围绕着五经打圈子，进入了"经学时代"。从西汉起，一直到清朝，2000多年，都是经学时代。汉代是五经，到了唐代，加上《周礼》、《仪礼》、《公羊》、《谷梁》、《孝经》、《论语》、《尔雅》、《孟子》，共十三经。

经学在2000多年的时间里，也有发展变化。分成三大派：一是今文经学；二是古文经学；三是宋学。

今文经学是怎么来的？大家都知道，汉朝兴起以后，废除了秦始皇的挟书令，民间就开始有人传授儒家经典。最初都是口耳相传的。例如田何传《易》，伏生传《书》，申培传《诗》，等等，全凭记忆力相传，学生就用当时的隶书记下来，叫今文经。不过，这并不保险。则传经的人，记性再好，也总有记漏的可能；再者，五经上许多是上古的语言，尤其是《书经》，是保存商周以来的古代文献。那里面的语言同西汉的语言差距很大，让老头子凭记忆背诵，学生记笔记，能不出错误吗？（我现在给大家讲课，大家的笔记就记得那么准确？我就不信。另一方面，我讲的就不出错？大家也不信）汉文帝时让晁错跟伏生学《书经》。据《史记·儒林传》记载："孝文帝时，欲求能《尚书》者，天下无有，乃闻伏生能治，欲召之。是时，伏生年九十余，老，不能行，于是乃诏太常，使掌故朝（晁）错往授之。"伏生90多岁，牙都掉完了，他是山东济南人，晁错是河南人，口音又不同，记的笔记能不出错吗？但是这五经，以后这么整理成书，就成了天经地义，不能怀疑。几千年来，这就是学问。有些句子，讲不通，你一个讲法，我一个讲法，他一个讲法，互相打官司，脑力都耗费在这里面了。

有经就有"传"，"传"是解释经的。例如《春秋》有颜（安乐）、严（彭祖）；《诗》有齐（辕固生）、鲁（申培）、韩（婴）三家；《书》有欧阳（生）、大夏侯（胜）、小夏侯（建）；《易》有施（雠）、孟（喜）、梁丘（贺）、京（房）；《礼》有大戴（德）、小戴（圣）。家派不同，传授的方法不同，经义的解释也不同。所以一种经不只设一个博士。西汉五经共14个博士。不过这14个博士全是搞今文经的。

后来在各处又陆续发现一些儒经，都是用籀文（篆）写的，叫古文经。例如，拿《书经》来说，据《史记·儒林传》记载：秦始皇焚书，伏生把《书》藏在墙壁里，以后兵荒马乱，伏生也流亡在外，汉平定天下后，扒开墙找，丢了几十篇，只找到二十九篇。他口授弟子，弟子用今文记下来，就是今文尚书。后来武帝末年，“鲁恭王坏孔子宅，欲以广其宫，而得古文尚书”①。以后孔安国(孔子后人)得到了这批古文尚书，同今文一对勘，“以考廿九篇，多得十六篇”②。孔安国为古文尚书作了传，但未被立于学官(西晋以后古文尚书失传了)。在鲁恭王坏壁里，还得到古文《逸礼》，比今文礼经(仪礼)多得 39 篇。春秋、公羊传是今文经，左传是古文经。诗经古文有毛诗(河间献王博士毛苌传)，易经古文有费(直)氏、高(相)氏。

古文经陆续发现以后，要求立博士，但原 14 位博士全是今文，他们反对古文经，说古文经是假的，双方引起长期争论。

龚自珍云：“今文、古文同出孔子之手，一为伏生之徒读之，一为孔安国读之。未读之先，皆古文矣。既读之后，皆今文矣。惟读者人不同，故其说不同，源一流二，渐至源一流百。”③古文经同今文经的区别，主要不是文字不同。因为治古文经者在教授学生时，也要用汉隶写定。区别是两者篇目有不同(古文经多一些)，字句有不同，解释不同，学派的见解不同。比如拿《春秋》来说，经文一样，但传文完全不同。今文经的公羊传不解释《春秋》经里所记载事情的来龙去脉，光讲微言大义。《春秋》上第一句话隐公“元年春王正月”，公羊解释说：“何言乎王正月？大一统也。”“王正月”本来意思很简单，只是说，周历的正月，王是周天子。因为鲁国是周所封的诸侯国，用周的历法(即所谓的正朔)。周历建子，以冬至月(相当于夏历十一月)为岁首；殷历建丑，以冬至后一月(相当于夏历十二月)为岁首；夏历建寅，以今农历正月为岁首。“元年春王正

① 《汉书·艺文志》。

② 《汉书·艺文志》。

③ 《太誓答问第二十四》。

月”，是说鲁隐公元年的周历一月。可是公羊微言大义，讲成大一统。此外还讲什么“王者受命于天”、“天不变道亦不变”等等，很符合统治者的需要。再加上今文经师同阴阳、五行、灾异、迷信结合起来，讲起来很灵活，可以随便附会，怎么说怎么有理，为西汉政权服务很得力。而古文经的左传，比较朴实，就事讲事，把历史事实讲清楚，不讲微言大义，因此对汉朝地主阶级的政治服务不那么直接，所以西汉皇帝偏袒今文经，古文经不能立为博士，只能在民间流传。

到了西汉末年，刘歆（校领秘书）再一次要求将古文经立于学官，又遭到博士们的反对。刘歆发表了一封公开信《移让太常博士书》。谴责今文博士“专己守残，党同妒真”，引起一场激烈争论。后来，由于王莽支持古文经，终于立了5个古文博士，以与今文博士对抗。王莽为什么要支持古文经呢？原来，王莽为了夺取政权，想解决土地集中问题，依托《周礼》上的一些说法，提出“王田”的主张，把土地收归国有，重新分配。《周礼》是古文经，因此便提高古文经的地位。顺便提一下，中国封建社会一些人想要解决土地问题，往往喜欢从《周礼》上找根据，龚自珍《农宗》、太平天国的天朝田亩制度就是这样。

到了东汉光武帝以后，又废古文，提倡今文。因为今文经学这时不但讲阴阳五行灾异，而且讲“谶纬”，谶是方士的预言，纬是假托孔子所作解释经书的。比如图谶上说“刘秀当为天子”，这很符合当权者的心愿。这样，今文经学又压倒了古文经学。不过，今文经学在长期的官学地位中，从内部生长了衰亡的因素。主要表现就是烦琐主义恶性发展。桓谭《新论》云：秦近君说《尧典》，篇目两字，至十余万言；说“曰若稽古”，三万言。秦近君约为西汉末平帝及王莽时的人，是王莽时新设的官，名为讲学大夫。《尚书》第一篇《尧典》的篇名，意为“尧之资料”。博士秦近君讲这2个字，竟用了10余万言。《尧典》的第一句话是“曰若稽古”，曰、若都是发语词，稽是考的意思，考察古代怎么怎么样。秦近君解释这4个字又用3万言。所以一部经书的注释，多至百余万字。《汉书·艺文志》说“幼童而守一艺，白首而后能言”，成了没有用处的东西。一个学派到这种地步，非灭亡不可。魏源论今文经学衰落时云：“今文之敝，非尽东汉古文家敝之，乃今文家先自敝也。夫‘尧典’、‘若稽古’有何奥难，而漫衍至是三万言、十万言之多，盖后世之制艺、讲章也”，“故以马融之贪肆而公诋欧阳生为俗儒，犹今之淹博词章有诋业科举之士为俗儒也。以彼今文家皆利禄之徒，而古文家为高材博学之徒矣。夫欧阳、夏侯（按：指传习伏胜书经之欧阳生、夏侯胜、夏侯建）不敝，而诸生习其支叶甘为利禄者敝之”。魏源说东汉之今文博士是“忘其本教而稗贩圣经以博衣食”①。

古文经则没有今文经这些毛病。所以到东汉末年，古文学派的势力越来越大，今文经没有人愿意学了。古文经学家给古文经全部作了注释，学古文的越来越多。后来大学者郑玄又打破今古文的家法，以古文为主，兼采今文，遍注群经。一般人都读郑玄的注，今文经学被推倒了。经过汉末黄巾起义、三国纷争和“五胡乱华”，今文经便逐渐失传，基本上只剩下一部《公羊传》算是没有失传。但读书人都是读《左传》（古文），很少有人读《公羊传》了。此后一直到隋唐，开始产生了科举制度，科举考试题目出自五经，但所用的经书都是古文经，所根据的训诂章句，都是古文经学。

当然，两汉今文经学极盛，魏晋以后衰落，除因其烦琐教条之外，还有社会原因。杜恕说：“今之学者，师商、韩而上法术，竞以儒家为迂阔，不周世用。”②东汉末年，军阀混战，天下大乱，三国的君主为了富国强兵，遂用商韩刑名之术，废弃儒家学说。这是经学衰落的政治原因。当然，首先是烦琐的今文经学受到打击。

---

① 《书古微·例言中》。

② 《三国志·魏书·杜畿传》。

到了宋朝，中国经学史又起了一个划时代的变化。程朱理学兴起了，也就是“宋学”兴起了。宋学是把儒家思想同佛教、道教的思想结合起来，加以批判吸收、总结提高，使儒家思想进一步理论化。宋学同今文经学不同，不讲微言大义，也不讲谶纬迷信；同古文经学也不同，不注重典章制度的训诂考据，不遵守古文经学的家法。而主要是讨论“理”、“气”、“心”、“性”等哲学问题，讨论“纲常名教”等封建道德问题。程朱用他们的观点遍注群经，把儒家的五经四书重新作了注，加以解释，独树一帜，在中国经学史上成为后来居上的学派——宋学学派。宋学兴起以后，由于封建统治阶级的支持提倡，很快统治了学术思想界，代替了古文经学。

不过，这里有一点要注意：宋学家遍注群经，经书的底本还是古文经的经书（今文经已失传）。从使用的经书底本说，是古文经；从对经书的解释说，不是古文经学，而是宋学。这一点要明确。

宋学经过元明清三个朝代，大约四五百年的光景，一直占着统治地位。在明朝，王阳明学派盛极一时，但他可以算作宋学的支流，不算宋学的正统。正统是程朱理学。朝廷科举考试，作八股文，必须以四书朱注为标准，拿程朱理学作为划一思想的工具。元朝初年的一个理学家许衡曾说：“人心如印板，惟板本不差，则虽摹千万纸皆不差。本既差，则摹之于纸，无不差者。”①元朝皇室很赞赏这个话。其实，历代皇帝都懂得这个道理，所以拼命抬高宋学的地位。因此“宋学”号称“正学”，也就是官方承认的正统学问。

二　清代汉宋并立与今文经学的兴起

明亡以后，一些杰出的思想家如顾炎武、黄宗羲等，痛定思痛，总结了明亡的教训，批判了程朱理学、陆王心学的空疏无用，要求

---

① 《元史》卷164。

"拨乱反正"①。顾炎武提出"舍经学无理学"的主张,就是呼吁知识界摆脱理学的羁绊、歪曲,踏踏实实研究经书,恢复孔子的本来面目和根本精神(古人总是用一个权威来对抗另一个权威,顾炎武用孔子对抗程朱,正像洪秀全用上帝对抗孔子一样)。什么是孔子的根本精神呢?炎武说:"孔子删述六经。即伊尹太公救民水火之心。故曰载诸空言,不如见诸行事。"②所以他们提出"经世致用"、"实事求是"的口号,要求不谈空理,踏踏实实地读书,踏踏实实地做事。顾炎武的名著《日知录》、《音学五书》。就是用朴实的方法,每下一个结论,都要搜集广泛的材料作为证书,使结论建立在坚实可靠的基础上。这就是以后考据学的方法。"孤证不立",有"本证"还要有旁证,都是顾炎武创立的。

在这种学风指导下,发展起了以后的"汉学"(亦即所谓的朴学、考据学)学派。为什么叫"汉学"?就是抛弃宋明理学空谈道理的毛病,不要宋学强加于孔孟的东西,读经时不用程朱的注解,要寻求经书的本来涵义。可是五经离清朝已经几千年,语言变化很大。经书上某一句话到底怎么讲?汉朝人有注释,汉朝离古代比宋朝近,汉朝人的训诂总比宋朝人的注释近真。以汉朝人的训诂为基础,再广泛收集古代文献资料,加以对比、分析、综合,考证古代典章制度、文字音韵,寻求五经的本来涵义,寻求历史的真相。

汉学一派尊重汉朝人的训诂,但我们知道,西汉的今文经训诂基本上都失传了,保存下来的都是东汉末年马融、郑玄的古文经学。所以,汉学是属于古文经学这一派的。

汉学学派在最初很有生气,人才辈出,在经学、史学、文字、音韵、舆地、历算等方面作出了很大成绩。例如阎若璩的《尚书古文

---

① 顾炎武:《日知录》卷 18,"拨乱世反诸正,岂不在后贤乎?"

② 《亭林文集·与人书二》又《史记·太史公自序》引孔子语:"子曰:我欲载之空言,不如见之于行事之深切著明也。"

疏证》，胡渭的《易图明辨》，在学术思想界产生巨大影响。

所谓古文尚书，可不是指西汉鲁恭王坏孔子壁所得到的古文尚书。我们已经讲过，今文尚书原是伏生口授，残缺了，只有 29 篇。鲁恭王坏孔子壁得到的古文尚书，比今文多出了 16 篇，后来由孔安国作了传，但没有立于学官，以后这 16 篇就失传了。到了东晋初年，豫章内史梅赜忽然宣布，他发现了孔安国作传的古文尚书，并且献给晋元帝，比今文尚书增多 25 篇。以后这 25 篇古文尚书就和今文合刻为一种书，大家没有人怀疑。1000 多年，都当成圣经一样，神圣不可侵犯，科举考试也把它作为考试的内容。小孩子读书，背诵五经，把这 25 篇伪古文也同样背得滚瓜烂熟。特别是程朱陆王，把“人心惟危，道心惟微，惟精惟一，允执厥中”当作孔门心法、十六字真言，认为这是孔子的真传，成天讲这个。其实这句话乃出自伪古文《尚书·大禹谟》。朱熹曾经怀疑过伪古文，他只是觉得古文应比今文还难懂些，为什么这些古文比今文还通俗易懂？不过他没有提出进一步的根据，而且十六字真言他还照样讲。以后伪古文尚书照样被看作神圣经典。阎若璩经过厨密论证，找出了 128 条论据，证明所谓古文尚书乃东晋所伪造，成为不可动摇的定论，宋儒最津津乐道的十六字真言一下子破产了，大大动摇了宋学的基础。梁启超说：“学问之最大障碍物，莫过于盲目的信仰，凡信仰的对象照例是不许人研究的……新学问发生之第一步，是要将信仰的对象一变为研究的对象。”①过去 2000 年，读书人对于五经只许背诵引证、照办，现在阎若璩把书经加以考证，揭露了其中有不少冒牌货，神圣的东西不那么神圣了，这对于当时思想界的影响是很大的。

同时代还有一个胡渭，著《易图观辨》，考证了太极图、河图洛书(《易·系辞》：“河出图，洛出书，圣人则之。”河出龙马，洛出神龟

① 《中国近三百年学术史》，第 69 页。

驮了图、书，给人以启示）。这太极图、河图洛书，是宋儒周敦颐、邵雍、朱熹最津津乐道的，以为是圣人的真传，成为宋学的理论基础之一。胡渭考证的结果，证明这河图洛书是从道士陈抟那里偷来的。一下子又揭了宋学的老底，对宋学又是一个沉重的打击。

此后，程朱理学在许多读书人的心目中就不是那么不可侵犯的了。汉学家的训诂考据成了时髦的学问。清朝科举考试，作文章必须用四书朱注，八股文，熟读四书朱注。但一旦考上，就不再读这些东西。程朱理学那一套成了纯粹的敲门砖，敲开做官的大门以后，还搞考据。这样，到了乾嘉年间，汉学便达到极盛阶段。

不过，乾嘉时期的汉学，在治学精神上已经同它的开山祖师顾炎武、黄宗羲这些人大不相同了。顾炎武、黄宗羲主张经世致用、救民水火，乾嘉汉学不问政治，脱离实际。顾、黄这些人高风亮节，骨头很硬。后来的汉学家许多人只知道沽名钓誉、富贵利禄。顾炎武（江苏昆山人）在明末是东林党人，是复社的骨干，反对魏忠贤的阉党，不要荣华富贵，不怕政治压迫。清兵入关，占领江南后，他起兵守吴江，经过战斗，失败了。他九死一生，幸而逃脱，流浪在山西、陕西一带不回家，一方面从事反清活动，一方面读书著书。顾的母亲王氏，也是一个奇女子，她从小受父母之命，同顾炎武伯父顾同吉定婚。尚未出嫁，17 岁，丈夫死了，她到顾家守节，不再嫁人。她父母都不愿意，婆家也劝她再嫁，可她非守节不可。以后顾家把侄儿过继给她，这就是顾炎武。她一手把顾炎武抱大，顾炎武很崇拜他这位过继的母亲。清兵占领了昆山、常熟，他母亲王氏从此绝食，15 天粒米不进饿死自己，临死遗言说自己“与国俱亡”，要求顾炎武不做清朝的官①。顾炎武记住他母亲的话，一辈子不做官。他学问大，威望高，清政府想拉拢他。康熙年间，开博学鸿儒科，北京一些大官都劝他出山应考，他说：“刀绳俱在，无速我死！”

① 《亭林全集·先妣王硕人行状》。

黄梨洲（浙江余姚人）也讲究气节，清兵占领江南后，他在浙江起兵抗清失败，以后又和张煌言等合作到处奔走，进行抗清活动。一直到南明几个小朝廷都覆灭了，他才奉母乡居，从事著述，终生不仕。但顾、黄以下的学者就差远了，比如毛奇龄（浙江萧山人），本来也是反对程朱理学的学者，清朝入关后，曾在江南组织抗清活动，失败后出家当和尚。以后清朝捉拿他，他亡命湖北、河南、山东各省。康熙十七年，他却去应征博学鸿儒，做了官（翰林院检讨），参与修撰明史。他本来是提倡汉学，反对宋学的，一提起朱熹就“狂号怒骂，惟恐不竭其力”。他写了 234 卷书，其中《四书改错》，专门反对程朱，把朱熹骂得一塌糊涂。他为什么要骂朱熹骂得那么积极呢？因为他看错了形势。清朝初年，满洲贵族才统治中国不久，政策上还处在摸索试验的阶段。甲辰（康熙三年，1664），当局曾废八股考试。毛奇龄以为，清朝大概与明朝不同，不再提倡程朱了。不料后来清朝又恢复了八股考试，把朱熹升配大成殿。毛奇龄一看气候不对，那时他已 80 多岁，赶快拿斧头把《四书改错》的刻板劈毁了。一来害怕惹祸，二来表示效忠。以后就来个一百八十度大转弯，拥护宋学。又如阎若璩，以后也变了，去应征博学鸿儒科，但没考上，又坏了名节，他还以为自己运气不好，终生遗憾。那时康熙在位，雍正（胤禛）以皇子的身份写信召见他。阎那时已经 69 岁，正在家中害病，听说皇子信到，霍然而起，告其子孙说：我苦学一辈子，没有得到朝廷赏识，这是个好机会，咋能不去呢？69 岁的老骨头，力疾赴京，一路颠顿，总算见了雍正。以后竟一病不起，死在北京，读书人也真可怜。

清政府对读书人能拉拢的拉拢，不能拉拢的就镇压。特别是经过雍正、乾隆年间几十次的文字狱，读书人被整怕了，服服帖帖，不敢再议论时政，正好钻到故纸堆中搞训诂考据。考来考去，都是考一些小事，最多的，考据一下古代的车制、冕服、禄田……与现实完全脱节，顾炎武、黄宗羲所提倡的经世致用、救民水火的精神被忘得一干二净。到了乾嘉时期，惠栋一派的汉学家，完全走向厚古薄今的道路，认为汉学所以比宋学好，就因为汉朝人离古代不远，传的经是真的；宋学所以不好，就因为宋朝离古代远一些，传的经是假的。这一派人的治学方法可以概括为八个字："凡古必真，凡汉皆好。"①他们主张"古训不可改"②，主张"墨守汉人家法"③。这样脱离实际、厚古薄今的学风，对于清朝的统治毫无妨害。清政府当然也给他们官做，像纪晓岚，官做到礼部尚书，协办大学士；阮元，官至两广总督，云贵总督，大学士，太子太保太傅。上边一提倡，下边就形成风气。所以乾嘉以后，"家谈许（慎）郑（玄）、人说贾（逵）马（融）"，形成汉学专制的局面。

至于另外一派，宋学（程朱理学），毕竟是宣扬三纲五常、维护封建统治的得力工具，清朝统治者当然更是大力扶植。程朱理学讲得好了，同样给大官做，汉学是官学，宋学更是官学，而且叫正学。汉学、宋学并立，不能两大，就互争正统。就像旧社会卖刀剪的一样，你说你是王麻子，我说我是老王麻子，他又说他是真王麻子，互相踢咬。宋学家骂汉学家"琐碎"，汉学家骂宋学家"空疏"；宋学家骂汉学家"离经畔道"，汉学家骂宋学家"诬圣乱经"。其实，汉学和宋学都成了统治阶级的帮闲者，都是脱离实际，厚古薄今，对国计民生的大问题，谁也不管。

但是，到了鸦片战争前夕，一种新的学派异军突起，兴盛起来了，这就是今文经学。今文经学从东汉末年以后，已经衰落了2000年，为什么这个时候能复兴起来呢？这有中国经学本身发展的内在原因，也有社会政治上的原因。

从经学本身发展来看，大凡一个学派，不管多么兴盛，只要走

---

① 梁启超：《清代学术概论》第10节。

② 惠栋：《九经古义首述》。

③ 王鸣盛：《〈十七史商榷〉序》。

向烦琐主义或教条主义，它就必然衰落。今文经学在两汉400年间，本来是官学，十分兴盛。后来由于走向烦琐主义而衰落失传。到了清朝，只剩下一部完整的《公羊传》，烦琐主义经过自然淘汰，不存在了。相反的，古文经的汉学，在清朝走向烦琐考证的道路。汉学家标榜读经从认字开始，由字以通辞，由辞以通道，但汉学家为了考证一个字的古义，举出上百条证据，写了几千言几万言还考不清楚。对于车制、冕服等典章制度也是如此。照这样下去，什么时候才能把一部经书读通？所以当时有人说："虽假以彭、聃之寿，而亦有所不能及矣。"①古文经走向烦琐主义的死路。宋学呢，元明清三代都当成样板，既然是样板，就不许走样，所以必然是走向教条主义的死路。讲来讲去总是那一套，没有发展，令人讨厌。中国经学要想继续发展下去，必须另找出路。而今文经学就趁这个机会兴起来了。这是经学本身发展的原因所造成的。

此外，更重要的，还有社会政治的原因。清乾嘉汉学最盛之日，也是清朝的国势开始衰替之时。吏治腐败，土地集中，鸦片泛滥，使各种社会矛盾都激化起来。抗粮、抗租、暴动和起义连年不断。这种社会现实使一些敏感的知识分子产生了大祸临头的感觉，要求研究现实问题，挽救社会危机。宋学、汉学都严重脱离实际，对国计民生有什么用处呢？没有。所以许多士大夫对汉、宋两派开始表示不满，他们重新提出"经世致用"的口号，要求关心现实，讨论时政的得失。今文经学不重考据训诂，而善于附会经文，"微言大义"，是议论时政的一种方便的形式。今文经学的中心是公羊传，而公羊传"其中多非常异义可怪之论"②，比较地能够容纳一些变革现实的思想。所以一些人开始向今文经公羊传里用工夫。今文经学逐渐复兴起来了。

---

① 许周生：《鑑止水斋集》卷16。

② 何休：《公羊传注》自序。

清代今文经学的开山祖，是江苏武进庄存与。他主张打破汉宋门户之见，重在剖析经书的意义，他著《春秋正辞》一书，撇开了训诂名物，专讲微言大义。他的两个外孙、弟子刘逢禄和宋翔凤继续朝着这个方向发展。刘作《春秋公羊传何氏注释例》，发挥了张三世、通三统的思想。他又作《左氏春秋考证》，说古文的左传本名《左氏春秋》，不名《春秋左氏传》，与晏子春秋、吕氏春秋同一性质，是记事的书，不是解经的书。从此，今文经学的地位才得以巩固，俨然成为一个学派。由于庄、刘、宋都是常州人，史称常州学派。不过，刘逢禄和宋翔凤（尤以宋为甚）还是走西汉今文经学的老路，讲什么天人感应，灾异谶纬，这实在太陈旧了，所以在思想界不能造成大的影响。再者，今文经学复兴的初期，还专限于公羊传一本书，规模气象还比较小。

到了龚自珍、魏源出来，在经世致用的原则下，大胆地用今文经学来抨击时政，在思想界引起震动。龚自珍利用今文经学的"三世说"，把历史的发展分成治世、乱世和衰世。断定清朝的现实是衰世，已经到了死亡的边缘，并且预言将有"山中之民"起来吊民伐罪，代替旧的统治者。这对思想界影响很大。

不过龚自珍才气纵横，不守今文家法的约束。他在有些地方，是今文学派的观点，有些地方，是古文学派的观点。比如他同章学诚一样，认为"六经皆史"，不是孔子所作，孔子是"述而不作"的。他认为，毛诗左传都是解经的传，与齐鲁韩公羊同等看待，并不加以排斥，而毛诗左传都是古文学派的观点。这些观点，从今天科学的眼光看来，当然是对的，但在今文经学派的人，却认为他不守家法。

到了魏源手里，今文经学的壁垒才进一步森严起来。魏源不但在哲学思想和政治思想上影响巨大，而且在学术思想上也有很高的造诣，蔚然成一大家。他对宋学和汉学进行猛烈抨击，说宋学空谈心性，“上不足制国用，外不足靖疆圉，下不足苏民困”[1]，这样的学问毫无用处。汉学专摘训诂名物，烦琐考据，“毕生治经，无一言益己，无一事可验诸治”[2]，同样毫无用处。他大声疾呼要恢复西汉今文经学的传统，要通经致用。

整个清代的思潮，有一个有趣的现象，就是在形式上，越来越“复古”(谁都打着古人的旗号)，在实质上，却越来越前进，越来越结合现实。这有点类似欧洲的文艺复兴，文艺复兴也打着复古旗号，用希腊、罗马来反对当时封建文化思想。诚如梁启超所说：“以复古为解放。”[3]

清朝的汉学一派为了反对宋学，就用东汉的马、郑来压宋朝的程、朱。而今文经学复兴以后，为了反对宋学和汉学，就用西汉的董(仲舒)、伏(胜)来压东汉的马郑及其宋朝的程朱。作为今文经学家的魏源，正是运用这一战术来同汉、宋二派进行斗争的。他说：“今日复古之要，由诂训声音以进于东京典章制度，此齐一变至鲁也。由典章制度以进于西汉微言大义，贯经术、政事、文章于一，此鲁一变至道也。”[4]这话怎么讲呢？春秋末年，齐国是个先进国家，制度习俗较新，鲁国落后，保存了许多西周“先王”的遗风旧俗。孔子主张复古，说过这样的话：“齐一变至于鲁，鲁一变至于道”。[5]魏源利用这句话来比喻汉学和今文经学，认为从东汉古文经学回复到西汉今文经学，就好比“鲁一变至于道”。魏源还公开宣布，今文经学才是真汉学，清朝所谓考据之学的汉学，是伪汉学。表面看来，这是要复古，实际上却是打着复古的旗号，利用微言大义、通经

① 《默觚下·治篇一》。

② 《默觚上·学篇九》。

③ 《清代学术概论》第2节。

④ 《刘礼部遗书序》，又《两汉经师今古文家法考叙》字句与此相同。

⑤ 《论语·雍也》。

致用的形式，为现实的政治改革服务。

清代今文经学复兴的初期，不过是一部公羊传的发挥研究，还没有涉及其他的儒家经典。魏源著《诗古微》、《书古微》等书，把今文经学的研究领域扩大了。《诗古微》攻击古文毛传，是晚出伪造。《书古微》不但把东晋晚出的古文尚书看作伪书（这是阎若璩等人早已考明的），而且说东汉马、郑的古文说也不是来自孔壁真本，真本早就佚失了。同时，另一个今文家邵懿辰著《礼经通论》，说今文礼经《仪礼》17 篇是足本，并无残缺，所谓古文《逸礼》39 篇，纯系刘歆伪造。

这样，刘逢禄《左氏春秋考证》推倒了古文左传，魏源《诗古微》推倒了古文毛诗，邵懿辰《礼经通论》推倒了古文逸礼。这些古文经书都成了问题，今文经学一派的壁垒更加森严了。如果沿着今文经学一派的发展逻辑，非将古文经学全部推翻不可。这就是康有为以前中国经学的发展概况——汉宋并立，今文经学兴起以及今文经学批判汉学宋学及古文经学的概况。

（此为胡思庸经学讲堂录，由郑永福整理，未经本人审阅）

五十年前的白朗起义

距今五十年以前，辛亥革命的怒潮席卷全国，推翻了中国历史上最后一个君主专制的王朝——卖国的清朝政府。辛亥革命的历史意义无疑是伟大的，但是由于这次革命的领导者是软弱的资产阶级，“大敌当前，他们要联合工农反对敌人；工农觉悟，他们又联合敌人反对工农”①。这样，革命的果实很快就被帝国主义及其走狗——以袁世凯为代表的封建买办势力篡夺过去。中国的政局，一时呈现着群魔乱舞、乌云乱翻的局面，人民的灾难仍然水深火热。

就在这时，白朗起义的枪声震动了全国，体现了人民不屈不挠的斗争精神，严重地打击了窃国大盗袁世凯的反动统治，将革命的星火遍撒于北方广大的土地上。

白朗起义是首倡于河南的一次较大规模的农民战争。关于这样一次重要的历史事件，由于过去反动统治者以及资产阶级历史家的歪曲和抹杀，文献的记载十分贫乏，且又颇多疏漏舛误；相反地，许多真实生动的信史，却在河南父老群众的口碑之中流传未绝。1959 年 11 月，我系部分师生在党的指示和直接领导下，曾到白朗起义的发祥地宝丰、鲁山、临汝一带作了一次实地调查，写成

① 《毛泽东选集》第 2 卷，第 645 页，人民出版社 1952 年 3 月第 1 版。

了"白朗起义调查报告"①。谨以这次调查报告为主,结合若干原始文献和1960年4月我系在邓县、新野等地区的补充调查,草成此文,作为白朗起义五十周年的纪念。尚望熟悉此事掌故的同志及史学工作同仁有以教之。

一　白朗起义的社会历史背景

河南,在清朝就是封建统治的中心地区之一,人民所受的剥削压迫十分深重。特别是到了辛丑条约(1901)以后,清政府为了支付赔款、编练军队和举办欺骗性的"新政",更加紧了敲骨吸髓的残酷掠夺;而河南人民所身受的痛苦,比较其他各省尤其突出。连当时河南的官僚也不能不承认:"(河南)近数年来,吏治日就窳败,政务日就废弛;地方凋敝,百弊丛生,亦复为各省之冠。"②仅以捐税增加一项来说,辛丑条约后的赔款摊派("大赔款")和地方赔款("小赔款"),已使河南达到"罗掘俱穷"的地步;③再加上假"新政"之名以俱来的新增捐税,实在骇人听闻。例如1903年,河南官厅借口编练军队,实行钱粮改章,较旧的田赋征收办法加重一倍半④;长葛县在辛丑条约后借口开办巡警,每亩增税五文。以后又不断增加,至1910年便加至三十文,较原额增加五倍⑤。此外,还

① 《开封师范学院学报》1960年1月,历史专号。

② 陈善同:《陈侍御奏稿》卷1,《奏请查办河南盗案折》。宣统六年十二月初四日。

③ 据锡良遗稿,第1册,第153页云:河南每年应拨赔款90万两,是指"大赔款";此外,各地教堂直接向当地人民勒索的"小赔款",无法计算。

④ 见宫中奏折,光绪二十九年,卷号64,张人骏奏,原件现藏中央档案馆。

⑤ 见《陈侍御奏稿》卷2,《奏参查办长葛民变案件原委折》,宣统二年八月十七日。

有什么厘金、盐斤加价、上号费、呈词费、戏捐、酒捐、烟税、膏捐……名目繁多,不便一一列举。总之,清朝统治者愈是接近末日,它的剥削也就愈益变本加厉。

如果说,清朝反动统治者在义和团运动和辛丑条约以后更加倒行逆施,那末与此同时,人民反帝反封建的革命浪潮也从此更加高涨起来。河南人民在义和团运动的鼓舞和推动之下,民气激昂,斗争猛烈。根据可能搜集到的资料统计,在1901—1911年(辛丑条约—白朗起义)间,河南人民武装斗争的次数达100次之多,其中前五年为28次,从1906年到1910年的五年间为40次,1911年一年增加到32次。① 这个统计绝大部分来自清朝官方的文献,而且一般地只是计算了称得上群众性斗争的事件,原则上不包括"绿林作案"的案件,所以,它是不够完全的。但是,至少从其中可以约略窥见河南人民反抗浪潮愈来愈高涨的迹象。从斗争的范围看:大河南北的全省地区都被席卷在内,其中尤以豫西和豫南最为突出。宣统年间河南官方的奏报,一则曰:"西、南两面,与山、陕、皖、鄂接壤,故河(河南府,即洛阳附近)、陕(陕州)、汝(汝州)道,南阳一府,盗匪最易潜滋,缉捕极形费手。"②再则曰:"南(阳)、汝(宁)、光(州)、淅(川)及河、陕、汝两道境内最为猖獗……宛、洛一带尤盛。"反动统治者甚至狂吠着说,这些地方是"几于无人不匪,无日不劫"③。恰好反映了这些地区反抗斗争的普遍性。特别值得注意的是:这些地区正是以后白朗起义的发祥地与活跃地。从

① 资料来源:主要根据河南历史研究所编《辛亥革命前夕河南各地人民反帝反封建斗争资料选集》(手稿),并参照清朝军机处档案和宫中奏折,光绪二十七年至宣统三年,《陈侍御奏稿》,以及实地调查等资料加以订正补充,综合统计。

② 军机处档,宣统三年,军务类防务项,宝棻奏,原件现藏中央档案馆。

③ 陈善同:《陈侍御奏稿》卷1,《奏请查办河南盗案折》。宣统元年十二月初四日。

斗争的组织形式看：包括仁义会、大刀会①、在园会（即江湖会、英雄会、天地会）、龙华会（在豫南或称弥陀教）、小刀会、老母会。乃至完全没有什么组织形式的纯粹自发的群众运动。

各种各样的反帝反封建斗争如：反洋教、抗款、抗粮、抢粮、均粮、反清的武装起义事件，层出不穷。其斗争声势极大，像燎原大火一般遍布于河南各地。豫东会党联合饥民武装起义，猛攻永城、夏邑、考城，并“榜示各村，赈济饥民”②；禹县群众“倡言均产”，攻城夺寨③；豫西的反抗力量汇合在王天纵周围，豫南的反抗力量汇合在王八老虎（王振铎）周围，这两支力量各有部众数千，被称为“南王北王”。④ 王天纵并且和同盟会早已取得联系，有力地配合了辛亥革命。

辛亥革命并没有给人民带来多少切实的利益，而且转瞬之间，帝国主义和封建势力又把袁世凯推上了台，替换清朝政府的反动统治。袁世凯把河南当作其重要巢穴，任命其表亲张镇芳做河南都督，横征暴敛，无恶不作。仅拿掠夺土地一项而论，以袁世凯为首的军阀官僚地主，较之旧的封建地主更具有暴力掠夺的性质。袁世凯在彰德（安阳）占有全部耕地的三分之一，另在汲县、辉县等处还占有大量土地；官僚徐世昌在辉县掠夺了五十多顷土地；罗山

---

① 有人说仁义会就是大刀会，实误。考大刀会在义和团运动以前，已流行于鲁、豫、皖地区，而仁义会乃义和团运动失败后，吴太山、苗金声所创立。清朝历任河南巡抚也向来把河南的“刀匪”和“会匪”严加区别。如宣统元年吴重熹奏：“豫省匪徒，向分刀、会两种。”（宫中奏折，革命战争项）。又外务部主事韩葆谦也把“在青、在红、仁义、大刀”区别为不同的名目。（军机处档）

② 《陈侍御奏稿》卷3。

③ 河南历史研究所：《辛亥革命前夕河南各地人民反帝反封建斗争资料汇集》（手稿）。

④ 《陈侍御奏稿》卷3。

大地主刘楷堂，曾任云贵总督，占有土地二千七百多石，约合二万五千亩。①

再具体到白朗起义的发祥地——宝丰、鲁山、临汝一带来看，人民所受的剥削压迫尤为严重。以土地集中的情况而论，当时距宝丰城十余里的马街（村），清末民初之际，共有五百户居民，全村耕地共有五十顷左右，而杨家大地主就占去了二十四五顷，即相当于全部耕地之半；此外，尚有三四家地主，各占三四顷；又有三四家较小地主，亦各占地一二顷。以上各家合计，地主占有耕地约为全村耕地总数的 90%。

根据鲁山县一些老人的协同估计，当时全县约有 70%—80% 的土地被地主所占有。从胡州营（在县城东南二十五里）以下，沿途十五里的所有土地，都为外号“叶半县”的大地主所霸占。好些村庄，如张营、三官庙、杜庄等，全部农民都是叶家的佃户。

农民除了受地主经济的剥削以外，还要受到高利贷者和商业资本的盘剥，而地主则往往身兼高利贷者和商人。高利贷的一般情况是“银三粟五”，即借银一月，索利三分，借粮一季，交息五成。如果一遇灾年，往往借粮一斗，三个月后归还一石。许多农民陷入高利贷中，终生不能自拔，生活的痛苦难以描述。许多农民只好“吃青”（吃未长熟的麦子或高粱等），或以草根、树皮、石头面、雁屎充饥。即使在平常年景，出外逃荒要饭的也很普遍。一遇灾年，便是饿殍横路，炊烟断绝。白朗的故里——宝丰大刘村曾经逃荒要饭的农民，竟占总数的 99%！

从以上的简单叙述，就可以知道为什么这个地区的阶级斗争特别剧烈了。所以到光绪末年（即义和团运动后），一股一股的农民武装已经逐渐形成，一般都采取“夜集明散”的方式，从事打击地主豪绅的斗争。

---

① 李文治编：《中国近代农业史资料》第 2 辑，第 14—15 页。

二　白朗义军的初期斗争及胜利发展

白朗，字明心，河南宝丰县大刘村人，乳名陆儿，汉族。1873年生。幼时，曾入塾读书年余，及长，参加农业劳动，很为乡里所称誉。白朗身高五尺余，肩阔体壮，大目奕奕照人。广交游，好打不平，而和易近人。白氏在大刘村门户单弱，该村王姓居多，白朗自幼就常遭王姓地主的欺凌殴打。1908年，因小事与王姓地主口角，遂被诬陷入狱，非刑吊打，受到种种折磨，对封建统治郁积了深沉的仇恨。

在狱中关押年余以后，白朗家中经过多方奔走，才算把他营救出来。白朗出狱后，心中积愤不能平，屡次向他母亲表示："我们受人欺负，没法站脚，非趟不可！"（趟，宝、鲁方言，意即投身绿林）他母亲再四苦劝，乃止。遂到禹县干了一个短时期的马队。白朗自己带去一匹大青马，马队头目项某见他的马好，强迫与他交换坐骑，大青马换成一匹老红马，还要白朗倒找银钱，白朗一怒而回。但回家不久，连老红马也被地主武装（"小队"）牵走了。

白朗走投无路，便赶着牛车往来于宝丰至会兴头（即今三门峡之会兴镇）的商路上接官盐。他很尚侠义，凡是遇到通行困难的地方，例如道路险峻或土匪出没的地方，自己便当先引路，帮助车队平安通过以后，自己再最后离开。车队出了事情，自己便挺身而出，独当患难。这样，就使他在车队中享有很高的声誉，渐渐成为车队的领袖人物。以后，他又回到宝丰冶炼生铁。这时白朗的名声已倾动乡里，不论走到哪里，青年农民都呼之为"大哥"，有"官大哥"（即公众的大哥）之称。群众有事，也往往找他仲裁。

宣统三年（1911），这是清王朝的最后一年，随着全国人民斗争的高涨，清王朝的统治秩序已经土崩瓦解。这一年的夏天，宝丰遭受一次巨大的冰雹灾害，小麦和豌豆被打得一片精光，大片地区颗粒无收，饥饿的农民们成群结队地投入山林，掀起武装斗争。在这种革命形势的推动下，白朗便燃起了要求参加斗争的强烈愿望。他母亲又出来阻止，使他苦闷已极，痛哭流涕，直到再也无法阻拦了，只好听任他投身起义。

就在这一年的10月，中国资产阶级发动了辛亥革命，清朝的反动统治最后地结束了。资产阶级固然是辛亥革命的组织者与领导者，但是如果没有全国各地广大人民的英勇斗争，资产阶级是不会取得任何成就的。宝、鲁人民的革命斗争就是一个有力的证明，就在10月间，即武昌起义的同时，白朗起义的枪声在宝丰打响了。

白朗的一小支义军，最初只有二三十人左右，所用的武器除一支“快枪”外，其余尽是“笨炮”（土铳）和大刀，因此当时都叫白朗的人为“笨炮队”；又因为他们的成员衣服破烂，一律穿着破棉袄，所以又称为“袄片队”。——当时，其他各支起事的武装，武器多为快枪，吃穿也较好。而这正可以说明白朗起义在一开始就和一般“绿林好汉”的活动有所区别，白朗起义的起点，是贫苦农民的自发斗争。

这支贫苦农民的武装——袄片队，经过了许多斗争和曲折，再加上其他起事力量的相互声援配合，屡次击溃宝丰、鲁山的官军和地主武装。1912年11月，反动统治者改用毒辣的欺骗伎俩，假意扬言要对各支起事力量“招抚”，用官职来引诱起事的首领们。结果，就有18支起事首领例如杜启斌、秦椒红（他们的势力都比白朗大）等人受了骗，到鲁山城去接受“招抚”。而反动官府背信弃义，将18名起事首领全部逮捕枪毙。这个事件，一方面暴露了反动统治者的狡猾残忍，一方面也说明了绿林动摇反复的恶习，是不会有什么好下场的。

而白朗光荣地经受了这次考验，坚决拒绝受抚。当官方派人游说他的时候，他勃然大怒说：“日他娘，还想骗老子哩！”于是率军东向，攻克禹县的神垕镇，因此得免于官府的暗算。宝丰父老至今仍然流传着一些唱词，其中有一段是这样的：

杜启斌受抚泪汪汪，
拜上大哥老白朗。
为弟我年幼，上了官家的当，
困在宝丰难还乡。①
大约着死多活的少，
众家朋友背地作商量。
与大哥修去一封信，
在西门外头劫法场。

但是反动派用了迅雷不及掩耳的手段，杀害了这批人，“法场”是没有可能劫掉的。但在他们被害之后，各支部众无所归属，纷纷集合在白朗的麾下，白朗的义军从此迅速发展壮大起来。根据调查和地方志的记载判断，这个时期白朗的主要活动地区，当在伏牛山以东、京汉路以西的丘陵地带。②

1913 年，正是袁世凯加紧独裁统治，对资产阶级革命派咄咄进逼的时候。这一年的 3 月，袁世凯派人刺杀了国民党的重要领袖宋教仁，9 月又击溃了“二次革命”，国民党的全部组织也随着分崩离析了。但是，广大的劳动人民却与此相反，以白朗为代表的农民武装方以雷霆万钧之势打击着袁世凯的统治。起义军的活动范围扩大到豫、鄂、皖三省，在伏牛山、大别山之间，在京汉路的两侧，展开飙风骤雨般的流动战。

1913 年 6 月间，白朗军打败了刘风同的“独立团”，一举攻克

---

① 杜启斌等 18 人一律被捕杀于鲁山，唱词云宝丰者，有误。

② 据开封师院调查报告，白朗此时活动以舞阳为中心，并和刘遂的起事力量结合起来。又据《西平县志》(民国二十三年版)卷 14，历代兵事：“民国元年十一月十一日土匪白狼、刘遂率贼百余，蹂躏出山寨。”(按：出山寨在西平县境西南)

唐县，然后又长驱而北，攻克禹州；沿途宣扬“打富济贫”的口号，队伍发展到3000多人，声威大震。紧接着，起义军围鲁山，攻泌阳，扰信阳，打击地主豪商，“殷商富夕，焚掠一空，……裹胁日多，势益盛”①。1913年9月，又出敌不意，突然南下占领鄂北重镇枣阳，焚烧帝国主义的教堂，拘捕美、意等籍洋教士大小8名，但是并未加以杀害，旋即宽大释放。然而帝国主义却乘机大肆诬蔑起义军“杀人放火”、“排外”。驻汉口的各帝国主义国家的领事召开会议，研究镇压白朗的对策，并向袁政府建议：使用外国飞机“将白朗军全行炸尽”。当然，这只能是中外反动派的妄想。

起义军攻克枣阳后，由于许多破产农民和被裁的兵勇参加了起义，力量更形壮大，队伍扩展到8000人以上。10月间，便主动放弃枣阳，再次回军返豫，打到新野、邓县。当时在新野、邓县正活动着另外一支以孙玉璋为首的农民武装，约有800人，全部加入白朗起义军。② 另外一些贫苦的农民、雇工参加义军者，三三五五，络绎于途。白朗在这里收编1000余人以后，继续向北打，连克方城、卢氏等地，1913年11月，攻克了故乡宝丰县城。袁世凯的爪牙、河南护军使赵倜慌忙带军赶来镇压，但起义军无意在此久留，立即主动转移，赵倜扑了个空。据宝丰父老回忆，起义军此次打回宝丰后，陆续集结在四乡的人马约有一万以上，其中“有邓州人，也有湖北人，说话都听不懂”。“白朗那一次也回来了，住在大刘村，穿一身紫花布衣裤，……像个庄稼人一样。”

白朗在宝丰一带虽然没有久留，但是却在青条岭一战之中，使官军吃了很大的苦头。——青条岭是宝丰、鲁山交界的一个山岭，白朗的军队陆续进入宝丰境后，刘镇华的“灰老鼠”（刘镇华统带的“镇嵩军”，身着灰衣，人民讥之为灰老鼠）便从后面紧紧追来，并将

---

① 重修《信阳县志》卷18，兵事志1，民国兵事。

② 据开封师院历史系1960年在邓县、新野的调查报告（手稿）。

白朗部属尹老波的一支义军围困在青条岭上，情况危急。白朗在大刘村组织反攻，义军四面出动，对镇嵩军展开反包围，里外夹攻，打得“灰老鼠”尸横遍野，狼狈逃窜。

青条岭战斗是白朗的退兵一战，战斗结束后，随即挥师而南，将来追之敌远远甩在后面。1914 年 1 月，便越过京汉路以东，旬日之间，连破光山、潢川、固始、商城、罗山等城，打到安徽去了。

总观以上这个阶段的战争，表现的特点是由北而南，由南而北，往返盘旋。虽然从战役上看，攻克了许多城市，打了许多胜仗，但始终没有站稳脚跟，随得随失。而作战的目的，显然不是在找寻根据地，主要在缴获枪支，打富豪，以及招收战士。这些目的达到以后，白朗便把注意力集中到南方——他想打过长江，和南方的资产阶级革命派联系起来共同反袁。

1914 年 1 月下旬，起义军攻克安徽的名城六安，全歼北洋拱卫军一个团，并缴获机枪四挺、大炮两门。由于战士们不会使用大炮，只带走了四挺机枪，乘胜前进，直下霍山。

起义军南进的巨大胜利，使袁世凯震恐万状，他不得不下令将河南都督张镇芳撤职，改派北洋最有力的骨干、陆军总长段祺瑞兼任豫督赶到信阳部署“围剿”，集中豫鄂皖三省的兵力，并调拨兵船游弋长江，阴谋把起义军堵在长江以北、大别山以东的六安、霍山、一带，加以歼灭。这时在起义军方面，向南进军本来是为的打过长江，以便和南方的资产阶级革命派联合斗争。但是资产阶级在“二次革命”中失败得太惨了，它在长江流域的势力已被袁世凯完全排除，它的领袖人物也早已逃亡海外，所以“联合斗争”的前景是渺茫的；而反动派“围剿”的兵力眼看已经压来；面对这种形势，为了避敌主力，白朗便在 2 月间迅速回师西向，取道光山、罗山的南部，打到信阳。北洋军队又慌忙重新集结兵力，英、美、法等帝国主义的驻华军事头目赶到信阳、商城一带，借所谓“观战”之名指挥围剿，但是，“迨官军得报，驰赴迎击，‘匪’已远扬”①。起义军在信阳南北绕了一个圈，突然穿过大别山，打向鄂北的随州去了。

1914年3月，白朗军乘胜利余威，经过随州继续西进，攻克老河口。老河口一战，打死官军2000名，缴枪2000余支，子弹20万发，大炮2门。义军入城后，立即受到人民的热烈欢迎，人民在城门口及通衢大街摆了许多果品、酒肉犒劳义军。战士们激于对帝国主义的义愤，将英国在老河口的经济、文化侵略机构，如煤油公司、缝剌机器公司、烟草公司、天主堂、医院，等等，尽付一炬。

白朗打到老河口以后，大军万余人本来计划从这里再向西，进入四川，在四川建立根据地。但由于蜀道险峻，川军防守严密，不利攻取，乃又决定北上陕、甘，从西北进入四川。于是进军李官桥、淅川，打下了河南、陕西、湖北三省咽喉之地的荆紫关，又连破商南、商县等地，昼夜兼行，深入西北。

在进军西北的问题上，白朗军队的内部遇到了很大的思想障碍：许多战士不愿意远离家乡到西北去，许多首领也表示不满。部将宋老年、李鸿宾等人，甚至背着白朗赌咒：“到西北一枪不放，谁要是打一枪就不得好死，叫大炮把头打烂！”因此一路上都是白朗带头冲锋陷阵。袁世凯所派的“剿匪督办”陆建章，纠集北洋各军达20万人，慌忙跟踪入陕，甚至还动用了飞机三队，由沙俄的飞行员驾驶，追剿义军。但是，反动官军跟在后面却不敢打仗，义军西征仍然相当顺利。义军沿着秦岭北麓西进，距西安以南仅数十里，西安戒严。然而义军志在陇蜀，没有攻城。旋克鄠县（今作“户县”）、盩厔，北渡渭水，连破乾县、永寿、邠县，绕道麟游、岐山、陇县，打进甘肃。

起义军进入甘肃以后，便开始遭到较顽强的抵抗。当义军经通渭到达陇西的时候，遭受反动武装的合力围击，部众损失甚多。

---

① 重修《信阳县志》卷18，兵事志1，民国兵事。

1914 年 5 月，义军攻克天水，再由天水向南，打到阶州一带，准备入川，但在这里又遭到川军的死力堵击，不得不迂回到洮州、岷州一带，目的仍在于伺机打进四川。

白朗起义在宝鲁汝地区活动示意图

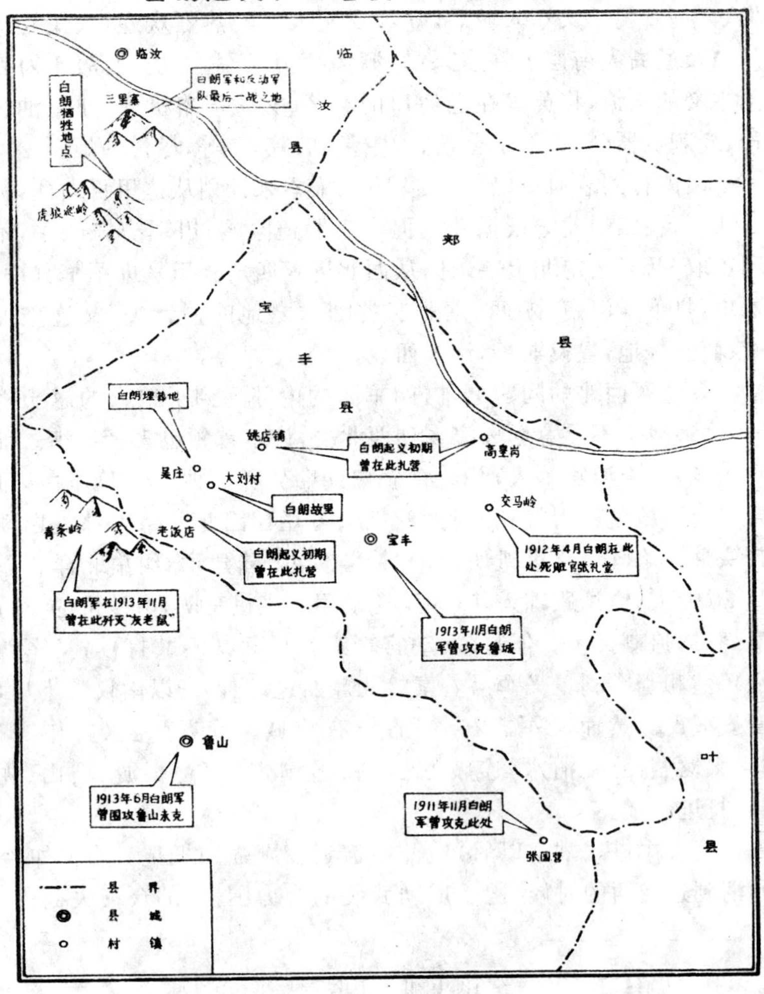

三　起义军的组织纪律、纲领口号及其和资产阶级革命党人的联系

白朗起义是农民起义，参加的人绝大部分都是破产的农民，也有一些挖煤工人。在宝丰以西、临汝以南、鲁山以北“三不管”的交界山地，向来就是农民武装活动的地区，白朗部队的成员，也多是这一带的人。这是基本力量。以后义军南下，转战豫、鄂、皖边区，当地人民纷纷参加。此外在战斗过程中又吸收了一些变兵游勇，但这不是重要力量。

根据当年白朗的卫士刘绍武所谈，起义军的实际人数约有一万余人，但是由于战斗威力的强大，外间多传说有几万人、几十万人。其组织比较松懈，只是一杆一杆的（但有马队、步队之分），有一百人一杆的，也有几百人、千余人一杆的，每杆各有首领。无论首领或普通战士，对白朗一律称作大哥。每杆直接听从首领指挥。白朗是各杆的总首领，但并无绝对的指挥权。

在行军的时候，则将全军分数批轮流休息。例如：此时此队人睡觉休息，彼队人继续前进；以后又使彼队睡觉休息，此队起而行军，这叫做“长虫倒卷帘”。一天一夜往往行军百余里，常使来追之敌望尘莫及。

起义军是一支贫苦农民的队伍，和一般的绿林流寇不同。至今宝、鲁父老乃至邓县、新野等地群众，只要一提到白朗来，无不众口一辞，连声称赞。他的军队专打大户老财，对穷人则多方体恤，秋毫无犯。严禁“打孽”（即报私仇），严禁奸淫，严禁劫路，违者必定就地正法。白朗又常对队伍说：“老百姓做啥饭，咱吃啥饭，不准要这吃要那吃。”所以无论到哪里，总能受到贫苦人民的拥护。白朗起义转战 4 年，纵横 5 省，打了无数的富豪，当这支义军返回河南以后，许多战士除了随身的破布衫以外，别无他物，至今河南父

老依然赞不绝口。

起义军在初期就提出了“打富济贫”的口号，这个口号是贯彻始终的。无论走到哪里，只对富商、大地主、当铺、钱庄以及帝国主义的公司、教堂之类加以打击，打开他们的仓库银柜，将银钱、粮食、衣物、首饰撒到街上，号召穷人拾取。宝丰耿庄60多岁的贫农余成说：“白朗每打到一个地方，穷人们就像赶会的一样，往那里走；路上的人可以拧成绳（即络绎不绝之意），背的背，装的装，多得很。白朗打进刘集的时候，我牵着我的瞎了眼的父亲赶去了，没有布袋，就用裤子背回来了一裤子秫秫。”在广大豫鄂皖边境，人民编出歌谣传颂着说：“老白朗，白朗老，打富济贫，替天行道。人人都说白朗好，两年以来贫富都均了。”所以白朗的大军所过，穷苦人民便如逢节庆，摆上“贺桌”，穿上戏装，打上彩脸，唱着戏迎接白朗。

白朗起义的初期，只是一群走投无路的农民起来对封建秩序进行原始的反抗和破坏，“打富济贫”的口号，也只是简单地反映了劳苦人民的一些朦胧的愿望。当这支农民起义军逐渐壮大以后，便开始和资产阶级革命党人发生联系，这种联系不能不使它受到若干影响。所以在进军西北的时候，起义军就正式打出“公民讨贼军”的旗帜，并且提出了“逐走袁世凯”、“设立完美政府”等政治性的口号。① 白朗在豫、皖、鄂一带作战的时候，也曾屡次表示愿意打过长江，接受孙中山的改编，共同反袁。这一愿望虽然始终没有实现，总算说明了这支农民起义军的奋斗目标越来越大，资产阶级民主主义的色彩也越来越明显了。

资产阶级革命派和白朗联系的实际情况究竟如何？根据调查访问再和文献记载对证起来，大致情况是这样：

在物资的援助方面：1914年孙中山曾秘密派人从武昌带着军火接济白朗，那时白朗正在鄂北、豫西南一带活动；但是由于白朗

① 根据乔叙五：《记白狼事》及闲云：《白狼始末记》等文献记载。

周流盘旋，飘忽不定，加以北洋军队到处跟踪拦截，这次接济大概没有成功。

在人员的联系方面：根据鲁山县74岁老人李镜人所提供的书面回忆，说：白朗军队中最初有一个名叫孙浩的革命党人，在白朗军中做秘书一类的事情，民国二年(1913)，白朗围鲁山时，孙浩即随军作战，并进城运动鲁山巡防营起事，结果没有成功，孙浩被杀，云云。

如果将这段回忆资料和历史文献对勘起来，我们认为，它一方面对白朗和资产阶级革命党人的联系问题提供了一个可贵的线索，但另一方面，由于老人得之当时的传闻，年月长久，所记时间是可能有所出入的。

考辛亥革命时期，1911年年底，河南同盟会员在开封首次起义失败后，改变计划决定派人到各县就地组织武装起义，然后分东西南北四路齐攻开封省城。后来南路就由一个名叫孙豪的负责，专门联络绿林豪杰，策动起义。文献记载说：

> 联络绿林，另图进行……一切由孙豪主持。孙与赵伯阶等往来鲁、郑、宝等县，深入山窟，集合枪枝。苦心经营者四十余日，卒成一大部队，孙豪为统带。赵伯阶为参谋。于是督队围攻鲁山县城。(清朝)县令以城小难拒守，因计托县绅十余人，缒城往说孙，请进城商条件，绅等愿以身家担保。孙信之，大喜。以为不伤一卒得一重要县城，以作根据。因与诸绅士相偕入城，竟被县令枪杀。……①

根据事实情节判断，所谓的孙浩其人，应就是文献上孙豪的音误了；回忆的老人又把时间记错了一年多——孙豪联络绿林攻打鲁山，应是1911年底，而不是1913年。不过文献上只记载了“联络绿林”，没有谈到具体人物。而调查所得的老人回忆资料，告诉

① 邹鲁：《中国国民党史稿》，1947年版，第3篇，第985页。

我们:河南资产阶级早在辛亥革命时剃,就和白朗有了联系,以后南方的资产阶级革命派在反袁的时候又和白朗建立联系,就是根据辛亥革命时期双方曾经合作的渊源。

孙豪被杀害后,1912 年,有一个青年知识分子熊思羽(熊嗣鬻),曾在 1912 年被袁家私亲、河南都督张镇芳任命为“招安委员”,到鲁山一带“招抚”各支绿林。但熊思羽同情革命,借着这个机会和白朗建立联系。1913 年“二次革命”时,白朗就派熊思羽、贾谊二人到汉口和革命党人商谈合作反袁,革命党人就委任白朗为“湘鄂豫三省联军先锋司令”,并派贾谊回河南设法炸毁黄河铁桥,以便阻止袁军南下镇压“二次革命”,不幸被发觉,熊、贾二人同时被害。① 这是白朗和资产阶级革命党的又一次联系和合作。

以上两件事情都是实地调查和历史文献可以互相印证的史实。又据当年白朗的卫士刘绍武所谈:在以后,孙中山又派了一个“沈参谋”到白朗军队中工作。沈参谋的名字已被忘记,今无可考。他年约 40 余,蓄有八字胡,白朗对他是言听计从,十分重用。打到南方、入川、远征西北,都是沈参谋的建议。但沈参谋只注意到军事、文牍方面的活动,对于如何从思想上武装这支农民部队,却无能为力。他和战士们很少接触,据白朗的卫士刘绍武谈,那只是写在布告上的文字,每克一要地,沈参谋就忙于写布告,而布告的内容,战士们一无所知。起义军在远征西北的时候,虽然提出了“建立完美政府”之类的纲领口号,但是所谓的“完美政府”,内容空洞,群众难以捉摸。所以,沈参谋在战士们心目中并不是一个受欢迎的人物。

此外,还有一种值得注意的矛盾现象:“二次革命”以前,固然有一些资产阶级革命派同情白朗,但另外也有一些人反对白朗,镇

---

① 根据调查报告,并参照《邹永城回忆录》(近代史资料 1956 年第 3 号)。

压白朗。例如本文第二节所提到的刘风同其人，原系同盟会员，武昌起义后响应革命，曾是河南奋勇军北伐队的领袖人物之一，光复了南阳。后来，南北议和，资产阶级与袁世凯暂时妥协，他就驻防在桐柏、泌阳一带，任五十九团独立团长。当白朗义军活动到豫西南时，刘风同坚决镇压，“剿捕极力”。但是1913年“二次革命”爆发后，他因和黄兴暗通声气，密谋响应，终于被袁世凯的走狗张镇芳派兵包围于鲁山，勒令其全部缴械，风同……被害。①

总之，或者反对农民，或者没有能力领导农民——这都是由中国资产阶级的特点所决定的，无足为怪。

四　白朗起义的失败及其历史意义

白朗起义军到了甘肃洮州、岷州以后，遭遇到了严重困难。首先遇到的问题，是和回族、藏族人民的隔阂——这种隔阂是反动统治者长期造成的，而农民队伍本身，没有能力完全消泯这种隔阂。其次，北洋军和地主武装凭险死守，而一些义军首领宋老年、李鸿宾等人又不愿意在这里打仗，白朗亲临前敌，指挥着自己直接统率的队伍作战，损失很重。白朗本人在混战中也被回族的地主武装戳伤。宋、李诸首领闻讯前来看慰，劝白朗休息，白朗说：“兄弟们，你们歇着吧，我还不要紧，明天还能打仗。”宋、李等人感悟流涕，这才齐心合力，打开洮州。

洮州战役所付出的代价是很大的，而北洋军追击部队也紧紧赶来，使义军处于腹背受敌的局面。往哪里去呢？——进川。然而首领们和许多战士不愿意再远征，他们思乡心切，要求回去。1914年5月，白朗军突围到甘谷县，遭遇到各路敌军的围击，血战一昼夜不能取胜，最后决计返回河南。

---

① 重修《正阳县志》卷4，人物志。

这一着铸成大错了。反动军队和地主武装沿途设伏拦击，后面的追军又紧随不舍，义军全力猛冲，付出重大代价。在陕西武关，北洋军队预先埋伏2万多人，还有地方上的民团（地主武装）。当义军到达武关时，官军两面夹击，义军死伤奇重，部将损失殆尽，军心涣散。① 因而在6月间进到荆紫关后，义军中的湖北籍战士就自动返回湖北，邓县籍战士就自动返回邓县（例如前面曾提到的邓县孙玉璋的义军，就从此脱离白朗，率残部百余人返回邓县）。沿途星散，不复成军。8月白朗率着残余的义军，冲破敌人的重重包围，挺进到宝丰、临汝两县交界的虎狼爬岭。各种反动武装——北洋拱卫军、毅军、镇嵩军、地主武装等，尾追截击。当白朗达到虎狼爬岭时，战士已经不满百人了。白朗和这些仅余的战士，坚守在虎狼爬岭，英勇战斗两昼夜，最后，由于水缺粮尽，弹药不继，乃趁夜向南突围，途中与民团相遇，仓猝互击，白朗中弹受伤，旋即英勇牺牲。起义至此失败。

据白朗的亲生长女韩白氏（今年已67岁）说：白朗从陕西回来后，连家门也没入。韩白氏只身去看望，见他手中提着药包，非常瘦弱（当时白朗正患痢疾）。她痛哭着问他是否曾被打伤，白朗安慰女儿说："没有的事。我在西省好好的，谁说我受了伤？"只谈了片刻的话，就匆忙和弟兄们走了。使人依稀想见其爽朗坚强的英雄气概。

白朗起义虽然在中外反革命势力联合镇压下遭受失败，但它的历史意义是抹煞不了的。

有些人受到某种传统观念的影响，也许怀疑白朗起义的正义性质。他们觉得，白朗始终没有建立政权，类似绿林行径，因而总不免轻视这次起义。关于这一点，我们在这里抄录一段斯大林"与德国作家路德维希的谈话"：

---

① 据新野、邓县的调查报告（手稿）。

路德维希：……你曾注意到拉仁的人格吗？您对这个“为理想而斗争的强盗”是抱什么态度呢？

斯大林：我们布尔什维克始终注意鲍洛特尼科夫、拉仁、普加切夫等等这样的历史人物。我们认为这些人底发动是被压迫阶级自发暴动的表现，是农民反封建压迫的自发起义的表现。

无疑的，白朗起义正是一次农民的自发起义。对于这样一次巨大的起义事件，我们应该接受斯大林的启示，把它肯定下来。

当着帝国主义和以袁世凯为代表的封建买办势力篡夺了辛亥革命的果实，妄图长久保持罪恶的反革命秩序的时候；当着资产阶级动摇徘徊、终于被反动势力打得七零八散的时候，白朗起义就代表着劳动人民的斗争坚决性，血战4年，纵横5省，吸引了20万反动军队，给予敌人以重大杀伤，使敌人顾此失彼，疲于奔命。这就大大削弱了袁世凯的统治力量，从而也打击了帝国主义的殖民秩序。白朗起义提出“打富济贫”、“逐走袁世凯”等口号，并把这种口号与行动带到长江以北的广大地区，激励人民，散布了斗争的火花。根据当时的文献资料，1914年陕西的起事领袖弓富魁即与白朗取得联系，并且使用白朗的旗号①；四川起事领袖谢秉奎“自称受白朗职”②。这说明白朗起义的影响是广泛的。

白朗起义和中国近代史上已往的农民起义比较起来，有着自己独具的特点：它和资产阶级革命派之间的关系表明，农民在主观上已经开始在要求某种领导。当然，事实证明，资产阶级没有资格领导农民，这个伟大的历史任务，必须由无产阶级来承担。

（原文发表在1961年12月19、20日的《河南日报》上，署名为开封师范学院历史系白朗起义调查组）

---

① 《顺天时报》民国三年，六月二十一日。

② 《时报》民国三年，六月二十四日。

“五四”的反传统与当代的文化热

五四运动是一个反帝反封建的爱国运动,又是一个思想解放运动,今天我们纪念五四七十周年,对先驱者的丰功伟绩深表崇敬和感激。当前正处在社会主义改革和开放的新时代,在新的解放思想的潮流中,兴起一股“文化热”。民主和科学的呼声,反传统的呼声,新启蒙的呼声响彻大地,这说明五四运动的不熄火光,至今仍在照耀着我们的思想和生活。

在近来文化热的讨论中,不少学者进行了严肃的科学工作。问题围绕着传统文化与现代化的关系而深入展开,王蒙、罗荣渠、何新、庞朴等同志.都提出了有价值的观点。但也有一些论者的意见似乎缺乏建设性。为了讨论的深入,谨就管见所及,提两点建议,敬请指正。

一　尊重历史,实事求是

五四时期,新思潮大量涌现。新思潮的意义是什么?胡适有一个解释:“新思想的根本意义是一个新态度。这种态度可叫做评判的态度。”他又解释这种“评判态度”就是要“重新估定一切价值”①。

这个解释，至少对于我，是有启发意义的，我认为对于当前文化热的讨论仍然适用。不过，评判总要有一个价值的尺度和标准。胡适的标准是实验主义，而我们的标准是历史唯物主义，是实事求是；一句话，是科学的态度，而不是其他。还可用这种标准反过来检验我们的态度，即从“评判的态度”反过来进行“态度的评判”。

我们纪念五四运动，讨论封建传统与反传统，首先就有一个对五四及其以后70年的历史如何评判的问题。有一种意见认为，五四“这种激进的文化潮流并没有冲洗掉政治上、经济上和人格上的封建主义积淀。……中国的许多事情，似乎都必须从‘五四’重新开始”②。这实在令人大惑不解。五四运动在思想文化上彻底地不妥协地冲决封建罗网，难道它的作用等于零吗？五四以后马克思主义在中国广泛传播，此后的新民主主义革命又是一场彻底的不妥协的政治革命和经济革命，封建买办政权从中央到地方，从城市到乡村都被摧垮了。封建土地所有制和地主作为阶级都被消灭了。中国人民从三座大山压迫的奴隶状态下解放出来。只要稍具平实态度，就不能不承认它是世所罕见的彻底的民主革命。如果还要“从五四重新开始”，难道这70年的历史是白过一遭，一片空虚，或者是一连串的谬误吗？

至于说到思想文化，可以说世界上还没有哪一个民族像我们这样，对自己的传统文化彻底批判、摧陷廓清，并且反复涤荡。五四时期，胡适——吴虞提出“打倒孔家店”。陈独秀愤而言之，对于中国传统文化“吾人当悍然废弃之，不当有所顾惜”③。有人认为

---

① 胡适：《新思潮的意义》，《胡适文存》第1集，第4卷。

② 《河殇·蔚蓝色》，《光明日报》1988年7月4日。

③ 《四答常乃惪》，《独秀文存》，安徽人民出版社，第678页。

中华民族对于世界文化本没有什么贡献，中国的历史也不见得重要。① 还有人主张，为了废除孔学、免得中毒，应该将中国书籍一概束之高阁，因为中国书不过是一派妖言，所以要"废灭汉文"，"剿灭"中国文化②……

在这里，我们丝毫无意苛责前人，因为我们理解那一段历史，他们面对的是封建政权，是封建势力在政治、军事、经济、文化上的强大统治和残酷压迫。无论如何，他们的呐喊起了振聋发聩的作用，在当时有其合理性。何况在更广泛的文化领域内，例如在文学艺术领域内，反封建的主题一天也没有间断过。从鲁迅到巴金，一批杰出的大师都以深邃的思想和震撼心灵的艺术感染力，潜移默化了一代又一代的知识分子、干部乃至广大群众。直到解放以后的多次运动，对封建思想的批判也是很严肃的，且不说"文革"时期的"破四旧"、"彻底决裂"、"批林批孔"，尽管那是一场阴谋或闹剧，但须知"孔老二"毕竟是作为"敌我矛盾"对待的，根据宇宙因缘流传的道理，种下的因不会没有果。比起 70 年以前来，人们的思想感情、风俗习惯、道德情操、价值取向和文化心理，早已起了巨大变化。

早在 1919 年胡适就说：从前的人说妇女的小脚是美，现在是丑了。从前康有为是洪水猛兽一般的维新党，现在是老古董了。从前士大夫用文言文，现在多数人用白话作文章了。从前孔子无上尊严，现在大多数明白事理的人，已打破孔教的迷梦了。如果不以人废言，这应该是平易可见的事实。我还要说：

从前认为"天无二日，民无二王"，"国不可一日无君"。这是封建专制主义下基本的国民心理，现在民主共和国的观念已深入人心了。

---

① 毛子水：《国故和科学的精神》，《新潮》第 1 卷第 5 号。

② 钱玄同：《中国今后之文学问题》，《新青年》第 4 卷，第 4 号。

从前《孝经》上说，“夫孝，天之经也，地之义也”。那一套“始于事亲，终于事君”的道德信条，儒家思想的核心，早已荡然无存了。

从前要女子“三从四德”，现在已从根本上解除。我国妇女解放事业虽然还须要进一步努力，但只要不带偏见，在这方面可以同发达国家相比了。总之，三纲五常的封建文化，从体系上来说，已经被粉碎了。

儒家“尊师重道”，“万般皆下品，唯有读书高”。城乡百姓请客，塾师坐上席，连太平天国的军队中，先生也坐首席。现在的教师无不自惭形秽，欲敬陪末座而不能了。读书无用的思想不胫而走。

儒家的传统观念是鄙薄技艺，现在则重理轻文，甚至重工轻理，已成社会的心理定势。我无意评其是非，但这是事实，说明文化心理已经变迁转化。

经济学家抱怨：儒家重义轻利（虽然有其虚伪的一面，但总算儒家的正统观念），妨碍商品经济发展，现在的社会心理已经不耻言利；而见利忘义的拜金主义者已不算太少了。

从前士大夫皓首穷经，背诵如流。现在知识界只有极少数专家还能读得懂儒家典籍，那是为了科学研究，而不是作为现实生活的价值取向。儒家封建思想最重要的传递媒介早已不绝如缕了。

像这样的例证还可以举出一大串，不过仅此已可以说明问题：作为观念形态的文化迟早是要随着经济政治的变化而变化的。五四运动以来的 70 年不是一片空白，而是充满政治经济的变革和文化的转化。时代变了，我们只能够超越五四，而不是复归于五四。

当然，五四先驱者所提出的科学和民主的目标，仍然是我们的追求。我们的科学水平、科学精神还不够高；我们的民主政治、民主意识还需要加强；我们的社会里也确有封建文化的残渣，但它早已解体得支离破碎，不成体系，不再是钢筋水泥碉堡，非爆破不可。我们不必张大“敌”势，草木皆兵。一个民族的文化是分层次的。

雅俗不同，文野不同。我们所惊呼的“封建”，有一些固然是残存于一部分人头脑中的封建影响，而另有许多是文化太低造成的愚昧现象。这主要是社会发展水平问题，不是什么东西文化先天不同问题。① 还有许多僵硬的政治经济体制及相应的思想观念，则主要来自旧的“苏联模式”的影响，似不宜笼统地归之于中国传统文化。所有这些，只有通过深化改革、健全民主与法制，通过启蒙、发展教育等切实的步骤，在往会文化生活的不断演进中而现代化起来，绝不是天天骂传统、骂祖宗就可以解决的。有人说：

> 这片土黄色的大地不能教给我们，什么是真正的科学精神；肆虐的黄河不能教给我们，什么是真正的民主意识。

这似乎有点悲观。先人们在这片黄色的土地上能够创造出灿烂的文化，他们的子孙在这片土地上，通过社会主义改革开放的不懈努力，必能使科学和民主的朝霞，辉映祖国的山山水水。

二　树立健全的开放心态

在封建时代，中国有一种传统的自大心理，认为中国是世界的中心，是“天朝上国”。明末时西方耶稣会利玛窦来华，带来一张舆地全图，一些士大夫看见地图上没有把中国画在世界中央，而是偏西偏北，而且占世界的面积不算大，于是引起一片大哗，认为这是对中华上国的诬蔑，是“邪说惑众”②。

在今天我们看来，这是一种愚昧无知。利玛窦当时就曾说：

---

① 美国到现在还有一种“摩门派”教徒，狂热没有理性，有许多愚昧怪行，并实行多妻制。德国希特勒不讲一点“民主意识”。但这都与儒家传统和东方文化渺不相涉。

② 魏浚：《利说荒唐惑世》，《圣朝破邪集》卷 3。

“这种无知使他们骄傲，则一旦真相大白，他们就越自卑。”①

利玛窦不幸言中了。清朝末年时，由于对外战争的不断失败和西方科技的输入，许多中国人开始产生自卑心理，甚至在一部分先进的维新派中间，也在所难免。他们由羡慕西方文化进而羡慕白种人。康有为在《大同书》里主张用通婚、迁居等办法改良人种，使黄种人在一百年内都变成白种人②。唐才常有一篇《通种说》，主张尽快同白人通婚，“能速通黄白之种，则黄人之强可立待也”；如果不愿意通种，那就是自甘居于非洲黑人和美洲印第安人的地位，那么将来“则黄种之存亡未可知”③。当然，不同种族的通婚，是人类文化发展的长远趋势，如果说改良、进步，应是包括白人在内的全人类的改良进步。不能说同白人通种就迅速富强，否则就要灭亡，这只是一种自卑心态。

人们通常所谓东方文化的种种缺点，西方文化的种种优点，从根本上说那只是封建文化同近代文化的差异，是时间差，而不是人种差；是历史造成的，可能改变的，而不是先天注定的，不可改变的。也许因为我们太爱自己的祖国了，恨铁不成钢，只讲别人的优点，不讲缺点；只讲自己的缺点，不讲优点。懂得历史的明白人还能够理解，但是作为启蒙工作，固然要使大家看到并洗清身上的污物，更要使大家站起来，充满信心地前进。

西方人三四百年以来在世界领先了。他们有些人也像我们过去那样，产生了自大心理，认为西方是世界中心，西方天生注定的就好。美国有一个文化心灵学派，特别强调“文化的心灵结构”，认为一个民族的文化，取决于该民族“先天性思维法则的作用”。④

---

① 《利玛窦中国札记》上册，第 181 页。

② 《大同书》丙部：《去级界平民族》，丁部：《去种界同人类》。

③ 《唐才常集》，中华书局版，第 102 页。

④ 参看庄锡昌、孙志民：《文化人类学的理论构架》。

如果按照这一理论，那么一个民族文化的优劣，就是由其先天性思维法则所决定，不可改变了。我认为这是文化宿命论。科学精神、民主意识是他们娘胎里就有的吗？

我国封建时代独尊儒术，缺乏学术自由，造成了"大一统"的愚昧。而西欧封建时代在天主教的大一统的统治下，远比我们专制得多。为了控制思想，教皇下令成立了许多宗教法庭，也就是"异端裁判所"，如果谁敢怀疑上帝，或有不利于教会的言行，就被宣布为"异端分子"，严刑拷打，直到处以火刑。西班牙的异端裁判所，至少迫害了几十万人，处以火刑的至少十多万人。著名科学家布鲁诺因为坚信哥白尼的太阳中心说，就是被意大利的异端裁判所在罗马广场上烧死的。韦萨留斯因为研究人体解剖，被宣布为恶魔，处以死刑。

不幸的是，我们个别同志为了说明西方人的思维天生优于中国，举出经院哲学家托马斯·阿奎那坚信上帝的例证。托马斯认为宇宙间有不动的事物，有运动的事物，凡运动的事物总是受了其他事物的推动，推动其他事物的事物又是受了另一事物推动。如此推想下去，应该有第一个推动者，那就是上帝。个别同志认为这就表现了西方思维的科学的逻辑精神。① 而孔子对鬼神的有无一向持存疑态度，《论语》上有多处记载。这是因为孔子反对武断，反对强不知以为知，对知识抱着"多闻阙疑、多见阙殆"②的开明态度。而这位同志抓住孔子"敬鬼神而远之"一句话，就说这是"模棱两可"，有害于科学的发展，西方顽固的神学家倒是一种科学精神。但是，偏见比无知离真理更远，何况存疑态度并不等于无知，而是一种理性精神。孔子可以有一百个错误，但这种理性的精神是最

---

① 方励之：《现代宇宙学和中国传统文化》，《大自然探索》1988 年第 3 期。

② 《论语·为政》

可贵的，这也是中国传统文化优点之一。我们中国没有西方历史上那种长年不断的宗教战争，也没有出现过一个异端裁判所。300多年以前，利玛窦到中国传教，他就发现："中国人对宗教从不采用武力或强制，对外国人尤其如此。在这方面他们容许有完全的自由。"①这是什么精神？这是中国传统文化"和而不同"的精神，是理性的精神，是宽容的精神。在中世纪，我国的科学文化长期居于世界前列，就是靠的这种精神。②

中国传统文化有弱点，也有强点，包括儒家思想在内，也是这样。近代不少思想家最初激烈地反孔，后来落后了，又回到儒学里去。我们当然不赞成这种倒退。但这种现象一再出现，也值得想一想。除了政治的原因以外，是否传统文化里还有某些有价值的东西吸引了他。由于他没有马克思主义批判继承的观点作为指导，所以才左右两失，找不到出路。

关于批判继承，有一个最简明的提法："取其精华，去其糟粕。"我认为是很好的概括。毛泽东同志早在近半个世纪以前就曾提出来："剔除其封建性的糟粕，吸收其民主性的精华，是发展民族新文化提高民族自信心的必要条件。"③这是很宝贵的思想。不过人类的文化遗产很丰富，包括真、善、美各方面的价值，而"民主性的精华"主要限于政治价值，此外还有科学的、美好的东西；所以"取其精华，去其糟粕"八个字的意蕴更丰富，也更简练，而又同毛泽东提出的原则相一致。

但是有的同志却根本反对这种原则，认为这是"一种机械理论"。他说：

---

① 《利玛窦中国札记》上册，第284—285页。

② 近代中国的义和团运动绝不是宗教战争，而是由帝国主义的压迫所引起的爱国斗争。

③ 毛泽东：《新民主主义论》。

照这种理论看来，知识结构只是各种不同成分的混合与拼凑，而不是有着内在联系的整体，各部分之间没有相互渗透和相互作用，没有完整的系统或体系，因而可以进行任意分割和任意取舍。但是，就知识结构的整体、系统或思想体系来说，却不容这样割裂。①

他认为对待传统文比不能提“取其精华，去其糟粕”，只能提“否定”，才是辩证法。

是的，从哲学上讲，否定不是简单地消灭，而是对旧质的扬弃，向新质转化和飞跃。但要知道，否定里面就包含了肯定：肯定或保留旧事物的合理成分和积极因素，抛弃或克服不合理成分和消极因素。如果是这样，我看不出它和“取其精华，去其糟粕”有什么不同。

思想体系和文化遗产是可以分析的，马克思主义的三个来源和三个组成部分就是最好的例证，如果借口文化遗产是有机整体而反对去取，那么，我们比较东西文化的异同就毫无意义，只有二者之间全盘反对或全盘接受这两条路，再无选择的余地了，难道我们学习西方的先进事物，也必须把拜金主义和艾滋病都引进来吗？

我在本文的第一部分指出，五四以来，我们为了追赶西方现代化，冲破旧思想的牢笼，对自己的传统文化进行了猛烈的批判，并且几十年一贯地反复扫荡。主流是好的，但也有盲目的非理性的破坏，例如“文化大革命”等。一味地破坏，这不是五四先驱者的本意。新文化运动的领袖陈独秀就说过：破坏是为了建设，“惟破坏略见成效时，则不可不急急从事建设”②。这表明了他的远见卓识。辛亥革命时期章太炎也说过：“革命非天雄大黄之猛剂。而实

① 王元化：《论传统与反传统》，《人民日报》1988 年 11 月 28 日。

② 《三答常乃悳》，《独秀文存》第 666 页。

补泻兼备之良药矣。”①百余年以来，我们的民族服用天雄大黄的猛泻之药够多了，该补一补虚弱之身了，该立一立了。譬如孵小鸡，要给以温暖，假以时日，等它发育成熟，自自然然地破壳而出才好。如果片面强调“不破不立”，先把鸡蛋打碎，能孵出小鸡吗?

我们还有一种“矫枉过正，不过正就不能矫枉”的哲学。这在某种特定的情况下是必要的。不能超过了限度，凡事物都有一定的限度，真理也有一定的适用边界。孔子说“过犹不及”②，这是儒家中庸之遭的合理一面。

由于人类文化的高度发展，当今世界的各个国家，各个民族愈来愈紧密地联系起来，互相渗透，互相交流，我中有你，你中有我。这是一个全球开放的时代，我们要树立健全的开放心态，建设性的心态。在学习他人优长的时候，自信自立，不要丧失自己民族的主体意识和独立地位。没有独立的文化也就没有独立的民族。李大钊有过一个理想:中国人在古代对人类曾有伟大贡献，希望将来能对世界作出“第二次之大贡献”③。我们不会辜负先哲的希望。有中国特色的社会主义文化建成之日，也就是对人类第二次大贡献的实现之时。

(原载《中州学刊》1989 年第 4 期)

---

① 章太炎:《驳康有为论革命书》,《太炎文录初编》第 2 卷。

② 《论语·先进》。

③ 《东西文明根本之异点》,《李大钊文集》上册，第 561—562 页。

《河南历代名人辞典》序

河南地处中原，自古英才辈出，绳绳相继，数量为各省之冠。明、清以后由于经济文化中心南移已久，河南人才的数量较之东南沿海始见逊色。可见人才的形成绝非仅靠个人的禀赋，而与社会经济、政治、文化各种客观条件密切相关。尽管如此，黄、淮、伊、洛哺育的中原儿女，依然为祖国奉献了大批英杰之士。据孙夏峰《中州人物考》这部专门研究明代河南人物的书，得立传者 360 余人。李敏修《中州先哲传》则专写清代河南人物，除去无谓的列女传之外，犹有 1189 人之多。辛亥革命至解放前，河南备受军阀混战、外寇蹂躏之苦，闹得民穷财尽，而中原大地却涌现了更多的革命家、政治家、科学家、文学家以及各方面的文武英才。他们的业绩，值得载入典籍，进行研究。

王天兴、王兴亚、王宗虞等同志主编的《河南历代名人辞典》，在河南历史人物的研究上下了功夫。它不是断代之作，而是从古至今贯通下来，著录 3700 余人之多，搜罗之富，前所未有，这是大有功于学林的工作。出版之前命我作序，我想趁此机会，说几句不算题外的话。

近年学术界关于个体与群体的关系，关于个人与人民群众在历史上的作用问题，有许多争论。一些同志认为，“人民群众是历史的创造者”是完全错误的教条，应该批判；个人的作用才是主要的。

其实，早在清朝末年，梁启超在《新史学》一文中已经指出：中国的封建旧史学有四大弊端，其中头两条弊端就是“知有朝廷而不知有国家，知有个人而不知有群体”。梁启超不懂得马克思主义，脑子里没有“教条”，而他力图突破帝王将相个人活动的圈子，放大眼光，用国家和群体的进化观点来观察历史，描述历史，我认为这不是保守，而是一种进步。

可惜梁启超没有能够将他的这一观点贯彻到底，就在同一篇文章中他又指出：“历史者，英雄之舞台也；舍英雄几无历史。”这就又回到了英雄史观，同他所大声指责的“知有个人而不知有群体”的旧史学恰好如出一辙，使他在英雄与群众、个人与群体的连环扣中转了一个圈，找不到突破口，陷入自相矛盾的悖论。

诚然，翻开中外史籍或名人辞典，触目皆是英雄或名人的活动，看来好像“舍英雄几无历史”，其实这纯粹是一种错觉。历史之所以存在，是由于人民群众的存在；历史之所以进化，是由于人民群众的进化。没有人民群众就没有历史。每一个社会时代都有自己的英雄或名人，如果没有这样的人物，它就要创造出这样的人物来。没有张三、李四涌现出来代替他，或者好一点或者坏一点，总会有人代替的。魏晋之际的阮籍到广武，参观楚汉战场时，曾经发出感叹：“时无英才，使竖子成名！”这是很发人深思的话。英雄是可以被创造的，可以代替的，而人民群众是永存的。没有人民群众，所谓的历史只能是一片虚空，哪里还有英雄？因此，人民群众是历史的主体，是创造历史的主要力量。

但这绝不是要抹煞个人在历史上的作用，更不是以“群体”去吞没“个体”、轻视个人的价值及其能动性。相反地，历史的进步正在于越来越趋向实现人民群众的个人价值，张扬其自觉创造历史的能动力量。杰出的个人即英雄无疑具有较高的才能、较坚毅的品格。他们从一定的阶级、阶层、群体、集团中涌现出来，有较大的代表性，较高的权威，能够集中较多人的智慧和意志去从事历史活动，因而在历史上产生较大的或很大的影响，甚至使一定历史时代打上自己的烙印。因此，研究个人的活动是学史的一个方便之门。

但是反过来说，任何个人、任何英雄都不能随心所欲地去摆布历史，他们必然地要受客观历史条件的制约，受阶级的和人民群众的制约。他们的成败荣辱取决于历史条件和人心的向背。过分夸大个人的作用，就会在理论上违背历史的真相，在实践上造成事业的挫败。善读史者，要透过个人的活动看到历史的规律性和人民群众的力量。

历史的规律是无声无息的，人民群众也仿佛是无声无息的。鲁迅的诗句有云："于无声处听惊雷。"书此愿与诸君共同吟味和思考。

1988 年 9 月

《晚清货币比价研究》序

在中国近代史的科研和教学中，开宗明义第一章，总要讲鸦片走私造成白银外流，白银外流造成银贵钱贱，从而激化了中国社会的各种矛盾。粗略翻一下鸦片战争前夕的史料，银贵钱贱问题是当时朝野上下普遍关注的"热门话题"，许多官员和理财家对银贵钱贱的原因提出种种不同的推测，而其中最有力的说法就是鸦片走私和白银外流。这种说法诚然有一定的道理，但如从社会经济史的角度进行更深入更全面的考察，就会发现它过于简单和肤浅，没有触及更深刻更复杂的社会经济背景。这个问题确实值得认真研究。

王宏斌同志《晚清货币比价研究》一书，对晚清银钱比价涨落的现象及其原因进行了系统、深入的探讨，在大量资料和数据的基础上，提出了许多新的思考，其中最富于创见的，我认为主要有以下几个方面：

（一）关于晚清货币比价变化的分期：过去的一些货币史论著通常划分为两个时期，即以 1857 年为界，前者是银价上涨时期，后者是银价回落时期。这种分期过于粗疏，不能准确反映银钱比价变化的实际。本书作者则划分为五个时期：

1. 从乾隆三十一年开始到咸丰四年（1766—1854），银价由每两八百文左右上涨至二千七八百文，最高时达三千文。这一时期的银价上涨，又可以中外贸易中的白银流向大致划为两个阶段，即乾嘉阶段和道咸阶段，前者是白银内流的，后者是白银外流的。

2. 从咸丰五年到同治四年（1855—1865），这正是太平天国革命时期。银价由二千七八百文，在短短三年时间内便跌至一千一二百文，或一千三四百文，并在一千四五百文之间徘徊。

3. 从同治五年到同治十三年(1866—1874)，这是一个银价短暂上涨时期，由一千三四百文很快涨至一千八百文以上。

4. 从光绪元年到光绪三十年(1875—1904)，银价由每两一千八百文徐徐跌至一千一二百文，或更低一些。

5. 从光绪三十一年至宣统三年(1905—1911)，银价由一千一二百文开始上涨，几年之后，有的省区超过二千文，有的达到一千八九百文，有的涨至一千六七百文，有的受灾省区却在一千文上下。

上述划分比较准确地反映了银钱比价变化的趋势。

(二) 作者依据马克思货币价值学说的原理，结合近代中国大量文献资料的比较研究，否定了传统的以货币数量变化解释货币比价变化的观点。例如，乾嘉时期的银价上涨是在白银内流情况下出现的。既然国内白银绝对数量增加银价反而大幅度上涨，那么传统的白银外溢引起银价上涨的观点就应当受到怀疑。又如，太平天国时期的银价突然暴跌，恰恰又发生在鸦片战后白银继续外溢时期。同样是在白银外溢情况下，银价既可以上涨，又可以下落，这就证明白银绝对数量的变化不是银价变化的主要原因。以此类推，其他时期的银钱比价变化，都不能简单归之于数量的大小与增减。

(三) 作者不囿成见，突破传统的"鸦片输入—白银外流—银贵钱贱"的单线因果思维，把视野扩大到中国社会内部商品经济的发展状况、国内一定时期一定地区的特殊政治经济环境，以及国际市场上贵金属价格的变化等方面，进行全方位的综合考察，从而提出一些新的思考。例如对乾嘉—道咸时期银价的持续上涨，作者既注意到这一时期国际市场铜价的下落，影响了国内银钱比价的变化；又注意到中国社会经济的内在因素。作者认为：这一时期银贵钱贱的最大动因在于国内商品经济的发展，社会财富的增加，社会对白银的需求不断增加，白银作为价值尺度和流通手段地位日益重要，制钱的作用日益降低，变为“辅币”，中国的货币制度将由银钱并用时期过渡到银本位时期，货币流通领域发生银两排斥制钱运动，由白银的供求矛盾决定“银贵钱贱”，这是当时银价增昂的决定因素。而恰在这一时期鸦片走私日益扩大，白银输入日益缩减，最后逆转为白银外流，更加剧了白银的供求矛盾，促使银价猛烈上涨，超出了社会的承受力，“银贵钱贱”遂成为一种病态运动。

又如太平天国革命时期银价急剧下落，钱价相应上升，江浙地区尤为明显。作者认为这主要是受战争的影响。战争时期与和平时期货币流通的规律是不同的。在和平年代，人们总是努力积累贵金属，还要以首饰的形式贮藏贵金属；而战争（或大的灾荒）会迫使人们将平时贮藏的贵金属和金银器皿拿出来换取急需生活用品或招募兵员。这样一来加入货币流通之渠的贵金属突然增多，供大于求，价格便会急剧下跌。此外，还有更为深刻的原因，就是商品经济遭受战争的破坏而严重萧条，大的商业活动陷于停滞，社会对贵金属的需求相应减弱，而制钱由于价值小，在日常生活中使用方便，在小的商业活动中开始扮演媒介的主角。社会对银与钱的需求发生变化，导致银钱比价发生相应变化。

这些透辟的分析，使人们对晚清银钱比价变化的认识耳目一新，并随之由表入里，层层深入。同时，这对传统的货币数量的错误观点，也是一种有力的批判。因此我认为这是一部有价值的科学著作，值得向学术界推荐，并向作者辛勤的劳绩，致以祝贺。当然，本书在分析银钱比价变化原因时，没有运用一般物价资料来参照对比，这是本书不足之处。这主要是因为目前缺乏系统的统计资料，有待于进一步地努力了。

1989 年 5 月 3 日

附录：胡思庸著述目录

1.《自由意志·绝对精神·英雄史观》
《学习与生活》第 2 卷第 6 期(1950 年 9 月)、第 2 卷第 8 期(1950 年 10 月)
2.《平英团——近代中国人民反侵略运动的第一幕》
《新史学通讯》1952 年第 11 期
3.《关天培与陈化成》
《新史学通讯》1953 年第 11 期
4.《伟大的爱国者林则徐》
《新史学通讯》1954 年 1 月号、2 月号
5.《关于康有为"通三统"、"张三世"的浅释——答西安佘培英、长沙史政同志问》
《新史学通讯》1954 年 6 月号
6.《太平天国革命时期贵州的苗教大起义》
《新史学通讯》1954 年 8 月号
7.《"谭嗣同的〈仁学〉大声疾呼地主张冲决封建罗网，带有唯物主义倾向"应该怎样解释?》
《新史学通讯》1955 年第 7 期
8.《论林则徐的思想》
《史学月刊》1958 年第 4 期
9.《关于杨韦事变的一个问题(洪秀全是否指示韦杀杨)》

《新史学通讯》1959 年第 8 期

10.《白朗起义调查报告》

《开封师院学报》1960 年第 5 期

11.《义和团运动时期河南人民的反帝斗争》

《义和团运动六十周年论文集》中华书局版

12.《五十年前的白朗起义》

《河南日报》1961 年 12 月 19 日、20 日

13.《中国半殖民地半封建"形成问题"的商榷》

《开封师院学报》1962 年第 1 期

14.《林文忠公家书考伪》

《历史研究》1962 年第 6 期

15.《太平天国的知识分子问题》

《开封师院学报》1963 年第 2 期

16.《太平天国与儒家思想》

《中国哲学史论文集》第 2 集，1965 年版

17.《汪士铎思想剖析》

《历史研究》1978 年第 2 期

18.《清朝的闭关政策与蒙昧主义》

《吉林师大学报》1979 年第 2 期

19.《何玉成冤词——三元里抗英斗争领导问题之我见》

《史学月刊》1980 年第 1 期

20.《林则徐手札十则辑注补证》

《近代史研究》1980 年第 4 期

21.《鸦片战争前夕的"汉宋之争"》

《史学月刊》1981 年第 4 期

22.《龚自珍思想论略》

《河南师范大学学报》1981 年第 4 期

23.《中国近代史新编》(上册)

人民出版社 1981 年版

24.《近代开封人民的苦难史篇——介绍〈汴梁水灾纪略〉》

《中州今古》1983 年第 1 期

25.《〈川鼻草约〉考略》

《光明日报》1983 年 2 月 2 日

26.《鸦片战争史研究述评》

1983 年《中国历史学年鉴》

27.《太平天国与佛教》

《太平天国史论文集》广东、广西人民出版社 1983 年版

28.《西方传教士与晚清的格致学》

《近代史研究》1985 年第 6 期

29.《历史的创造与历史的动力》

《中州学刊》1986 年第 6 期

30.《鸦片战争中西关系纪事》

《历史知识》1986 年第 6 期

31.《"五四"的反传统与当代的文化热》

《中州学刊》1989 年第 4 期

32.《〈中州学刊〉创刊十周年献辞》

《中州学刊》1989 年第 6 期

33.《〈晚清货币比价研究〉序》

河南大学出版社 1990 年 5 月版

34.《历史的昭示——纪念鸦片战争 150 周年》

《河南日报》1990 年 6 月 1 日

35.《〈河南历代名人辞典〉序》

中州古籍出版社 1991 年 7 月版

后　　记

这本文集是胡思庸先生学术生涯的主要智慧结晶之一。我们深信，作者的理智思辨会给读者以启迪，作者的严谨学风会给读者留下深刻的印象。胡思庸先生治学严谨，诲人不倦，深受学生和友人的爱戴和尊敬。为了此书的出版，毛锡学同志、马小泉同志积极参与了筹资活动；河南大学出版社的宋应离同志、管金麟同志给予了关怀和支持，汪维真同志和刘小敏同志作了精细的编审工作；历史系的郑慧生同志主动请缨承担了校对工作，他在病床上精心完成了校对任务；黄保信同志、张九洲同志和张连波同志对于这本书的出版都非常关心和支持。所以，这本书的顺利出版，实际是集体努力的结果。在此，编者对上述同志们的关心、支持和劳作表示衷心的感谢！

编者

1994年12月

再版说明

今年是胡思庸先生逝世二十周年，为了传承和追思先生的学术思想与道德文章，河南大学、河南省社会科学院举办了相关纪念活动，其中一项重要工作，是再版《胡思庸学术文集》。

《胡思庸学术文集》初版于1995年，收录了先生的代表性文章25篇，多为中国近代思想文化史研究领域的扛鼎之作。依照现在的出版规范，书中有些文字表述方式并不符合要求，比如公元纪年与旧历年号顺序不一的问题、“做”与“作”通用的问题以及受当时社会环境影响的少数专用术语等，为了尊重和承继先生的治学风格与学术思想，这次再版，除了订正个别文字错讹之外，基本保持原貌。特此说明。

在此，向所有关心胡思庸先生学术思想研究的学界同仁表示衷心的感谢！

马小泉

2013年10月17日